Arnold Dietrich Schaefer

Historische Aufsätze und Festreden

Arnold Dietrich Schaefer

Historische Aufsätze und Festreden

ISBN/EAN: 9783743327054

Hergestellt in Europa, USA, Kanada, Australien, Japan

Cover: Foto ©ninafisch / pixelio.de

Manufactured and distributed by brebook publishing software
(www.brebook.com)

Arnold Dietrich Schaefer

Historische Aufsätze und Festreden

Historische

Aufsätze und Festreden

von

Arnold Schaefer.

Leipzig,
ruck und Verlag von B. G. Teubner.
1873.

Georg Friedrich Schömann

und

Eduard Baumstark

in Freundschaft und Hochschätzung

gewidmet.

Die Bedeutung des Studiums der alten Geschichte für die Gegenwart.

––––––

Rede gehalten zum Antritt des Rectorates in der Aula der Universität zu Bonn den 18 October 1871; gedruckt in den Deutschen Blättern. Gotha 1871.

Indem ich die Würde des Rectors unserer Rheinischen Friedrich-Wilhelms-Universität für das neubeginnende Studienjahr antrete, kraft der Wahl meiner Amtsgenossen und der Bestätigung des Königlichen Ministeriums, empfinde ich dankbar das ausgezeichnete Vertrauen, welches mir die Männer beurkunden, unter denen und mit denen ich zu wirken berufen bin, und schätze es als die höchste Anerkennung meines Strebens, nach dem Maße der mir verliehenen Kräfte in meinem Amte treu erfunden zu werden. Aber zugleich verschließe ich mich der Einsicht nicht, daß diese Auszeichnung nicht meiner Person allein gilt, sondern daß sie vornehmlich bezeugt, welch hohes Gewicht der akademische Lehrkörper in der großen Zeit, in welcher unser Volk zu voller Macht und Ehre wiedererstanden ist, dem historischen Unterrichte an der Universität und insbesondere dem Studium der alten Geschichte beimißt. Denn ob ich gleich nie des Sinnes gewesen bin, daß ein akademischer Lehrer der Geschichte sich auf ein Zeitalter ausschließlich beschränken dürfe, so hat doch an unserer Universität meine Thätigkeit zum hauptsächlichsten Gegenstande die Geschichte des Alterthums, Hand in Hand mit bewährten und befreundeten Collegen, welche auf anderen Gebieten die historischen Studien der Bonner Schule pflegen und fördern. Daher gibt meine Erwählung davon Zeugniß, daß nach der Ansicht des Lehrkörpers unserer Universität die Geschichte des Alterthums auch heutzutage ein wesentliches Bildungselement unseres Volkes sei.

Dagegen erhebt sich von vielen Seiten Widerspruch. „Wozu", hört man auf dem täglichen Markte der Presse, „dient uns noch die alte Geschichte? Zu welchem Zwecke soll, statt zu der lebensfrischen Gegenwart und den jüngstvergangenen Zeiten, unsere Jugend immer wieder zu den Gräbern und Trümmern längstverschollener Völker und Staaten geführt werden? Was gelten uns die Parteiungen in den griechischen Gemeinden, die Kriege von Sparta und Athen, der Ständekampf im alten Rom? Was sind uns Perikles und Demosthenes oder Hannibal und die Scipionen und die Gracchen? Welche Thorheit, den Scharfsinn

1 *

zu verschwenden, um kritische Probleme aus abgerissener und zerrütteter Ueberlieferung herauszuklauben, während der volle Strom moderner Geschichte uns zur Seite geht? Darein mag der Historiker sich versenken, daran seine vaterländische Gesinnung bewähren und die graue Vorzeit grämlichen Pedanten und Alter= thumskrämern überlassen."

Wer so spricht, übersieht zweierlei: einerseits die Wechsel= wirkung der classischen Studien und des Wachsthums unseres nationalen Lebens, andererseits den unvergänglichen Werth der Schöpfungen des Alterthums für die höhere Geistesbildung aller nachfolgenden Zeiten.

Denn es steht nicht etwa so, daß die Beschäftigung mit dem antiken Völkerleben der Gegenwart entfremde, sondern im Gegen= theil, nur die Männer haben in der Erkenntniß des Alterthums die Meisterschaft errungen, welche mit klarem Blicke und regem Antheil ihre eigne Zeit erfaßten und mit dem Bewußtsein arbeite= ten, daß sie der Mit= und Nachwelt zu denen hätten; und jede schöpferische Leistung auf dem Gebiete der Antike hat der histori= schen Wissenschaft überhaupt frischen Aufschwung gebracht.

Ich gehe nicht zurück auf die Wiedergeburt der Wissen= schaften und Künste aus dem Mittelalter heraus, sondern be= schränke mich auf das letztverflossene Jahrhundert, in welchem das deutsche Volk und das deutsche Reich neu geboren und zu frischer Kraft erwachsen ist.

Die erste That, welche uns das Bewußtsein urwüchsiger Stärke und geistiger Ebenbürtigkeit zurückgab, war Friedrich des Großen sieggekrönter Kampf gegen alle Mächte des Festlandes im siebenjährigen Kriege.

Eben damals schuf Winckelmann in seiner Geschichte der Kunst des Alterthums das erste große historische Werk auf dem Gebiete des antiken Lebens. Um nach Italien zu gelangen — damals dem einzigen Lande, in welchem eine reiche Anschauung zu erlangen war —, um in Rom zu leben und zu forschen, hatte Winckelmann schwere Opfer gebracht, er hatte seine religiöse Ueberzeugung in die Schanze geschlagen; aber mit treuer Hin= gebung stellte er die reife Frucht seiner Studien in den Dienst des Vaterlandes. Er jubelt über die Siege der deutschen Waffen und ist tief ergriffen von dem Schmerze, Friedrich, den großen, ja den größten Mann, unglücklich zu sehen. Aus seiner Seele gesprochen ist das Wort eines römischen Cardinals: „Benedetto il Re di Prussia."

Winkelmann legte den Grund, indem er den Zusammenhang der Kunstgeschichte mit dem gesammten Volksleben entwickelte und die Freiheit als die erste Bedingung der Kunstblüte unter den Hellenen erkannte. Die Waffen der Kritik, deren sich die historische Wissenschaft fernerhin bedienen sollte, hat Lessing geschärft. Unter welchen Verhältnissen aber machte er die Studien, welche ihn das Wesen der Künste bestimmen und ihre Aufgaben scheiden lehrten? Mitten in jenem schweren Kriege, zu Breslau, der vielumstrittenen Hauptstadt Schlesiens, als Secretär des hochherzigen Tauenzien, von welchem Lessing urtheilte: „Wäre König Friedrich so unglücklich geworden, seine Armee unter einem Baume sammeln zu können, General Tauenzien hätte gewiß unter diesem Baume gestanden."

Winkelmann und Lessing eröffneten die Bahn zur Erkenntniß des Alterthums in seinen Kunstwerken und befruchteten die köstlich sich entwickelnde Blüte unserer Poesie. Aber das Wesen des antiken Staatslebens zu erfassen, blieb einem jüngeren Geschlechte vorbehalten. Diese Erkenntniß war die Frucht der französischen Revolution und der von Frankreich über Deutschland und Europa sich fortpflanzenden Umwälzungen, einer Zeit, deren erschütternde Gewalt den Blick schärfte für die gesellschaftlichen und bürgerlichen Ordnungen, für das Wesen der Staaten und die Bedingungen ihres Gedeihens und ihres Verfalles. Damals reifte Barthold Georg Niebuhr zum Jüngling und Manne und schuf mit seiner römischen Geschichte die kritische Geschichtschreibung.

Niebuhr war nicht durch die Schule, sondern durch das Leben gebildet. Sein Vater, der durch Reisen und Forschungen in Arabien, Persien und Syrien berühmte Carsten Niebuhr, lenkte früh seinen Blick auf die Völkerkunde, naturwissenschaftliche und philosophische Studien zogen ihn an, aber vorzüglich fesselten seine Wißbegier die Rechtsinstitute, auf denen das Gemeinde- und Staatsleben beruht', und die volkswirthschaftlichen

Grundlagen des öffentlichen Wohlstandes. Dafür erschloß sich
ihm das Verständniß auf Reisen in England und Schottland,
und über Finanzarbeiten an der Seite erfahrener deutscher Männer
in Kopenhagen. Aber mit scharfsichtiger Thätigkeit in modernen
Verhältnissen verband Niebuhr unablässig das Studium des Alter=
thums: dessen Schriftsteller und Staatsmänner blieben stets seine
vertrauten Freunde. Während in Kopenhagen „Rechnungen seine
Beschäftigung, Kaufleute, Juden und Mäkler sein Umgang" waren,
ergründete er das Wesen des Eigenthums an Grund und Boden
in der römischen Republik, die Ackergesetze, die Natur der Staats=
ländereien; da entdeckte er den Kern des Ständekampfes in Rom,
den echten Charakter der Grundherren und Bauern, der Patricier
und Plebejer in der römischen Gemeinde. Aus den Alten schöpfte
er Trost im Unglück und belebte ihre weisen Gedanken von neuem.
Als vor dem ersten Napoleon das morsche römische Reich deutscher
Nation zusammenbrach und bei Ulm eine österreichische Armee
die Waffen streckte, übertrug Niebuhr die erste philippische Rede
des Demosthenes, um sie als ein mahnendes und erweckendes
Flugblatt in die Welt zu senden.

Der vorzügliche Ruf, den Niebuhr sich als Bankdirector zu
Kopenhagen erworben hatte, bewog den Freiherrn von Stein,
ihn in gleicher Eigenschaft in den preußischen Dienst zu ziehen.
Wenige Tage nur hatte Niebuhr sein Amt in Berlin angetreten,
da erfolgte die Niederlage bei Jena, und alles Unglück, alle Er=
niedrigung, Mißhandlung und Ungebühr, von welcher Preußen
heimgesucht ward, traf auch ihn persönlich an der empfindlichsten
Stelle. Aber gerade inmitten solcher Trübsal verwuchs Niebuhr
aufs innigste mit dem preußischen Staate, von dem allein er
Heil und Rettung für Deutschland hoffte. Er arbeitete treulich
an seinem Theile zur Herstellung des öffentlichen Credits, zur
Regelung des Schuldenwesens, zur Verjüngung des Staats.
Damals gedachte Hardenberg ihm das Finanzministerium zu
übertragen. Aber die Entwürfe dieses Staatsmannes zur Ueber=
windung der finanziellen Krisis, in welcher Preußen sich befand,
erachtete Niebuhr so entschieden für gemeinschädlich, daß er in
keiner Weise sich damit befassen mochte. Ehe er seinen Ueber=
zeugungen etwas vergeben hätte, verzichtete er lieber auf eine

hohe Stelle und auf amtliche Thätigkeit überhaupt; jedoch nicht, um träger Ruhe zu pflegen, sondern um mit dem Schatze des Wissens, den er, wie Dahlmann sagt, in vieler stiller, sich selbst überlassener Arbeit gesammelt, dort zu wirken, wo ihm empfäng= licher Sinn entgegenkam.

Niebuhr entschloß sich, als Mitglied der Akademie an der neueröffneten Universität zu Berlin römische Geschichte zu lehren. Für diese Vorlesungen arbeitete er mit frischer Begeisterung und versammelte in seinem Hörsaale eine zahlreiche Zuhörerschaft, nicht allein aus der studierenden Jugend, sondern auch aus den Reihen der Officiere und aus den Kreisen der Staatsbeamten und Gelehrten; ein Savigny, Schleiermacher, Nicolovius, Süvern saßen zu seinen Füßen. Unter der mitforschenden Theilnahme solcher Männer entrollte Niebuhr in großen Zügen den Ursprung des römischen Gemeinwesens, seine Verfassung und seine Politik und zeichnete in scharfen Umrissen die Charaktere, in denen das Römerthum sich ausprägt.

Diese Vorträge, welche ein nach innen wie nach außen kräftig sich gestaltendes Staatsleben vergegenwärtigen, die schönste Gabe, welche Niebuhr der jungen Universität darbringen konnte, wurden durch den Befreiungskrieg unterbrochen. Als König Fried= rich Wilhelm III sein Volk zum Entscheidungskampfe aufrief, als Landwehr und Landsturm sich waffneten, da blieb auch Niebuhr nicht zurück und ward bald zu Rath und thätiger Mitarbeit ins Hauptquartier berufen. Nach hergestelltem Frieden übernahm er die Gesandtschaft in Rom, ein würdiger Vertreter Preußens, ein hilfreicher Freund aller Deutschen, die seines Beistandes be= durften; sein Werk war die Uebereinkunft, welche die Beziehun= gen der katholischen Kirche zum Staate zu regeln bestimmt war.

Die letzten Jahre seines Lebens gehörte Niebuhr unserer Stadt an und widmete sich dem freien Dienste unserer Universität. Den Staatsgeschäften blieb er fast gänzlich fern; nur wider= strebend folgte er zu Zeiten der Berufung nach Berlin zu den Sitzungen des Staatsraths. Denn der Stand unserer öffent= lichen Angelegenheiten erfüllte ihn mit tiefem Kummer und sitt= lichem Unwillen. Als nach der Befreiung von der Fremdherr= schaft Angeberei und Verdächtigung aus ihren finsteren Winkeln

zu Tage traten, hatte Niebuhr mit männlichem Freimuthe seine
Stimme dawider erhoben. Er beklagte bitter die unsinnigen und
ungerechten Carlsbader Beschlüsse. Er blieb seiner alten Freunde
treuer Freund, eines Stein, eines Arndt, und hielt daran fest,
daß Preußen nur auf geistiger und moralischer Basis bestehen
könne. Aber nicht minder schmerzlich empfand er mit seinem
reizbaren Sinne und seiner warmen Pietät die Verwilderung der
Gemüther, das Drängen und Treiben des unklaren Liberalismus
jener Jahre und die stumpfe Gleichgiltigkeit, welche im Volke
um sich griff.

In solch trüber verworrener Zeit suchte Niebuhr Trost in
der Geschichte; in ihr fand er einen Beruf, der ihn aufrichtete
und über die Gegenwart erhob. An der rheinischen Hochschule
legte Niebuhr die umbildende Hand an seinen ersten kühnen Versuch, die römische Geschichte darzustellen; an ihr lehrte er, bis der
Tod ihn abrief, meist die alte, in einem Semester die neueste Geschichte seit dem Beginn der französischen Revolution. Das waren
freie Vorträge, in denen der ganze Mensch arbeitete, edel, würdig,
von ethischem Gehalte durchdrungen und in der Jugend zündend.
Was ein Zuhörer mit warmem Händedruck aussprach, „er könne
Niebuhr nicht genug danken, er habe in ihm ein neues Leben
erweckt", das haben viele empfunden. Niebuhr hat wesentlich
beigetragen, die philologischen und historischen Studien in den
Rheinlanden zu beleben und diese damit auf das gleiche Fundament wissenschaftlicher Bildung mit dem übrigen Deutschland
zu stellen.

Und worin beruht die Kunst, mit der Niebuhr vermocht hat,
die historische Wissenschaft auf eine unvergleichlich höhere Stufe
zu erheben? War es der Umfang der Gelehrsamkeit, mit welcher
er den Gegenstand ein= für allemal ergründete und erschöpfte?
Nein. So bewundernswerth auch die Fülle und Mannigfaltig-
keit seines Wissens ist und die Beherrschung desselben mit dem
Gedächtnisse und mit sicherer Geistesgegenwart, die wesentlichsten
Elemente der Kenntniß von dem Zusammenhange der Völker und
Stämme und ihrer Gliederung, vor allem die vergleichende
Sprachwissenschaft, sind erst nach Niebuhr entdeckt. Oder die
Folgerichtigkeit seiner Methode und die Sicherheit seiner Schlüsse?

Keineswegs. Das jüngere Geschlecht hat gelernt, die Ueberliefe= rung noch genauer zu zerlegen und schärfer zu sichten. Es sind bündige Schlüsse gezogen und Beweise erbracht, wo Niebuhr oft das richtige nur ahnte oder in unhaltbare Vermuthungen ab= irrte. — Und dennoch, wenn auch nicht eine seiner Hypothesen ihre Geltung behaupten möchte, bleibt Niebuhr's Meisterschaft unangetastet. Denn er hat zuerst die Hauptstücke der Historie herausgestellt: die Prüfung der Ueberlieferung nach ihrer äußeren Beglaubigung und ihrem innern Gehalte; die Erforschung der Lebensbedingungen von Staaten, Gemeinden und Ständen, sowohl der unveränderlichen, welche im Wesen der menschlichen Natur liegen, als derer, welche dem Wandel von Ort und Zeit unter= worfen sind; endlich die Veranschaulichung der handelnden Per= sonen. Er hat zuerst die Forderung gestellt und an seinem Theile erfüllt, daß die Darstellung längst vergangener Begebenheiten sich an Klarheit und Bestimmtheit neben die der Gegenwart stellen müsse. Und dies hat er vollbracht, indem er mit ganzer Liebe sich in die alten Zeiten versenkte und sie vor seinem geistigen Auge wiedererweckte; indem er mit dem sittlichen Ernste, der ihm eigen war, sowohl die Vergangenheit als die Gegenwart durchdrang.

So ist Niebuhr der Begründer der kritischen Geschicht= schreibung geworden, Muster und Vorbild nicht bloß für die Be= handlung des Alterthums, sondern für sämmtliche Gebiete histo= rischer Forschung und Betrachtung, und zwar nicht allein in unserem Volke, sondern bei allen Nationen, deren Bildung sie befähigte, in seine Fußstapfen zu treten.

Savigny bekennt in der Vorrede zu seiner Geschichte des römischen Rechts im Mittelalter von der römischen Geschichte „seines edlen Freundes“: „Wie viel das bloße Dasein eines solchen unerreichbaren Werks dennoch zu eigener Forschung Muth und Eifer geben kann, ist schwerer zu sagen als zu erfahren.“ August Böckh widmete sein grundlegendes Werk über die Staatshaus= haltung der Athener Niebuhr, „dem scharfsinnigen und groß= herzigen Kenner des Alterthums“; von Niebuhr angeregt, ver= faßte Dahlmann seine Forschungen auf dem Gebiete der Geschichte, über Herodot, über den kimonischen Frieden; in Niebuhr's Geiste geschah es, daß Dahlmann die Grundlagen der Politik im Alter=

thume und in seinen Staatsverfassungen aufsuchte. Nach allen
Richtungen ward das griechische und römische Staatswesen von
deutschen Gelehrten erforscht und dargelegt. Und das von Nie=
buhr gegebene Beispiel wirkte erfrischend und belebend ein auf
sämmtliche Gebiete historischer Wissenschaft. Wer unter den an=
erkannten und gefeierten Meistern der neueren Geschichte hat
nicht in Niebuhr den Schöpfer unserer deutschen historischen
Kunst geehrt, sich an seinen Werken erquickt und an dem Studium
der alten Geschichte sich zur Lösung anderer Aufgaben heran=
gebildet und gestärkt?

Nicht minder hat Niebuhr auf England gewirkt. Dort fand
er von vornherein empfänglicheren Boden als im eigenen Vater=
lande. Die von kundigen Händen mit Liebe ausgeführte Ueber=
setzung der römischen Geschichte gewann jenseit des Canals größere
Verbreitung als das Original in Deutschland. An Niebuhr
bildete sich Macaulay zum Geschichtschreiber. Von Niebuhr's
Vorgange angetrieben und gestützt auf die deutschen Einzelarbeiten,
stellten der umsichtige und bedächtige Connop Thirlwall und der
geistvolle und scharfblickende George Grote, dessen jüngst erfolgten
Tod alle Freunde der historischen Studien beklagen, in umfassen=
den Werken die griechische Geschichte dar. Und ist es nicht ein
Zeugniß für den mächtigen Reiz, mit welchem das Alterthum die
Seele ergreift, daß jener, ein hervorragender Bischof der engli=
schen Kirche, dieser, Theilhaber eines großen Bankgeschäftes und
jahrelang Vertreter der City von London im britischen Parla=
mente, ihre beste Lebenskraft den Studien widmeten, welche
flache Neulinge als Pedanterie verlachen und in den Staub
ziehen möchten?

Im Wetteifer mit dem stammverwandten Inselvolke ist auch
unter uns die Pflege der alten Geschichte unablässig gefördert
worden. Preußens Könige haben in dem archäologischen Institut
zu Rom einen Centralpunkt antiquarischer Forschungen begründet;
die königliche Akademie zu Berlin hat die großen Sammlungen
der griechischen und römischen Inschriften veranstaltet, die echte
Grundlage urkundlicher Kenntniß; an der wissenschaftlichen Er=
forschung Aegyptens und des Morgenlandes haben deutsche Ge=
lehrte rühmlichen Antheil genommen. Und wie Niebuhr in seinen

Vorlesungen zu Berlin und der ersten Ausgabe seiner römischen
Geschichte dem geschlagenen und tiefgebeugten Vaterlande den
Spiegel vorhielt, so ist die Darstellung der römischen und grie=
chischen Geschichte von Männern, welche für die Ehre unseres
Volkes in tiefster Seele erglühten, mit erneuten Kräften gerade
in den Jahren unternommen worden, als Deutschland nach der
Olmützer Abkunft seine Hoffnungen auf die Herstellung eines
einigen Reiches vereitelt und geknickt sah.

Darum darf ich getrost aussprechen: es muß eine ewig frisch
sprudelnde Lebensquelle sein, aus der so manche unserer besten
Männer geschöpft haben. Ihrer Geistesarbeit verdanken wir ein
reiches Pfund, mit dem wir wuchern, das wir nicht vergraben
sollen.

Oder sind wir etwa heutzutage so weise geworden, daß wir
unterlassen dürfen, aus den starken Wurzeln unserer geistigen
Kraft immer frische Nahrung zu ziehen? Haben wir das Alter=
thum ausgelernt?

Ich denke, nimmermehr. Ich sehe davon ab, daß die Er=
forschung des alten Orients und seiner Denkmäler uns von Jahr
zu Jahr den großen Zusammenhang der Völker klarer erkennen
lehrt, daß dort früher ungeahnte Gebiete des Wissens sich auf=
thun. Nur mit einem Worte erinnere ich daran, daß der in
Indien ausgebildete Buddhaismus seit bald drittehalb Jahr=
tausenden seine Herrschaft behauptet bis zur Gegenwart herab,
daß er noch jetzt weit mehr Bekenner zählt als das Christen=
thum. Ich halte mich allein an die Frage: warum ist und bleibt
die Geschichte der Griechen und Römer so lehrreich für uns?

Zunächst darum, weil sie völlig abgeschlossen hinter uns
liegt. Jede Darstellung der Geschichte moderner Völker berührt
unsere eigenen Interessen, unsere Vorliebe und Abneigung
nationaler oder kirchlicher Art. Das Mittelalter und die Neu=
zeit mit ihrem Widerstreite weltlicher und clericaler Macht, mit
ihren ständischen Streitigkeiten, ihren Umwälzungen, greift in
die Gegenwart und die in ihr wirksamen Gegensätze so viel=
fältig herüber, daß es schwer hält, sich ohne alle Befangenheit
und Voreingenommenheit das Urtheil zu bilden. Die im Alter=
thume waltenden Kräfte dagegen haben ihr Spiel bis zu Ende

geführt. Wir können ihre Wirkungen in dem ganzen Verlaufe
begleiten und uns über ihr Wesen und ihren Gehalt ein festes
Urtheil bilden.

Dies gilt zuvörderst von den Religionen. Durch das ganze
Heidenthum bis auf Christus geht ein Zwiespalt, der in der
menschlichen Natur tief begründet ist. Auf der einen Seite
herrscht die Furcht vor Naturkräften, unter die der Mensch hilf-
los sich beugt, die er als zürnende oder segenspendende Gottheiten mit allem Zauber der Phantasie versinnlicht, anders in
jedem Volke und in jedem Stamme, eng verwachsen mit der
staatlichen Entwickelung und oft in priesterlichen Satzungen sie
beherrschend. Auf der andern Seite erhebt sich das der menschlichen Brust innewohnende Bewußtsein einer sittlichen Weltordnung, welcher die natürlichen Kräfte dienstbar sind, und die
unvereinbar ist mit der Vielheit sinnlicher, wider einander streiten-
der Götter. Daher das Ringen der Geister, um entweder die
volksthümlichen Vorstellungen zu veredeln, wie manche Priester-
schaften, wie Dichter und bildende Künstler es in Meisterwerken
gethan, oder um in die Tiefe der göttlichen Weisheit einzudringen,
die Gesetze des Seins und Werdens, des Denkens und Erkennens
zu ergründen, in philosophischen Werken, an welche die christliche
Wissenschaft unmittelbar angeknüpft und aus denen sie im Verlauf der Zeiten immer von neuem Belehrung geschöpft hat. Aber
nicht bloß die Manigfaltigkeit der Vorstellungen und die Energie
der Geistesarbeit bilden ein Vermächtniß des Heidenthums,
sondern es veranschaulicht zugleich die Ohnmacht der menschlichen
Natur. Denn es vermag den Zwiespalt, der in seiner Wurzel
liegt, nicht zu bewältigen. Daher verkommen die Volksreligionen
in Aberglauben und Formeldienst und Ceremonien, welche das
Gemüth leer und öde lassen, und die Philosophie artet aus in
Unglauben oder unklare Mystik. Daß Religion und Sittlichkeit
eins ist, daß aller Weisheit Fülle in Gott ruht, daß er nicht
bloß der Allmächtige und Allgerechte, sondern daß er der All-
gnädige ist, das ist der Triumph des Christenthums, in welchem
die heilsame Gnade erschienen ist allen Menschen.

Aber die ewige Wahrheit hat immer wieder zu kämpfen mit
Irrthum und Lüge. Wer zu solchem Streite sich rüsten will,

dem bietet das Alterthum wohlgestählte Waffen des Geistes
dar.

Nicht minder lehrreich als in der Geschichte seiner Religionen
ist das Alterthum durch seine Institutionen in Staat und Ge=
meinde. Die inneren Kämpfe, wie die Griechen und Römer sie
zu bestehen hatten, kehren in allen späteren Perioden wieder,
denn sie entspringen dem Wesen der menschlichen Gesellschaft.
Aber nirgends sind sie mit gleicher Spannkraft auf einem so
engen Raume, so anschaulich und ich möchte sagen so vorbildlich
durchgefochten worden. Die wirthschaftlichen Verhältnisse, die
Entwickelung des Gemeindelebens, Sclaverei und Hörigkeit, Ge=
schlechterherrschaft und bürgerliche Gleichberechtigung, Tyrannis
und Pöbelgewalt und militärische Autokratie, die Kleinstaaterei
und die Bundesgenossenschaften, die Ausgestaltung des Groß=
staates und die Bildung von Weltreichen treten uns nach Ur=
sprung, Wesen und Wirkung in hellem Lichte entgegen.. Es
gibt kein besseres Mittel, hohlen Doctrinen und überspannten
Vorstellungen zu begegnen und eine echte politische Bildung zu
erzeugen, als das Studium des Alterthums. Denn wer dieses
recht erkennt, bleibt frei von dem Banne willkürlich ausgeklügelter
oder erborgter Formeln. Er hat sein Urtheil geschärft für die
Aufgabe unserer Zeit und unseres Volkes und hat gelernt, den
Werth eines den Lebensbedingungen unserer Nation entsprechen=
den Rechtsstaates zu würdigen, wie Preußens Könige ihn zum
Segen des deutschen Volkes geschaffen haben.

Endlich lehrt die Geschichte des Alterthums, wie keine andere,
politische Charaktere aufzufassen und die Triebfedern menschlicher
Handlungen zu erkennen. Von den leitenden Personen späterer
Jahrhunderte gilt mehr oder weniger das Wort unsres Dichters:
„Von der Parteien Gunst und Haß verwirrt, schwankt ihr
Charakterbild in der Geschichte.“ Die Männer des Alterthums
dagegen stehen vor uns in festbestimmten, scharfen Zügen, gleich
den Marmorbildern der antiken Kunst. Und welch eine lange
Reihe theils hochherziger und selbstverleugnender, theils eigen=
süchtiger und gebieterischer Krieger und Staatsmänner bietet
sich dar, in deren Anschauung sich das Urtheil für klare Er=
fassung der wesentlichen Eigenschaften bildet und der sittliche

Antheil an dem menschlichen Handeln, welcher das eigene Herz
über das niedrige und gemeine erhebt.

Und zwar sind es nicht bloß die Zeiten der Kraft und der
Blüte jener Völker, aus denen wir für Geist und Gemüth
reichen Gewinn ziehen, sondern nicht minder lehrreich ist die
Periode ihres Verfalles.

Blicken wir auf das Reich der römischen Imperatoren. Die
auf die Stadt Rom und ihr Gebiet berechneten Ordnungen entsprachen längst nicht mehr den Aufgaben des Großstaates; in
Bürgerkriegen zerfleischte sich das Volk, die Volksreligion war
mehr und mehr alles sittlichen Gehaltes bar und ledig geworden.
Da ergriff Caesar das Heft der Gewalt, und nach wiederholten
Erschütterungen begründete Augustus die Caesarenherrschaft. Das
von ihm und von Tiberius geschaffene Staatsgebäude war so wohl-
bemessen und mit so kunstgerechter Hand aufgerichtet, daß es Jahrhunderte lang alle Stürme zu überdauern vermochte; aber brachte
es eine Wiedergeburt der Völker zu Wege, welche es zusammenhielt?

Wohl ist dies in unseren Tagen von einem kaiserlichen
Schriftsteller behauptet worden. Der letzte Napoleon hat
Caesar's Leben zu schreiben unternommen, um zu beweisen, daß,
„wenn die Vorsehung Männer erweckt wie Caesar, Karl den
Großen und Napoleon, sie den Völkern den Weg vorzeichnet,
den sie einschlagen sollen". Er preist die Nationen glücklich,
welche sie verstehen und ihnen folgen, und ruft wehe über die,
welche sie verkennen und bekämpfen.

Napoleon hat seinen Zweck verfehlt, wie jeder fehlgehen wird,
der, statt aus der Geschichte zu lernen, sie für seine Sonderab-
sichten fälscht. Die echte historische Betrachtung lehrt, daß der
militärische Absolutismus das römische Reich zwar zu strengge-
regelter Verwaltung zurückführte, aber zugleich, seinem Wesen gemäß, alle Reste geistiger Regsamkeit und volksthümlichen Lebens
ertödtete und das menschliche Geschlecht zur tiefsten Entwürdigung
führte. Denn was gibt es für das sittliche Gefühl und für das
Gewissen empörenderes, als daß die Kaiser sich göttliche Ehren
erweisen ließen und die Anbetung ihrer Person als Mittel ihrer
Herrschaft verwendeten; daß sie sich anmaßten, die Gottheit auf
Erden darzustellen?

Daher der unversöhnliche Riß zwischen christlicher Weltanschauung und römischer Autokratie, daher die Scharen der Märtyrer, welche eher in den Tod gingen, als daß sie einem gebrechlichen Sterblichen die Ehre gaben, welche Gott allein gebührt, bis das Heidenthum fiel und die Scharen der Germanen unaufhaltsam die Grenzen des Reiches überschritten, zu deren Vertheidigung keine Volkskraft mehr bewehrt war.

Doch genug. In den Studien des Alterthums wurzelt unsere moderne Bildung. Sie haben das Rüstzeug dargeboten, um die clericale Herrschaft und den mönchischen Geistesdruck zu durchbrechen. An ihnen hat unsere nationale Wiedergeburt sich gekräftigt und gestählt. Ihre strenge Zucht bildet ein wesentliches Element der geistigen Ueberlegenheit unseres Volkes über die romanischen wie über die slavischen Völker. Bewahren wir dieses Erbtheil unserer Väter, so werden wir gewaffnet sein gegen die Mächte der Finsterniß, welche noch einmal sich aufthun, um uns auf Jahrhunderte zurückzuwerfen.

Welthandel und Seemacht der Phönicier und Griechen.

Ein Bild aus dem Verkehrsleben des Alterthums.

— · —

Vorgetragen zu Bonn, gedruckt in Gelzer's Monatsblättern 1868.

Wenn wir die Gestaltung des Völkerlebens unserer Tage nachdenkend erwägen, so wird, wie mich dünkt, kaum eine andere Erscheinung in gleichem Grade die Großartigkeit des Zeitalters, in dem wir leben, uns vor Augen stellen als der erstaunliche Aufschwung, den der Weltverkehr genommen hat. Vor dreißig Jahren wurden die ersten Glieder der Schienenstraßen gelegt, deren vielverzweigte Bahnen jetzt den ganzen Continent zusammen= schließen, und wer von den Männern, welche an dieses große Werk zuerst die Hand legten, hat eine Vorstellung davon gehabt, in welch steigender Progression die Bewegung von Menschen und Gütern sich entwickeln würde! Bis vor dreißig Jahren befuhren nur Segelschiffe den Ocean, deren Fahrzeit von der Gunst oder Ungunst des Windes abhängig war, während jetzt hunderte von dampfbeflügelten Schiffen in regelmäßiger Fahrt und kurzer Frist die durch das Meer geschiedenen Welttheile verbinden. Und mit mehr denn Blitzesschnelle trägt der Draht des Telegraphen die ihm anvertrauten Botschaften über das Festland und durch die Tiefen des Meeres. So macht die Wissenschaft, die Erfindungs= gabe und der Unternehmungsgeist den Menschen zum Meister der in der Natur waltenden Gesetze und Kräfte und erschließt für die Thätigkeit und den Wohlstand der Völker ein Feld nach dem andern.

Aber nicht bloß das Gebiet der materiellen Interessen wird von diesem rastlosen Vorwärtsdrängen beherrscht, sondern auch das geistige Leben der Menschheit schlägt in rascheren Pulsen. Die engumgrenzte und engherzige Kleinstaaterei ist dem Unter= gange verfallen, und jeder Versuch, sie künstlich wieder zu be= leben, bringt nur die eitle Verblendung und die sittliche Ver= kommenheit ihrer Träger zum Vorschein. In größeren Verhältnissen bildet jede lebensfähige Nation ihr Staatswesen aus, und allge= mach fallen die Schranken, welche altüberlieferte Vorurtheile zwischen Volk und Volk gezogen hatten. Wohl erleben wir es noch, daß die nationale Empfindlichkeit geflissentlich aufgestachelt wird zu Eifersucht, Neid und Haß, aber es sind diese Leiden= schaften Symptome krankhafter innerer Zustände, welche den

2*

Nationen, die sich ihnen hingeben, zum Verderben ausschlagen
werden. Denn die Gegenwart duldet nicht mehr die Ueberhebung
eines Volkes über das andere, sondern sie ruft alle zu ehren=
werthem Wetteifer und gemeinsamer Arbeit auf. Die frühere
Abschließung ist abgethan. Was an einem Ende der Erde, an
den entlegensten Gestaden sich begibt, wirkt aller Orten nach und
wird als ein Erlebniß der Menschheit empfunden. Immer weiter
tragen christliche Glaubensboten die Predigt des Evangeliums
und bereiten den Sturz des Heidenthums vor, der nicht mehr
fern steht. Immer mehr wird der geistige Besitz, den eine Nation
errungen hat, Gemeingut aller Nationen des Erdbodens. Und
nicht bloß von den großen Verhältnissen gilt dieser weltumfassende
Charakter unserer Zeit, sondern er erstreckt sich bis in die engsten
Kreise unserer Gemeinden, unserer Familien. Wie viele sind
nicht unter uns, die in Gegenden, welche bis vor kurzem selten
der Fuß eines Europäers betrat, in Nord= oder Südamerika, auf
den Inseln der Südsee, in Japan, China, Indien, entweder selbst
gelebt haben oder dort liebe Freunde und Verwandte wissen!
Und Dank den preiswürdigen Erfindungen unserer Tage sind
wir im Stande, mit den weit entfernten Freunden geistig fort=
zuleben und ihnen verbunden zu bleiben in einer Weise, die noch
vor wenig Decennien undenkbar war.

Von dieser wunderbaren Entwickelung des Völkerverkehrs
in unserer Zeit gestatten Sie mir einen Rückblick auf die An=
fänge desselben in grauer Vorzeit, auf die Völker, welche zuerst
mit ihren Warenladungen die Länder durchzogen, das Meer be=
fahren und sich an fremden Küsten angebaut haben. Ein solcher
Rückblick scheint mir nicht unberechtigt. Denn die Fortschritte, welche
wir gemacht, reihen sich an die lange Kette von Arbeiten der
Voreltern; das Ueberkommene auszubilden und zu verbessern, an
die Stelle älterer Erfindungen neue zu setzen, erfordert nicht so
viel Geistesstärke, Kühnheit und Ausdauer, als überall den
ersten Schritt zu thun. Und wenn heutzutage eine ausgebildete
Cultur leicht von Land zu Land übertragen wird, so galt es im
Alterthume, die ersten Elemente menschlichen Kunstfleißes und
menschlicher Gesittung mit der Entdeckung und Besiedelung fremder
Länder ins Leben zu rufen.

Die älteste Cultur hat sich in den Stromländern entwickelt, deren üppige Fruchtbarkeit das menschliche Geschlecht zuerst von dem unsteten Hirten= und Jägerleben zum Ackerbau und festen Wohnstätten und damit zu staatlichen Ordnungen hinführte, in dem Nillande Aegypten, den Tiefländern des Euphrat und Tigris, Babylonien und Assyrien, am Oxus in Baktrien, in Indien am Indus und Ganges. Aber die verschiedenen Centra der Cultur mit einander zu vermitteln, die Erzeugnisse der entlegenen Länder auszutauschen, haben zuerst die Phönicier unternommen.

Ein kleines Volk von dem Stamme der Semiten, waren sie auf merkwürdige Weise von dem östlichen Meere nach dem west= lichen verschlagen.

Im persischen Meerbusen liegen unfern der arabischen Küste die Bahreininseln, im Alterthum Tyles und Arados genannt, noch heute berühmt wegen der Perlmuscheln, welche in ihrer Nähe sich finden. Sie bilden eine Station an dem Seewege von Babylonien nach Indien. An der Küste gegenüber mündet eine Karawanenstraße, die durch Arabien nach Aegypten führt. Von hier, heißt es, zogen die Phönicier aus und wanderten den Euphrat aufwärts und von dessen Ufern nach Westen an die syrische Küste.

Damit kamen sie an den rechten Platz für ihre Betriebsam= keit. Das von vielen Buchten und Häfen eingeschnittene Gestade war für Städteanlagen geschaffen, da und dort konnten kleine Inseln nahe dem Strande als natürliche Festungen dienen. Das Meer war reich an Fischen; an seinen Klippen fieng man Purpur= schnecken von seltener Güte. Das Land brachte Oel und Wein hervor und erwies sich bald als ein ergiebiger Boden für die Dattelpalme, von der es den Namen Kanaan, in griechischer Uebertragung Phoinike, erhalten hat. Das Libanongebirge bot den Heerden gute Weide und trug Cypressen und Cedern in höchster Pracht, auf viele Jahrhunderte das vorzüglichste Bau= holz für Paläste und für Schiffe, das man kannte; aus den Adern der Berge förderte man nützliche Metalle zu Tage.

Erfindungsreich wußten die Bewohner des Küstenstriches, die man im engern Sinne als Phönicier von den übrigen Kanaanitern unterscheidet, den Segen ihres Landes auszubeuten.

Wer gedächte nicht aus seinen Kinderjahren der Erzählungen, wie sie das Purpurfärben oder die Anfertigung des Glases entdeckten? Ihre Frauen übten die Kunst, Teppiche und feine Gewänder zu weben, mit reichen Mustern, in bunten Farben; die Männer waren berühmt in Metallarbeiten zu Nutz und zum Prunke, treffliche Waffenschmiede, geschickte Baumeister. Vorzüglich aber waren sie erfinderisch in allem, was zur Schiffahrt gehört, denn die See war ihr eigenstes Element.

Zu allen anderen Vorzügen, welche den Phöniciern ihre neue Heimat bot, kam die günstige Lage zwischen den Reichen Assyrien und Aegypten. Sie waren von der Natur darauf angewiesen, deren Vermittler zu werden, und haben diese Aufgabe mit Meisterschaft gelöst.

Die Aegypter verharrten in Abgeschlossenheit gegen fremde Völker, und die stets zunehmende Priesterherrschaft wachte über dieser Absonderung als einer religiösen Satzung. Allerdings war sie bis zu einem gewissen Grade in der Beschaffenheit des Landes begründet. Aegypten trägt keinen Baum, aus dem man einen Schiffskiel zimmern könnte. Den gleichmäßig dahinfließenden Nil zu befahren, bediente man sich der aus Binsen, die am Ufer wachsen, gefertigten schwachen Fahrzeuge, aber auf die See haben nur erobernde Könige aus frembländischem Holze gebaute Schiffe ausgesandt. Daher überließ man den Handel fremden Kaufleuten, die auf ihren Kameelen oder Schiffen den Wein, die Gewürze und Wohlgerüche Asiens, Farbstoffe, Metalle, Perlen, Edelsteine herzubrachten und gegen die Erzeugnisse Aegyptens austauschten, gegen Flachs und leinene Gewänder, vor Allem gegen Getreide, denn Aegypten galt als die ergiebigste Kornkammer weit und breit.

In Aegypten wurden die phönicischen Händler nur geduldet und waren vielen lästigen Beschränkungen unterworfen. Ganz anders standen sie zu dem Reiche der Assyrier von Ninive, welches sich über das ganze westliche Asien bis Indien erstreckte. Denn mit dessen Beherrschern waren sie eines Stammes und eines Glaubens; sie durchzogen dessen weite Gebiete mit ihren Karawanen von einem Ende bis zum andern, eigneten sich die für das Reich vorgeschriebenen Maße und Gewichte an und

verfuhren mit so viel Klugheit und Geschick, daß ihre Städte die
Ausfuhrhäfen für den Kunstfleiß der großen und reichen Binnen=
städte wurden.

Aber die Phönicier begnügten sich nicht damit, den Binnen=
handel und den Austausch unter jenen Großstaaten zu vermitteln,
sondern sie giengen weit über deren Grenzen hinaus in fremde
Länder, wo sie keinen Schutz an der Gunst mächtiger Könige
fanden, sondern allein auf ihre eigene Umsicht und Thatkraft
angewiesen waren. Theils durch den persischen, theils (z. B. in
Salomo's Zeiten) durch den arabischen Meerbusen fuhren sie zu
den Küsten Indiens und holten daher Balsam, Narden, Speze=
reien aller Art, Baumwolle, Elfenbein, Eben= und Sandelholz,
das feinste Gold. Ganz vorzüglich aber ließen sie es sich ange=
legen sein, das von der vorgeschrittenen Cultur Asiens noch un=
berührte Abendland zu erschließen. Keine Insel des Mittelmeeres
blieb unbesucht, keine Bucht unerforscht. Ueberall erkundeten
sie, ob das Meer Purpurschnecken nähre oder zum Fischfang er=
giebig sei, ob die Berge edle oder nutzbare Metalle enthielten;
überall wußten sie die Leichtgläubigkeit, die Prunkliebe und die
Gewinnsucht der Eingeborenen für ihre Zwecke zu verwerthen
und Producte des asiatischen Kunstfleißes gegen die Naturer=
zeugnisse der neu entdeckten Länder umzusetzen.

So drangen die Phönicier Schritt vor Schritt in früher
unbekannte Gegenden vor, durch den griechischen Archipel und
dessen nördliche Durchfahrten in den weiten Pontus, zu den
stahlschmiedenden Chalybern am Fuße des Kaukasus, den Kim=
meriern und den Skythen an den Mündungen des Don, des
Dniepr und der Donau. Dort übten sie die Kunst, die Fische
einzusalzen zur Versendung auf die Märkte Asiens, die wohl=
feilste Nahrung für die arbeitenden Classen; dort und in anderen
Nordhäfen tauschten sie den im Alterthum hochgeschätzten Bern=
stein ein, der ihnen von den baltischen Küsten zugetragen wurde.
Nicht minder lasen sie die Küsten des adriatischen Meeres ab
bis zum Tieflande des Po, sie faßten Fuß auf der Insel Sicilien
und leiteten städtegründend einen Strom asiatischer Auswanderung
auf die nordwestlichen Küstenlande Afrika's. Am tyrrhenischen
Meere fanden sie Genossen an den Etruskern, die auch im

Tieflande des Po die Herren waren. Darüber hinaus handelten die Phönicier an den Rhonemündungen, an den Küsten des metallreichen Spaniens; sie fuhren durch die Meerenge an den Säulen des Herkules vorüber nach Tarsis oder Tartessos. Dieses Land, das heutige Andalusien, dessen Herrlichkeit jahrhundertelange Mißregierung nicht völlig hat zerstören können, ward für sie eine ergiebige Quelle des Reichthums. Aber ein Ziel setzten sie sich auch hier nicht, sondern wagten sich kühn hinaus auf den Ocean, die lusitanischen Küsten entlang und durch die Baskische Bai nach Britannien. Von den britischen Inseln holten sie das Zinn, das ihnen für die Erzmischung vom höchsten Nutzen war. So weit drangen sie nach Norden vor. Nach Süden erstreckte sich ihr Handelsgebiet nicht allein auf den Karawanenwegen durch die Wüste bis in das innere Afrika, sondern sie fuhren auch an der oceanischen Küste dieses Continents südwärts bis zu den Inseln des Grünen Vorgebirges. Phönicier, im Dienste eines ägyptischen Königs, sind die ersten gewesen, welche eine Umsegelung Afrika's ausführten, eine Fahrt, die nach vielen vergeblichen Ansätzen Europäer erst mehr als zweitausend Jahre nach ihnen vollbracht haben.

So erschlossen sich diesen verwegenen Seefahrern immer neue Länder und Meere; sie beherrschten ein Handelsgebiet, so ausgedehnt, wie nach ihnen kein Volk weder des Alterthums noch des Mittelalters bis zu den großen Entdeckungen des funfzehnten Jahrhunderts es innegehabt hat. Aber wie weit sie auch in die Ferne schweifen mochten, stets blieb ihnen die Heimat und die Mutterstadt ein fester Halt- und Mittelpunkt. Ich muß es mir versagen, auf die Verfassung der phönicischen Städte einzugehen; nur das bemerke ich, daß ein Kenner der Staatskunst wie kein anderer, daß Aristoteles die Verfassung der phönicischen Tochterstadt Karthago als in vielen Stücken mustergiltig griechischen Verfassungen an die Seite gestellt hat. Diese entsprach in ihren Grundlagen der Verfassung von Tyrus. Zumal in der ältern Zeit hielten die Tempelsatzungen und die bürgerlichen Ordnungen der Mutterstädte auch die durch weite Räume abgetrennten Volksgenossen unlösbar gebunden.

Es ist eine eigene Sache um die Religion der Semiten.

Keinem andern Stamme standen so tiefe und so erhabene religiöse Anschauungen zu Gebote. Die heiligsten Offenbarungen, die Lust am Gesetze des Herrn, die Prophetie sind ein Erbtheil der Semiten gewesen, die köstlichsten Psalmen sind aus ihrem Munde erklungen. Aber neben der Verehrung des einigen wahren Gottes, welche in dem Volke Israel eine Stätte fand, zeigt uns das semitische Heidenthum das Ringen der menschlichen Creatur mit Naturgewalten, welche sie in blindem Aberglauben anstaunt und denen sie in knechtischer Furcht ihre Kniee beugt. Man dient den erschaffenen Dingen, der Sonne, dem Monde, den Wandelsternen. Die Gegensätze des Lebens und des Todes, welche die Gemüther beherrschen, finden ihren Ausdruck im Cultus. Auf der einen Seite fröhnt dieser der Wollust in zügelloser Ueppigkeit, auf der andern heischt er Ertödtung des Fleisches und gebietet den Zorn der Götter mit Menschenopfern zu versöhnen, die, abscheulich wie sie an sich sind, doch bei einem überverfeinerten Volke das Gefühl noch tiefer empören als bei rohen Wilden. Und hat sich wohl jemals der Wahnglaube grausenhafter bezeugt als hier, wo die Eltern ihre eigenen Kinder dem Opferfeuer des Moloch darbrachten? Bei solcher Abgötterei gedieh die Priesterherrschaft, welche sich mit den Lebensbedingungen des Volkes schlau auseinanderzusetzen verstand und, statt es sittlich zu erheben, es vielmehr niederdrückte.

Die Priesterschaft vertrug sich auch mit dem Handelsobject, welches die schlimmste Seite des phönicischen Wesens darstellt, dem Menschenhandel. Sclaverei hat bei allen Völkern des Alterthums bestanden und ist zur Schande des Menschengeschlechts auch heutzutage nicht von der Erde verschwunden; aber die ersten, welche den Handel mit Menschen und die Sclavenzüchtung in großem Maßstabe organisirten, waren die Phönicier. Wo es einen Krieg gab, zogen ihre Händler den streitenden Heeren nach und schacherten den siegestrunkenen Kriegern die Beute ab, namentlich die Gefangenen. So klagt der Prophet Joel (3, 8) gegen Tyrus und Sidon und die Philister: „Sie haben das Loos um mein Volk geworfen und haben die Knaben um eine Hure gegeben und die Mägdlein um Wein verkauft und vertrunken." Die Sclaven dienten den Phöniciern theils für den

eigenen Bedarf, als Ruderknechte, als Feldarbeiter; in großer
Zahl wurden Männer und Weiber in den Werkstätten gebraucht.
Viele wurden in die Fremde ausgeführt, zu Verrichtungen jeder
Art. So wird in der Iliade gerühmt, daß die köstlichen Gewänder, aus denen Hecuba ein Geschenk für die zürnende Athena
wählte, von Sidonischen Weibern gefertigt seien, welche Paris
selbst aus Sidon geholt. Die Sclavenhändler dienten zugleich
als Kuppler. Es ist bezeichnend, daß die Griechen sowohl wie
die Lateiner die Benennung für Kebsweib aus der phönicischen
Sprache entlehnt haben, hebr. pilegesch, griech. πάλλαξ, παλλακή,
παλλακίς, latein. paelex und pelex, das Wort mit der Sache.
Auch für den Dienst der Wollust gab die Religion den Deckmantel her: er geschah zu Ehren der sidonischen Astarte oder
der kyprischen Aphrodite.

Es mag mir vergönnt sein, bei der Art und Weise, wie in
jenen frühen Zeitaltern Handel getrieben wurde, noch einen
Augenblick zu verweilen. Die Phönicier entwickelten dabei eine
Klugheit und Geschäftigkeit, welche in dem ganzen Verlaufe der
Geschichte nur bei einem Volke ihres gleichen gefunden hat,
nämlich bei den Juden, ihren Stammverwandten, mit dem Unter-
schiede jedoch, daß diese niemals einen besondern Zug zur See
und zur Schiffahrt verspürt haben.

Der binnenländische Handel der Phönicier richtete sich nach
den heiligen Stätten und heiligen Zeiten. Zu den Festen, an
denen z. B. in Bambyke, westlich vom Euphrat, aus allen
Himmelsgegenden Scharen von Pilgern wallfahrteten, fanden sich
die Phönicier mit ihren Karawanen ein und schlugen im Tempel-
bezirke ihre Zelte auf. Die Straßen und Wege zu den Heilig-
thümern standen unter dem besondern Schutze der Götter; unter
ihrem Tempelfrieden geschah die Zufahrt und die Abfahrt. So
wurden die großen Märkte und Messen Asiens abgehalten.

An heilige Zeiten war auch die Schiffahrt gebunden; unter
dem Geleite der Stadtgötter vertraute sich der Kauffahrer dem
Meere an. Kein Schiff von Tyrus durfte vor dem Frühlings-
feste des Melkart, der Feier der Auferweckung des Sonnengottes
aus dem Winterschlafe, in See gehen. Es war ein ungemein
kühner Staatsstreich, als Hiram, der größte Tyrische Fürst, der

Freund von David und Salomo, um eine Flotte unverzüglich schon im Februar gegen die aufständische Insel Cypern absenden zu können, dieses Fest fortan einen Monat früher zu feiern befahl.

Die Schiffe waren aufs beste gebaut zu rascher Fahrt, leicht zu steuern, schnelle Segler, und wenn der Wind nicht günstig war, durch die Kraft der zahlreichen Rudersclaven getrieben, so wohl bemessen, daß noch in der Blütezeit des griechischen Handels Xenophon ein phönicisches Kauffahrteischiff als Muster der Ordnung und der zweckmäßigsten Raumbenutzung hinstellt. Die Fahrt ging an den Küsten entlang; in befreundeten Gegenden dienten Wartthürme und Feuersignale zur Orientirung, aber die Phönicier verstanden es auch, nach den Gestirnen, deren Kenntniß sie den Babyloniern verdankten, ihren Lauf zu richten. Fremden Gestaden näherten sie sich mit größter Behutsamkeit; hielten sie sich sicher, so schlugen sie am Strande oder auf einem nahen Eilande ihre Zelte auf und boten ihre Waren feil. War das Geschäft beendet, so fuhren sie von dannen, nicht ohne gelegentlich Söhne und Töchter des Landes zu entführen. Wie sehr sie das Meer beherrschten, im Guten und Schlimmen, lehren uns die Homerischen Gedichte. Die kostbarsten Prachtstücke schreiben von ihnen sich her. So setzt Achill einen Becher als Kampfpreis aus, der seines Gleichen nicht auf Erden hat: denn die kunstreichen Sidonier haben ihn in Erz getrieben und phönicische Männer über das Nebelmeer hergebracht.

Jedes Schiff ging bewaffnet in See, um gegen räuberischen Angriff gerüstet zu sein oder unter Umständen Gewalt und Raub zu üben. Fremde Mitbewerbung unterdrückten sie nach Kräften. Das harmloseste Mittel, die Concurrenz auszuschließen und zugleich den Preis der Waren zu steigern, bestand in Schifferfabeln, von denen der Grieche Herodot manche gläubig nacherzählt, z. B. daß die weihrauchtragenden Bäume von einer Menge kleiner geflügelter Schlangen bewacht werden, oder daß der Zimmt aus Vogelnestern gesammelt wird, die an unzugänglichen Klippen hangen. Aber wo die Schlauheit nicht half, gebrauchten sie Gewalt. Wehe dem Schiffer, der es wagte, ihren Spuren zu folgen! Wo sie an ihn kommen konnten, versenkten sie Schiff und Mannschaft in die Tiefe des Meeres.

Dieser Handelsgeist erhielt sich bis in späte Zeit. Ein Schiffer aus der Tyrischen Colonie Gades, dem heutigen Cadiz, der auf der Fahrt nach Britannien begriffen war um Zinn zu holen, bemerkte, daß römische Schiffe ihm nachsegelten. Alsbald steuerte er sein Schiff auf Untiefen und ließ es stranden. Er selbst rettete sein Leben, die römischen Schiffe giengen mit der Mannschaft zu Grunde. Für diese That gaben die Gaditaner ihrem Capitän reichlichen Schadenersatz und wußten es ihm Dank, daß er ihr Monopol gerettet hatte.

Aber wenn die Phönicier auch, wo sie es ungestraft thun konnten, Gewalt übten, so waren sie doch von Natur, wie Handel und Gewerbfleiß es mit sich bringen, ein friedfertiges Volk. „Es war die Weise der Sidonier“, heißt es im Buch der Richter (18, 7), „still und sicher zu wohnen im Lande, und es war niemand, der ihnen Leid that.“ Kamen sie doch, die gefälligen Kaufleute, mit auserlesenen Gaben, Männern und Weibern will=kommen, bereit, den vorhandenen Ueberfluß gegen Schätze ferner Zonen einzutauschen. So gelang es ihnen leicht, auch in der Fremde ihren Handel in geregelte Bahnen zu leiten.

Die Götter mußten dazu helfen. Der Kauffahrer führte ihre Bilder auf dem Schiffe mit und stellte sie in seinem Gezelt auf, wo er Handel trieb; vor ihnen wurden Handelsverträge abgeschlossen. Eben diese seine Götter brachte er den Griechen und anderen Westvölkern zu. Er knüpfte weislich an die Vor=stellungen, welche er bei ihnen vorfand, von Herakles, von Aphrodite, phönicische Bräuche an, und versah die leichtgläubige Menge mit Amuletten und mit Idolen. Auf diese Weise ward der Handel unter religiöse Garantie gestellt. Aber dessen nicht genug, die Phönicier bedurften auch der Werkstätten und der Factoreien im fremden Lande. Zu ihren einträglichsten Artikeln gehörten die Buntwirkerei und die Färberei. Nun ließen sich zwar metallische Farbstoffe, welche z. B. auf Inseln des Archipels ge=wonnen wurde, verschiffen, aber nicht die Purpurschnecke, deren Farbe frisch verwendet werden muß. Daher finden wir überall dort, wo Purpur gewonnen wurde, Tempel jener nach der Art von Sidon und Tyrus angebeteter Götter, zu deren Dienste die An=fertigung reichgestickter oder farbiger Gewänder in Bezug gesetzt ward; sie schützten auch die Anpflanzungen und die Bergwerke, welche an geeigneten Stätten in Betrieb gesetzt wurden.

Mit der größten Umsicht bemaßen die Phönicier ihre Schritte. Wo sie ein Volk sich ebenbürtig und widerstandsfähig fanden, und das war z. B. in Vorderasien und Griechenland der Fall, da gaben sie die Lehrmeister ab und errichteten wohl auch Factoreien, aber versuchten es nicht, sich in Masse daselbst niederzulassen. Dagegen wo ein Land dünn bevölkert war und auf der niedrigsten Stufe der Cultur stand, da gründeten sie Colonien und verschafften sich durch diese ein erweitertes Absatzgebiet. An allen Küsten des Mittelmeeres lassen sich aramäische Ortsnamen nachweisen, sichere Zeugen phönicischer Niederlassungen, aber im ausgedehntesten Maße besiedelten sie die Küstenländer der Berberei, des heutigen Tunis, Algerien, bis über die Grenzen von Marokko hinaus, und die Afrika zugewandte spanische Küste; soll doch Tyrus, die Mutterstadt von Gades, Utika, Karthago, allein an der Westküste von Afrika dreihundert Städte angelegt haben.

Zu diese Gegenden leiteten die Phönicier den Strom der asiatischen Auswanderung, führten durch Krieg aus ihrer Heimat vertriebene zu neuen Wohnsitzen oder nahmen streitbare Männer, namentlich Karier, als Söldner in ihren Dienst. Konnten sie nicht ganze Landschaften mit ihren eigenen Bürgern bevölkern, so sicherten sie ihnen wenigstens das Regiment in den Städten und machten die Bauernschaften, denen gegen Zins und Lieferungen das flache Land angewiesen wurde, von diesen abhängig. So weit ihr Arm reichte, hielten sie auch die Eingebornen zum Ackerbau und zu Frohndiensten an. In der Nähe der Städte wurden Plantagen angelegt und von Sclaven bearbeitet. Gegen die kriegerischen Völker, welche am Saume der Wüste als Nomaden ungebunden hausten, boten die festen Mauern und die wohlgerüsteten Söldner eine starke Schutzwehr; aber um das offene Land vor ihren räuberischen und verheerenden Einfällen zu sichern, bequemten sich die Colonisten auch dazu, den Frieden mit einem jährlichen Bodenzins zu erkaufen.

So durfte denn noch in der römischen Kaiserzeit Pomponius Mela, ein Schriftsteller, der selbst aus einer phönicischen Stadt in Spanien gebürtig war, die Phönicier rühmen als ein kunst-

fertiges Menschengeschlecht, ausgezeichnet in Geschäften des Krieges
und des Friedens, als die, welche die Buchstaben und die Schrift=
stellerei, die Seefahrt und Seekriege und die Herrschaft über
fremde Völker erfunden und geübt haben.

Es sind weit entlegene Zeiten, in welche die Geschichte der
phönicischen Seemacht uns zurückführt. Die älteste Periode, in
der die Städte Byblos und Berytos (das heutige Beirut) den
Vorrang hatten, geht über 1600 Jahre vor unserer Zeitrechnung
hinauf; die zweite Periode, in der die alte Fischerstadt Sidon an
Macht und Reichthum alle anderen überstrahlte, endete im zwölf=
ten Jahrhundert vor Christo. Schließlich kam Tyrus empor und
erstreckte seine Herrschaft bis zum Ocean. Diese letzte glänzende
Periode der Seemacht Phöniciens endete im achten Jahrhundert
vor Christo. Fortan ging eine Position nach der andern an die
Griechen und schließlich an die Römer über. Jahrhunderte noch
behauptete Karthago, die Tochterstadt von Tyrus, selbständig im
Westen eine gebietende Stellung, aber die Städte des Mutterlandes
Phönicien vermochten den Vorrang nicht wieder zu gewinnen.

Verschiedene Ursachen haben diesen Umschwung herbeigeführt.
Wie thätig und wie klug auch die Phönicier waren, das Gedeihen
ihrer Städte war wesentlich bedingt durch die Politik der Groß=
mächte. So lange die Reiche von Ninive und von Aegypten in
Frieden lebten, blühten Handel und Verkehr; neu ausbrechende
Kriege, deren Schauplatz Syrien war, störten den Wohlstand der
Seestädte und gefährdeten ihre Unabhängigkeit, nicht minder, wenn
sie Partei nahmen, als wenn sie neutral bleiben wollten. Gerade dieser
Umstand, der früher ihr Emporkommen begünstigt hatte, die Lage
Syriens zwischen dem Euphrat= und Nillande, schlug jetzt in den
Nachtheil um. Die Städte erschöpften sich in rühmlichen, aber frucht=
losen Kämpfen; das Capital und der Credit schwand, es traten
Handelssperren ein, der Güterverkehr suchte andere Wege auf.

Mit dem Verfall des Mutterlandes löste sich das Band,
welches die Factoreien und Colonien zusammengehalten hatte.
Diese mußten fortan lernen mit eigener Kraft zu bestehen; die
es nicht vermochten, giengen ein oder geriethen in fremde Hände.

An vielen Orten traten die Griechen in die Fußtapfen der
Phönicier und nahmen die von diesen bereiteten Wohnstätten ein.

Was von der Cultur des alten Orients den abendländischen Völkern zu bleibendem Besitze gedieh, ist im wesentlichen durch die Griechen übertragen worden, aber geadelt und zu höherem Werthe erhoben. Hatten die Phönicier sich fügen und schmiegen gelernt, um den Schutz und die Gunst asiatischer Despoten nicht zu verscherzen, so erwuchs dagegen das Volk der Griechen frei und stolz auf seinen Inseln, in seinen vielgegliederten Landschaften, welche das Meer umgürtet und die Gebirge gegen feindliche Einfälle schirmen; nie hatten sie den Nacken einem fremden Herrn gebeugt. Die Phönicier waren darauf bedacht, bei ihrer Schifffahrt, ihren Gewerben, ihrem Landbau so viel Sclavenhände wie möglich zu bethätigen, die Last der Arbeit auf eine dienende und frohnende Bevölkerung zu wälzen und für sich nur den Gewinn auszubeuten. In Griechenland dagegen waren vor Alters der Sclaven verhältnißmäßig wenige. Die Arbeit ehrte den Mann. Der Fürst führt mit eigener Hand den Pflug so gut wie Schwert und Lanze oder er sitzt am Steuer, Fürstentöchter gehen mit dem Kruge zum Brunnen, sie weben mit den dienenden Mägden oder fahren mit ihnen zum Gestade, die Wäsche zu besorgen.

Allerdings haben die Griechen von den Morgenländern viel gelernt, weit mehr, als noch in jüngster Zeit von einseitigem Vorurtheile geleitete Forscher zugestehen wollten, bis die neu gewonnene Kunde des Orients, seiner Sprachen und seiner Denkmäler, namentlich aus den Trümmern von Ninive und Babylon, den Zusammenhang jedem, der sehen will, klar vor Augen legte. Der Kunstfleiß der Griechen, Fertigkeiten aller Art sind vom Morgenlande überkommen; sie haben daher ihre Maße und Gewichte, ihre Schrift, und mit dieser eins der wichtigsten Elemente stetig wirkender Cultur; überdies haben sie eine Menge religiöser Vorstellungen, Mythen und Sagen aus dem Orient sich angeeignet. Neuerdings erst ist mit Scharfsinn dargethan, daß, entsprechend den sieben Stockwerken des dem Bel geheiligten babylonischen Thurmes, die sieben Thore des Kadmeischen Thebens den Wandelsternen gewidmet waren, welche nach der Vorstellung der Babylonier sich um die Erde drehen, denselben Gestirnen, nach denen unsere sieben Wochentage benannt sind.

Die Griechen blieben sich dessen bewußt, was sie den Phö-

niciern verdankten, und feierten den Kadmos (d. h. den Morgen=
länder) und seine Genossen als die Träger einer höhern Cultur,
welche von Sidon ausgieng; aber sie wurden nicht von ihr ab=
hängig. Was die Griechen aus der Fremde übernehmen, gewinnt
bei ihnen eine neue eigenthümliche Gestalt. Wie ein glücklich be=
gabter Knabe sich an seinem Lehrer bildet, von ihm sich Kennt=
nisse und Fertigkeiten aneignet, aber, je tüchtiger er gelernt hat,
nur um so selbstkräftiger als Mann auf seine eigenen Füße tritt und
seinen Charakter ausprägt, so entwuchsen auch die Griechen ihren
Lehrmeistern und erhoben sich auf eine höhere Stufe menschlicher
Bildung und Gesittung. Der Unterschied der Völker spiegelt sich
ab in ihren Vorstellungen von den Göttern. Das semitische
Heidenthum ist beherrscht von trüber Mystik und Symbolik, es
weiß die Gewalt der Naturkräfte, vor denen der schwache Mensch
zittert, nicht besser zu versinnlichen, als indem es die Götter in
halb menschlicher, halb thierischer Gestalt abbildet. Durch die
Religion der Griechen dagegen geht ein Zug von Klarheit und
von Freudigkeit. Die Gottheiten werden in verklärter Menschen=
gestalt gedacht und die Thiere, welche ihr Wesen andeuten sollen,
der Adler, die Eule u. s. w., werden nicht mit ihrem Leibe zu
naturwidrigen Bildungen verschmolzen, sondern treten als Sym=
bole den Götterbildern zur Seite.

Der Charakterverschiedenheit der Völker entspricht ihre Co=
lonisation. Die Colonien der Griechen sind von vorn herein
nicht gewerbliche Etablissements oder Handelsfactoreien, sondern
Niederlassungen streitbarer Männer, welche Raum für ein selb=
ständiges Gemeinwesen und freie Thätigkeit suchen. Wo sie sich
mit den Waffen Bahn gemacht haben, legen sie alsbald Axt und
Pflug an. Die Austheilung von Grund und Boden und dessen
Pflege ist die Basis des Gemeindelebens. Auf dem Grundbesitze
beruht die bürgerliche Vollberechtigung; erst in zweiter Linie
kommen Kunstfleiß und Handel zur Geltung.

Die früheste Auswanderung aus Griechenland erfolgte als
ein Rückschlag innerer Erschütterungen. Durch die Eroberungs=
züge kriegerischer Stämme wurden Besitz= und Rechtsverhältnisse
ganzer Landschaften umgestaltet und Scharen freiheitliebender
Männer aus ihrer Heimat getrieben. Diese suchten neue Sitze

über der See, besiedelten die Inseln des Archipels und eroberten die Westküste Kleinasiens, wo eine ihnen stammverwandte Bevölkerung von den Kariern, den Genossen der Phönicier, in drückender Abhängigkeit gehalten wurde. Gewaltsam und hart traten die Griechen gegen die bisherigen Herren auf, erschlugen die Männer und nahmen die Weiber für sich. Es währte nicht lange, so waren alle bedeutenden Städte an der Küste und auf den benachbarten Inseln in ihrer Hand und nach den Namen der drei hellenischen Stämme, denen die Ansiedler angehörten, wurden die Landschaften Aeolis, Jonien, Doris benannt.

Seit sie des gewonnenen Besitzes sicher waren, übten die wehrhaften Colonisten mit frischen Sinnen auch die Künste des Friedens. Die griechisch gewordenen Städte, umgeben von gesegneten und trefflich angebauten Landgebieten, entwickelten sich bald zu Stapelplätzen Vorderasiens, namentlich des goldreichen Lydiens mit seiner alten Königsburg Sardes. Noch behauptete Tyrus den Großhandel nach den fernen Seeküsten und den continentalen Binnenlandschaften; als aber im achten Jahrhundert vor Christo der Tyrier Macht und Reichthum dahinschwand, regten sich die Griechen mit rascher Thatkraft, an ihren Platz einzutreten. Der Verkehr mit dem Innern Asiens wurde jetzt auf die Straßen geleitet, welche in Jonien ausmündeten; es kam eine Zeit, da Aegypten den Phöniciern verschlossen und den Griechen geöffnet wurde. Nach allen Richtungen suchten die Griechen die früher ausschließlich von den Phöniciern befahrenen Handelswege durch den Pontus und in die Westsee auf, besetzten deren Niederlassungen, welche im Barbarenlande dem Untergange zu verfallen drohten, mit neuen Ansiedlern und entdeckten mit sicherem Scharfblick geeignete Plätze für neue Städtegründungen. Eine wunderbare Jugendkraft entwickelte das hellenische Volk im eigentlichen Griechenlande wie in Kleinasien, denn von hier und dort giengen die Colonien aus. Vor allen blühte Milet empor, die ionische Stadt, deren vier Häfen die reichsten Geschwader aussandten und aufnahmen, die Mutter von neunzig Pflanzstädten, die Centralstätte des orientalischen und pontischen Handels. Mit Milet wetteiferte Korinth, das aus seinen beiden Häfen östlich und westlich der Landenge seine Flotten aussandte. Aber auch

kleinere Städte traten in die Schranken und dienten als Aus=
gangspunkte für kräftig aufstrebende Gründungen. So war By=
zanz, ein Platz, der sich bald vermöge seiner unvergleichlichen
Lage an der Schwelle des Pontus zu höchster Bedeutung erhob,
eine von den Gründungen der kleinen, durch ihre Nachbarn,
Korinth und Athen, früh verdunkelten Stadt Megara.

Das Handelsgebiet, welches sich die Griechen mittelst ihrer
Colonien zu eigen machten, umfaßte die Nordküste des Archipels,
die Straße zum Pontus und die Gestade dieses weiten Meeres=
beckens ringsum. Im Osten des Mittelmeeres setzten sie sich auf
Cypern fest, an der Nordküste Afrika's besiedelten sie Kyrene.
In Unteritalien waren ihrer Städte so viele, daß man die ganze
Landschaft Großgriechenland benannt hat; Sicilien eigneten sie
sich zum großen Theile zu; an den ligurischen, gallischen, hispani=
schen Küsten bis zu den Säulen des Herkules sind ihre Colonien
zahlreich vertreten. Kurz, vom Don bis zum Saume der afrika=
nischen Wüste, von Cypern bis gen Gades hin breiteten sich die
Griechen mit ihren Niederlassungen aus.

Die Veranlassungen zu den weiten Fahrten und zu den
Auswanderungen in dieser spätern Periode waren verschiedener
Art. Nach Tartessos kamen von allen Griechen zuerst Samier,
wie erzählt wird, ohne Absicht, durch Sturm verschlagen, und
brachten die reichste Ladung zurück. Ueberall war es nicht aus=
schließlich der Handelsgeist, wie bei den Phöniciern, der die
Griechen zu fremden Gestaden führte, sondern in höherem Grade
Lust an Abenteuern und der trotzige Freiheitsdrang, dem es daheim
zu eng ward. Alle griechischen Städte und Landschaften wurden
damals durch politische Parteikämpfe erschüttert, welche mit grim=
miger Leidenschaft durchgefochten wurden. Für die Herstellung
des bürgerlichen Friedens gab es in der Regel kein anderes
Mittel als die Vernichtung des unterliegenden Theiles oder die
Auswanderung. Zu dem letztern unblutigen Auswege rieth
jederzeit die vielvermögende Priesterschaft des Apollinischen Heilig=
thums zu Delphi und hat durch den heiligen Ernst, mit welchem
sie den Frevelmuth verdammte und im Namen der Gottheit Sühne
gebot, viel Segen gestiftet. Denn fürwahr es waren nicht die
schlechtesten Söhne Griechenlands, welche Haus und Heimat ver=

ließen, um sich eine Freistatt in der Fremde zu gründen. Sie
schieden nunmehr von der Vaterstadt ohne Groll, unter dem
Schutze der väterlichen Götter, deren Heiligthümer sie auch in
der Fremde ehrten. Das heilige Feuer von dem heimischen Göt-
terherde nahmen sie mit hinaus zu den neuen Altären. Mutter-
und Tochterstadt blieben durch ein enges Band verbunden und
standen treu zu einander, sowohl im friedlichen Verkehr, als
wenn Noth und Gefahr hereinbrachen.

Ihre neuen Wohnsitze erkämpften sich die Griechen oftmals
mit dem Schwerte, in vielen Fällen aber wurden die Ankömm-
linge auch von den Eingebornen willkommen geheißen. Als Beispiel mögen uns die Phokäer dienen. Vor allen Joniern thaten sich
die Bürger von Phokäa sowohl durch ihre Freiheitsliebe und ihren
kühnen Unternehmungsgeist als durch ihre umsichtige Handelspolitik
hervor. Sie sind die ersten gewesen, welche Münzen schlugen und
damit, daß sie die unter Auctorität des Staates ausgegebenen
Werthzeichen an die Stelle des bloßen Warentausches und der
Verwendung von Metallbarren setzten; dem Handel eine bis dahin
ungeahnte Erleichterung schufen. Ebenso einsichtig wie in dieser
Erfindung zeigten sie sich, wo es galt, mit fremden Völkern
Handelsverträge zu schließen. Noch immer war Tartessos, das
Land, dessen Schätze einst die Phönicier ausgebeutet hatten, die
Quelle überschwenglichen Reichthums. Die Phokäer wußten sie
sich zu eröffnen und schlossen so enge Freundschaft mit dem Volke
jener hispanischen Landschaft, daß der dort gebietende König
Arganthonios die Kosten bestritt, um die verbündete Griechenstadt
mit neuen Mauern aus Quadersteinen gegen den Andrang feindlicher Heere zu schirmen. Und nicht bloß in Hispanien waren
die Phokäer wohlgelitten, auch mit den Galliern im Rhonegebiet
wußten sie sich zu verständigen. An der gallischen Küste gründeten sie die Stadt Massalia, das heutige Marseille. Als die Griechen
landeten, so wird erzählt, war der Fürst des Landes im Begriff,
seiner Tochter Hochzeit auszurichten, und lud die Fremblinge zu
dem Feste ein. Es war der Brauch, daß die Jungfrau dem erwählten Bräutigam die Trinkschale reichte und damit die Gatten-
wahl vollzog. Aufgefordert, diesem Brauche nachzukommen, bot
die Königstochter dem Führer der Griechen die Schale dar und

3*

erfor ihn damit zum Gemahl. Man sah darin göttliche Ein=
gebung und der Bund war besiegelt.

Freilich blieb der Friede nicht ungestört. Schon in der
nächsten Generation blickten die Gallier mit Neid und Argwohn
auf das Wachsthum der griechischen Stadt und faßten den Be=
schluß, sie zu verderben. Gastfrei zogen die Massalioten die Um=
wohnenden zu ihren Festen; gerade darauf gründeten die Bar=
baren einen Plan, sich der Stadt zu bemächtigen. Es war
Frühling und das fröhliche Blumenfest stand bevor. Zu diesem
kamen auserlesene Krieger in großer Zahl, scheinbar nach Gast=
recht, in die Stadt, andere wurden heimlich in verdeckten Wagen
hineingebracht. An dem nahen Gebirge lag der König im Hinter=
halt. Während der Festnacht, so war es die Absicht, sollten die
in der Stadt befindlichen Gallier den draußen versammelten
Schaaren die Thore öffnen und alsdann die Griechen alle des
Todes sein. Aber der Anschlag ward verrathen. Eine Frau aus
dem königlichen Hause liebte einen schönen griechischen Jüngling
und warnte ihn, er möge sein Leben retten und die Stadt schleu=
nigst verlassen. Dieser meldete den Behörden die drohende Ge=
fahr, die Bürger verwahrten die Thore und zogen die einge=
schlichenen Feinde aus ihrem Versteck: Massalia war gerettet.
Seitdem waren die Massalioten niemals wachsamer und hielten
nie ein schärferes Auge auf die Fremden als an den Tagen, da
sie ihre Feste feierten.

Dieser Stadt verdankt Südfrankreich die Einführung des
Weinstocks und des Oelbaums. Sie hat an den Küsten nach
Westen und nach Osten neue Pflanzstädte gegründet, deren heutige
Namen von Nizza bis Ampurias in Spanien noch an den griechi=
schen Ursprung erinnern. Sie war mit Rom jahrhundertelang
treu verbündet, in guten und schlimmen Tagen. Als Rom von
den Galliern verbrannt war, legten die Bürger Massalia's Trauer=
kleider an und halfen mit reichlichen Gaben aus öffentlichen und
Privatmitteln zum Wiederaufbau der befreundeten Latinerstadt.
Und weit nach dem Innern Galliens trugen sie die Strahlen
höherer Bildung. Von Massalia ist der Entdecker ausgegangen,
der zuerst von der Natur der nördlichen Himmelsstriche, von den
Sternbildern am Nordpol, von der Zone, wo einmal im Jahre

die Sonne nicht untergeht, von den Bernsteinküsten, von Thule, der äußersten Insel im nordischen Meere, Kunde brachte, der gelehrte Pytheas, dessen Verdienst erst die späte Nachwelt nach Gebühr gewürdigt hat.

Massalia ist nur eins von vielen Beispielen, wie die Griechen mit dem Boden, den sie einnahmen, verwuchsen, ohne von ihrer eigenthümlichen Art zu lassen. Wohin sie auch kamen, wurden sie die Träger und Pfleger einer edlern Cultur, welche immer wieder aus dem Vaterlande frische Lebenskräfte an sich zog. Oftmals eilten die jungen Pflanzungen in ihrer raschen Ent= wickelung dem stetiger fortschreitenden und mehr am Alten be= harrenden Mutterlande voraus; mehr als eine Kunst und Wissen= schaft ist früher in den Colonien als im eigentlichen Griechen= land gepflegt und ausgebildet worden.

Geraume Zeit war es den Griechen beschieden, ohne auf unüberwindliche Hindernisse zu stoßen, ihre Seemacht und ihr Handelsgebiet zu erweitern. Verluste, welche Einfälle der Bar= baren ihnen zufügten, hatten sie durch erhöhte Thätigkeit wieder eingebracht. Die Könige von Lydien nöthigten die Städte Klein= asiens, sich ihrer Oberhoheit zu unterwerfen, aber sie störten ihre maritime Entwickelung nicht. Gerade in dieser Periode gieng der ägyptische Handel durch die Gunst der herrschenden Dynastie fast ganz in die Hände der Griechen über.

Da drohte feindliche Uebermacht im Osten und im Westen, das ganze System des griechischen Staatswesens über den Haufen zu werfen. Die Gefahr war um so furchtbarer, da unter den Griechen die wenigsten den Stand der Dinge richtig erkannten. Gleichgiltigkeit der einen, Zwietracht der anderen schien der ein= heitlichen Macht weit überlegener Feinde sicheren Sieg zu ver= heißen.

Im Osten erhob sich eine neue Großmacht. Der Perser= könig Cyrus und sein Nachfolger zerstörten das lydische, das babylonische, das ägyptische Reich; seitdem bestand von den Grenzen Griechenlands bis Indien eine einzige militärisch organi= sirte Monarchie. Die Perserkönige zwangen die ionischen Städte in Kleinasien unter ihre Botmäßigkeit; ein Aufstand, der ohne die Tragweite des Unternehmens zu ermessen und ohne einheit=

liche Leitung versucht ward, endete mit neuer Unterdrückung.
Milet wurde dem Erdboden gleich gemacht, die Einwohner in
das Innere des Reiches, an die Mündung des Tigris, abgeführt.
Niemand hatte zur Besiegung der aufständischen Griechen
eifriger geholfen als die Sidonier, denn sie ernteten die Früchte
davon. Unter dem Schutze der persischen Könige erwachte Handel
und Schiffahrt der phönicischen Städte zu neuer Bedeutung. Zu
gleicher Zeit erhob Karthago stolz das Haupt und trat, mit den
Tyrrhenern verbündet, den Griechen im Westmeere entgegen.
Als Cyrus Kleinasien eroberte, zerstörten die Bürger von Phokäa
lieber ihre Stadt und wanderten aus, als daß sie auf ihre Freiheit verzichtet hätten. Mit Weib und Kind fuhren sie über See
und ließen sich auf Corsika nieder. Aber die Karthager und
Tyrrhener wollten sie dort nicht dulden. In einer blutigen
Seeschlacht kämpften ihre vereinigten Flotten gegen die Phokäer.
Diese wehrten sich heldenmüthig, sahen sich aber dennoch genöthigt, ihre Niederlassung aufzugeben. Ein Theil wandte sich
nach der ältern Colonie Massalia, ein anderer nach Unteritalien.
Die in der Schlacht gefangenen Griechen wurden nach der Tusker-
stadt Caere abgeführt und gesteinigt.

So traf die Hellenen ein Schlag nach dem andern; es schien
der Untergang ihrer Macht, ja ihrer Selbständigkeit bevorzustehen. Um Griechenland zu bezwingen und vor allem Athen
zu züchtigen, das ihren Zorn gereizt, setzten die persischen Groß-
könige eine Streitmacht nach der andern in Bewegung; zuletzt
zog König Xerxes in eigener Person mit dem gesammten Aufgebote der Streitkräfte Asiens über den Hellespont und durch die
Thermopylen bis nach Attika. Dem ungeheuren Landheere blieb
die Kriegs- und Transportflotte zur Seite. Diesem Angriffe
der weltgebietenden Großmacht hielten die Spartaner und die
Athener und die ihnen verbündeten Gemeinden Stand und verfochten ihre Freiheit mit Thaten unvergänglichen Ruhmes. So
giengen sie siegesfreudig mit verjüngter Lebenskraft aus dem gewaltigen Kriege hervor, und die Athener verstanden es, unter
der Leitung großer und edler Staatsmänner die bis dahin zer-
splitterten maritimen Kräfte der Hellenen zu einem Bunde zu-
sammenzuschließen, der bald seine Glieder nach Hunderten zählte.

Die Niederlagen der persischen Könige trafen auch die Phö=
nicier hart. Ihnen frommte es nicht, daß sie nach Kräften gegen
das verhaßte Griechenvolk gestritten hatten; sie mußten dafür
büßen, daß sie nicht gesiegt. Am Abend der Seeschlacht von
Salamis ließ Xerxes in blinder Wuth den phönicischen Befehls=
habern die Köpfe abschlagen. In der nächsten Nacht segelten
ihre Schiffe nach Hause. Bald kam es dahin, daß die Athener
die Küsten Phöniciens verwüsteten. Sie waren nunmehr die
Herren der See.

Zu der gleichen Zeit, da Xerxes Griechenland mit seinen
Heeresmassen überzog, nahmen auch die Karthager alle ihre
Kräfte zusammen, um mit einem unwiderstehlichen Schlage die
Macht der Griechen auf der Insel Sicilien zu zerstören. Wenn
ihnen das gelang, dann waren sie Herren im westlichen Mittel=
meer, dann waren Cumä, Massalia und die anderen Griechen=
städte an diesen Küsten verlorene Posten. Drei Jahre rüsteten
die Karthager; sicilische Tyrannen standen mit ihnen im Bunde
gegen ihre Landsleute; ungehindert konnten sie Hunderttausende
von Söldnern ausschiffen, die Flotte wurde am Lande geborgen.
Aber auch die Griechen waren kampfbereit. Unter den griechi=
schen Städten auf Sicilien behaupteten damals Akragas (das
heutige Girgenti) und Syrakus den Vorrang. Ueber jenes gebot
Theron, über dieses Gelon, beide edle Fürsten, deren Ruhm die
Dichter besungen und die dankbaren Nachkommen noch nach
Jahrhunderten gepriesen haben. Diese rüsteten wetteifernd; die
Frauen, allen voran die hochsinnige Damareta, Theron's Tochter
und Gelon's Gemahlin, brachten ihren Schmuck als Beisteuer
dar. So ward ein zwar an Zahl viel geringeres Heer, aber
ein Heer nicht von Soldknechten, sondern von freien Männern
dem Feinde entgegengestellt. Bei Himera an der Nordküste der
Insel kam es zur Schlacht. Von Sonnenaufgang bis zum späten
Abend währte der Kampf; endlich stürmten die Griechen das
karthagische Lager, steckten die Flotte in Brand und hieben die
Massen der Feinde zusammen. Als der König der Karthager,
Hamilkar, die Seinen geschlagen sah, stürzte er sich in die
Opferflammen, um das Unglück seiner Vaterstadt nicht zu
überleben. Wie in denselben Tagen in Hellas, so war auch

an den Gestaden Siciliens die griechische Freiheit glorreich ver=
fochten worden.

Nach so herrlichen Kriegsthaten entfaltete sich die hellenische
Cultur unter dem Wetteifer der leitenden Staaten, unbeirrt von
fremden Mächten, zur reichsten Blüte und brachte in der Littera=
tur wie in der bildenden Kunst Werke hervor, welche den nach=
folgenden Zeitaltern als unerreichte Vorbilder gedient haben und
noch heute durch ihre vollendete Schönheit unser Gemüth erheben.

Diese glückliche Zeit hat nicht über zwei Menschenalter Be=
stand gehabt. Wie es gekommen ist, daß die leitenden Staaten
der Hellenen mit einander in Kriege geriethen, welche die ma=
terielle und die sittliche Kraft des griechischen Volkes bis ans
Mark zerstörten, Athen erst mit Sparta, Korinth, Theben und
deren Verbündeten, dann mit Syrakus, wie sie durch ihren Zwie=
spalt die Einmischung dort der Karthager, hier der Perser heraus=
forderten, das zu schildern liegt außerhalb der Aufgabe, die ich
mir gestellt, in kurzen Zügen ein Bild aus dem Verkehrsleben
der ältesten Seevölker zu geben.

Winckelmann.

Die Entwickelung der hellenischen Kunst im Verhältniß zum Volksleben.

———

Rede gehalten zum Winckelmannsfeste am 9 December 1859 in der Aula der Universität Greifswald und gedruckt Greifswald 1861.

Die Gedächtnißfeier, welche uns heute hier zusammenführt, versetzt uns in eine der denkwürdigsten Epochen unserer nationalen Entwickelung. Denn Winckelmann stand in erster Linie in dem geistigen Kampfe, durch welchen unser Volk sich aus der Unmündigkeit und dem Joche fremder Auctorität zu freiem Selbstbewußtsein emporrang, in welchem es wiederum die Kraft gewann in Künsten und Wissenschaften wie in Thaten nationaler Begeisterung großes und herrliches zu vollbringen.

Die Geschichte der Gelehrsamkeit hat der Märtyrer im Dienste der Wissenschaft viele aufzuweisen, die entweder ihr ganzes Leben in Kummer und Noth verbrachten oder doch erst nach einer langen bitteren Prüfungszeit zu dem bescheidenen Ziele ihrer Wünsche, zu einem sorgenfreien Schaffen im Reiche des Geistes gelangten. Zu der Zahl der letzteren gehört Winckelmann.

Nicht ohne den innigsten Antheil können wir seinem Lebensgange folgen, wie er in spärlichen Mittheilungen von Freunden, am reinsten und vollsten aber in seinen Briefen sich abspiegelt. Dem armen Schuhflickersohne zu Stendal gab die erste und vorläufig einzige Vorstellung von Kunstwerken eine zu Anfang des vorigen Jahrhunderts erschienene Encyklopädie, die wir heutzutage nicht ohne Lächeln durchblättern können, der geöffnete Ritter-Platz, in welchem „denen Liebhabern zum Vergnügen, vornemlich der Politischen Jugend zu Nutzen, und denen Reisenden zur Bequemlichkeit", alles mögliche, Fortification und Civil-Baukunst, Fechten, Reiten und Jagen, Feuerwerke und neue Curen, und gelegentlich auch Münzen und Antiquitäten mit „zierlichen Kupfer-Figuren" „an das Licht gestellt werden" [1]). Und daraus schöpfte der Knabe eine solche Anregung, daß es ihm keine Ruhe mehr ließ, bis er seinen Durst nach Erkenntniß des Schönen stillen konnte. Daher legte er sich mit rastlosem Eifer auf die Erlernung der Sprachen, alter und neuer, vorzüglich aber auf die damals wenig beachtete griechische Litteratur, daher ermattete er nicht in seinem Streben, weder als er zu Seehausen als Schulmeister die Kinder das ABC lehrte noch als er zu Nöthnitz bei Dresden für den Herrn von Bünau Urkunden und Chroniken ausschrieb und Heiligenleben las, denn gehörte auch der Tag der Frohnarbeit, so blieb doch die Nacht für den Sophokles und dessen Gesellen. Und einen Schritt war Winckelmann schon seinem Ziele näher gekommen. Im Gefolge der verschwenderischen Hof= haltung Augusts II und Augusts III waren die Künste „als eine fremde Colonie", wie Winckelmann sagt, nach Sachsen ge= führt: deutsche und italienische Architecten, Bildhauer, Maler schmückten die Residenz, und es wurden Werke antiker und mo= derner Kunst aufgekauft, welche noch heutzutage die Zierde der Dresdner Sammlungen sind. Winckelmann war es vergönnt diese Schätze zu schauen, insbesondere Rafaels sixtinische Ma= donna und die Gewandstatuen von Herculaneum, und im Verkehr mit kunstverständigen Freunden, vor allem mit dem Maler Oeser, lernte er ihren damals von den wenigsten gekannten Werth wür= digen. Aus diesen Studien und diesem Umgange erwuchs seine Erstlingsschrift, mit der er der herrschenden Unnatur und Ziererei offen entgegentrat und an den echten Vorbildern das Wesen der Kunst zu zeigen suchte: die Gedanken über Nachahmung der griechischen Werke in der Malerei und Bildhauer= kunst (1755), ein Büchlein von unglaublicher Wirkung, der erste entscheidende Schritt aus einer falschen Manier zum guten Geschmack, für Winckelmann das Programm seiner ferneren Be= strebungen.

Denn schon hatte er den letzten Schritt gethan das Ziel seiner Wünsche zu erreichen, dem er mit Erschöpfung seiner Kräfte nachstrebte: er hatte den evangelischen Glauben abgeschworen. Es eröffnet uns einen tiefschmerzlichen Blick in die deutschen Zu= stände vor hundert Jahren, daß dies als das einzige Mittel er= schien, sich den Weg nach Rom zu bahnen und für den dortigen Aufenthalt die nothdürftigste Unterstützung zu erhalten. Denn einzig und allein diese Rücksicht war es, die Winckelmann be= stimmte. Aber er überwand sich dazu nicht mit der heidnischen Gesinnung und der Gleichgiltigkeit, welche Goethe ihm zugeschrieben hat, vielmehr lag es ihm schwer auf der Seele den Heuchler zu machen. Wenn Winckelmann, der sonst jedem Menschen be= scheiden aber freimüthig gegenübertrat, der in allen andern Stücken Falschheit, Lüge und Heuchelei floh, der von sich sagen durfte:

„ich habe niemals ein Wort im Munde ersterben lassen, die Wahrheit war allezeit mein Schutz"; wenn er diesen Worten hinzusetzen muß, „außer in der Religion", so können wir wohl ermessen, was ihn das Opfer kostete welches er seinem Berufe glaubte bringen zu müssen.

Für diesen eröffnete sich allerdings in Rom ein reiches Feld. In der Heimat hatte Winckelmann sich abgequält und abgezehrt: unter dem italienischen Himmel kam ihm die leibliche Kraft und der frohe Muth wieder, und in der Lust des Anschauens all der Herrlichkeit alter und neuer Kunst fühlte er sich zu rüstiger Thätigkeit begeistert. Daheim hielten noch gelehrte Pedanterie und spanisch=französische Hofsitte das Talent nieder: in Rom dagegen verschafften ihm, dem Fremdling, sein gerader Sinn, sein seines Urteil, seine seltene Gelehrsamkeit, vor allem seine Kenntniß des Griechischen, hohe Gönner, welche eine Ehre darein setzten, mit einem Manne von solchen Verdiensten als Freunde umzugehen, und ihm dafür zugestanden, was er für aller Welt Schätze nicht hingeben wollte, eine stolze Freiheit. So lebte er geehrt und geschätzt von hochgebildeten und edelgesinnten Männern, stets darauf bedacht mehr zu geben als zu empfangen, vergnügt über das glückliche Loos, das ihm gefallen war, und verwuchs in solchem Grade mit Rom und Italien, daß er schließlich nicht im Stande war anderswo zu leben. Ja durch den unwiderstehlichen Drang, der ihn von der Reise zu seinen Freunden in der Heimat nach Italien zurücktrieb, traf ihn das Verhängniß vor der Zeit unter den Händen eines Raubmörders sein Leben zu lassen.

Jene römischen Jahre bilden die späte Blütezeit von Winckelmanns Leben und haben für Mit= und Nachwelt vielfältige Frucht gebracht. Denn auch in Rom war er weit entfernt nur im Kunstgenusse schwelgen zu wollen: vielmehr hat er nie eifriger gelernt, gearbeitet und andere gelehrt, durch Umgang und Schrift, da er eines öffentlichen Lehrstuhles, wie er öfter beklagt, entbehren mußte. Durch Winckelmann wurden die Römer sich ihres Reichthums erst recht bewußt: vieles was unbeachtet oder verkannt war ward durch ihn zuerst gewürdigt und erklärt, vieles verborgene durch ihn aus Licht gezogen. Und diese seine Thätigkeit wirkte auf ganz Italien: ich will nur an Paestum erinnern und an Herculaneum und Pompeji, so wenig man dies zu Neapel Wort haben wollte. Aber so große Verdienste auch sich Winckel= mann um die Denkmälerkunde erwarb: der Begründer der wissen= schaftlichen Kunstbetrachtung und der Schöpfer der Archäologie wurde er erst dadurch, daß er jedes einzelne auf das ganze bezog und unablässig bemüht war das Wesen des Schönen und den Entwickelungsgang der Kunst darzustellen. Damit setzte er an die Stelle der unklaren Liebhaberei und des im einzelnen sich ver= lierenden Sammelfleißes das auf Geschichte und Philosophie be= gründete Kunsturteil.

Diese schöpferische Thätigkeit Winckelmanns blieb nicht auf ein Land beschränkt, sondern reichte überall hin, wo man an dem Schönen der Kunst Freude gewonnen hatte: wetteifernd haben ihn dafür Deutsche, Italiener, Engländer, Franzosen ge= rühmt und sich als seine Schüler bekannt. Aber wie universell auch Winckelmann gewirkt hat, dennoch dürfen wir sagen, er war unser, nicht bloß durch Geburt und Bildung, sondern auch in dem Werke seines Lebens. Wohl bezaubert ihn der süd= liche Himmel und Rom, „der schönste Ort unter der Sonne", von dem er sich nimmer trennen mag, er ist fröhlich in dem zwanglosen Verkehre mit italienischen Freunden, aber jede Falte seiner Seele öffnet sich seinen deutschen Freunden und mit ihnen verlebt er die glücklichsten Stunden. Die Engländer schätzte und achtete er, aber er klagte auch wieder über „die Steinkohlenseelen, denen Fröhlichkeit unbekannt sei", die Franzosen sind ihm lächerlich und widerwärtig: „unter anderen Dingen, für die ich Gott preise" schreibt er, „ist auch dies, daß ich ein Deutscher und kein Franzose bin." Daher fuhr er fort, obgleich man in Rom darüber empfindlich war, in deutscher Sprache zu schreiben, und zwar vor= nehmlich das Werk, welches er als seine Lebensaufgabe erkannte, die Geschichte der Kunst des Alterthums. Es war nicht etwa die Bequemlichkeit oder die Scheu des Italienischen nicht so mächtig zu sein, die ihn bewog, dafür die Muttersprache zu wählen; nein, es war sein Vorsatz, „ein Werk zu liefern, des= gleichen in deutscher Sprache noch niemals aus Licht getreten, um den Ausländern zu zeigen, was man vermögend ist zu thun." Daher bemühte er sich die Schönheiten der Gedanken und der

Schreibart auf das höchste zu treiben: er durfte von sich sagen, „ich weiß, was Schreiben für ein schweres Werk ist." Daher urteilte Herder gerade in dieser Hinsicht von Winckelmann: „es hat die Muse auf seine Schriften geschrieben: dem Vaterlande geweihet. — Einfältig im Vortrage, natürlich in der Ausführung und erhaben in den Schilderungen sind sie Werke der Unsterb= lichkeit würdig, und der Name unseres Jahrhunderts."

In solcher Gesinnung und solchem Wirken steht Winckelmann mit Ehren unter den Männern, welche uns von dem Ungeschmack und dem knechtischen Sinn befreit, und in unserer Nation ein frisches Geistesleben erweckt haben. Und wir dürfen sagen, er hat sich unter uns würdige Jünger gezogen. Von Winckelmann ausgehend, schrieb Lessing seinen „Laokoon oder über die Grenzen der Malerei und Poesie", in welchem er die Künste schied, und jeder die ihr gemäße Aufgabe vorzeichnete, mit der Bewunderung für Winckelmann erfüllte sich Goethe in Leipzig und lernte in antiker und moderner Kunst das Schöne würdigen: aber damit öffneten sich auch seinem jugendlichen Geiste die Augen des Ver= ständnisses für die deutsche Baukunst, für das Wunderwerk Er= wins von Steinbach, den Straßburger Münster. So haben sich fort und fort die Deutschen vornehmlich bemüht das Schöne seinem Wesen nach zu erkennen und zur Darstellung zu bringen: sowohl in der Pflege und Uebung der Kunst als auch in der Aufsuchung ihrer Denkmäler, ihrer Deutung- und Würdigung wetteifern sie mit jeder andern Nation. Und gerade Winckel= manns Arbeit in Rom, wird sie nicht auch heutzutage von Deutschen fortgesetzt? Wie er, der eine Mann, den Mittelpunkt der archäo= logischen Forschungen in Italien, ja man kann sagen in Europa, bildete, so jetzt das archäologische Institut in Rom, welches von deutschen Gelehrten geleitet, der hohen Protection und der Königs= lichen Munificenz Friedrich Wilhelms IV seine Stiftung, sein Gedeihen und seinen Fortbestand verdankt.

Wunderbar hat sich der Kreis unserer Anschauungen in dem Jahrhundert, welches seit Winckelmanns römischen Studien ver= gangen ist, erweitert. Aegypten, Nubien, Assyrien, Babylonien, Vorderasien sind seitdem von neuem entdeckt worden. Griechen= land hat sich aufgethan und ein Schatz von Kunstwerken, deren noch unentdeckte Herrlichkeit Winckelmann ahnungsvoll in seinem Geiste trug, liegen unserer Betrachtung vor: in Italien selbst, zumal auf dem Boden Etruriens und zu Pompeji, sind köstliche Funde nach seiner Zeit gethan. Aber so vielfältig auch unsere Kenntniß sich vertieft und bereichert hat, in Winckelmann bewundern und verehren wir den Vater der Kunstgeschichte, und der selbstverleugnende Ernst seines wissenschaftlichen Strebens bleibt ein leuchtendes Vorbild für alle Zukunft.

Darum ist es ein gebührender Zoll der Dankbarkeit, wenn in diesem Jahre vor wenigen Wochen Winckelmann in seiner Vaterstadt Stendal ein Denkmal errichtet worden ist, und die Universität hat wie die Berechtigung so auch die Verpflichtung seiner in Ehren zu gedenken. Denn Kunst und Wissenschaft entspringen aus einer Wurzel; gemeinsam erwachsen sie und erhalten sich gesund: wo die eine ausartet kränkelt auch die andere. Wenn die Wissenschaft nicht den Geist des Volkes erleuchtet, mangeln der Kunst die hohen Gedanken, welche sie darstellen soll, und sie versinkt in leere Manier und Geschmacklosigkeit; und wenn die Gelehrsamkeit nicht mit dem Wahren zugleich dem Schönen nachtrachtet, verfällt sie der Pedanterei oder dem Materialismus. Und wie die Wissenschaft überhaupt aus der Kunst frische Nahrung saugt, so dienen die Schöpfungen der Kunst manchen Zweigen des Wissens unmittelbar als Quelle der Erkenntniß. Der Theolog nicht minder als der Philosoph, der Philolog und der Historiker finden in den Kunstwerken vergangener Jahrhunderte vielfältige Belehrung: insbesondere der Historiker, denn die Geschichte der Kunst stellt uns in einer Reihe von Bildern den Charakter der Vorzeit so klar vor Augen, wie keine Beschreibung in Worten es vermag.

Gestatten Sie mir in dieser Hinsicht noch einen Augenblick bei der Entwickelung der griechischen Kunst in ihrem Verhältniß zur Geschichte des griechischen Volkes zu verweilen, gerade dem Gegenstande, welcher Winckelmann vorzüglich beschäftigte. Zwar sind seine Schriften (ich nenne z. B. die Abhandlung über die Empfindung des Schönen in der Kunst) reich an feinen und treffenden Urteilen über die moderne Kunst von Rafael und dessen Zeitgenossen bis auf den Zopfstil seiner Tage herab, wo

der Armseligkeit und Langeweile des Hoflebens entsprechend „die
Furcht vor dem leeren Raum die Wände mit gedankenleeren Ge=
mälden füllte": aber alle diese Bemerkungen dienen doch nur als
ein Mittel zum Zweck, durch die Einsicht in das Wesen des
Schönen das Verständniß der griechischen Kunst zu eröffnen, als
der Lehrmeisterin für alle folgenden Zeiten.

Das Gebiet, welches wir hiermit betreten, ist ein so weites,
daß es mir vergönnt sein mag, nur in kurzen Umrissen den Gang
der hellenischen Kunstentwickelung im Verhältniß zum Volksleben
anzudeuten und bei einzelnen Punkten, welche mir charakteristisch
erscheinen, etwas länger zu verweilen. Ich übergehe die ersten
Anfänge künstlerischer Technik unter den Griechen: nur daran
erinnere ich, daß von vorn herein die Kunstübung wesentlich
dem Götterdienste geweiht und an priesterliche Satzungen und
Regeln gebunden war: der Tempelbau, die Anfertigung der
Götterbilder und der heiligen Geräthe, die Weihgeschenke, waren
die Aufgaben, an denen die Kunst sich entwickelte. Diese Schranke
überschritten selbst die Tyrannen der griechischen Gemeinden nicht.
Wer seine Herrschaft mit Glanz umgeben und seinen Namen ver=
ewigen wollte, baute nicht etwa Paläste für sich und die Seinen,
sondern prächtige Tempel, und stattete die Götterfeste den Priestern
zum Danke und dem Volke zur Lust aus, er legte Brunnen an
und Landstraßen, auf denen die Wallfahrer einherzogen, er wid=
mete in den heiligen Schatzhäusern zu Olympia oder zu Delphi
Weihgeschenke, auf denen Thaten der Götter und Heroen dar=
gestellt waren, mit welchen er sein Geschlecht in Beziehung setzte.
So förderten die Tyrannen, wie sie in vielen anderen Stücken
für die Gemeinden Zuchtmeister zur Freiheit waren, auch die
Kunst in der Richtung, von welcher sie ausgegangen war, ohne
daß eine schnöde Menschenvergötterung ihr nur angesonnen wurde.
Blieb doch selbst die monumentale Verherrlichung verdienter
Männer, eine ihrer schönsten Aufgaben, zunächst noch ausgeschlossen,
mit einziger Ausnahme derer, die sich im Dienste der Götter be=
währt hatten. Ich meine die Sieger in den heiligen Spielen.
Seit man zu Olympia die Widmung von Bildsäulen der sieg=
gekrönten Wettkämpfer und der schnellen Rosse gestattete, war
dem Reichthume ein Raum gegönnt sich zu entfalten. Denn wenn

auch beim Laufe und beim Ringen und andern leiblichen Uebungen
die persönliche Ueberlegenheit den Preis gewann: beim Wett=
fahren und Wettrennen ward nicht sowohl der Rossenker, als
der Herr, der ihn gesandt, gefeiert und damit fürstlichem Ehrgeize
ein Zugeständniß gemacht. Aber nach wie vor stand der Kampf=
platz jedem Hellenen offen, und mit den Tyrannen wetteiferten hier
die Geschlechter, die sich ihnen nicht beugen mochten. Was
frommte es den Peisistratiden, daß sie Kimon ermorden ließen,
weil er seinen dritten olympischen Sieg nicht wie das vorige Mal
auf ihren Namen übertragen hatte: es blieb unvergessen, welchen
Ehrenpreis er für sich und sein Geschlecht und für die Stadt
Athen davongetragen. Jene haben ihre Ueberhebung schwer ge=
büßt: ja selbst der gewaltige Zeustempel zu Athen, mit dem sie
ein Denkmal ihrer Herrschergröße stiften wollten, blieb unvoll=
endet liegen, während die landflüchtigen Alkmaeoniden mit der
Ausführung des Apollontempels zu Delphi Ruhm und Dank
ernteten.

Eine neue Epoche begann für das griechische Leben mit den
Perserkriegen, in denen die Gemeinden sich ihrer Kraft bewußt
wurden und ihre Freiheit ruhmvoll behaupteten, vor allen andern
die Athener unter der Leitung einer Reihe von großen Staats=
männern und Feldherrn. Damit nahmen auch die Künste einen
raschen Aufschwung. An die Stelle priesterlicher Gebundenheit
und starrer conventioneller Formen treten in vollendeter Technik
ideale Schöpfungen, Werke der Baukunst und der Plastik von
so edlem Maße und einer solchen geistigen Schönheit und Er=
habenheit, wie sie nie wieder erreicht worden sind. Damals
diente die Kunst dem Volke, aber einem frommen und hochherzigen
Volke, das seine Ehre darein setzte die sieghaften Götter, welche
das Vaterland beschirmten, in verklärten Bildungen dargestellt
zu sehen und sie in würdigen Tempeln zu verherrlichen. Gerade
dadurch errang die attische Kunst und ihr Meister Pheidias den
höchsten Preis, daß ihre Werke der nationalen Erhebung den
reinsten und vollsten Ausdruck gaben, ganz entsprechend der ge=
bietenden Stellung, welche der Staat von Athen als Vorkämpfer
in den Tagen der Entscheidung und als Wächter des Meeres be=
hauptete. Noch galt es dabei nicht, besonders verdiente Männer

durch Denkmäler auszeichnen: die Bildsäulen, welche Harmodios und Aristogeiton Heroen gleich gewidmet waren, bilden eine auf lange Zeit hinaus alleinstehende Ausnahme. Aber in diesem Falle handelte es sich darum die Tyrannenmörder als die Repräsentanten der frei gewordenen Bürgerschaft zu ehren und ihre Standbilder zu immerwährendem Proteste gegen die Erneuerung der Tyrannis aufzurichten ²). In der Regel spiegelt die bildende Kunst im Dienste des Staates die Thaten der jüngsten Vergangenheit ab in den Darstellungen, die sie der mythischen Vorzeit entnimmt, so vor allem in den Amazonenkämpfen den Gegensatz des Morgenlandes und Abendlandes. Es ist der Geist des kimonischen und perikleischen Zeitalters, den wir schon in der Wahl der Gegenstände erkennen, nicht minder aber in der künstlerischen Behandlung. Ich erinnere in dieser Beziehung z. B. an die festlichen Aufzüge, welche der Fries des Parthenon darstellt: jede Figur ist an ihrem Platze, jede Gruppe belebt und schön, aber da ist nichts was scheinen und blenden will, sondern alles dient nur dem Ganzen. Und so ist es in allen Werken jener großen Zeit: mit so freier Hingebung und so einfältiges Gemüthes erfüllt der Künstler die Aufgabe der er sich geweiht hat, daß wir unter dem vollen Eindrucke des schönen Werkes seine Person ganz vergessen. Nur Meistern von so reiner Selbstverleugnung war es verliehen, Götterbilder zu schaffen, in denen man die Gottheit selbst zu schauen glaubte, die eine Majestät athmeten, welche, wie die Alten selbst bekennen, über die geltende Götterlehre sich erhob.

Offenbart sich uns in diesen Kunstschöpfungen die Blüte des hellenischen Wesens, so werden uns in der Malerei jener Zeit bereits auch historische Darstellungen vorgeführt. Von vorn herein hatte der Maler eine freiere Stellung, da in Griechenland, wie im ganzen Alterthume, Gemälde nie ein Gegenstand der Anbetung waren. Um so eher konnten Polygnotos und seine Genossen neben den mythischen Stoffen auch geschichtliche behandeln. Vergegenwärtigen wir uns einen Augenblick die Gemälde, mit denen seit Kimons Zeit die peisianaktëische Halle (die Stoa Poikile) geschmückt war. Das erste war ein Treffen der Athener und Lakedaemonier, das eben sich entspinnt, bei Oenoë, nicht wie Pau-

sanias meint, dem argolischen, sondern, wenn mich nicht alles
trügt, in der attischen Tetrapolis, eine Darstellung des viel-
gefeierten Kampfes, den die Athener für die schutzflehenden Herakliden bestanden, und damit ein Bild der hilfreichen Stadt überhaupt ³). Denn das war alle Zeit der schönste Ruhm und der
edelste Stolz der Athener, daß sie bedrängten niemals ihren Schutz
versagten, auch nicht gegen übermächtige Feinde. Zweitens waren
die Athener und Theseus im Kampfe mit den Amazonen dargestellt, das mythische Vorspiel der Kriege mit den Barbaren;
drittens das Gericht der Könige über Aias Oïleus Sohn, der
die Kassandra von dem Bilde der Schutzgöttin hinweggerissen,
ein ungesühnter Frevel, der den Zorn der Götter herabbeschwur
und immer neue Heimsuchungen der Griechen in seinem Gefolge
hatte, wie auch die Perserzüge es waren. Endlich die Schlacht
von Marathon, in der den siegreichen Athenern, an ihrer Spitze
Kallimachos und Miltiades, ihre Götter und Heroen beistehen.
So durchdringen sich Mythus und Geschichte um einen Gesammt-
eindruck hervorzubringen, der den Begebenheiten der Gegenwart
einen tieferen Hintergrund gibt. Und so geschieht es nicht zu
Athen allein, sondern mit derselben patriotischen Gesinnung ward der
olympische Tempel von Pheidias und seinen Schülern ausgeschmückt
als das Heiligthum des siegverleihenden Zeus: dort malte des
Pheidias Brudersohn Panaenos Hellas und Salamis mit den
Trophäen der Seeschlacht, in welcher das Schicksal Griechenlands
glorreich entschieden ward.

Es war damit der hellenischen Kunst der Weg vorgezeichnet,
auf dem sie auch fernerhin die Nation zu allem schönen und edlen
erziehen konnte, nämlich die historische Darstellung großer Thaten,
die mit vereinter Kraft ausgeführt waren. Daß sie dazu nicht
gelangte, lag in dem Umschwunge der politischen und gesellschaftlichen Zustände. Der peloponnesische Krieg spaltete Griechenland
mit unversöhnlicher Feindschaft, und die Gemeinden, in sich selbst
zerrüttet und irre geworden an ihren Göttern, vermochten nicht
mehr mit gleich unbefangenem Sinne wie früher in frommem
Dienste ihre glückliche Vereinigung zu feiern.   .

Seitdem sind es selten noch große Aufgaben von nationaler
Bedeutung, welche den Künsten gestellt werden. Die Gemeinden

als solche sind erschöpft und die Bedürfnisse des Staates wachsen, dagegen nimmt der Reichthum einzelner, der Luxus des Privat= lebens und die Kunstliebhaberei zu. Fortan geht die Kunst nach Gunst: sie legt sich mehr darauf durch den Reiz der Sinne zu wirken und dient der Illusion und dem Effecte oftmals auf Kosten der inneren Wahrheit. Schon in den Aufgaben, die ihr jetzt ge= boten werden, spiegelt sich getreu der Charakter der Zeit. Als Konon mit der siegreichen Flotte von Knidos nach dem attischen Hafen gekommen war und mit persischen Geldern die gebrochenen Mauern wieder aufrichtete, da weihte er der Liebesgöttin, welche glückliche Fahrt gewährt, der Aphrodite von Knidos am Strande ein Heiligthum [4]). Das war gleichsam ein Wahrzeichen der neuen Zeit. Denn wenn auch Athen sich wieder zum Wohlstande erhob, es war nicht mehr die alte Gemeinde der streitbaren Burggöttin, sondern eine betriebsame Handelsstadt und der erste Stapelplatz von Griechenland. Und betrachten wir die Spartaner. Daß das spartanische Wesen sich überlebt hatte und dem Verfalle entgegen= gieng, zeigt sich vornehmlich in der Emancipation der Frauen, in deren Hände fast die Hälfte des Grundbesitzes übergegangen war. Sie gaben nunmehr den Ton in der Stadt an und setzten sich keck über Zucht und Sitte hinweg. Darüber haben Aristoteles und andere Schriftsteller ihren Tadel nicht gespart: aber ich meine nichts stellt uns diese Unweiblichkeit so unmittelbar vor Augen, als die einfache Beschreibung, welche Pausanias von einem Kunst= werke zu Olympia giebt. Auf einem steinernen Sockel stand Kyniska, die Schwester des Agesilaos, mit dem Wagenlenker und dem sieggekrönten Gespanne: daran waren Epigramme zum Preise der Kyniska angebracht. Freilich will uns ein Lobredner des Agesilaos versichern, der König selbst habe seine Schwester dazu veranlaßt den Spartanern darzuthun, daß Rennpferde zu halten nur ein Beweis des Reichthums und nicht der Mannestugend sei [5]): aber trotz solcher beschönigender Phrasen werden wir mit den rossezüchtenden Frauen — denn das Beispiel der Königs= tochter fand in Sparta Nachfolge — uns nimmermehr befreunden können.

Wir haben damit auf Kunstwerke hingewiesen, welche den Charakter der Zeit beurkunden: wichtiger aber noch ist die Be=

trachtung der socialen Stellung, welche nunmehr die Künstler einnehmen. Die ältere Zeit maß weniger das Verdienst des ein= zelnen Mannes, sondern sah es als eine Sache der Pflicht an, daß jeder an seinem Platze mit den ihm verliehenen Kräften für das gemeine Beste wirke. Was der Staatsmann, der Feldherr, der Dichter und der bildende Künstler gethan und geschaffen, war die Frucht des Geistes und der Gesinnung, welche in der ganzen Bürgerschaft lebendig war: daher fiel die Ehre daran auch auf sie zurück. In dieser Zeit dagegen war es das individuelle Ver= dienst, das sich geltend machte: wenige Feldherrn verstanden noch eine Kriegsmacht zu organisiren und Siege zu gewinnen, wenige Staatsmänner besaßen die Einsicht und die Beredsamkeit, welche erforderlich war um die Gemeinde zu leiten und dem Staate vor= zustehen: dafür wurden diese fortan mit Bildsäulen und Ehren aller Art ausgezeichnet. Ein ähnliches Verhältniß nehmen wir wahr bei den Kunstleistungen jeder Art, bei Rednern, bei Schau= spielern, namentlich auch im Gebiete der bildenden Künste. Bei der großen Ausbreitung technischer Fertigkeit, seit einmal von den großen Meistern die Regeln festgestellt waren, gab es doch nur wenige Künstler, welche mit originellen Schöpfungen in die Schranken traten, und diese erreichten jeder in seiner Gattung eine hohe Virtuosität. Solche Virtuosen aber dienten nicht mehr den allgemeinen Interessen, sondern sie trachteten nach persönlicher Anerkennung und Belohnung: wer ihr Auftraggeber war, galt ihnen gleich, wenn er nur hoch genug zahlte. So trug sich die Kunst zu Markte und gab den Charakter auf, in welchem ursprüng= lich ihre Größe geruht hatte. Ja ich glaube nicht zu weit zu gehen, wenn ich behaupte daß dieses Virtuosenthum zum Unter= gange des griechischen Wesens viel beigetragen hat. Einige Bei= spiele werden dies klar machen.

Der Fürst Maussolos von Karien war gestorben und Ar= temisia seine Schwester und Wittwe — denn er hatte nach morgen= ländischer Weise seine eigene Schwester geheiratet — war darauf bedacht ihrer Trauer den vollsten Ausdruck zu geben. Darum schrieb sie Preise aus für diejenigen, welche in Versen und in Prosa den verstorbenen am besten feiern würden, und berief Künstler um ihm ein Grabmal zu errichten wie kein zweites vor=

handen war. Um den Preis der Rede wetteiferten die Schüler des Isokrates, und Theopompos gewann ihn: aber wie wenig diesem seine Worte von Herzen kamen lehrt das Urteil, welches er später als Geschichtschreiber fällte: Maussolos sei ein Mann gewesen, der auch mit der schlechtesten Sache sich befaßte, sobald es dabei zu gewinnen gab [6]). Die Athener hatten das zu ihrem Schaden erfahren: eben damals suchte Demosthenes sie zu bewegen die von jenem Herrscher vertriebenen Bürger von Rhodos wieder einzusetzen und die Freiheit der Insel herzustellen. Dennoch kamen gerade von Athen ein Skopas und andere Meister um durch die Werke ihres Meißels das Maussoleum auszuschmücken, welches bestimmt war den Mittelpunct der Heiligthümer von Halikarnaß zu bilden. Denn es handelte sich um nicht weniger als um die Vergötterung des Maussolos. Jetzt liegt das vielgepriesene Wunderwerk in Trümmern, das in seinen drei Theilen, dem Unterbau, dem von Säulen umgebenen Heiligthume und der darüber in Stufen aufsteigenden Pyramide zusammen 140 Fuß maß [7]). Unlängst erst sind die kolossale Statue des Fürsten und der Torso seiner Gattin nebst Fragmenten der Rosse von der Quadriga, auf welcher jene an der Spitze der Pyramide thronten, aus dem Schutte hervorgezogen: ferner ansehnliche Stücke des Frieses, wiederum Amazonenkämpfe, entsprechend der Landessage, aber an dieser Stelle gewiß in dem Sinne aufgefaßt, Maussolos als einen Beschützer der Cultur gegen die Barbaren erscheinen zu lassen. Wir bewundern auch in diesen Werken, welche jetzt unter den reichen Schätzen des britischen Museums aufgestellt sind, die künstlerische Vollendung, die Abrundung und Fülle der Formen: aber jene freudig warme Erhebung der Seele, mit welcher an derselben Stätte die Reste der Bildwerke des Parthenons uns erfüllen, vermögen diese Kunstschöpfungen nicht in uns hervorzubringen.

Uebrigens läßt sich von dem Bau des Maussoleums noch ein weiteres Kennzeichen jener Zeit abnehmen. Es wird nämlich mehr und mehr darauf angelegt das früher dagewesene zu überbieten: darüber geht im Handeln wie im Bilden das edle Maß verloren, welches ehemals den hellenischen Charakter ausmachte. Alexander der große strebt in seinem Thatendrange und seinem

Herrscherstolze rastlos hinaus bis an die Enden der Erde: menschliche Ehren genügen ihm nicht, sondern wie die knechtischen Orientalen sollen auch die Griechen ihn mit gebeugtem Knie verehren und ihn anbeten. Auch zu solcher Huldigung bot die Kunst willfährig ihre Hand; zwar noch nicht die Plastik, sondern die Malerei war ihr darin abermals um einen Schritt voraus. Lysippos, der Meister in Erz, arbeitete schon seit Alexanders Knabenalter für den makedonischen Hof und war in hohem Grade ein Bewunderer des jugendlichen Königs. Aber wie vielfältig er auch Alexander darstellte, es war der menschliche Held, den er der Natur entsprechend wiedergab, der königliche Krieger, der kühne Jäger, der den Löwen im Kampfe besteht, oder es sind seine ritterlichen Genossen, welche den Sieg mit ihrem Blute bezahlten. Hingegen malte Apelles den göttlichen Alexander mit dem Blitze in der Hand, oder auf dem Siegeswagen mit dem gefesselten Dämon des Krieges, oder zusammen mit Kastor und Pollux und der Siegesgöttin. Darin lag eine bewußte Absicht [*]); Lysippos tadelte Apelles wegen seiner vergötternden Symbolik, denn der eigene und wahre Ruhm Alexanders, den keine Zeit ihm nehmen werde, sei der Ruhm des Kriegers; darum gebe er ihm den Speer in die Hand. Aber es konnte nicht fehlen, daß nach Alexanders Tode Apelles gerade um jener Tendenz willen in besonderer Gunst bei Feldherrn des Königs stand, denen nach gleicher Huldigung verlangte. Haben sich doch ähnliche Gelüste auch in unserem Jahrhundert wiederholt. Während die französische Nation mit Freuden auf die Gemälde der großen Züge und Schlachten Napoleons I blickte — denn sie rechnete sich diese Thaten selbst zu Ehren — fand die Hofkritik es viel angemessener, daß die Thaten des Kaisers allegorisch dargestellt würden.

Wir haben die Wechselbeziehung der socialen und politischen Zustände unter den Griechen und der Entwickelung ihrer Kunst verfolgt bis zum Falle der hellenischen Selbständigkeit. Denn so interessante Erscheinungen auch die spätere Epoche uns darbietet, namentlich die Pflege der Kunst zu Rhodos, zu Pergamos, so wirken doch hier bereits Motive ein, die ursprünglich dem hellenischen Wesen fremd waren. Und schon zu lange, fürchte ich, habe ich Ihre Theilnahme in Anspruch genommen. Aber es legte mir der Geburtstag Winckelmanns Betrachtungen nahe, zu denen sein Gedächtniß vorzüglich aufzufordern schien. Denn er hat uns gelehrt nicht haften zu bleiben bei den nüchternen That= sachen und bei dem was in die Sinne fällt, sondern die Kunst aus dem Charakter des Volkes und seiner historischen Entwickelung zu begreifen und umgekehrt die schriftliche Ueberlieferung zu be= leben durch die Denkmäler der Kunst. Darum hat seine Ge= schichte der Kunst des Alterthums für die Studien überhaupt so anregend gewirkt, daß sie uns ein Stück Leben der Vergangen= heit vorführt, und der Historiker bleibt ihm nicht minder als der Archäolog steten Dank schuldig.

Anmerkungen.

¹) S. 43 Z. 9 v. u. Hamburg 1715. 12. (2 Theile in 4 Abtheilungen). Eine frühere Ausgabe erschien Hamburg 1701.

²) S. 51 Z. 7 v. o. Die ersten von Antenor gefertigten Bildsäulen des Harmodios und Aristogeiton entführte Xerxes nach Susa. Drei Jahre später wurden neue Standbilder aufgestellt, welche Kritios und Nesiotes gearbeitet. Daß Xolons Bildsäule auf der attischen Akropolis in jüngerer Zeit zur Sühne gestiftet sein wird, habe ich in der Archaeolog. Zeitung 1866 S. 183 bemerkt.

³) S. 52 Z. 5 v. o. Von dem Gemälde der Schlacht bei Oenoë in der Stoa Poikile sagt Pausanias 1, 15, 1 αὕτη δὲ ἡ στοὰ πρῶτα μὲν Ἀθηναίους ἔχει τεταγμένους ἐν Οἰνόῃ τῆς Ἀργείας ἐναντία Λακεδαιμονίων· γί- γραπται δὲ οὐκ εἰς ἀκμὴν ἀγῶνος οὐδὲ τολμημάτων ἐς ἐπίδειξιν τὸ ἔργον ἤδη προῆκον, ἀλλ' ἀρχομένη τε ἡ μάχη καὶ ἐς χεῖρας ἔτι συνιόντες. Einen Sieg welchen die Athener und zwar als Bundesgenossen der Argiver bei dem argolischen Oenoë erfochten, erwähnt Pausanias nochmals X, 10, 4 bei der Beschreibung der argivischen Weihgeschenke im delphischen Heiligthume: zuerst die Sieben vor Theben: οὗτοι μὲν δὴ Ὑπατοδώρου καὶ Ἀριστο- γείτονός εἰσιν ἔργα, καὶ ἐποίησαν σφᾶς, ὡς αὐτοὶ Ἀργεῖοι λέγουσιν, ἀπὸ τῆς νίκης ἥντινα ἐν Οἰνόῃ τῇ Ἀργείᾳ αὐτοί τε καὶ Ἀθηναίων ἐπίκουροι Λακεδαιμονίους ἐνίκησαν. Pausanias fügt hinzu, von denselben

Meistern seien die ebendaselbst von den Argivern aufgestellten Epigonen. Diesen gegenüber standen andere Bildsäulen von Heroen und zwar von Danaos, Hypermnestra, Lynkeus und deren Nachkommen bis auf Herakles und auf Perseus: τούτους δὲ ἀνέθεσαν οἱ Ἀργεῖοι τοῦ οἰκισμοῦ τοῦ Μεσσηνίων Θηβαίοις καὶ Ἐπαμεινώνδᾳ μετασχόντες, d. i. Ol. 102, 3. 369. Hierzu stimmt Plinius Angabe (XXXIV, 8, 50) daß Hypatodoros um die 102. Olympiabe blühte. Offenbar ist die Absicht sowohl durch die Darstellung jener Heldengruppen als des Stammbaumes der Heroen den uralten Vorrang von Argos zu beurkunden. Jenes Gesecht bei Oenoë hat L. Urlichs in den Jahrb. f. Philol. LXIX, 380 auf dem korinthischen Krieg zurückgeführt, ebenso Ab. Kirchhoff Stud. z. Gesch. d. gr. Alphabets 2. A. S. 89. Urlichs erinnert daran, daß wenigstens die Einnahme des von Agesilaos mit einer Besatzung versehenen Oenoë durch Iphikrates Ol. 97, 1. 391 von Xenophon Hell. IV, 5, 19 berichtet wird und daß auch bei Corn. Nep. Iph. 2 außer der Niederlage der spartanischen Mora noch von einem zweiten Siege zu lesen ist, freilich ohne nähere Angabe des Ortes. Sicher erscheint mir diese Combination nicht. Das von Iphikrates eingenommene Oenoë war das in der korinthischen Peraea, nördlich des Isthmus an der Geraneia gelegene, und wenn auch im korinthischen Kriege Korinth sammt dem Gebiete in den Staat von Argos einverleibt war, bei der Bezeichnung Οἰνόη τῆς Ἀργείας konnte niemand an einen anderen Ort denken als an den westlich von Argos an dem Wege nach Mantineia gelegenen (vgl. Curtius Peloponn. II, 414. gr. Gesch. III, 191. Bursian Geogr. von Griechenl. II, 64).

Wie es aber auch mit jenem Siege von Argivern und Athenern bei Oenoë sich verhalten mag, so viel ist klar daß ein Gemälde, welches ihn verherrlicht der Anlage der peisianakteischen Halle nicht angehören kann, sondern nachträglich in derselben angebracht sein müßte und zwar an einer ursprünglich leer gelassenen Wand. Dies scheint mir nach der Beschreibung, welche Pausanias I, 15 entwirft, unglaublich; vielmehr haben wir die vier Wandgemälde in engster Beziehung unter einander aufzufassen. Dann kann es hier sich aber nicht um einen in historischer Zeit über die Lakedaemonier erfochtenen Sieg gehandelt haben. Auch schon um des Gegenstandes willen nicht.

Wir wissen, daß der Bau und die Ausschmückung der Halle von Kimon und seinem Schwager Peisianax ausgieng. Nun streitet es geradezu mit der Gesinnung Kimons an dieser Stätte einen Sieg zu verherrlichen, den die Athener an der Seite der Perserfreunde, der Argiver, über die jüngst erprobten Bundesgenossen, die Spartaner erfochten hätten: und dazu mußte es doch eine glorreiche That gewesen sein, welche werth erschienen wäre der Schlacht bei Marathon gleichzustehen, ja an erster Stelle, vor den Bildern der Heroenzeit dargestellt zu werden. Niemals aber hat ein Athener sich eines Sieges bei dem argolischen Oenoë berühmt, und wenn wie ich nicht zweifle an dem Bilde in der Stoa der Name Oenoë zu lesen stand, kann meiner Meinung nach nur an einen der attischen Orte d. N. und an mythische Begebenheiten gedacht werden. Unter diesen ist keine That der Athener mehr gepriesen worden, als der Schutz, den sie den Herakliden gegen Eurystheus und die Peloponnesier gewährten. Das ist das erste was die Athener bei Plataea für ihren Ehrenplatz geltend machen: Herod. IX, 27 'Ηρακλείδας — μοῦνοι ὑποδεξάμενοι τὴν Εὐρυσθέος ὕβριν κατείλομεν, σὺν ἐκείνοισι μάχῃ νικήσαντες τοὺς τότε ἔχοντας Πελοπόννησον; erst an dritter Stelle wird die Amazonenschlacht genannt. Auch Thukydides (I, 9) erwähnt, daß Eurystheus in Attika gefallen sei und bei Xen. Hell. VI, 5, 47 macht Prokles von Phlius gerade dies geltend: so gut wie die Athener die Ahnherrn der Spartaner vor der Wuth des Eurystheus gerettet hätten, müßten sie nun ganz Sparta vor dem Untergange retten. Die Dichter und Redner sind voll davon, namentlich Isokrates Helena 29 ff. S. 213 f. Paneg. 54 S. 51 f. Phil. 33 f. S. 89. Panath. 193 f. S. 273. An der letzten Stelle faßt er die Siege über die Thraker, die Skythen und Amazonen, über die Peloponnesier unter Eurystheus, endlich über die Perser bei Marathon zusammen als rettende Thaten für Griechenland. Die Scene aber der Herakliden in Attika war Marathon und überhaupt die Tetrapolis, zu der außer Marathon Oenoë Probalinthos Trikorynthos gehörten. Die Spartaner verschonten bei der Verwüstung der attischen Landschaft dieses Gebiet διὰ τὸ τοὺς προγόνους αὐτῶν ἐνταῦθα κατῳκηκέναι καὶ τὸν Εὐρυσθέα νενικηκέναι τὴν ὁρμὴν ἐκ ταύτης ποιησαμένους Diod. XII, 45 (nach Ephoros) und Istros in den Schol. Soph. Oed. Col. 689 (701). In Marathon standen die Athener vor der Schlacht; dort war die Quelle Makaria, wo die Tochter des Herakles sich opferte: aber schwerlich fand die Schlacht auf den Feldern von Marathon statt. Denn ich meine, die Antithese würde nicht vergessen sein, daß auf derselben Feldmark, wo einst Eurystheus besiegt ward, wiederum die Perser unterlagen. Gar wohl aber kann die Sage dieses Schlachtfeld bei Oenoë angesetzt haben, dem nächsten Orte von Marathon in nördlicher Richtung, auf dem Wege nach Trikorynthos, wo die Herakliden wohnten und wo das Haupt des Eurystheus begraben lag (Diod. IV, 57. Strab. VIII S. 377). Dies also war meiner Ansicht nach der Gegenstand des ersten Bildes, Kimons Sinne um so entsprechender, weil er zugleich zur Verherrlichung des Theseus dienen konnte.

Es begreift sich, daß Pausanias bei dem Gemälde in der Stoa an die zu Argos vernommene Erzählung von dem Gefechte bei dem argivischen Oenoë erinnert wurde. Seiner Schilderung nach hatte der Künstler den Moment gewählt, wo die Athener und Spartaner eben handgemein wurden: im Hintergrunde wird man die schutzflehenden Herakliden erblickt haben. Vielleicht ist sogar von diesem Gemälde noch eine Notiz erhalten. Nämlich zu Aristophanes Plut. 384 bemerkt ein Scholion τὰ οὖν συμβάντα αὐτοῖς (τοῖς 'Ηρακλείδαις) ζωγράφος τις Πάμφιλος 'Αθηναίος εἰς τὴν στοὰν τῶν 'Αθηναίων ἔγραψε, und nach einem andern waren dargestellt οἱ 'Ηρακλεῖδαι καὶ 'Αλκμήνη καὶ 'Ηρακλέους θυγάτηρ 'Αθηναίους ἱκετεύοντες, Εὐρυσθέα δεδιότες, ἥτις Παμφίλου οὐκ ἔστι, φασίν, ἀλλ' 'Απολλοδώρου. Es liegt hierbei ein Mißverständniß zu Grunde, denn Aristophanes spricht, wie ein anderes Scholion richtig erklärt, nicht von einem Maler, sondern von einem Tragöden Pamphilos, der in Euripides Herakliden gespielt hatte. Aber wir lernen doch bei dieser Ge-

legenheit, baß in der Stoa ein Gemälde vorhanden war, welches die schutzflehen=
den Herakliden darstellte, und erhalten damit eine Bestätigung für die oben aus=
gesprochene Ansicht.   Ueber den Künstler der es gemalt hatte, war man offenbar
nicht sicher unterrichtet. Wir wissen, daß Polygnotos das Gericht der Könige
über Aias, Mikon die Amazonenschlacht und wie es scheint mit Panaenos die
Schlacht bei Marathon malte (s. Brunn, griech. Künstler II, 19 ff.). Ein Pam=
philos von Athen ist überall als Maler nicht bekannt; dem Scholiasten ist es
zuzutrauen, daß er bei der aristophanischen Stelle an den berühmten Sikyonier
dachte, der erst um die 103. Olympiade blühte. Eher könnte Apollodoros von
Athen hierher gehören, dessen Blüte um den Anfang des peloponnesischen Kriegs
fällt; er war ein Nachfolger der Meister, welche jene anderen Gemälde aus=
geführt hatten. Demzufolge nahm Brunn a. a. O. S. 17 an, daß das Bild
der Herakliden nicht zu dem ursprünglichen Cyclus gehörte, sondern erst später
hinzugefügt wurde. Dieser Ansicht kann ich wie bemerkt nicht beipflichten.
Vielmehr halte ich dafür, daß es unbekannt war, wer (unter Polygnotos
Leitung) jenes Bild ausgeführt habe, so daß auf diesen oder jenen Meister ge=
rathen werden konnte.

Eine Abweichung von der attischen Sage ist es, wenn die Stelle wo Eu=
rystheus fiel auf den Isthmos an die skironischen Klippen verlegt wird (Apol=
lod. II,. 8, 1. Paus. I, 44, 10) und wenn die Herakliden nach dem Siege ein
Jahr über den ganzen Peloponnes herrschen und dann erst sich nach Marathon
zurückziehen.

⁴) S. 53 Z. 12 v. o.   Konon und das Heiligthum der Aphrodite Euploia
Paus. I, 1, 3. Vgl. Preller Mythol. 2. Aufl. I, 266, 269.

⁵) S. 53 Z. 6 v. u. (Kyniska von Sparta) Paus. VI, 1, 6; vgl. III,
8, 1. 15, 1. V, 12, 5 und das Epigramm Anthol. Palat. XIII, 16. Dagegen
die Beschönigung in dem pseudorenophontischen Agesil. 9, 6 und daraus Plut.
Ages. 20. lakon. Apophth. Ages. 49 S. 212 b.

⁶) S. 55 Z. 6 v. o. (Maussolos) Theop. fr. 116 b. Harp. u. d. N. φησὶ
δὲ αὐτὸν Θεόπομπος μηδενὸς ἀπέχεσθαι πράγματος χρημάτων ἕνεκα.
Vgl. Demosthenes und seine Zeit I, 146, und über sein Verfahren mit den
früheren Verbündeten der Athener ebend. S. 428. In dem Wettkampfe empfieng
Theodektes den Preis für seine Tragödie, Theopompos für seine Rede. S.
Pflugk de Theop. vita S. 25 ff. Clinton F. H. II S. 287 (app. XIV).
Müller Fragm. hist. Gr. I, LXVII.

⁷) S. 55 Z. 20 v. u. (Das Maussoleum). S. Ludwig Urlichs Skopas Leben
und Werke S. 173—181.

⁸) S. 56 Z. 18 v. o. (Lysippos Tadel über Apelles) Plut. üb. Isis und
Sarapis 24 S. 360d. Vgl. Brunn gr. Künstler II, 209.

Die Landgrafen von Thüringen.

Ein Bild deutschen Lebens aus dem Zeitalter der Kreuzzüge.

———

Vorgetragen zu Greifswald, gedruckt in Gelzers Monatsblättern 1865.

Wenn wir auf den Schienenwegen, welche zum Süden und Westen Deutschlands führen, dem märkischen Sande und den obersächsischen Ebenen enteilt sind, nimmt uns ein welliges Hügelland auf, welches von schmalen, vielgewundenen Flußbetten durchschnitten wird. Größere Höhenzüge und das Gebirge, welches auf der weiteren Fahrt sich vor unseren Blicken erhebt, sind mit Wald dicht bestanden; in den unteren Stufen hat die menschliche Arbeit sich des Bodens bemeistert. Wir sind in Thüringen, dem Herzen Deutschlands, und auf jedem Schritte werden wir durch redende Zeugen daran gemahnt, was für ein rüstiges Leben seit den ältesten Zeiten bis auf unsere Tage hier gewaltet und sich von hier aus weiteren Kreisen mitgetheilt hat. Die alten Bischofssitze Merseburg und Naumburg, Stiftungen der sächsischen Kaiser in den thüringischen Marken, haben die christliche Cultur und deutsches Wesen unter den Wenden begründet; das klösterliche Pforta hat seit Jahrhunderten im Sinne der Reformatoren die classischen Studien gepflegt und in ihren Mauern manchen Jüngling ausgerüstet mit der Kraft, Bleibendes zu schaffen und zu wirken. Dort erheben sich die Trümmer gebrochener Raubburgen unfern der Stätten gewerblicher Thätigkeit; eine Stadt nach der anderen ruft Erinnerungen wach, bei denen wir gern und dankbar verweilen. Die Ernestiner haben es nicht verstanden, den geringen Rest des Erbes, das ihnen Kaiser Karl V und die Albertinischen Vettern belassen hatten, zusammenzuhalten und zu einem Staat der Mitte zu gestalten; aber um unsere evangelische Kirche nicht allein, sondern um die deutsche Sprache, Litteratur und Kunst, um Volkswirthschaft und Volksleben haben sie sich trotz der Zersplitterung ihrer Lande unvergängliche Verdienste erworben. Davon zeugen Weimar und Gotha, und zwischen ihnen erinnert Erfurt, der preußische Waffenplatz, an viele Geschlechter hindurch erneuerte Kämpfe, nach denen schließlich noch im siebzehnten Jahrhundert Kurmainz mit französischen Hülfsvölkern sein geistliches Regiment wieder begründete. Den Schluß in diesem Kranze von Städten bildet Eisenach mit der Wartburg, dem ehrwürdigen Schlosse, welches in unseren

Tagen ein kunstliebender Fürst durch Meisterhand in seiner ur=
sprünglichen Schönheit herstellen und mit reichem Schmucke zieren
ließ. So ist das Schloß auf der Wartburg in seiner Verjüngung
wiederum ein Denkmal der Fürsten geworden, die es einst erbaut,
der Landgrafen von Thüringen.

Manche Fürstengeschlechter haben über deutsche Lande geboten
und sind dahingegangen, ohne daß Lieder und Jahrbücher ihrer
in Ehren gedenken, aber die Landgrafen von Thüringen sind der
Sage und Geschichte unvergessen. Und in der That verdienen
sie es, daß ihr Gedächtniß fortlebt; denn sie brachten nicht bloß
das Land zum Wohlstande und erhoben sich mit ihm zu Macht
und Ansehen, sondern sie pflegten auch die deutsche Kunst und
Poesie mit freudigem Antheile. Und wie die Blüte des mittel=
alterlichen Lebens an ihrem Hofe sich entfaltete, so traf auch die
Umkehr zu strengem Kirchendienste und die Verwirrung des
Reiches ihr Haus mit erschütternder Gewalt und führte es dem
Untergange zu.

Von den Anfängen des Hauses der Ludowinge haben gleich=
zeitige Annalen nicht berichtet. Erst spätere lassen in unverbürg=
ten Erzählungen den Glanz, zu welchem es sich im Verlaufe der
Zeit erhob, auf seinen Stifter zurückstrahlen. Sie verknüpfen
ihren Stamm mit dem karolingischen Königshause von Frankreich
und melden von nahen Beziehungen zu Kaiser Konrad II und
dessen kluger Gemahlin Gisela. Graf Ludwig der bärtige,
der erste namhafte Ahnherr, soll in den dreißiger Jahren des
eilften Jahrhunderts von Franken her mit wenigen Mannen
an den Thüringer Wald gezogen sein und sich dort niedergelassen
haben. Ludwig mehrte seinen Besitz durch die Heirat mit einer
Gräfin von Sangerhausen an der golbenen Aue und strebte mit
kräftiger Hand sich eine gebietende Stellung zu erringen.

Leicht war dies nicht. Seit dem Sturze des alten thüringi=
schen Königshauses waren die Thüringer Jahrhunderte lang den
Franken, dann seit Heinrich I den Sachsen unterthan. Die Ver=
bindung mit Sachsen lockerte sich unter den letzten Kaisern des
sächsischen Hauses, aber es kam in Thüringen weder ein Herzog=
thum auf, noch vermochte der geistliche Oberhirt, der Erzbischof
von Mainz, entfernt wie er war, sich das Land unterthan zu

machen. Die Folge davon war, daß eine Menge kleiner Herren emporkam und daß unter diesen manche sich zu mächtigen Dynasten erhoben, deren Eifersucht zum Verderben des Landes die Quelle unaufhörlicher Fehden wurde. Die Aufgabe, welche unter diesen Verhältnissen Ludwig dem bärtigen und seinen Nachkommen zufiel, war nicht bloß, zu eigenem Gewinn ihre Macht zu begründen, sondern zum gemeinen Besten die streitenden Gewalthaber zu beugen und dem zerrütteten Lande Frieden und Eintracht wiederzugeben.

Was der Vater begonnen, setzte der Sohn fort. Ludwig der Springer (1056—1123) wußte in den schweren Zeiten Kaiser Heinrichs IV und Heinrichs V mit Klugheit und Gewalt die ererbten Besitzungen zu behaupten und zu mehren. In der Sage knüpft sich an seine angebliche Gefangenschaft auf dem Giebichenstein bei Halle die Erzählung von dem übermenschlichen Sprunge den Fels hinab in die Saale, woher man ihn den Springer genannt hat. Sagenhaft sind auch die Erzählungen, welche ihn als den schlauen und verwegenen Gründer der Wartburg schildern, an deren Fuße Eisenach unter dem Schirme des gräflichen Hauses zu einer ansehnlichen Stadt erwuchs. Zu seinem Ruhme trug wesentlich bei, daß er zur Sühne für begangene Frevelthat das Kloster Reinhardsbrunn stiftete, seine und der meisten seines Hauses Grabstätte, eine Stiftung, welche, mit ihrer Klosterschule von den folgenden Grafen treu gepflegt, um die Cultur des Landes wesentliche Verdienste hat.

In das volle Licht der Geschichte tritt erst der dritte Ludwig, mit welchem das gräfliche Haus sich zu reichsfürstlicher Stellung erhob. Er gewann durch seine Vermählung mit Hedwig von Gudensberg auch in Hessen Besitz und Einfluß. Kaiser Lothar belehnte ihn 1130 mit der landgräflichen Würde. Nach dessen Tode schloß sich Ludwig eng an das neue Kaiserhaus der Staufer an, mit welchem bald sich auch verwandtschaftliche Bande knüpften. Als Landgraf Ludwig I zählte er zu den angesehensten Fürsten des Reiches, und die Dynasten waren ihm als dem Stellvertreter des Kaisers untergeordnet. Aber dem Rechte wollte ihr stolzer Muth sich nicht beugen; sie däuchten sich edler und freier zu sein als der Landgraf und fuhren fort, so weit ihr Arm reichte, seinem Gebote zum Trotz Bürger und Bauern zu

drücken und zu brandschatzen. Das geschah nie ungescheuter, als
da nach des Vaters Tode (1140) der junge Landgraf Ludwig II
unmündig an dem Hofe des ersten Staufers.König Konrads III
weilte. Aber mit seiner Heimkehr kam bald die Hilfe; denn er
ist der Landgraf, den, wie die Sage meldet, der Schmied zu
Ruhla hart schmiedete, „der eiserne Ludwig", der die wider=
spänstigen Ritter, welche des Landfriedens spotteten und ihre
Unterthanen wie das Vieh mißhandelten, bei Freiburg an der
Unstrut vor den Pflug spannte. „Umgürtet mit Manneskraft",
wie ein Chronist sagt, stellte er in den Thüringer Landen Frie=
den und Recht her und begründete seinen Wohlstand; Städte,
Dörfer und geistliche Stifter blühten empor, von seiner Macht
beschirmt, und mit ihm wirkte in Segen seine edle Frau, Jutta
von Schwaben, eine Schwester des Kaisers Friedrich Barbarossa.
Jetzt fiel die Macht Thüringens bedeutend ins Gewicht; statt in
kleinen Fehden sich aufzureiben, stritt nun die Ritterschaft in den
Kriegen des Reiches und im Dienste des Landgrafen. Es wird
erzählt, daß Kaiser Friedrich, als er während einer Heerfahrt
nach Polen 1172 auf der Neuenburg bei Freiburg seines
Schwagers Gast war, zwar dem Schloßbau vollen Beifall
schenkte, aber die Ringmauer gegen feindliche Angriffe nicht stark
genug befand. Landgraf Ludwig erklärte, er wolle in der kom=
menden Nacht eine Mauer um das Schloß bauen, die hier zu
Lande ihres gleichen nicht haben sollte, und als der Kaiser am
nächsten Morgen hinausschaute, standen rings um die Burg ge=
drängt behelmte und bepanzerte Männer, Dienstleute, Ritter und
Edle, und der Kaiser mußte bekennen, daß solch eine Mauer
herrlicher und fester sei als jede andere. Aber streitbar wie er
war, wußte Ludwig der eiserne auch die Künste des Friedens
zu schätzen. Zwei seiner Söhne, Hermann und Friedrich, sandte
er auf die hohe Schule nach Paris; es ist das Schreiben er=
halten, mit welchem er sie der besonderen Fürsorge des Königs
von Frankreich empfahl.

    Sein ältester Sohn Ludwig III der milde (1172—1190),
wird wegen seiner Menschenfreundlichkeit und Frömmigkeit ge=
rühmt. Als sein Oheim, der greise Barbarossa, auszog, um den
Muselmannen das heilige Grab wieder zu entreißen, nahm auch

er das Kreuz und befehligte bei der Belagerung von Akka. Ein Opfer der Seuche, die so viele Kreuzfahrer dahinraffte, gieng er krank zur See und starb, ehe er die Insel Cypern erreichte. Seine Thaten sind in einem Gedichte gefeiert, das nur in späterer Ueberarbeitung und Entstellung auf uns gekommen ist.

Ihm folgte sein Bruder Hermann (1190—1217), der bedeutendste Fürst des Hauses. Er ist streitbar und kriegerisch wie seine Vorfahren; in die Händel der Meißener Markgrafen, von denen Dietrich sein Schwiegersohn wurde, ist er tief ver= wickelt; er bestand manche Fehde mit den Erzbischöfen von Mainz; auch er ist als Kreuzfahrer nach Palästina gezogen. Vor dem gebieterischen Kaiser Heinrich VI mußte er sich beugen, aber in dem Streite der nachfolgenden Könige Philipp und Otto IV hielt er oft die Entscheidung in seiner Hand und wußte seinen Vor= theil dabei wahrzunehmen. Er hatte den Welfen Otto gehalten und entschied schließlich seinen Sturz, indem er den jungen Staufer Friedrich II von Sicilien nach Deutschland rief. Ueberall machte sein Muth und seine Klugheit sich geltend, und Papst Innocenz III wußte ihn nach Gebühr zu schätzen. „Nie gab er sich träger Ruhe hin", sagen die Annalen von ihm, „er duldete nicht, daß Jemand über ihm stehe oder ihm gleich sei; von den Fürsten insgesammt ward er gefürchtet und alle schreckte sein Name." Bleibenden Ruhm hat er damit nicht erworben, denn er diente nicht dem ganzen Reiche, sondern seiner Einzel= macht, oft zum Schaden des Ganzen. Aber eine schöne und fruchtbringende Seite seines Lebens war die Freude an der Poesie, und diese verdient eine genauere Betrachtung.

„Niemals" (sagt der Mönch von Reinhardsbrunn) „gönnte er seinen müden Gliedern Schlaf, bevor er nicht eine Vorlesung angehört bald aus heiligen Schriften, bald von dem Heldenmuthe alter Fürsten. Ganze Nächte hindurch lauschte er dem Vortrage lateinischer oder deutscher Schriften." Schon in jüngeren Jahren, da er als Pfalzgraf von Sachsen zu Freiburg an der Unstrut saß, bewies er den Dichtern seine Gunst. Heinrich von Veldeke hatte in seiner niederrheinischen Heimath die „Aeneide" zu dichten begonnen und gab den vollendeten größeren Theil der Gräfin von Cleve zu lesen. Aber bei ihrer Hochzeit mit Hermanns älterem Bruder,

Landgraf Ludwig dem milden, ward das Buch einer ihrer Jung-
frauen, die es in Verwahrung hatte, von dem Grafen Heinrich
von Schwarzburg gestohlen. So sehr die Fürstin auch zürnte
und so viel Mühe sich auch der Dichter gab, sein verlorenes Werk
wieder zu erlangen, alles war umsonst, bis nach neun Jahren
Pfalzgraf Hermann es ihm verschaffte und ihn bat, das Buch
an seinem Hofe zu vollenden, denn „die rede dûhte in guot unt
daz getichte meisterlich." Heinrich von Veldeke versichert, daß
er ihm gern gedient, und so ward in Thüringen das erste höfische
erzählende Gedicht in deutscher Sprache zu Tage gefördert, welches
den nachfolgenden Muster und Vorbild ward; denn Heinrich von
Veldeke schuf den reinen zierlichen Stil, die gewandte sinnige
Darstellung, die Genauigkeit des Versmaßes und Reimes, welche
das höfische Epos auszeichnen; er führte endlich im Geiste der
Zeit die Minne auch in die Erzählung ein und erweckte dadurch
für sein Gedicht eine Theilnahme an den Höfen der Fürsten und
Ritter, wie noch keines sie gefunden. Wolfram von Eschenbach
ehrt ihn als seinen Meister und Gottfried von Straßburg gesteht
nach einmüthigem Urtheile der Besten, daß

> er impfete daz êrste rîs
> in tiutischer zungen:
> dâ von sît este ersprungen,
> von den die bluomen kâmen,
> dâ si die spaehe*) ûz nâmen
> der meisterlichen fûnde.

Nach seines Bruders Tode nahm Landgraf Hermann seinen
Sitz auf der Wartburg und konnte bei den reichen Mitteln, die
ihm zu Gebote standen, seiner Kunstliebe freier nachhängen.
Dort ward das Landgrafenhaus von ihm entweder neu erbaut
oder doch im Bau vollendet, das schönste Wohngebäude, das aus
dem zwölften Jahrhundert in Deutschland erhalten ist, nicht mehr
die bloße Burg zu Schutz und Trutz, sondern in den rundbogigen
Arcaden und den zierlichen Säulchen von der gleichen Feinheit und
Anmuth der Formen, die in den Dichtungen jener Tage uns er-
freut. In den Hallen dieses Schlosses hielt Landgraf Hermann
mit seiner Gemahlin, Sophie von Wittelsbach, glänzend Hof und

---

*) D. h. die feine Kunst.

zog von nahe und fern Gäste herbei. Nirgends wurden Dichter
lieber empfangen und reicher belohnt, und die größten sind Jahre
lang hier eingekehrt, Wolfram von Eschenbach und Walther von
der Vogelweide. Nicht immer behagte ihnen das Treiben am
Hofe, des Lärmens und Drängens ward ihnen wol zu viel und
unwürdige vertraten würdigeren den Weg. So spricht Walther
— nach Simrocks Uebertragung in unsere neuhochdeutsche Sprache:

„Wer in den Ohren siech ist oder krank im Haupt,
der meide ja Thüringens Hof, wenn er mir glaubt:
käm' er dahin, er würde ganz bethöret.
Ich drang so lange zu, daß ich nicht mehr vermag;
ein Zug fährt ein, ein andrer aus, so Nacht als Tag:
ein Wunder ist, daß da noch Jemand höret.
Der Landgraf hat so milden Muth,
daß er mit stolzen Helden, was er hat, verthut,
davon ein Jeder wohl als Kämpe stände.
Mir ist sein hohes Thun wohl kund,
und gält' ein Fuder gutes Weines tausend Pfund,
doch Niemand leer der Ritter Becher fände" —

und ein anderes Mal hob Walther mit dem spöttischen Gruße
an: Guoten tac, boes unde guot. Auch Wolfram, wo er den
Seneschall Keie von der Tafelrunde rühmt, der über die Falschen
und Schmählichen herfuhr wie ein Hagelschauer, meint, auch dem
Landgrafen wäre ein solcher Seneschall noth, denn von seinem
Ingesinde sollte ein Theil eher Ausgesinde heißen. Aber einstimmig sind sie in dem dankbaren Preise des Fürsten, der, frei
von Laune, ihnen seine Gunst stetiglich erhielt. Anderer Lob,
sagt Walther, als er nach längerer Abwesenheit wieder zu Landgraf Hermann kam, grünet und falbet wie der Klee:

der Düringe bluome schînet dur den snê:
sumer und winter blüet sin lop als in den ersten jâren.

Von allen deutschen Landen strömten die Sänger zu Eisenach
und auf der Wartburg zusammen; Walther kam aus Oesterreich,
Wolfram von Eschenbach war ein Baier. Wie Walther im Liede,
so ist er der Meister der erzählenden Poesie. 'In seinem Haupt-
werke, dem Parzival, den er an des Landgrafen Hof dichtete, hat
er einen Stoff, der in seinem französischen Vorbilde kaum mehr
als ein Gewirre von Abenteuern darstellte, beseelt und einen

tiefen epischen Gedanken hineingelegt. So hat er ein Werk ge=
schaffen, das in der Einheit und Größe des Planes und in der
Mannichfaltigkeit der Darstellung, welche er mit treffenden Bildern
reich durchwebt, alle ähnlichen Gedichte weit hinter sich läßt.
Und doch war Wolfram nach unsern Begriffen ein ungebildeter
Mann. Wenn er sich auch rühmt: „ich kan ein teil mit sange",
so hält er sich doch vor allem zum Schildesamt erkoren; die
Frau, die ihn um seines Gesanges willen minnen wolle, dünkt
ihn schwach an Verstand zu sein. Lesen und schreiben hatte er
nicht gelernt, er kannte keinen Buchstaben, und dichtete Werke,
wie eine schreibselige Zeit sie nimmer hervorbringt. Den Parzival
widmete er einer edlen Frau, die ihm mit süßen Worten danken
soll; ihren Namen verräth der Dichter nicht.

Nach dem Parzival begann Wolfram den heiligen Willehalm
von Orange. Den Stoff, der dem karolingischen Sagenkreise
angehört, entnahm er einem französischen Buche, das Landgraf
Hermann ihm gegeben und das er sich hatte vorlesen lassen.
Die Ausführung erlebte sein fürstlicher Gönner nicht, und auch
Wolfram ist über dem Werke gestorben, von dem er etwa
14,000 Verse gedichtet hat. Wie Wolfram, so wurden auch
andere Meister von dem kunstsinnigen Landgrafen zu Dichtungen
in deutscher Sprache aufgemuntert; er schaffte die französischen
Bücher herbei, aus denen sie die Stoffe entnahmen. So dichtete
auf seinen Antrieb Herbort von Fritzlar den Trojanischen Krieg,
Albrecht von Halberstadt die Verwandlungen des Ovid; die
Mythen des Alterthums so gut wie die Sagen der germanisch=
romantischen Welt wurden dem Geiste jener Zeit gemäß dichterisch
behandelt. Und wie von dem Thüringer Hofe neue Dichtungen
ausgiengen, so ward an demselben auch, was anderswo in deut=
scher Sprache geschrieben war, gern gelesen, namentlich Hart=
manns von Aue anmuthige Erzählungen und das Buch von der
Nibelungen Noth, das größte Denkmal unseres Heldengesanges.

Wir haben zunächst der Pflege der epischen Dichtung ge=
dacht, aber nicht minder war an diesem Sängerhofe die lyrische
Poesie willkommen; neue Tänze und Minnelieder verbreiteten sich
von Thüringen über Deutschland. Hier sang Walther von der
Vogelweide seine lieblichen Lieder von der Wonne des Frühlings

und von minniglichen Frauen. Auf die Dauer aber mochte er
hier nicht weilen; als in dem Streite der Könige Friede und
Recht schwer verwundet wurden und Landgraf Hermann nicht zu
der Sache des Reiches stand, schied Walther von ihm und diente
dem Könige, in dem er das wahre Oberhaupt des deutschen
Landes erkannte. Erst nachdem der Zwiespalt gesühnt war,
kehrte er zurück, ein gern empfangener Gast wie zuvor. Zwar
war Landgraf Hermann nicht der einzige Gönner der Kunst unter
den Fürsten seiner Zeit; König Philipp der Staufer war ein
Freund der Dichter und der Welfe Kaiser Otto IV folgte wenigstens der Sitte oder kluger Berechnung, indem er die Sänger
an sich zog, deren Lob oder Tadel in dem Streite, der das Reich
und die Kirche erschütterte, weithin erscholl. Aber die Kaiser
hatten keinen festen Sitz, die unruhigen Zeiten litten nicht, daß
sie sich friedlichen Beschäftigungen zuwandten, und die anderen
Fürsten, unter denen die Babenberger Friedrich und Leopold von
Oesterreich, Dietrich von Meißen, Berthold von Zähringen mit
Ehren genannt werden, vermochten es Hermann von Thüringen
nicht gleich zu thun. In seiner Umgebung entspann sich der
regste Wetteifer, wie der „Sängerkrieg auf der Wartburg" ihn
uns darstellt. Freilich mischt sich in diesem Gedichte Sage und
Allegorie der Ueberlieferung bei; den Namen wirklicher Dichter,
wie Walthers und Wolframs, stehen Heinrich von Osterdingen
und der Zauberer Klinsor von Ungarland gegenüber, welche
allein von der Phantasie geschaffen und nur durch Irrthum in
die Geschichte eingeführt sind. Aber poetischer Wettstreit mag
öfters stattgefunden haben, wenn auch nicht, wie das Gedicht
schildert, auf Tod und Leben, indem der Henker mit dem Stricke dabei
stand. Erwählte Richter erkannten den Preis zu, in Gegenwart des
Landgrafen und seiner Gemahlin mit den Herren und Frauen des Hofes.

Das Gedicht vom Wartburger Sängerkriege gehört nicht
mehr der Blütezeit der mittelhochdeutschen Poesie an, sondern ist
der Erinnerung an verfallene Herrlichkeit entsprungen. Schon
Landgraf Hermann, so weltlichen Sinnes er auch war, hatte
aus Klugheit den Kaisern gegenüber zum Papste gehalten; in
seinem Sohne Ludwig IV dem frommen (1217—1227) trat
die kirchliche Richtung in den Vordergrund. Auch er, der bei

seines Vaters Tode erst sechzehn Jahre zählte, entwickelte sich bald
zu einem bedeutenden Fürsten, dessen Tugenden die Zeitgenossen
fast einstimmig rühmen. Die Beschreibung seines Lebens, von
seinem Reisecaplan Berthold verfaßt, ist in der lateinischen Ab=
fassung großentheils in die Annalen von Reinhardsbrunn über=
tragen; außerdem besitzen wir davon eine im Beginn des folgen=
den Jahrhunderts mit treuherzigem Sinne abgefaßte deutsche
Uebersetzung und erhalten damit ein anziehendes Bild deutschen
Fürstenlebens im Mittelalter*). Ludwig war klug und beredt,
von freundlichem Wesen, in ritterlichen Uebungen stark und ge=
wandt. Keine Lüge ward in seinem Munde erfunden. Seine
Rede war ja, ja, nein, nein, gegen Frauen war er züchtig und
ehrerbietig, den Armen mild und gütig, unter seinen Rittern
und Knappen gesellig und heiter, den Baronen und Edlen ehr=
würdig, allem Volke leutselig. Zu gemeinem Nutzen, Rittern,
Bürgern und Bauern, war er vorsichtig im Gericht; wer den
Frieden brach, fand vor ihm keine Gnade; er zog selber aus, um
raublustige Edle zu strafen, und ließ ihnen das Haupt abschlagen.
Als einem armen Manne sein Esel auf der Straße geraubt war,
ließ er bis Würzburg nachsetzen, damit ihm sein Esel wieder
würde. So verschaffte er den thüringischen und hessischen Landen
Ruhe und Sicherheit. Aber die Sänger mochten ihn dennoch
nicht preisen, denn ihnen war er minder gewogen. Er schränkte
die verschwenderische Hofhaltung ein und begabte dafür um so
freigebiger geistliche Stiftungen, Kirchen und Klöster, namentlich
Reinhardsbrunn, zu dem er oft zu besonderer Freude der Mönche
hinüberzog. Denn das Kloster nahm er für sich und sein Gefolge
nicht in Anspruch, sondern brachte den Bedarf für Küche und Keller
mit, so reichlich, daß die Mönche noch Tage nachher zu zehren hatten.

Nicht, daß Landgraf Ludwig der Pfaffen Knecht gewesen
wäre und seinem weltlichen Fürstenamt etwas hätte vergeben
wollen. Vielmehr bestand er ein Jahr, nachdem er zum Ritter
geschlagen war, seine erste Fehde gegen den Erzbischof Siegfried

---

*) Annales Reinhardsbrunnenses. Herausg. von Wegele. Jena 1854.
(Thüring. Geschichtsquell. I). — Das Leben Ludwig's IV Landgrafen von
Thüringen, nach der lateinischen Urschrift übersetzt von Friedrich Köditz von
Salfeld, herausg. von H. Rückert. Leipzig 1851.

von Mainz, der, von Habsucht getrieben, behauptete, Landgraf
Hermann sei im Bann der Kirche gestorben und Ludwig selbst
sei als Gebannter zu erachten. Da fuhr dieser so gewaltig über
die Mannen der Mainzer Kirche her und verbrannte ihre festen
Häuser, daß der Erzbischof alsbald die Hand zum Frieden bot
und den Landgrafen mit allen seinen Anhängern und seinen ver-
storbenen Vater in der Bonifaciuskirche zu Fulda feierlich in den
Schooß der Kirche aufnahm. Wie Ludwig in diesem Falle sein
Recht kräftig wahrte, so benutzte er die Minderjährigkeit seines
Neffen, Heinrich von Meißen, um seine Macht auszubreiten.
So sehr ihm auch seine Schwester Jutta und deren zweiter Gemahl, Graf Poppo von Henneberg zürnten, er nahm die Vor-
mundschaft an sich, erzwang die Huldigung für den Fall des
Ablebens des jungen Markgrafen und ließ die Anwartschaft vom
Kaiser sich und seinen Erben bestätigen. So herrschte Ludwig
der fromme über Thüringen, Hessen und Meißen und griff in
die allgemeinen Angelegenheiten des Reiches ein; längere Zeit
verweilte er mit Hermann von Salza, dem Heermeister des deutschen Ordens, beim Kaiser in Italien und kehrte mit wichtigen
Aufträgen zurück. Wir müssen diese seine fürstliche Thätigkeit
um so schärfer ins Auge fassen, je mehr die Späteren fast allein
sein Verhältniß zu seiner frommen, als eine Heilige verehrten
Gemahlin Elisabeth betrachten. Und in der That erweckt dieses
Verhältniß auch unsere lebhafte Theilnahme, wenn auch nicht in
der legendenhaften Auffassung, die bald nach ihrer beider Tode
aufkam. Aber obgleich der Heiligenschein uns nicht blendet und
Ludwig und Elisabeth aus den ungetrübten Zeugnissen uns
menschlich näher treten, unser inniges Mitgefühl wird wahrlich
dadurch nicht gemindert.

Elisabeth, die Tochter vom König Andreas II von Ungarn
und Gertrud aus dem Hause der Herzoge von Meran, war im
Jahre 1207 geboren und bereits als vierjähriges Kind dem
damals elfjährigen Ludwig zur Gemahlin bestimmt. Es gehörte
diese Eheberedung zu der Kette von Entwürfen, die Landgraf
Hermann damals gegen Kaiser Otto IV einleitete und in welche
auch der Bischof Ekbert von Bamberg verflochten war, der
Bruder der Königin von Ungarn. Elisabeth ward von thüringi-

schen Herren und Frauen eingeholt und von ihren Eltern mit
reicher Ausstattung entlassen, unter der die silberne Badewanne,
die köstlichen Edelsteine, die schönen seidenen Gewänder besonders
angestaunt wurden. In Thüringen ward sie ihrem künftigen
Gatten feierlich anverlobt und, wie sich's ziemte, mit aller Sorgfalt gepflegt und erzogen. Mit ihren Gespielen freute sie sich
ihrer Jugend heiteren Sinnes, aber früh lernte sie auch den
Ernst des Lebens kennen. Wenige Jahre war sie in Thüringen,
da ward ihre Mutter, welche die Magyaren als eine Deutsche
haßten, ermordet. Als Landgraf Hermann gestorben war und
Elisabeth heranwuchs, hatte sie von Amtleuten des Hofes und
von der verwittweten Landgräfin Sophie und deren Tochter
Agnes manchen Kummer zu leiden. Sie ärgerten sich an ihrem
frommen Sinn und riethen dem jungen Landgrafen, die Ehe mit
ihr nicht zu vollziehen, sondern sie in ein Kloster zu thun oder
ihrem Vater zurückzusenden. Aber wie der Dichter der ältesten
Legende von ihr sagt, Elisabeth's Tugend erlitt keinen Bruch,
gleichwie eine Lilie, die inmitten von Dornen steht und doch
ihren edlen Duft verbreitet. Der junge Landgraf blieb ihr hold
und freundlich und ließ sich nicht irre machen. Eines Tages,
da sie mit einander im Angesichte des Inselsbergs ritten, fragte
ihn der Schenk Walther von Vargula, der einst das königliche
Kind von Ungarn eingeholt hatte, um seinen Entschluß. Da
sagte Ludwig: „Siehst du den großen Berg vor uns liegen?
Wäre der ganz von Gold, so würde ich doch eher darauf verzichten, als von der Ehe mit Elisabeth zurücktreten." Der
Ritter erwiderte: „Darf ich ihr die Botschaft sagen?" „Ja",
sprach der Herr, „das sollst du thun, und bringe ihr dazu ein
Wahrzeichen." Damit zog er einen zwiefachen, wohl in Erz gefaßten Spiegel hervor, den er bei sich trug; der hatte auf der
einen Seite schlichtes Glas und auf der anderen das Bild des
gekreuzigten Heilandes. Da Elisabeth die Botschaft empfing und
den Spiegel in die Hand nahm, lachte sie freundlich und dankte
dem Ritter lobesam.

Alsbald that Ludwig seinen Willen öffentlich kund und vermählte sich, selbst einundzwanzigjährig, mit der vierzehnjährigen
Elisabeth. In ihrer Ehe fanden die Gatten ein so reines

Glück, daß die Lästerzungen schweigen mußten. Ludwig ehrte
den frommen, demüthigen Sinn, die Barmherzigkeit und Mild=
thätigkeit seiner Frau; für die Wohlthaten, die sie spendete, bot
er ihr gern die Mittel, aber er ließ nicht zu, daß sie in der
Inbrunst ihrer Andacht durch Nachtwachen ihre Kraft erschöpfte,
sondern minderte mit klugem Sinn das Uebermaß ihres Eifers.
Elisabeth mochte von ihrem Manne sich nicht trennen; oft be=
gleitete sie ihn nahe und fern auf rauhen Pfaden und im Un=
wetter, gemeinsam reisten sie zu ihrem Vater nach Ungarn und
kamen gesund und frisch nach Thüringen zurück. Als Ludwig
aus Italien nach längerer Abwesenheit heimkehrte, da, sagt der
Caplan Berthold — und ich folge auch hier den schlichten Wor=
ten der deutschen Uebersetzung — „empfing die liebe innige Frau
Elisabeth ihren liebsten Herrn aus der Maße gütlich: sie küßte
ihn mit Herz und Mund mehr denn tausendmal: wer kann aus=
sprechen die große Freude, die ihr Herz empfand!" Aber über
dem Glücke, das sie als Gattin und als Mutter genoß — sie
hatte ihrem Gemahl einen Sohn und eine Tochter geboren —
vergaß sie der Nothleidenden und Hilfsbedürftigen nicht. Wäh=
rend Ludwig in Italien war, hatten die deutschen Lande von
Hunger und Pest schwer zu leiden; da errichtete Elisabeth am
Fuße der Wartburg ein Hospital für achtundzwanzig Kranke,
deren Pflege sie leitete, und ließ täglich von dem Hofgesinde
unter ihrer Aufsicht vierhundert Armen Almosen reichen. So
erscheint Elisabeth überall mit Selbstverleugnung bemüht, fromme
Werke zu üben; mitunter aber mischten sich in ihren Gottesdienst
bereits herbe Züge äußerer Bußübung. Wenn sie ihren Kirch=
gang hielt, legte sie ein schlichtes wollenes Kleid an und gieng,
das neugeborene Kind im Arme tragend, barfuß den steinigen
Pfad von der Burg herab zur Kirche. War sie in die Burg
zurückgekehrt, so schenkte sie Mantel und Kleid, die sie auf diesem
Gange getragen, einer armen Frau.

Sechs Jahre waren so seit ihrer Vermählung verflossen, da
ward im Abendlande, namentlich in Deutschland und Italien,
wiederum das Kreuz gepredigt zur Fahrt nach dem heiligen
Lande. Auch Landgraf Ludwig nahm das Kreuz, nicht in from=
mer Begeisterung wie die ersten Kreuzfahrer — dieses Feuer

war längst verraucht —, sondern Kaiser Friedrich II, der selbst
den Zug befehligen wollte, hatte ihn bringend gemahnt und ihm
die Belehnung mit der Mark Meißen und viel Geld geboten und
der kirchliche Eiferer Bischof Konrad von Hildesheim hatte ihn
mit klugem Rath überredet und mit dem Kreuze bezeichnet. Aber
Ludwig trug es nicht auf dem Gewande, sondern hielt es heimlich bis zu bequemer Zeit, daß seine liebe Gemahlin es nicht gewahr werde und sich betrübe. Lange konnte er es ihr nicht
verbergen; eines Tages fand sie das Kreuz in der Tasche, die
er am Gürtel zu tragen pflegte, und erschrak, daß sie zur Erde
niedersank. Aber sie ließ sich von ihrem Manne trösten und
vereinte sich mit ihm in dem Gelübde, das Kind, das sie unter
dem Herzen trug, zum geistlichen Leben Gott zu opfern. Ludwig
rüstete zur weiten Fahrt; noch einmal versammelte er Herren,
Ritter und alles Volk um sich und redete zu ihnen, wie noch zu
seines Vaters Zeit Thüringen voller Fehden gewesen sei, jetzt
aber erfreue sich das ganze Land sammt Hessen und Meißen eines
gesegneten Friedens und er könne in Gottes Namen von dannen
ziehen. Noch einmal ritt er nach Reinhardsbrunn, in der Klosterschule nahm er die kleinsten Knaben in seinen Arm und küßte
sie. Dann sammelten sich in Schmalkalden um den Landgrafen
die Ritter, welche mit ihm das Kreuz genommen; mit vielen
Thränen schieden sie von den Lieben in der Heimat. Elisabeth
begleitete den Gemahl noch zwei Tage über die Grenzen Thüringens hinaus, dann mußte geschieden sein. Ludwig faßte wieder
Muth und zog als ein freudiger Recke seinen Weg, aber die be-
trübte Fürstin kam traurig heim mit Zähren und Jammer.
Statt ihres fürstlichen Gewandes legte sie Wittwenkleider an.
Fortan hatte sie keine Freude mehr, sie befahl sich ganz in Gottes
Hut, einsam und in traurigem Muthe.

Das Kreuzheer, über 60,000 Mann, sammelte sich in Unter-
Italien zu Brindisi, um die Schiffe zu besteigen; da brachen bei
der sommerlichen Hitze die Lagerfieber aus. Ludwig ward von
der Seuche ergriffen und auch der Kaiser erkrankte; dennoch
giengen sie in See und kamen nach Otranto. Dort starb Landgraf Ludwig am 11 September 1227, im dritten Monat, seit er
von Thüringen ausgezogen war, in dem jugendlichen Alter von

siebenundzwanzig Jahren. Kaiser Friedrich gab für dieses Jahr
die Kreuzfahrt auf; den Rest des Heeres, darunter auch die
Thüringer, führte der Patriarch von Jerusalem nach Palästina.

Nun war der Friede zwischen Reich und Curie, der seit
fünfzehn Jahren bestanden hatte, zu Ende. Papst Gregor IX,
ein achtzigjähriger Greis, aber von unbeugsamer Willenskraft,
was er als Recht der Kirche ansah, zu verfechten, sprach noch in
demselben Monat über den Kaiser, der sein Gelübde gebrochen
habe, den Bannfluch aus „vom Teufel getrieben", wie ein
Regensburger Mönch sagt. Alsbald trugen die Bettelmönche, das
fliegende Heer des Papstes, die Kunde durch das Reich, daß der
Kaiser unter dem Fluche und Banne stehe. Damals war es,
wo Walther von der Vogelweide lebensmüde anhebt:

> Owê war sint verswunden alliu mîniu jâr,
> ist mir mîn leben getroumet oder ist ez wâr? —

wo er klagt:

> Swar ich zer werlte kêre, da ist niemen frô,
> tanzen singen daz zergêt mit sorgen gar:
> nie kristenman gesach so jæmerlîche schar.
> — uns sint unsenfte brieve her von Rôme komen,
> uns ist erloubet trûre und frôide gar benomen.

In diese Zeit, wo der Eifer der Parteien entbrannte, fiel
der unaussprechliche Jammer der Frau Elisabeth. Unlängst hatte
sie ihr drittes Kind, eine Tochter, geboren; da vernahm sie die
Trauerbotschaft und rief aus: „Todt, todt soll mir nun die Welt
und alle weltliche Freude sein." Kummer auf Kummer häufte
sich. Ihr Sohn Hermann war erst vier Jahre alt, seine
Minderjährigkeit ward von seinen Oheimen Heinrich Raspe
und Konrad benutzt, um sich unrechtmäßigerweise in die Land-
grafschaft einzudrängen. Elisabeth selbst ward von der Wartburg und von Eisenach vertrieben und mußte bei ihren Verwandten in Franken Schutz suchen. Als die Kreuzfahrer mit
den Gebeinen ihres Gatten heimkehrten, begab sie sich nach Bamberg; aber so warm und innig sie auch jetzt wiederum ihre Liebe
zu dem verstorbenen bekannte, sie war in Gottes Willen ergeben.
Mit den thüringischen Edlen kehrte sie zurück und wohnte der
feierlichen Beisetzung zu Reinhardsbrunn bei; auf jener Forderung

erlangte sie auch ihr Wittthum und die Rückkehr auf die Wart=
burg. Aber hier war ihres Bleibens bei schnöden und kargen
Verwandten nicht lange, im folgenden Jahre zog sie nach Marburg,
daß ihr unter päpstlicher Vermittelung zum Leibgedinge ausgesetzt war.
Dort hatte sie von ihren Verwandten nicht mehr zu leiden, aber statt
dessen war sie nun der harten Zucht ihres Beichtvaters preisgegeben.

Magister Konrad von Marburg ist verrufen als der erste
Ketzersucher und Ketzerrichter in Deutschland. Als die römische
Hierarchie ihre höchste Macht erreichte, begannen die Völker sich
von ihr abzuwenden, und es bildeten sich Secten, von denen die
Waldenser alle Verfolgungen bis auf den heutigen Tag stand=
haft ertragen und überdauert haben. Denn die herrschende Kirche
wüthete alsbald mit Feuer und Schwert wider sie, und die neu
gebildeten Bettelorden arbeiteten mit Hingebung daran, die Ketzerei
auszurotten. Auch in Deutschland fieng man an, Ketzer auszu=
spüren und hinzurichten, unter Gutheißen des Kaisers Friedrich II,
der, obwohl selbst von freier, wenn nicht unkirchlicher Denkungs=
art, aus falscher Klugheit dem Clerus seinen Arm zu leihen ver=
sprach. Magister Konrad von Marburg, vom Orden der Franzis=
kaner, erhielt vom Papste besondere Vollmacht, die Ketzer zu
vertilgen, und trieb mit einer Schar von Gehilfen sein furcht=
bares Amt bis ins neunzehnte Jahr. Kein anderer that es ihm
gleich, dem Richter ohne Erbarmen; bald da, bald dort loderten
die Feuerbrände und die Martern von Christen und Juden, die
des qualvollsten Todes starben, schrieen zum Himmel. Diesen
Mann hatte Landgraf Ludwig, nach dem Rufe der Rechtgläubigkeit
begierig, allerdings nicht ohne Vorbehalt, seiner Gemahlin Eli=
sabeth zum Beichtvater bestellt, und nachdem er den Kreuzzug an=
getreten, mit päpstlicher Genehmigung ihm während seiner Ab=
wesenheit die Besetzung erledigter Pfarren übertragen; eben diesen
setzte Papst Gregor IX jetzt Elisabeth zum Vormunde in geist=
lichen und weltlichen Dingen. Sie wollte in ein Kloster gehen,
Magister Konrad litt es nicht; ebenso wenig gestattete er, daß
sie sich alles irdischen Gutes entäußerte und als Bettlerin von
Thür zu Thür wanderte; endlich am Charfreitage 1229 entsagte
sie in der Franziskanerkirche zu Eisenach der Welt und allem
eigenen Willen und folgte ihrem Beichtvater nach Marburg.

Welches Leben Elisabeth dort geführt, nach den Aussagen ihrer Dienerinnen und Konrads eigenem Berichte ausführlich zu schildern, kann ich nicht über mich gewinnen. Der harte Mann, dessen Zucht sie untergeben war, wollte die Ertödtung des Fleisches zum Heile ihrer Seele an ihr vollbringen, und Elisabeth unter= warf sich ohne Widerstreben. Mit ihren Dienerinnen nahm sie das Gewand der Franziskanerschwestern an. Ihr früheres Leben war für sie völlig abgethan; es erschien ihr sündhaft, in die Ehe getreten zu sein und Gatten und Kinder über alles in der Welt geliebt zu haben; nur inbrünstiger Andacht, die sich bis zur Ver= zückung steigerte, Bußübungen und Werken der Mildthätigkeit und Krankenpflege war sie hingegeben. Aber dem Magister Konrad machte sie es selten recht; war sie zu gütig gewesen, so büßte sie unter seinen Backenstreichen; hatte sie seine Satzungen einmal nicht befolgt, so schlug sie ein dienender Bruder mit Stock und Geißel und Konrad sang dazu das Miserere mei, Domine. Um sie in der Demuth und Gebuld zu üben, entfernte er die dienenden Frauen von ihr, die von Kind auf ihre Gespielen waren und auch jetzt ihr Loos theilten, und gab ihr — seinem eigenen Berichte nach — eine häßliche Nonne und eine hart= hörige und sehr gestrenge Edelfrau bei. Von diesem Leben erlöste sie nach zwei Jahren ein sanfter Tod; sie starb, vierundzwanzig Jahre alt, am 19 November 1231. Nun pilgerten Arme und Nothleidende, denen sie Trösterin und Helferin gewesen war, zu ihrem Grabe; Wunder auf Wunder ereigneten sich und Magister Konrad beeiferte sich, den Papst zu bewegen, sie zu einer Heiligen der Kirche zu erheben. Diese Genugthuung zu erlangen, sollte ihm aber nicht vergönnt sein. In der Wuth seines Verfolgungs= eifers griff er immer weiter und höher; unter Anderen klagte er im Jahre 1233 den Grafen von Sayn, einen Ehrenmann, der Ketzerei an; da ward er mit einem seiner Gefährten erschlagen und die Ketzerjagd hatte in Deutschland ein Ende. Zwei Jahre später ward Elisabeth heilig gesprochen und zu ihrer Translation erschienen zu Marburg Erzbischöfe, Bischöfe, Prälaten, eine un= zählige Menge Volks und mit vielen weltlichen Fürsten der Kaiser selbst, der damals mit dem Papste in Frieden war. Kaiser Friedrich setzte ihrem Leichnam eine goldene Krone aufs Haupt und Eli=

sabeths Schwager Konrad, der sie früher auch gekränkt hatte und jetzt Ritter des deutschen Ordens geworden war, gründete über ihrem Grabe den herrlichen Bau der Elisabethenkirche.

Ludwigs des frommen Kreuzfahrt hatte seiner Gattin Herz gebrochen und die Blüte des landgräflichen Hauses geknickt. Sein Sohn Hermann starb vor dem zwanzigsten Jahre (1242); sein Bruder Heinrich Raspe brach zuletzt, von den Pfaffen gereizt, auch dem Kaiser die Treue und ließ sich zum Könige wählen, sich selbst zu keinem Gewinn, seinem Lande aber und dem Reiche zu großem Schaden. Von Niemand betrauert starb er am 16 Februar 1247 als der letzte seines Hauses. Vor zwanzig Jahren hatte Ludwig seinen Neffen Heinrich den Erlauchten von Meißen zu beerben gedacht, jetzt brachte dieser in dem langwierigen Erbstreite Thüringen an sich und sein Haus, während Elisabeths Tochter Sophie Hessen für ihren Sohn Heinrich, das Kind von Brabant, behauptete.

An dem landgräflichen Hause von Thüringen haben wir ein Bild des deutschen Lebens im Zeitalter der Kreuzzüge. Freudig blühte es empor und heiter entfaltete sich die Kunst, aber in die junge Blüte fiel ein Reif, unter dem sie absterben mußte. Dem frischen, buntbewegten Leben, aus dem sie entsprang, trat ein trüber, finsterer Geist gegenüber, das Reich verfiel durch den unseligen Kampf zwischen geistlicher und weltlicher Macht, in welchem der Same der Zwietracht und Selbstsucht immer üppiger wucherte. Da suchten fromme Gemüther Trost in einer Andacht, welche den Leib ertödten sollte, aber auch die Seele in Bande schlug, in der über Bußübungen und äußerlicher Werktheiligkeit der Freiheit des Christenmenschen vergessen ward.

In diesen Zeiten erfuhr auch Thüringen arge Zerrüttung, bis unter streitbaren und weisen Fürsten aus dem Stamme der Wettiner das Land von neuem emporkam und die Stätte wurde, von der die Reformation der Kirche ausging, da auf derselben Wartburg, wo einst die Sänger gestritten, D. Martin Luther, als Junker Georg vor Bann und Acht geborgen, das Neue Testament übersetzte und dem deutschen Volke die Waffe des Geistes gegen Priestertrug und Priesterherrschaft in die Hand gab.

Die Hansa der Deutschen.

Vorgetragen zu Wesel am 12 März 1869, gedruckt Bonn 1869.

.

Während in unserer Zeit Preußens König die Ehre des deutschen Namens siegeskräftig beschirmt und die in fremden Landen zerstreuten Deutschen freudig bekennen, daß sie nicht mehr hinter anderen Völkern einheitlicher Macht zurückstehen, sondern mit getrostem Muthe ihr Haupt erheben dürfen, überkommt in der Heimat manchen noch der zaghafte Gedanke, ob wir Deutschen überall den Beruf haben, uns zur Nation zu bilden, und ob es uns nicht besser frommte, in der bescheidenen Zurückhaltung zu verharren, welche so lange unser Loos gewesen ist. Solch kleinmüthigen Bedenken darf man vor allem entgegnen, daß dies gar nicht in unserer Wahl steht, daß wir entweder den Ehrenplatz behaupten müssen, den Preußen errungen hat und durch Preußen das deutsche Volk, so weit es seiner Führung folgt, damit wir durch die Achtung, welche wir unter den Völkern genießen, auch unseren nationalen Wohlstand befestigen, oder daß — was Gott verhüte — mit unserer Macht und Selbständigkeit auch die Sicherheit unseres wirthschaftlichen Lebens verscherzt wäre. Daß es sich so verhält, kann unsere eigene Geschichte uns lehren: sie stellt handgreiflich vor Augen, daß mit thatkräftiger Einigung unseres Volkes auch sein Wohlstand erblüht, dagegen mit der Zersplitterung der Kräfte auch die wirthschaftliche Zerrüttung unaufhaltsam hereinbricht. Ich werde versuchen, dieß in kurzen Zügen an der deutschen Hansa darzuthun, dem großen Städtebunde, welchem einst auch Wesel angehört hat.

Die Geschichte der Hanse ist die Geschichte unseres Handels und unserer Seemacht auf den nördlichen Meeren. Von je her waren die Deutschen kühne Seefahrer: wo sie irgend an das Meeresgestade vordrangen, eröffneten sie ihre Schiffahrt; über die See hinweg haben die Angeln, Sachsen und Friesen Britannien erobert.

Sobald Kaiser Karl der große die in der Heimat zurückgebliebenen deutschen Stämme zu einem Reiche vereinigt hatte, nahm er Bedacht darauf die Küsten zu schirmen: er ließ in den Häfen Frieslands eine Flotte erbauen. Aber bei dem Verfall des Reiches und den Theilungen unter seinen Nachfolgern ward

6*

der Schutz der deutschen Gewässer verabsäumt. Die Normannen
von Dänemark, Norwegen und Schweden beherrschten mit ihren
schnellen Schiffen die Meere. Frankreich mußte ihnen die reichen
Landschaften an der unteren Seine einräumen: England widerstand lange, aber ward schließlich doch erobert. Nicht minder ver-
heerten die Normannen die deutschen Niederlande bis in die
Moselgegend hinauf: Elbe, Weser, Ems, Rhein und Maas standen
ihren Einfällen offen, sie verwüsteten Achen, Köln und Trier,
Hamburg legten sie zweimal in Asche.

Die hergestellte Ordnung des Reiches und die Züge König
Heinrichs I und der Ottonen gegen die Dänen setzten diesen
Verheerungen eine Schranke. Christliche Cultur drang in den
Norden vor, die Raubsucht ward gezügelt und ein friedlicher Verkehr eröffnet. In Deutschland erhoben sich die alten Städte aus
den Trümmern, neue wurden gegründet. Während das Landvolk
nach und nach seine Freiheit einbüßte, kam der Bürgerstand empor,
betriebsam in Handel und Gewerbe und zugleich wehrhaft, in
wachsender Bedeutung von Geschlecht zu Geschlecht.

Die Kaiser schützten die Städte und vertraten sie im Auslande: die deutschen Kaufleute wußten sich vieler Orten Eingang
und Geltung zu verschaffen. Um das Jahr 1000 verlieh König
Aethelred von England, den „Leuten des Kaisers, die mit ihren
Schiffen nach London kommen“, gleiches Handelsrecht mit den
einheimischen: dafür entrichteten sie dem Könige zu Weihnachten
und zu Ostern eine Steuer an Tuch, Pfeffer, fünf Paar Hand-
schuhe, zwei Fäßchen Essig. Es waren vornehmlich Rheinländer,
welche nach England handelten: das „Haus der Kölner“ zu
London, welchem um 1157 Heinrich II von England seinen königlichen Schutz bestätigte, erscheint als das Mutterhaus des
späteren hansischen Stahlhofes. Wie in England, so bürgerte sich
auch in Flandern der deutsche Handel ein.

Die deutschen Schiffer beschränkten sich nicht auf kurze
Fahrten. In den Zeiten der Kreuzzüge liefen aus den Mündungen unserer Ströme ganze Geschwader aus, um Palästina
auf dem Seewege zu erreichen. Mit Hilfe deutscher Kreuzfahrer
ward im Jahre 1147 Lissabon den Mauren abgenommen. Bei
dem großen Kreuzzuge von 1190, auf dem „der edel Stoufære,

der Kaiser Friderich," landeten Bürger von Köln, Bre=
men, Hamburg, Lübeck bei Akka und nahmen Theil an der Stif=
tung des deutschen Ordens. Und nicht bloß im Morgenlande
wirkten das deutsche Ritterthum und Bürgerthum zusammen: bald
eröffnete sich ihrer gemeinsamen Thätigkeit ein neues Gebiet im
baltischen Norden.

Schon hatten die Deutschen die Ostseeländer in den Bereich
ihrer Unternehmungen gezogen. Um die Mitte des zwölften Jahr=
hunderts setzten sich Markgraf Albrecht der Bär von Branden=
burg und Herzog Heinrich der Löwe von Sachsen in dem Wenden=
lande fest, und was das Schwert erobert, ward durch den Fleiß
deutscher Bürger in den neugegründeten Städten, durch die An=
siedelungen deutscher Bauern auf dem Lande zu bleibendem Eigen=
thum gesichert. Die Pflanzung der christlichen Kirche wirkte zu
demselben Ziele hin. Bald folgten dem Beispiele der deutschen
Eroberer auch wendische Fürsten: die deutschen Niederlassungen,
vorzüglich von Holland, den Rheingegenden und Westfalen her,
breiteten sich aus in Meklenburg, Pommern, bis nach Polen
hinein.

Hand in Hand damit gieng der Handelsverkehr. Von der
Nordsee aus begann die Schiffahrt sich nach den baltischen Meeren
zu erstrecken. Schon im Anfange des zwölften Jahrhunderts
ließen sich Deutsche auf der Insel Gothland nieder, zu Wisby,
das bald der Stapelplatz für den ganzen Norden wurde: sie ent=
deckten die Einfahrt in die Newa und suchten den Markt von
Nowgorod am Wolchow auf; im Jahre 1158 liefen Bremer in
die Düna ein, wo später von ihnen Riga erbaut ward. An
diesen Fahrten nahmen auch Bürger aus dem Binnenlande Theil.
So empfieng z. B. Soest in Westfalen 1232 vom Dänenkönige
einen Schutzbrief gegen das Strandrecht; unter den deutschen
Kaufleuten auf Gothland, welche 1228 den Handelsvertrag mit
den Russen von Smolensk abschlossen, waren Bürger von Soest,
Münster, Gröningen und Bremen.

So ward der deutsche Handel auf der Ostsee eröffnet: bald
sollte er eine wirksamere Pflege finden von deutschen Ostseestädten
aus, welche in raschem Wetteifer gegründet wurden.

Im Jahre 1158 ward Lübeck erbaut, 1170 Rostock, um 1200

Riga, in den nächsten Jahrzehnten Stralsund, Greifswald, Wis=
mar. Der deutsche Ritterorden unternahm seit 1228 den Kampf
gegen die heidnischen Preußen. In das eroberte Land rief er
deutsche Ansiedler in Menge und veranlaßte die Gründung einer
langen Reihe von Städten, vom Weichselgebiete bis Livland, wo
der mit ihm verbündete Schwertorden gebot. Ich nenne Elbing,
Memel, Königsberg: neben ihnen verjüngte sich die alte Stadt
Danzig und gewann ein vorwaltendes Ansehen. Alle diese Orte
erwuchsen unter gleichmäßiger Pflege der Gewerbe und des
Handels. Ihr Recht und ihre Verfassung entlehnten sie meist
von Lübeck, welches nach erlangter Reichsfreiheit sich zu dem wich=
tigsten „Kaufhause" des Nordens ausbildete.

Seitdem entwickelte sich der deutsche Handel in zwei Rich=
tungen. Der oberdeutsche, welcher die Verbindung mit Italien
und dem Rhonegebiete unterhielt, blieb abhängig von den weithin
gebietenden südlichen Handelsplätzen, namentlich von Venedig und
Genua. Ungleich selbständiger gedieh der niederdeutsche Handel,
dessen Hauptmärkte in der Fremde Brügge, Antwerpen, London,
Bergen in Norwegen, Wisby, Nowgorod bildeten. An jedem
dieser Stapelplätze genossen die deutschen Kaufleute in der Regel
unter einander gleiches Recht: sie schlossen sich zusammen als
„die gemeinen deutschen Kaufleute", „die Kaufleute aus des
Kaisers Lande," die „Gilde" oder „Hanse" der Deutschen.

Das Kaiserthum erschöpfte sich in dem Kampfe um Italien
und dem Streite mit dem Pabstthum. Es kam „die kaiserlose,
die schreckliche Zeit", und wenn dann auch die Kurfürsten wieder
deutsche Könige und Kaiser erwählten, eine Reichsregierung,
welche die allgemeinen Interessen der Nation wahrgenommen hätte,
hat seit dem Untergange des staufischen Hauses nicht mehr be=
standen.

Die deutschen Städte waren vom Kaiser und Reich verlassen:
aber in ihren Bürgern lebte der Geist der Eintracht fort. Daher
unternahmen sie es sich selbst zu helfen und auch ohne den Kaiser
den deutschen Handel daheim und in der Fremde zu vertreten und
zu schützen. Die auf allen Seiten drohende Gefahr trieb sie zum
Bunde, um sich ihres Lebens und ihrer Lebensbedingungen zu
wehren: unter Prüfungen und Wechselfällen, empfindlichen Nieder=

lagen sowohl als rühmlichen Erfolgen, wuchs ihnen die Erkenntniß dessen was noth that und was sie mit vereinter Kraft durch= führen konnten.

Im Jahre 1241 verbanden sich Lübeck und Hamburg zu gegenseitigem Schutze; ihnen schlossen sich Braunschweig, Lüne= burg, Bremen, Köln, Magdeburg an; bald breitete sich der Bund nach allen Seiten aus und nahm größere und kleinere Städte in sich auf. Ich erwähne außer den bereits genannten die wen= dischen Städte Wismar, Rostock, Stralsund, Greifswald, die preußischen Danzig und Elbing, ferner die liv= und esthländischen Riga, Reval, Dorpat, die westfälischen Münster, Osnabrück, Paderborn, Soest, Dortmund, die rheinischen Duisburg, Wesel, Emmerich, Nimwegen, in Holland und Seeland Utrecht, Amster= dam, Dortrecht, Briel. Kurz alle Städte vom finnischen Meer= busen bis zu den Grenzen Flanderns, von der Seeküste landein= wärts, so weit das nördliche Handelsgebiet reichte, bis Krakau, Breslau, Erfurt, Göttingen, Andernach), gehörten kürzere oder längere Zeit dem Bunde an. Auf diesen Bund der Städte ward allmählich der ursprünglich von den Genossenschaften der deutschen Kaufleute an auswärtigen Handelsplätzen gebrauchte Name Hanse übertragen.

Erwägen wir nun, welchen Zwecken die Hanse diente. Der erste und nächste Zweck war gegenseitiger Schutz zu Wasser und zu Lande. Die Straßen sollten sicher sein gegen Gewalt und Raub und frei von willkürlich aufgelegten Zöllen. Deshalb schritten die Hansen mit allem Eifer, so weit ihr Arm reichte, gegen die Raubritter ein und brachen ihre Burgen. In der Fremde suchten sie möglichst auch in Kriegszeiten durch Verträge sich freien Verkehr zu sichern, wie im Vertrage mit Nowgorod vom Jahre 1338 ausbedungen wird: „de ghast scal eynen reynen wech hebben, sunder hindernisse." Auf den Meeren waren sie darüber aus, die Seeräuberei und die Ungebühr des Strand= rechtes abzustellen, nach welchem der Schiffbrüchige bis auf die Haut ausgeplündert und in die Knechtschaft fortgeschleppt ward. Kaiserliche und päpstliche Schutzbriefe blieben gegen solchen Miß= brauch unwirksam: mehr erreichten die Städte durch Einzel= verträge mit den Landesherren; aber durchgreifend half ihnen

nur ihre eigene Wachſamkeit und der Nachdruck, mit dem ſie jeden
Eingriff in ihr Eigenthum ahndeten.

Gegenſeitigen Schutz aber konnten die Städte ſich nur dann
gewähren, wenn ſie einträchtig Friede und Recht unter einander
wahrten. Das war das zweite, worauf die Hanſe abzweckte, die
eigentliche Grundbedingung ihrer Stärke. Mochte auch noch ſo
oft Landfriede geboten werden, im Reiche herrſchte das Fauſtrecht,
der Krieg aller gegen alle; Kaiſer, Fürſten, Ritter und Bürger
waren in immerwährenden Fehden begriffen. Mitten in dieſen
Spaltungen und Parteiungen befeſtigten die Städte ihre Ein=
tracht und gelobten über vorkommende Streitfälle ſich durch Schieds=
richter zu vergleichen.

Auf dieſen Friedeſtand ward ſtreng gehalten. Im Jahre
1281 brach zwiſchen Greifswald und Stralſund eine Fehde aus;
alsbald legten ſich die anderen ihnen nächſtverbündeten wendiſchen
Städte Lübeck, Wismar und Roſtock darein um den Streit zu
ſchlichten, der, mit unüberlegter Hitze erhoben, die gemeine Frei=
heit der Kauffahrer in Gefahr bringe: der Stadt, welche aber=
mals den Frieden bräche, ward eine Strafe von 100 Mark
Goldes geſetzt.

Gleichermaßen hielten die Hanſen auf Ruhe und Ordnung
innerhalb jeder Stadt und auf feſtes Regiment, wie es den
Handelsintereſſen entſprach. Das lübiſche Recht war auch in
dieſem Stücke das Kleinod der öſtlichen Seeſtädte; aber auch bei
den übrigen Stadtgemeinden ward darüber gewacht, daß nicht die
Zünfte der Handwerker das Regiment an ſich riſſen. So geſchah
es mit Braunſchweig. Als dort im Jahre 1374 die Zünfte, an
ihrer Spitze die Schuſter und die Gerber, den alten Rath ver=
jagten, ward die Stadt „verhanſt“, d. h. mit dem Hanſebann
belegt. „Hiervon ſo ward,“ meldet die Sachſenchronik, „die
Stadt ſehr ohnmächtig, ihr Reichthum, ihre Stärke vergieng, dazu
ihre Kauffſchaft und ihre Handlung.“ Es blieb ihr nichts übrig,
als ſich zur Sühne zu erbieten. Auch in Privatverhältniſſen be=
ſtand Rechtsgemeinſchaft. Schuldner aus der einen Stadt konnten
in der andern zur Zahlung angehalten werden: in Criminal=
fällen ward von der einen auf die andere Berufung eingelegt.

Die Leitung kam durch die Natur der Dinge für die öſtlichen

Gebiete überwiegend an Lübeck, für den Westen an Köln, das für den Handel mit Flandern und England den Mittelpunkt bildete. Bemerkenswerth ist ein Streit, den Lübeck und Wisby über das Appellrecht vom Hofe zu Nowgorod 1295 mit einander führten. Für Wisby sprach das höhere Alter des Verkehrs, dennoch entschieden für Lübeck die bedeutendsten Städte der Hanse, unter ihnen Köln, Braunschweig, Magdeburg, Stralsund, Elbing, Riga und Reval.

So entwickelten sich gleichartige Verfassungen, ein gemeinsames Handelsrecht, gemeinsame Gewerbeordnungen: die deutschen Kaufleute, die Hansen, bilden den Fremden gegenüber eine geschlossene Einheit. Damit erst war die Möglichkeit einer Handelspolitik gegeben, deren Hauptaufgabe in der Vertretung ihrer auswärtigen Handelscomtore lag. Auf manchen derselben, z. B. in Flandern und vorzüglich in London, kam es darauf an durch regelmäßige Leistungen und gelegentlich durch außerordentliche Opfer, z. B. durch Vorschüsse und Darlehen, vertragsmäßige Vorrechte zu erwerben, und es ist in der That bewundernswerth, mit welchem Geschick die Hansen trotz der Eifersucht der einheimischen Kaufleute ihr Uebergewicht Jahrhunderte hindurch behaupteten. Den skandinavischen Reichen dagegen schrieben sie mit den Waffen Gesetze vor, sobald sie in ihren einmal zugestandenen Rechten geschädigt wurden.

Im Jahre 1284 hob König Erich von Norwegen die von seinem Vater, dem friedfertigen Magnus, den Hansen verliehenen Freiheiten auf, legte Beschlag auf ihre Schiffe und ihre Warenlager zu Bergen und sperrte ihnen die Häfen seines Reichs. Aber die Hansen wußten Norwegen zu zwingen. Es ward verboten, Getreide, Malz und Bier nach Norwegen zu verschiffen ein Geschwader ward in den Sund gelegt, ein anderes kreuzte an den norwegischen Küsten. „Des loveden sie tosamene de stede bi der ostersee unde bi der westersee altomal, ane de van Bremen," sagt der Franziscaner Detmar in seiner Lübecker Chronik. Die Bremer hielten es mit König Erich und wurden dafür verhanst; erst 1358 gelang es ihnen wieder in den Bund aufgenommen zu werden, wofür sie sich zu „unendlichem Danke" verpflichtet fühlten. Die übrigen Städte führten die beschlossenen Maßregeln so kräftig durch, daß in Norwegen Hungersnoth entstand und daß König Erich nach einem Jahre unter schwedischer Vermittlung Frieden schloß. Er gab die Schiffe heraus, zahlte Schadenersatz und versprach die deutschen Kaufleute gegen alle Widersacher zu beschützen.

Noch wichtiger waren die Hansekriege mit Dänemark, namentlich mit dem Könige Waldemar Atterdag. Dieser Fürst, ein kluger, zäher, unverzagter Herr, richtete Dänemark aus tiefer Zerrüttung auf und unterhielt während dessen gutes Einvernehmen mit den Hansen: aber er änderte sein Verhalten, sobald seine Macht sich befestigt hatte. Es war ihm gelungen den Schweden die Landschaften Schonen, Halland und Blekingen wieder abzunehmen: damit waren die Gestade der Meerengen, welche den Zugang zur Ostsee bilden, gänzlich in seiner Hand: mit den Schlössern Helsingör und Helsingborg beherrschte er den Sund. Diese Machtstellung benutzte er dazu, den deutschen Kauffahrern den Sundzoll aufzuerlegen: aber es genügte ihm nicht sie zu schatzen, sondern er lauerte auf die Gelegenheit, sie zu berauben. Im Sommer 1361 fuhr er mit vieler Mannschaft nach Gothland und eroberte die fast nur dem Namen nach von Schweden abhängige Stadt Wisby. Waldemar hatte seinen Leuten angekündigt, er wolle sie dahin führen, wo die Schweine aus silbernen Trögen fräßen. Fortan war es um den zum Sprichwort gewordenen Reichthum von Wisby geschehen; der Kern der Bürger ward erschlagen, die Warenlager ausgeleert, Gold und Silber geraubt, kurz die hansische Pflanzstadt so schwer heimgesucht, daß sie es nimmer hat verwinden können.

Dieser Schlag hatte die Hanse überrascht, aber sie raffte sich auf, um Genugthuung zu nehmen. Nach Beschlüssen der zu Greifswald gehaltenen Tagfahrten ward der Handel mit Dänemark verboten, der erste allgemeine Zoll ausgeschrieben, Kriegsschiffe gerüstet, Bündnisse mit den Königen von Norwegen und Schweden und den Grafen von Holstein geschlossen. Im Frühjahr 1362 gieng der Lübecker Bürgermeister Johann Wittenborg mit einem starkbemannten Geschwader in See und belagerte Helsingborg. Die Erstlinge des Kriegs waren glücklich, aber nicht lange so überfiel Waldemar die Hanseflotte, schlug sie vollständig und entsetzte Helsingborg.

Nach dieser Niederlage boten die Hansestädte die Hand zum Frieden, aber eine aufrichtige Versöhnung trat nicht ein. Die Städte rüsteten zu einem neuen Waffengange. Sie schoben die Schuld des einmaligen Mißlingens auf ihre Befehlshaber: die Lübecker straften den Bürgermeister, der sich hatte schlagen lassen, mit dem Tode. Und sie konnten die Sache nicht ruhen lassen, denn Waldemar hielt den Frieden so schlecht, daß, wie es in einer Klagschrift heißt, der Kaufmann des Ostens, Westens, Südens und Nordens gegen einen maßlosen König laut aufschreien mußte. Namentlich störte er die deutschen Niederlassungen in Schonen, die sogenannten Vitten, in denen seit langen Zeiten alljährlich im Spätsommer und Herbst die Hansen die Ausbeute ihres Härings= fanges einsalzten und verluden und zugleich einen großartigen Umsatz von Waren aller Art vermittelten.

Waldemar meinte sicher zu gehen. Schweden war durch eine zwiespältige Königswahl zerrüttet. Dem Könige von Norwegen vermählte er seine Tochter und zog ihn in sein Bündniß; ja er hetzte selbst den Kaiser Karl IV gegen den Städtebund auf, machte dem Papste zu Avignon den Hof und vermochte ihn, den Obrig= keiten der Seestädte mit dem Kirchenbanne zu drohen.

Aber die Hansen ließen sich nicht schrecken, sondern trafen mit Umsicht ihre Maßregeln um mit gesamter Kraft die drohende Gefahr zu bestehen. Ihre Bevollmächtigten rathschlagten im Sommer 1367 zu Stralsund, aldann in der Woche nach Martini zu Köln. Hier ward der Krieg beschlossen, aller Handel mit Dänemark, jede Einfuhr von Mundvorrath oder Kriegsbedarf bei Strafe der Ausschließung aus der Hanse untersagt, die Rüstungen angeordnet und zur Deckung der Kriegskosten der zweite Pfundzoll ausgeschrieben, eine mäßige Abgabe von der Ausfuhr und Einfuhr zur See.

Mit regem Eifer waffneten sich die Bürgerschaften von Liv= land bis zu den Rheinlanden, um der genommenen Abrede ge= mäß Sonntag nach Ostern 1368 ihre Geschwader aus der Oster= und der Westersee zu vereinigen. Auf solche Einmüthigkeit war Waldemar nicht gefaßt: als Lübeck ihm die Fehdebriefe von 77 Städten übersandte und von allen Seiten die Nähe der Ge= fahr ihm kund ward, da begab sich am Gründonnerstage der

jüngst noch so übermüthige König auf die Flucht und ließ sein
Reich im Stiche. Bald trafen die deutschen Flotten an den
Küsten von Schonen und Seeland ein: Kopenhagen, Helsingör
und eine große Zahl anderer Städte wurden erobert und alsbald
auch Norwegen mit den Schrecken des Krieges heimgesucht, bis
König Hakon um Waffenstillstand bat. Die Dänen, von ihrem
Könige verlassen, gleichzeitig auch von den Verbündeten der
der Hansen, den Schweden und Holsteinern befehdet, widerstanden
hartnäckig bis ins zweite Jahr, aber im November 1369 bequem=
ten auch sie sich auf dem Hansetage zu Stralsund um Frieden
zu bitten. Dieser ward am 24 Mai 1370 von dem Reichs=
verweser und den Großen Dänemarks mit den Sendboten der
Städte abgeschlossen und im nächsten Jahre von König Waldemar
selbst besiegelt und bestätigt.

In dem Stralsunder Friedensvertrage wurden die Freiheiten
und Rechte der deutschen Kaufleute nebst den von ihnen zu leisten=
den Abgaben auf Grund der älteren Privilegien klar festgestellt
und den Städten zum Kosten und Schadenersatz die königlichen
Schlösser in Schonen samt Zubehör auf 15 Jahre verpfändet.
Ueberdieß verpflichteten sich die Dänen, zum Nachfolger Waldemars
keinen Herrn anzunehmen, es sei denn mit dem Rath der Städte.

Niemals hat Deutschland den skandinavischen Reichen einen
ruhmvolleren Frieden auferlegt. Und das war die That nicht
des gesamten Reiches, sondern nur der norddeutschen Städte,
vollbracht nicht unter kaiserlicher Führung, sondern trotz dem
Kaiser, der ihres Feindes Freund war, der, während sie für das
gemeine Beste ihr alles wagten, über die Alpen zog und mit
Mailand und Rom sich zu schaffen machte, ein redender Beweis,
daß die kaiserliche Politik jener Tage die nationalen Interessen
auf das schnödeste verleugnete. Der Hansebund hatte eine andere
Behandlung verdient. Er hat nie die hergebrachten Verpflichtungen
seiner Bundesglieder gegen die Landesherren willkürlich zu brechen
gesucht: er hat nie seine Waffen gegen das Reich gekehrt: er
hat sich stets zu dem Grundsatze bekannt: „gebet dem Kaiser
was des Kaisers ist.“ Auch in den Waldemarschen Händeln
hatten die Städte in Ehrerbietung ihre Noth an dem Throne des
Kaisers geklagt und das gute Recht des deutschen Kaufmanns

vertreten. Damals mochte Karl IV sie nicht hören, nach ihrem
Siege brachte er seine Huldigungen dar. Am 22 October 1375,
wenige Jahre nach dem Stralsunder Frieden, empfiengen die
Lübecker den Kaiser mit seiner Gemahlin und einem glänzenden
Gefolge von Fürsten in ihrer Stadt. Karl bewunderte die Festig=
keit der Mauern und Thore, den Reichthum und die Pracht
Lübecks: er begrüßte die Bürgermeister als Herren, und als sie
demüthig diese Anrede ablehnten, wiederholte er: „ihr seid Herren,
und Lübeck ist eine Hauptstadt des Reiches: so oft ihr anwesend
seid, wo der Kaiser ist, mögt ihr in des Kaisers Rath eintreten.“

Das waren schmeichelhafte Worte kaiserlicher Huld, aber die
That entsprach ihnen nicht. Nach wie vor blieben die verbün=
deten Städte auf ihre eigene Kraft und Einsicht angewiesen, und
sie durften Gott danken, wenn die Kaiser ihnen nichts in den
Weg legten. Vorläufig war ihr Bund befestigt und ward durch
den guten Willen seiner Mitglieder zusammengehalten. Die Send=
boten der Städte beriethen auf den Hansetagen, welche in der
Regel alle drei Jahre nach Pfingsten zu Lübeck oder auch an
andern Orten abgehalten wurden. Eine Zeitlang theilten sie
sich nach Dritteln: da war Wisby der Vorort des gothländisch=
livländischen Drittels, Lübeck des wendischen, Köln des westfälisch=
preußischen, gemäß den alten Beziehungen zwischen Preußen und
Westfalen. Später finden wir statt der Drittel Quartiere, und
zwar vertrat Lübeck das wendische Quartier, Köln das rheinisch=
westfälische, Braunschweig das sächsische, Danzig das preußisch=
livländische.

Auf den Hansetagen wurden Beschlüsse gefaßt über Krieg
und Frieden, mit Gesandten fremder Fürsten Verhandlungen ge=
pflogen, Rüstungen und Beisteuern ausgeschrieben, Beschwerden
unter den Städten abgestellt, Handelsgesetze erlassen. Das Ge=
deihen des deutschen Handels hieng davon ab, daß auf gute Waare,
richtiges Maß und Gewicht und vollgiltige Münze gesehen ward.
Als einmal nach Nowgorod schlechte Leinwand geliefert war,
wurde sie durch Vermittlung von Riga nach Lübeck geschickt, um
zu untersuchen, wo sie gefertigt sei. Elsenach ward verklagt ge=
fälschten Hopfen geliefert zu haben, und führte eine Gegen=
beschwerde, daß in den Häringstonnen sich oben gute und unten

faule Fische vorgefunden hätten. Die gegenseitige Ueberwachung diente dazu, dergleichen Betrug zu unterdrücken und den Credit der Hanse zu behaupten. Mit dem Handel blühte der Gewerbfleiß empor: denn die Naturprodukte der fremden Länder wurden eingetauscht gegen die Arbeiten der deutschen Handwerker, welche mit feinem Sinn und reicher Erfindungsgabe die rohen Stoffe sowohl für den täglichen Bedarf als zum Schmuck der Frauen, der Waffenrüstung der Männer kunstgerecht zu formen und zu gestalten wußten. So erzeugte eine Thätigkeit die andere und brachte einen Wohlstand zuwege, dessen Früchte nicht bloß dem einzelnen, sondern auch den Gemeinden zu gute kamen. Des sind Zeugen die prächtigen Kirchen und die stattlichen Rathhäuser, welche unsere Vorfahren erbaut haben, ihren Städten zur Zierde und sich zu rühmlichem Gedächtniß.

Die gegenseitige Ueberwachung der verbündeten Städte und die gemeinsamen Anordnungen wurden meistens gütlich vereinbart: beharrte aber eine Stadt in Widersetzlichkeit, so diente der Hansebann dazu, sie gefügig zu machen. Ich erwähnte bereits, daß Bremen wegen eines bundbrüchigen Einverständnisses mit Norwegen, Braunschweig wegen der Empörung gegen den Rath der Stadt verhanst, d. h. zeitweilig von jeglichem Geschäftsverkehre ausgeschlossen wurden. Aehnlich verfuhr man gegen fremde Länder. Wurden die Verträge verletzt und die deutschen Kaufleute geschädigt, so ward der Verkehr mit einem solchen Lande verboten. Mehr als einmal hat diese Handelsperre hingereicht, ohne Waffengewalt die Aufrechthaltung der Verträge zu erzwingen.

Das Band, welches die Hansen zusammenhielt und sie stark machte, war die Treue gegen das gemeinsame Vaterland: so lange sie diese bewahrten, durften sie der Feinde spotten und des Erfolges ihrer Unternehmungen gewiß sein. Wie entschieden sie es für ihren Beruf erkannten, das deutsche Volk und dessen Arbeit zu vertreten, lehren u. a. ihre Schifffahrtsgesetze. Es war untersagt, auf andern als auf deutschen Schiffen Waren auszuführen und einzuführen: die Bemannung durfte nur aus deutschen Seeleuten bestehen. Jedes Schiff war zum Kampf mit Seeräubern bewaffnet und mußte so gebaut sein, daß es auch zum Kriege dienen konnte.

Mit besonderer Sorgfalt wurden die auswärtigen Comtore gepflegt und bewacht, denn auf ihnen ruhte ja vorzüglich der Handelsertrag. Denkwürdige Zeugnisse des ehrenfesten und klugen Sinnes der Hansen sind die Ordnungen des deutschen Hofs von St. Peter zu Nowgorod, welche in das 13. Jahrhundert hinaufreichen, und die Statuten des Stahlhofs zu London von 1437. Der letztere umfaßte eine ansehnliche Zahl von Gebäuden oberhalb der Londoner Brücke, Speicher, Geschäftsräume, Läden, Festhallen, Gärten: das ganze war von einer Ringmauer umschlossen. Dort wohnten die Mitglieder der Gilde, die Meister samt ihren Gesellen: an ihrer Spitze stand ein Alderman, den die Meister alljährlich wählten: diesem waren zwei Gehilfen und neun Beisitzer zugeordnet. Die Meister waren verpflichtet ihre Waffen für den Dienst der Stadt London in gutem Stande zu erhalten. Der Alderman sprach Recht und handhabte strenge Zucht. Weder Meister noch Gesellen durften Weiber haben; Schimpfreden und Schläge wurden mit Geld gebüßt, Trunkenheit, Würfelspiel, Unkeuschheit nachdrücklichst geahndet.

Mehrere Menschenalter hindurch hat die Hanse die deutschen Interessen zur See rühmlich und erfolgreich vertreten, aber gegen Ende des vierzehnten Jahrhunderts kündigte sich der Rückgang ihrer Macht an. So lange die Städte einig waren, hatte es ihnen wenig geschadet, daß sie an Kaiser und Reich keinen Rückhalt hatten. Aber die wachsende innere Zerrüttung Deutschlands, die zunehmende Rechtsunsicherheit, die ausschließliche Geltung der Sonderinteressen wirkten auch auf die Hanse zurück. Geraume Zeit hatte das Band gleicher Interessen sie zusammengehalten, aber mehr und mehr traten die Mängel ihrer Verfassung hervor. Es fehlte ihnen die ständige, von allen anerkannte Oberleitung, die unverbrüchliche Eintracht, welche niemals aus Bündnissen gleichberechtigter Genossen hervorgeht, sondern welche nur ein einheitlicher Staat gewährleisten kann. Sowohl innerhalb der einzelnen Bürgerschaften als zwischen Stadt und Stadt gieng der Same der Zwietracht auf. Der sichere Bestand des städtischen Regiments wurde durch Aufstände der Zünfte erschüttert, Binnenstädte und nicht unmittelbar betheiligte Seestädte entzogen sich ihren Verpflichtungen, die östlichen und westlichen Städte ent-

zweiten sich: und über ihnen stand keine versöhnende und ver=
mittelnde Macht, denn der kaiserliche Hof erachtete es nicht seines
Amtes, den Bund zu stärken, an dem seine eigene Ohnmacht
offenbar geworden war.

Während das deutsche Reich aus den Fugen gieng, schlossen
sich auswärtige Staaten fester zusammen. Waldemars Tochter
Margaretha, eine Frau von männlichem Geiste, vereinigte die
Kronen von Dänemark, Norwegen und Schweden auf ihrem
Haupte, und wenn auch unter ihren schwachen Nachfolgern die
zu Calmar geschlossene nordische Union sich wieder löste, so blieben
doch Dänemark und Norwegen unter einem Oberhaupte. Diese
Fürsten unternahmen die Eroberung von Schleswig, das die
Holsteiner mit standhafter Ausdauer vertheidigten, trotz dem
Kaiser Sigismund, der den dänischen König begünstigte, trotz der
schwankenden Haltung der Hansestädte, bis diese schließlich ein=
sahen, was ihre eigene Sicherheit forderte, und hilfreiche Hand
leisteten, um Schleswig als ein Bollwerk Deutschlands zu behaupten.

In den nordischen Kriegen erlitt der deutsche Handel viel=
fältige Einbuße: die Sicherheit der See ward durch die krieg=
führenden Parteien und mehr noch durch die überhand nehmende
Seeräuberei gestört. Vor allem waren die sogenannten Vitalien=
brüder seit 1390 ein Schrecken der Kauffahrer. Es wäre ein
leichtes gewesen das Unwesen auszurotten, wenn man mit ge=
samter Macht eingeschritten wäre. Aber nicht allein in Krieg
begriffene Fürsten schützten die Räuber, sondern selbst Hansestädte
öffneten ihnen Häfen und Märkte oder versagten den Dienst zu ihrer
Bekämpfung. So focht man mit den Köpfen der Hydra: trotz
einzelner Niederlagen erhoben die wilden Gesellen immer frecher
ihr Haupt. Als man endlich in der Ostsee ihnen schärfer zu=
setzte, fuhren sie nach der Nordsee und nisteten sich in Ostfries=
land ein; Häuptlinge dieses von Fehden zerrissenen Landes traten
mit ihren Führern in Bund. Wiederum wurden sie von einem
Theile der Hansen bekämpft, namentlich den Lübeckern, Ham=
burgern und Bremern. Im Jahre 1400 wurden von den in
der Ems gefangenen Seeräubern 80 ersäuft, 30 mit dem Schwerte
gerichtet; 1402 gewannen bei Helgoland die Hamburger einen
vielgepriesenen Sieg und steckten die Köpfe von 150 Gefangenen,

unter ihnen der gefürchteten Hauptleute Nicolaus Stortebeker und Magister Wigbold, am Ufer der Elbe auf. Aber gründlich geholfen ward nicht eher, als bis im Jahre 1433 die Hamburger, Bremer und Oldenburger Emden eroberten, mehrere Burgen brachen und in Ostfriesland Frieden geboten. Seitdem bildeten die Seeräuber wenigstens keine organisirte Macht mehr. Aber wie schwer hatten es in diesen Zeiten die Städte zu büßen, daß Kaiser und Reich für ihre Beschwerden kein Ohr oder zu ihrem Schutze keine Waffen hatten.

Unter solchen Drangsalen verengerte sich der Gesichtskreis der leitenden Städte. Der Bund war geschlossen auf Grund der Gleichstellung aller deutschen Kaufleute. Allmählich jedoch legten es die wendischen Städte, Lübeck an ihrer Spitze, darauf an, den Ostseehandel ausschließlich zu beherrschen, mindestens ein Stapelrecht zu behaupten, und zwar nicht allein gegen die Flamländer und Engländer, sondern ebenso gegen die westlichen Hansestädte, namentlich die holländischen. Darüber kam es zu offenen Feindseligkeiten, welche zwar zu Zeiten verglichen, aber doch nicht völlig gehoben wurden.

Das Band war zerrissen: zumal seit im Jahre 1433 die mächtigen Herzoge von Burgund ihre Landesherren wurden, fühlten sich die Holländer stark genug, für sich allein den Seehandel zu beherrschen und sonderten sich immer mehr von Deutschland ab.

In der That schien alles sich zu vereinigen, um die deutschen Ostseestädte herunterzubringen. Für sie war eine Haupterwerbsquelle der Häringsfang an der Küste von Schonen. Diese versiegte mit dem Jahre 1425; der Häring nahm für längere Zeit fast ausschließlich seinen Zug in die Nordsee, und bald erfüllten die Holländer mit der reichen Ausbeute, die ihnen zufiel, die binnenländischen Märkte.

Die preußischen Lande wurden, seitdem einmal in der Schlacht bei Tannenberg 1410 die Ordensmacht dem Heere des Polenkönigs Wladislav Jagiello unterlegen war, durch innere Streitigkeiten zerrüttet, welche endlich dahin führten, daß durch den Thorner Frieden von 1466 das ganze untere Weichselland, das heutige Westpreußen, dem Polenreiche einverleibt und der Rest des Ordensgebietes der polnischen Krone lehnspflichtig wurde. Die preußischen Städte selbst hatten durch ihre Auflehnung den Fall der Ordensherrschaft gefördert, unbekümmert darum, welchen Schaden die polnische Obergewalt dem Lande bringen werde. Die Schattenseiten polnischer Freiheit und polnischer Wirth=schaft wurden nicht sobald in ihrem ganzen Umfange wahrge=nommen: Danzig zumal behauptete auf lange hinaus eine her=vorragende Stellung. Aber mit roher Hand zerstörte ein rus=sischer Gewalthaber die Schöpfungen deutschen Fleißes. Groß=fürst Iwan III von Moskau hatte den Freistaat Nowgorod unterjocht. Die Bürger von Reval reizten seinen Zorn und er nahm dafür Rache an den Deutschen zu Nowgorod. Im Jahre 1494 ließ er den Hof von St. Peter schließen, die Glocken und Kleinodien und die Waaren, deren Werth man auf 96000 Mark schätzte, nach Moskau abführen und die anwesenden Kaufleute, 49 an der Zahl, in Ketten legen, unter ihnen Bürger von Lübeck und Hamburg, von Münster, Bielefeld, Warburg, Unna, Dortmund, Duisburg. Das war ein vernichtender Schlag für diesen Centralplatz des deutschen Handels in Rußland. Zwar wurden nach Jahresfrist die Gefangenen, so viele ihrer die Haft überstanden, aus dem Kerker entlassen, nach zwanzig Jahren auch der Hof von St. Peter den Deutschen zurückgestellt, aber er blieb verödet; der Handel hatte inzwischen andere Wege eingeschlagen.

Länger bot ein Theil der Hansestädte unter Lübecks Füh=rung den Dänenkönigen die Spitze. Ich erinnere daran, daß der Schwede Gustav Wasa als Flüchtling zu Lübeck Schutz fand: von den Lübeckern geleitet kehrte er heim und befreite sein Va=terland von der Gewalt der Dänen. Aber viel Gewinn hatte die Hanse von dem Emporkommen der schwedischen Macht nicht, denn bald trat diese den Deutschen feindlich entgegen. Noch einmal unternahm Jürgen Wullenweber als Bürgermeister von Lübeck im Jahre 1534 bei Gelegenheit einer streitigen dänischen Königswahl die Macht im Norden wieder an die Städte zu bringen. Noch einmal schien die Hanse sich zu ermannen: ein Herzog von Mecklenburg, ein Graf von Oldenburg trat in ihren Dienst, mit glänzendem Erfolge ward der Krieg begonnen. Aber nicht lange so fiel Wullenweber, von seinen Mitbürgern verstoßen,

den Feinden in die Hände und ftarb zu Wolfenbüttel am Raben=
fteine. Lübeck fchloß Frieden mit dem neuen Könige Dänemarks.

Dies war der letzte Kampf der Hanfe um die Herrfchaft
auf der Oftfee. Im Bunde mit Dänemark nahmen die Lübecker
fpäter noch Theil an einem Kriege gegen Schweden, der in den
Jahren 1563—1570 geführt wurde, aber fie konnten nichts aus=
richten. Von dem letzten Kriegsfchiffl, welches fie damals aus=
gerüftet, bewahrten fie das Modell in der Kaufleute=Compagnie,
aus Planken deffelben warb ein Tifch für den Rathskeller ge=
zimmert, zu fchmerzlichem Gedächtniß an den Verfall deutfcher
Seemacht im baltifchen Meere.

Indeffen war in Deutfchland mit dem Augsburger Reli=
gionsfrieden von 1555 ein Landfriede von einer nie zuvor erhör=
ten Dauer eingetreten und erzeugte einen Wohlftand, wie ihn
fo allgemein durch alle Stände verbreitet unfer Vaterland nicht
wiedergefehen hat. Ackerbau und Bergbau, Gewerbe und Kunft=
fleiß gab gefegneten Ertrag, im Handel und in der Schiffahrt
wetteiferten die Deutfchen nach wie vor mit den andern Nationen.
Zwar der directe Verkehr mit Indien und der neuen Welt war
ihnen verfchloffen, aber der Zwifchenhandel zwifchen den See=
häfen von Portugal und Spanien und dem Norden war zum
großen Theile in ihrer Hand. Denn wenn auch die früheren
Vorrechte ihnen faft überall entzogen waren, fo ftanden fie doch
hinter den übrigen Kauffahrern nicht zurück. In Antwerpen
errichteten fie fogar auf Grund der 1545 und 1563 gefchloffenen
Verträge ein neues Comtor und bauten 1564—1568 das groß=
artige Hanfehaus, „das Haus der Ofterlinge", wie es die Flam=
länder nannten, auf dem ihnen überwiefenen Platze zwifchen
den beiden Hafenbaffins. Noch genoffen fie in England erheb=
liche Vorzüge, zu vielfältiger Befchwerde der einheimifchen Kauf=
leute. Man verficherte, daß im Jahre 1551 die Hanfen 44000
Stück Tuch aus England verfchifft hätten, alle übrigen zufam=
men nur 1100 Stück. Man rechnete ihnen nach, daß fie allein
bei diefem Artikel durch ihre Zollprivilegien jährlich im Durch=
fchnitt einen Vortheil von 50000 L. St. voraushatten: es fei
fchimpflich, hieß es in den Berichten, daß ein paar Städte das
ganze Königreich England unter dem Daumen halten. Dies

7*

Verhältniß konnte nicht fortbestehen: im Jahre 1579 hob die Königin Elisabeth die hansischen Freiheiten auf und stellte die Hanseaten in Ansehung des Zolles den andern Fremden gleich.

Aber noch blieb ihnen ihr Emporium, der Stahlhof zu London, bis die habsburgische Hauspolitik zum Bruche führte. Die Tage des Friedens in Deutschland giengen zur Neige: geschürt von den Spaniern und den Jesuiten bereitete sich ein furchtbares Kriegsfeuer vor, dessen Heerd Deutschland sein sollte. Kaiser Rudolf II diente den Zwecken seines Oheims Philipps II von Spanien, als er am 1 August 1597 die englischen Kaufleute aus Deutschland auswies. Darauf antwortete Elisabeth mit dem Befehle, daß die deutschen Kaufleute des Stahlhofs England verlassen sollten. Sie machten Vorstellungen und erhielten Frist bis zum 4 August 1598: dann aber, lautet ihr Bericht, „seind wir entlichen, weil es immer anders nit sein mögen, mit betrübniß unsers gemüts zur Pforte hinausgegangen vnd ist die Pforte nach uns zugeschlossen worden; haben auch die Nacht nicht darin wohnen mögen. Gott erbarm es!" Wohl hatten sie Ursache zu klagen. Zwar die Gebäude des Stahlhofs gab Jacob I ihnen wieder zurück, aber die Geschäftsverbindungen waren zerrissen, die frühere Bedeutung des Hansecomtors zu London war unwiederbringlich dahin.

Es kamen die unseligen Zeiten des dreißigjährigen Krieges, welcher der Wohlfahrt des deutschen Volkes tiefere Wunden schlug als je ein anderer Krieg. Im Vertrauen auf ihre Uebermacht legten es damals die Habsburger von Spanien und Oesterreich darauf an, auch die nördlichen Meere zu beherrschen; zur Basis ihrer Unternehmungen gegen die freien Niederländer, die Engländer, die Dänen, eventuell auch gegen die Schweden waren die hansischen Seestädte ausersehen. Diese flehten Kaiser Ferdinand an, ihnen Frieden zu gönnen: sie wahrten nach Möglichkeit ihre Neutralität, um ihre Schiffahrt vor gänzlichem Untergange zu retten, aber dennoch erlitten sie vielfältigen Schaden. Engländer und Holländer störten die Fahrt nach Spanien: Dänemark steigerte willkürlich den Sundzoll: kam es doch dahin daß die Lübecker Schiffe ihn doppelt zahlen mußten, während die Schweden davon zu Zeiten ganz oder doch theilweise befreit

waren. Bei solcher Unbill verkümmerte Lübeck und sank auf ein
Drittel der ehemaligen Einwohnerzahl herab. Die rheinischen
Städte verkamen, da die Holländer den Rhein sperrten. Noch
ein leuchtendes Beispiel des Heldenmuthes deutscher Bürger gab
die Stadt Stralsund 1628 durch ihre standhafte Vertheidigung
gegen den kaiserlichen Feldherrn Wallenstein. Drei Jahre später
erfuhr Magdeburg in schrecklicher Weise die Unmenschlichkeit der
kaiserlichen Soldateska. Das war ein Schlag für das deutsche
Bürgerthum überhaupt.

Damals wurden die auswärtigen Comtore, einst die Quelle
des Reichthums, den verarmenden Städten zu einer Last: nur
das eine und das andere unterhielten sie noch in Hoffnung einer
besseren Zukunft. In dem Hansahause zu Antwerpen waren
seit 1624 spanische Soldaten einquartiert und verwüsteten es
dermaßen, daß, als sie es endlich 1647 räumten, von den 170
Kammern nicht eine bewohnbar war und der Regen vom Dache
bis in den Keller drang. Die für die Herstellung veranschlagten
20000 fl. waren nicht zu erschwingen, nur ein kleiner Theil der einst
so prächtigen Residenz ward wieder in wohnlichen Stand gebracht.

Der Städte, welche sich zu irgend einer Geldbeisteuer bereit
finden ließen, waren immer weniger geworden. Zu Anfang des
siebzehnten Jahrhunderts zählte man nur noch vierzehn stimm=
fähige Hansestädte, welche zu den gemeinsamen Bedürfnissen nach
einem bestimmten Verhältnisse beitrugen: Lübeck, Köln, Braun=
schweig, Bremen, Hamburg, Rostock, Stralsund, Wismar, Dan=
zig, Lüneburg, Stettin, Greifswald, Magdeburg, Hildesheim.
Auch von diesen zog sich eine nach der andern zurück oder gerieth
in fremde Gewalt: nur Lübeck, Hamburg und Bremen schlossen
von neuem 1630 ein engeres Schutzbündniß. Im Jahre 1669
versuchten sie auch andere Mitglieder des alten Bundes wieder
heranzuziehen. Lübeck lud noch einen Hansetag in seine Mauern.
Diesen beschickten außer jenen drei Städten nur Köln, Braun=
schweig und Danzig; Rostock, Minden und Osnabrück ließen sich
durch Lübecker Rathsherren vertreten. Unter anderm handelte es sich
um den Wiederaufbau des im großen Londoner Brande von 1666
zerstörten Stahlhofs. Aber man konnte sich über die erforderlichen
Beiträge so wenig wie über andere gemeinsame Maßregeln ver=

ständigen: es kam kein Beschluß zu Stande. Achtzehn Sitzungen
wurden abgehalten, dann gieng man unverrichteter Dinge aus
einander. Das war vor nunmehr 200 Jahren der letzte Hansetag.

Die drei Städte haben bis zu unseren Tagen treu zu einander gehalten als die letzten ehrenwerthen Vertreter des einst
so mächtigen Bundes. Sie bauten auch den Stahlhof wieder
auf; erst im Jahre 1853 haben sie für 73500 L. St. dieses hansische Besitzthum veräußert.

Die Hanse ist gesunken mit dem alten Reiche deutscher Nation, aber, Gott sei Dank, der Geist, der in ihr lebte, ist nicht
untergegangen. Aus der Unterdrückung, Zersplitterung und
Verwahrlosung hat unser Volk sich emporgerungen zu jugend-
frischem Leben, und unsere Seestädte sind mit rühmlicher Thatkraft vorangegangen. Ihre Bürger haben beharrlich neue Wege
des Handels und Verkehrs aufgesucht und dem Binnenlande
Absatz in die Ferne eröffnet. Es ist kein Meer, an dessen Gestaden nicht deutsche Schiffe willkommen wären und wo nicht
deutsche Kaufleute geachtete Häuser begründet hätten. Wiederum
wie vor Alters fördern sich wechselseitig unser Handel und Gewerbfleiß. Und den Schutz, welchen der Hansebund seinen Angehörigen nicht ausreichend zu gewähren vermochte, bietet jetzt
das unter Preußens Königen geeinigte Deutschland. Ihnen verdankt das deutsche Volk die Herstellung eines durch keine Zoll-
grenzen durchschnittenen einheitlichen Handelsgebiets, die Grundlage für Verträge, welche uns in den Stand setzen, in freiem
Verkehr mit allen Völkern der Erde zu wetteifern. Mit der
Stiftung des norddeutschen Bundes sind die Sonderinteressen,
welche die Hanse zu Falle brachten, dem Gemeinwohle. Aller
untergeordnet: unter einer Flagge, in der mit dem schwarz-
weißen Banner der Hohenzollern das Roth und Weiß der Hanseaten sich vermählt, durchkreuzen jetzt unsere reichbeladenen Schiffe
die Meere von einem Ende der Erde zum andern, und unsere junge
Marine wacht über die Sicherheit unserer Küsten und unserer
Schiffahrt. So ist, was unsere hochherzigen Vorfahren in der
Hanse erstrebten, nach langer Schmach und harten Prüfungen unseres
Volkes mit Gottes Hilfe zu einem höhern Ziele hinausgeführt worden.

Friedrich Wilhelm der große Kurfürst von Brandenburg

als Vertreter der deutschen Interessen.

—— ——

Vorgetragen zu Düsseldorf am 2 Januar 1867 zum Besten des neuen evangelischen Hospitale, gedruckt in Gelzers Monatsblättern 1867.

In einem Vereine, der sich die Aufgabe stellt, die Wunden, welche der jüngst geführte Krieg geschlagen hat, an seinem Theile zu lindern, will es sich wohl geziemen, in vergangene Zeiten zurückzuschauen und der großen Männer zu gedenken, welche unter schweren Mühen und Gefahren den preußischen Staat gegründet und beschirmt und mit ihm das deutsche Volk aus tiefer Erniedrigung zu Ehren und Macht geführt haben. Lehrt uns doch jede Betrachtung der früheren Geschichte unseres Vaterlandes auch das Wesen und die Bedeutung der glorreichen Entscheidungen, deren wir uns in patriotischem Sinne freuen, tiefer würdigen und befestigt in uns das Vertrauen, daß die schmerzlichen Opfer, mit denen sie erkauft sind, für die höchsten Zwecke unseres nationalen Lebens gebracht wurden.

Das erlauchte Haus der Hohenzollern hat in verschiedenen Zeitaltern Männer erzeugt, welche im Felde und im Rathe zu den ersten zählten und für die ihrer Herrschaft untergebenen Gebiete wie für Kaiser und Reich Rühmliches vollbrachten. Aber die Reihe der Fürsten, welche den brandenburgisch-preußischen Staat als einen Vertreter deutscher Interessen in die große europäische Politik einführten, eröffnet unbestrittenermaßen Friedrich Wilhelm der große Kurfürst.

Oftmals nehmen wir im Verlauf der Geschichte die Thatsache wahr, daß die Erfolge fürstlicher Söhne und der Glanz ihrer Macht vorbereitet ward durch die Väter. So geschah es bei Pippin und Karl dem großen, bei König Heinrich I dem Sachsen und Otto dem großen, bei den preußischen Friedrich Wilhelm I und Friedrich dem großen. Der Sohn verwandte die Mittel und Kräfte, welche der Vater zugerüstet und aufgespart hatte, oder er führte das vom Vater begonnene Werk zum ruhmvollen Abschluß.

Bei Friedrich Wilhelm war das Gegentheil der Fall. Er fand seine Lande nicht ohne die Schuld seines Vaters, des Kurfürsten Georg Wilhelm, in tiefster Schwäche und mußte damit beginnen, zur Aufrichtung seines Staates erst neuen Grund zu legen.

Georg Wilhelms Regierung fiel in Zeiten, da fast ganz Europa von Krieg entbrannt war. Schweden und Polen stritten um die baltischen Lande; die Krone Spanien versuchte noch ein= mal, die vereinigten Niederlande zu unterjochen; im Dienste des Kaisers Ferdinand II und Maximilians von Bayern kämpften Tilly und Wallenstein die Protestanten in Deutschland nieder, bis Gustav Adolf von Schweden seinen Glaubensgenossen Hilfe brachte und siegreich bis über den Rhein und bis München vor= drang, um schließlich bei Lützen sein Leben zu lassen. Noch war des Krieges kein Ende, der bis über das dreißigste Jahr fort= wüthen sollte. Neue Eroberungspläne wurden von der einen und andern Seite gesponnen; mehr und mehr betheiligte sich auch Frankreich, und der zu Prag von deutschen Fürsten mit dem Kaiser geschlossene Sonderfriede diente zu nichts anderem als dazu, den allgemeinen Frieden noch weiter hinauszuschieben.

Mitten unter den streitenden Parteien stand Georg Wilhelm mit friedfertigem Sinne und so gut wie wehrlos, von dem Wunsche beseelt, so lange wie immer möglich neutral zu bleiben, vor allem es mit dem kaiserlichen und dem polnischen Hofe nicht zu verderben, berathen von dem Grafen von Schwarzenberg, einem Minister, der nur in der Gunst des Kaisers Rettung für Brandenburg sah. Aber die Neutralität des ohnmächtigen Kur= fürsten achtete weder Freund noch Feind und das Land verarmte unter den Durchzügen und Einlagerungen der kriegführenden Parteien. Gezwungen schloß Georg Wilhelm ein Bündniß mit Gustav Adolf; nach dem Prager Frieden trat er auf die Seite des Kaisers über und sah von diesem Augenblick an die Marken den Verwüstungen der Schweden preisgegeben, ohne dagegen wirksame Hülfe zu finden.

Es war ein besonderes Glück für Friedrich Wilhelm, daß auf seine Jugend mehr als sein Vater und dessen Umgebung fromme und hochgesinnte Frauen einwirkten, seine Mutter, Elisa= beth Charlotte aus dem kurfürstlichen Hause von der Pfalz, und deren Mutter, die verwittwete Pfalzgräfin Luise Juliane, eine Tochter des großen Wilhelm von Oranien, der die Unabhängig= keit der Niederlande begründete. In seinen Knabenjahren sah Friedrich Wilhelm die Heldengestalt Gustav Adolfs, des Gatten

seiner Tante Marie Eleonore von Brandenburg, und es war ein
Lieblingsgedanke des großen Schwedenkönigs, seine Tochter und
Erbin Christine künftig mit dem Kurprinzen von Brandenburg
zu vermählen. Die wichtigsten Jahre für die Bildung seines
Geistes und Charakters verlebte Friedrich Wilhelm in Holland,
den deutschen Kriegswirren und der zunehmenden Rohheit fern,
unter der Obhut des Bruders seiner Großmutter, Friedrich
Heinrichs von Oranien. So ward der junge Prinz Zeuge, wie
die Niederländer unter der Leitung dieses durch hervorragende
Eigenschaften des Staatsmannes wie des Feldherrn gleich aus-
gezeichneten Statthalters nicht allein ihre Freiheit behaupteten,
sondern Sieg auf Sieg erfochten und sich zu dem Range der
ersten Seemacht erhoben. Zu Leyden, damals der bedeutendsten
Universität von Europa, lag Friedrich Wilhelm den Wissenschaften
ob; im Haag verkehrte er mit den holländischen und französischen Diplomaten; in Amsterdam machte er sich unter der
Leitung holländischer Admirale mit dem Seewesen vertraut; es
drang ihm tief in die Seele, welche reiche Quelle des Gedeihens
Schifffahrt und Handel einem Volke eröffnen; endlich im Gefolge
seines Großoheims nahm er an bedeutenden Kriegsoperationen
Theil. Mit vollem Rechte durfte der Urenkel Friedrich der große
von Friedrich Wilhelm sagen: „Seine Erziehung war die eines
„Helden. Er lernte siegen in einem Alter, wo die gemeinen
„Menschen ihre Gedanken stammeln lernen. Das Lager Friedrich
„Heinrichs war seine Kriegsschule"
Die vorzüglichen Anlagen des Jünglings entfalteten sich so
glänzend, daß die Stände des cleve'schen Landes den Kurfürsten
mit dringenden Bitten angiengen, ihnen den Kurprinzen zum
Statthalter zu setzen. Das vermerkte Georg Wilhelm höchst un-
gnädig und befahl seinem Sohne nach Brandenburg zurückzukehren; von dort nahm er ihn mit sich nach Königsberg. So
ward Friedrich Wilhelm aus dem reichsten und blühendsten Lande
in die vom Kriege verwüsteten Marken versetzt, aus dem Getriebe
der großen Politik in die Ränke, von denen der Hof seines Vaters
umsponnen war. Der Kurprinz hatte es kein Hehl, wie sehr er
dem gebietenden Minister Schwarzenberg mißtraute, und dieser
sann auf Mittel, den Eigenwillen des fürstlichen Erben zu

beugen. Es handelte sich darum, ihn nach Wien zu senden, ihn mit einer Erzherzogin zu vermählen. Noch waren diese Entwürfe nicht gereift, da starb Georg Wilhelm am 21 November 1640 und Friedrich Wilhelm war vor vollendetem einundzwanzigsten Jahre zur Regierung berufen.

Friedrich Wilhelm empfieng einst von seiner Mutter zum Vermächtniß ein Armband, welches die Aufschrift trug: „Dieses gebe ich Euch zur Versicherung meiner herzlichen Liebe gegen Euch und einer Erinnerung, meiner getreuen Ermahnung nicht zu vergessen: Gott und Eure Unterthanen über alles zu lieben, aller Tugenden Euch zu befleißigen, die Laster aber ernstlich zu hassen; so wird Gottes Beistand Euren Stuhl befestigen und aller zeitliche und ewige Segen Euch folgen", und der Kurfürst hat eigenhändig dazu bemerkt: „Dieses ist mir während meiner ganzen Regierung stets vor Augen gewesen, und mein Sohn soll solches Armband nebst dieser Lehre von mir auch wieder erben."

Wohl bedurfte der junge Kurfürst der Stärkung, die aus dem Gebete und fester Zuversicht zu Gottes Beistande entspringt, um auf dem schweren Wege, den er antrat, nicht zu wanken. Seine Lande lagen abgerissen und zersplittert von den Ostmarken bis zu den Westmarken Deutschlands, vom Memelstrome bis zur Maas, und jeder Theil derselben unterstand anderer Dienstbarkeit. Das Herzogthum Preußen war vom deutschen Mutterlande abgetrennt, rings umschlossen von polnischen Gebieten und der Lehnsherrlichkeit des Königs von Polen untergeben, welche nicht bloß auf die auswärtigen Verhältnisse, sondern auch auf die inneren Angelegenheiten ihren Druck ausübte. In Brandenburg gebot dermalen noch als Statthalter Graf Schwarzenberg und nahm Bedacht, die Marken in kaiserlicher Pflicht zu erhalten, gestützt auf eine geworbene Soldateska, welche in erster Linie der Römisch-Kayserlichen, auch zu Hungarn und Behaimb Königlichen Majestät, Unserm allergnädigsten Herrn," und nur „anstatt derselben der Churfürstlichen Durchlaucht zu Brandenburg" geschworen hatte. Pommern, das schon seit drei Jahren, nach Abgang des pommerschen Herzogshauses, kraft der bestehenden Erbverträge an Brandenburg kommen sollte, hatten die Schweden mit Sequester belegt. Von den rheinisch-westfälischen Landen aus der jülich'schen Erbschaft, welche von Rechtswegen ungetheilt an das brandenburger Kurhaus übergehen mußten, hatte der Pfalzgraf von Neuburg mit kaiserlicher und spanischer Hülfe die größere Hälfte an sich gebracht. Noch war trotz vieler Verhand= lungen und Abkünfte die Theilung nicht endgiltig geregelt und in den Gebieten, welche den Hohenzollern verblieben waren, stand holländisches und anderes fremdes Kriegsvolk. Jedes dieser Territorien hatte eine andere Gesetzgebung und ständische Ver= fassung, nichts verknüpfte sie unter einander als die Personal= union des Landesherrn. Es gab keine für alle geltende Central= behörde, keine einheitliche Kriegsmacht, keine gemeinsamen Finanzen. Der fürstliche Haushalt war zerrüttet, weite Land= strecken verwüstet, das Volk durch den Krieg verarmt und in seiner Thätigkeit erlahmt.

So heillosen Zuständen gegenüber hatte sich die Regenten= weisheit und die Thatkraft des jugendlichen Fürsten zu üben. Mit gutem Bedacht, Schritt vor Schritt, entledigte er sich einer drückenden Fessel nach der andern und trat in die Handhabung seiner fürstlichen Rechte ein. Mit Mühe erlangte er vom Könige von Polen die Genehmigung, bevor er die Belehnung empfangen, provisorisch in Preußen die Regierung führen zu dürfen. Dann leistete er zu Warschau den Lehnseid und ordnete vertragsmäßig sein Verhältniß zur Krone Polen. Der auch jetzt wiederholte Protest der römischen Curie gegen die Herrschaft des ketzerischen Fürsten in Preußen ward zu den Acten gelegt. In Brandenburg forderte Friedrich Wilhelm durch Commissäre den Treueid der Truppen und suchte seine Festungen in sichere Hände zu geben. Mehrere Regimenter, ihre Obersten an der Spitze, weigerten den Eid und der Statthalter, Graf Schwarzenberg, rechnete darauf, daß der kaiserliche Hof einschreiten werde. Aber zu offener Em= pörung gegen den Landesherrn schritt der Statthalter nicht und die unbezahlte Soldateska meuterte schließlich gegen ihn selbst. Darüber rührte ihn der Schlag. Die märkischen Stände hielten zu ihrem angestammten Fürsten, die eidweigernden Obersten flüchteten und die unbotmäßigen Regimenter wurden zum kaiser=. lichen Heere entlassen. Nicht mehr als 2000 Mann zu Fuß und 200 Reiter unter dem Befehle Konrads von Burgsdorf blieben im kurfürstlichen Dienst. Diese kleine Truppe bildete den Stamm des preußischen Heeres.

Friedrich Wilhelm hatte mit diesen Maßregeln dem Kaiser gegenüber seine fürstliche Selbständigkeit wieder gewonnen, nicht um gegen ihn Partei zu nehmen, sondern um sein schutzlos preis= gegebenes Land den verheerenden Wirkungen des endlos fortge= führten Krieges zu entziehen. Daher war Waffenstillstand mit den Schweden erforderlich und es gelang ihm, diesen zu verein= baren. Brandenburg konnte aufathmen und getrosteren Muthes dem Abschlusse des allgemeinen Friedens entgegenharrten.

Nicht minder betrieb Friedrich Wilhelm die Räumung seiner rheinisch=westfälischen Lande von fremder Einlagerung und setzte sie in eigene Wehr. Sobald die Verhältnisse von Preußen und Brandenburg es verstatteten, begab er sich nach Cleve, um mit dem Pfalzgrafen zu Düsseldorf aufs reine zu kommen und mit den Holländern sich zu vergleichen, welche sich fortwährend in die cleve'schen Angelegenheiten mischten und in mehreren Plätzen Besatzungen hielten. Noch mußte sich der Kurfürst hier mit pro= visorischen Uebereinkünften genügen lassen; bis der definitive Erbvergleich zu Cleve abgeschlossen wurde (1666), vergiengen noch fast zwanzig Jahre. Von Cleve aus warb Friedrich Wilhelm um die Tochter seines väterlichen Freundes Friedrich Heinrich, Luise Henriette von Oranien, und führte sie als Gemahlin heim, eine Frau von echt weiblicher Tugend und evangelischer Frömmigkeit, welche als eine wahre Landesmutter der Nothleidenden und Ver= waisten sich annahm, alles unlautere aus ihrer Nähe bannte und in dem fürstlichen Hofhalt edlere Sitte zur Geltung brachte.

Mittlerweile förderte Friedrich Wilhelm mit regem Eifer das schwierige Werk des Westfälischen Friedens und bemühte sich mit Erfolg, zwischen den streitenden Mächten eine dritte Partei zu bilden, welche auf Einstellung des Krieges drang. Am 24 October 1648 kam endlich der Friede zu Münster und Osna= brück zum Abschluß. In diesem Tractate ward der Grundsatz, welchen schon hundert Jahre früher der Augsburger Religions= friede aufgestellt hatte, die Gleichberechtigung der Katholiken und Protestanten in Deutschland, bestätigt und auf die Reformirten ausgedehnt. Es war die Gefahr abgewandt, daß sich in Deutsch=

land eine habsburgische Despotie nach spanischem Muster bilde und unter dem äußeren Zwange kirchlicher Uniformität das Leben des deutschen Volkes ertödtete. Aber dieses Resultat war erkauft um den Preis der Auflösung des alten Reichs und der Hilfe von Schweden und Franzosen, welche sich mit deutschen Landen bezahlt machten und unter dem Titel von Garanten des Westfälischen Friedens übermüthig in Deutschland schalteten.

Dieser Schande und dieser Knechtschaft der deutschen Nation ein Ende zu machen, den einst so ruhmreichen deutschen Namen unter den Völkern wieder zu Ehren zu bringen und, während die verrotteten Formen der Reichsverfassung abstarben und keinem volksthümlichen Bedürfnisse mehr entsprachen, einen lebenskräftigen deutschen Staat zu gründen, danach hat Friedrich Wilhelm mit dem ganzen Feuer seines Geistes getrachtet und sich damit den Namen des großen Kurfürsten errungen. Das ist das Ziel seiner Nachkommen geblieben und zum Lebensprincip des preußischen Staates geworden.

Das habsburgische Kaiserhaus zog sich mehr und mehr auf sich zurück. Bei der engen Verkettung beider Zweige der Dynastie, des spanischen und des österreichen, erschienen die Behauptung Belgiens und Italiens und die Eroberung Ungarns, überall die außerdeutschen und die hierarchischen Interessen als die wesentlichen Aufgaben der habsburgischen Hauspolitik. Die Sicherung der deutschen Rheinlande gegen Frankreich, die Befreiung des nördlichen Deutschlands von Schweden, überhaupt die nord- und westdeutschen Angelegenheiten lagen dem Kaiserhofe fern und kamen höchstens in zweiter und dritter Linie in Betracht. Dagegen traf jeder Druck, den die fremden Mächte übten, unmittelbar die Staaten des Hauses Brandenburg. Diese hatten davon zu leiden, daß bei der Schwäche des Reiches die Polen im fünfzehnten Jahrhundert das deutsche Weichselland mit Danzig an sich gerissen hatten. Daß Pommern getheilt ward und die Schweden sich Vorpommern, Stettin und das Mündungsgebiet der Oder aneigneten, war des Kurfürsten Verlust, denn er war der vollberechtigte Erbe von ganz Pommern. Man entschädigte ihn mit Fürstenthümern im Weser- und Elbgebiete, mit Halberstadt und Minden und dem künftigen Anfall des Magdeburgischen;

dafür mußte er es um so schwerer empfinden, daß Schweden die Lande Bremen und Verden erhielt und die Mündungen des Weser= und Elbstroms, hier mit der Feste Karlsburg, dort mit Stade, beherrschte. Auf seinen rheinischen Gebieten endlich lastete die selbstsüchtige Handelspolitik der Holländer, und jeder Ueber= griff der Franzosen nach der Seite der Niederlande gefährdete auch ihre Sicherheit.   .   .

Ju der That, der große Kurfürst war auf einen schwierigen Posten gestellt, der unverdrossene Wachsamkeit und Anspannung aller Kräfte erforderte. Mochten Andere meinen, stillsitzen zu dürfen, er konnte es nicht; bei jeder europäischen Verwickelung mußte er seine Stellung zu behaupten wissen. „Was neutral sein ist", schrieb er einmal, „habe ich vor diesem erfahren. Ich habe verschworen, mein Lebelang nicht neutral zu sein, ich würde mein Gewissen damit beschweren." In die europäische Politik aber vermochte er nur mit bewaffnetem Arme einzugreifen, mit „eiserner Hand", wie er selbst gesagt hat. Daher ließ er sich die Bildung und Ausrüstung eines stehenden Heeres angelegen sein. Diese bedingte wiederum die Reform der Steuer= und Do= mänenverwaltung und die Organisation einer Centralbehörde an seiner Seite, welche über den Provinzialbehörden stand und die Staatseinheit repräsentirte.

Ich muß es mir versagen, die schöpferische Thätigkeit des großen Kurfürsten in den inneren Angelegenheiten zu verfolgen und im einzelnen darzulegen; wie er Ackerbau und Viehzucht be= förderte, den Gewerbfleiß hob, insbesondere die westfälische Linnenweberei, wie er den Verkehr erleichterte, den binnen= ländischen, indem er die Lippe und Ruhr schiffbar machte, das Oder= und Elbgebiet durch den Friedrich=Wilhelms=Canal ver= band und unbekümmert um die Einsprache des Reichspostmeisters Grafen Taris seine Posten von Memel bis Cleve einrichtete, den Seeverkehr, indem er Handelsgesellschaften stiftete und Colonien erwarb und zum Schutze seiner Seeküsten und seiner Kauffahrer eine Kriegsmarine begründete, welche bald auf der Ostsee sich mit den Schweden, auf der Nordsee und dem Ocean mit den Spaniern messen sollte, — wie er endlich Künste und Wissen= schaften pflegte, verfallene Schulen herstellte und für seine

rheinisch-westfälischen Lande eine Universität zu Duisburg errichtete. Ich muß mich darauf beschränken, den Gang seiner
auswärtigen Politik in kurzen Zügen darzulegen.

Lange Ruhe war dem Kurfürsten nach Abschluß des westfälischen Friedens und dessen endlicher Vollstreckung nicht vergönnt. Noch dauerte der Krieg zwischen Frankreich und Spanien
fort, als der junge König von Schweden, Karl Gustav aus dem
Hause Pfalz-Zweibrücken, von Thatendrang und Eroberungslust
getrieben, im Jahre 1655 die durch Anarchie zerrüttete Republik
Polen mit Krieg überzog. Schon war die Ostsee so gut wie ein
schwedisches Meer, auf allen Seiten, im Osten bis zu den Grenzen
Kurlands, von schwedischen Gebieten umschlossen; Riga, Stettin,
Stralsund, Wismar waren schwedische Häfen. Jetzt war es auf
Preußen abgesehen, „das Auge der Ostsee", wie es im schwebi-
schen Geheimenrathe genannt wurde. Wenigstens das polnische
Preußen betrachtete die schwedische Regierung als gewissen Preis
des Sieges.

Friedrich Wilhelm bemühte sich umsonst, den drohenden
Sturm zu beschwören. Nichts war ihm gefährlicher als eine
abermalige Vergrößerung der schwedischen Macht. Ward diese
auch noch über Danzig und das Weichselland ausgedehnt, so
konnte er sich mit dem herzoglichen Preußen ihrer Dienstbarkeit
nicht entziehen. Deßhalb war es seine Absicht, das polnische
Preußen gegen sie zu vertheidigen. Aber allein war er dem
Schwedenkönige nicht gewachsen. Zwar gebot er jetzt über ein
Heer von 20,000 Mann, er hatte aus den kaiserlichen oder den
schwedischen Heeren erprobte Feldhauptleute in seinen Dienst gezogen, einen Grafen Waldeck, Sparr, Derfflinger; aber noch war
seine junge Armee in keiner Schlacht bewährt: wie hätte sie es
mit der Ueberzahl der siegegewohnten schwedischen Truppen auf-
nehmen können! Friedrich Wilhelm schloß ein Bündniß mit den
Holländern, er rief den Kaiser, den König von Polen zum Wider-
stande auf, aber vergebens. Im entscheidenden Augenblicke war
ihm jede Hilfe fern, er konnte dem schwedischen Heere den Durchmarsch nicht verwehren. Vor diesem streckten die polnischen Truppen
die Waffen oder stoben aus einander. Der siegreiche Schweden-
könig zog in die Hauptstädte Warschau und Krakau ein, der

polnische Staat gerieth in völlige Auflösung, der König von
Polen flüchtete über die österreichische Grenze nach Schlesien.
Nothgedrungen, da die Krone Polen ihn im Stich gelassen,
mußte Friedrich Wilhelm mit Karl Gustav seinen Frieden machen
und ihn im Vertrage von Königsberg (Januar 1656) als seinen
Lehnsherrn für Preußen anerkennen. Um nicht ganz der Willkür
Schwedens preisgegeben zu sein, suchte er sich durch eine Defensiv-
allianz mit Frankreich zu decken (Februar 1656).

Bald stiegen neue Gefahren auf. Die Russen, bisher mit
Polen in Krieg, brachen jetzt mit den Schweden. In Polen
erhob die Insurrection gegen die Landesfeinde ihr Haupt und
rieb die Kräfte des schwedischen Heeres in Einzelgefechten auf.
Auch in das Herzogthum Preußen drangen Scharen der polnischen Conföderirten ein, um Rache dafür zu nehmen, daß der
Kurfürst mit ihren Feinden Frieden gemacht. Unter diesen Umständen gieng Friedrich Wilhelm auf Karl Gustavs Anträge ein,
zum Schutze des herzoglichen Preußens ein Bündniß abzuschließen (zu Marienburg, Juni 1656), und verpflichtete sich, für
das laufende Jahr mit seiner ganzen Armee dem schwedischen
Könige beizustehen. Noch einmal bot Friedrich Wilhelm alles
auf, um den Frieden zu vermitteln, aber im Vertrauen auf die
Zahl der jetzt zusammenströmenden Massen von Streitern und
in ihrer Zuversicht bestärkt durch die Rückeroberung von Warschau verwarfen die Polen alle Friedensvorschläge. Die Waffen
mußten entscheiden und sie entschieden gegen die Polen. Die
vereinigten Schweden und Brandenburger, jene 9000, diese 8500
Mann unter persönlicher Führung des Königs Karl Gustav und
des Kurfürsten Friedrich Wilhelm, erstürmten in der breitägigen
Schlacht vor Warschau, vom $\frac{18}{28}$ bis $\frac{20}{30}$ Juli 1656, alle festen
Positionen des Feindes und schlugen dessen Uebermacht, an
80,000 Polen und Tataren, in die Flucht. Am nächsten Tage
ward Warschau von Schweden und Brandenburgern besetzt.

Die Schlacht bei Warschau war die erste Feuerprobe der
brandenburgisch-preußischen Armee. Sie hatte sie ruhmvoll
bestanden.

Karl Gustav wollte jetzt die Brandenburger weiter in das
Innere der polnischen Landstrecken mitführen, aber Friedrich

Wilhelm hielt an sich. Seine vertragsmäßige Pflicht hatte er gelöst; die Polen waren aufs Haupt geschlagen und in die Defensive zurückgeworfen; aber sein Heer aufzureiben, um Polen für Schweden zu erobern, war er nicht gesonnen. Zudem ward Preußen von den Russen bedroht. Schon war der größte Theil des schwedischen Livlands in ihrer Hand. Sie hatten Dünaburg erstürmt und belagerten Riga. Nicht lange, so erschien eine russische Gesandtschaft bei Friedrich Wilhelm und erklärte, Czar Alexei sei Herr von Litthauen, wozu Preußen von Rechtswegen gehöre, der Herzog solle ihm daher als seinem Lehnsherrn huldigen und seines Schutzes gewärtig sein. Diesem russischen Anspruche setzte Friedrich Wilhelm die stolze Antwort entgegen, er sei entschlossen, Preußen forthin von niemand zu Lehen zu tragen. Und er wußte dieses Wort zur Wahrheit zu machen.

Inmitten der kriegführenden Mächte hielt der Kurfürst seine Truppen zusammen, um seine Selbständigkeit und die Sicherheit seiner Lande zu wahren und mit um so größerem Gewicht seine Stimme für die Herstellung des Friedens zu erheben. In einem neuen, im November 1656 zu Labiau geschlossenen Vertrage verzichtete Karl Gustav auf die Lehnshoheit und gestand die Souverainetät des Herzogthums Preußen zu. Als im nächsten Jahre der König von Schweden aus Polen abzog, um seine Waffen gegen die Dänen zu kehren, erlangte Friedrich Wilhelm in den Verträgen von Wehlau (19 September) und von Bromberg (6 November 1657) auch polnischerseits die Lösung des Lehnsverbandes. Damit war diese deutsche Ostmark los von polnischer Botmäßigkeit, welche sie zwei Jahrhunderte lang getragen hatte. Bald darauf schloß Kurfürst Friedrich Wilhelm ein Bündniß mit Leopold von Oesterreich und entschied dessen Erwählung zum römischen Kaiser gegen die Umtriebe Frankreichs und der Ludwig XIV dienstbaren Kurfürsten.

Noch war der nordische Krieg nicht zu Ende. Rastlos von einem Eroberungsplane zum andern übergehend, gedachte Karl Gustav schließlich Dänemark völlig zu bezwingen und dem schwedischen Reiche einzuverleiben. Diesem Unternehmen trat Friedrich Wilhelm im Bunde mit dem Kaiser, den Polen und den Holländern entgegen und suchte die deutsche Nation aus dem Todes-

8*

schlafe aufzurütteln durch den Aufruf „an den ehrlichen Deut=
schen", der mit den Worten schloß: „Gedenke ein jeder, der kein
„schwedisches Brod essen will, was er für die Ehre des deutschen
„Namens zu thun habe, um sich gegen sein eigenes Blut und
„sein einst vor allen Nationen berühmtes Vaterland nicht zu
„versündigen. Gedenke, daß du ein Deutscher bist."

Bald wehten die brandenburgischen Fahnen siegreich auf der
jütischen Halbinsel; über den Belt setzten die vereinten kaiser=
lichen und brandenburgischen Regimenter und verjagten die
Schweden von der Insel Fühnen. Auch in Pommern verloren
die Schweden einen Platz nach dem andern. Nur die drohende
französische Einsprache schien Schweden vor Verlust an seinen
deutschen Gebieten bewahren zu können. Da starb Karl Gustav
in der Blüte seiner Jahre und der Friede zu Oliva (3 Mai
1660) stellte die Ruhe im Norden her. In diesem europäischen
Friedensschlusse ward die Souveränetät Preußens ausdrücklich
anerkannt und bestätigt.

Friedrich Wilhelm hatte die Jahre schwerer Prüfung mit
Ruhm bestanden; jetzt galt es, das früher begonnene Werk staat=
licher Organisation von neuem aufzunehmen und durchzuführen.
Hierbei hatte er mit den ständischen Sonderinteressen, namentlich
in Preußen, harte Kämpfe zu bestehen, bei denen es bis zu
hochverrätherischen Verbindungen der Parteiführer mit dem Aus=
lande kam. Aber der Kurfürst beharrte unerschütterlich auf dem,
was die Noth gebot, in seinem Vorsatze bestärkt durch das Be=
wußtsein, daß er nicht um seiner Person willen, sondern zum
Besten seines Volkes unabweisliche Forderungen stellte. So er=
klärte er den märkischen Ständen, als diese ihn angiengen, er
möge nunmehr sein Kriegsvolk bis auf die Festungscompagnien
verabschieden und kein Geschütz mehr kaufen, „ringsum drohe sei=
nen Landen Gefahr, ohne Sicherheit sei keine Wohlfahrt möglich".

Die Wahrheit dieses Ausspruchs sollte Brandenburg sowohl
als Preußen nach kurzer Frist durch die That erfahren. Zur
Bestreitung der für das Heerwesen nothwendigen Ausgaben bot
die verbesserte Steuergesetzgebung Mittel und Wege,. ohne die
Unterthanen zu drücken. Und die kurfürstlichen Truppen, wohl=
gerüstet und geübt und in strenger Zucht gehalten, bewährten

ihren Ruf auf allen Schlachtfeldern, wohin übernommene Ver= pflichtungen sie riefen. So kämpften die Brandenburger tapfer gegen die Türken in dem kaiserlichen Heere unter Montecuculi bei St. Gotthard an der Raab, dem ersten großen Siege christ= licher Heere in Ungarn, so unter dem heldenmüthigen Polenkönige Johann Sobieski; so halfen sie in späteren Jahren unter Karl von Lothringen Ofen, die Hauptstadt Ungarns, der anderthalb= hundertjährigen Herrschaft der Türken entreißen.

In jener Zeit verfügte König Ludwig XIV über die gesamm= ten Kräfte Frankreichs in unbeschränkter Selbstherrlichkeit und war in vollem Zuge, eine Universalmonarchie zu gründen. Ueberall gebot die französische Diplomatie, französisches Gold, und wo diese Mittel versagten, französische Waffen. König Karl II von England trat sammt seinem Ministerium in französischen Jahr= gehalt; Schweden blieb mit Frankreich verbündet; unter den deutschen Fürsten wetteiferten weltliche und geistliche, um dem „großen Könige" Vasallendienste zu thun, der kaiserliche Hof ward mit der vorgespiegelten Solidarität katholischer Interessen geködert.

Die Eroberung der Niederlande, dieser „Anschwemmung und nothwendigen Ergänzung von Frankreich", wie der erste Napoleon sie genannt hat, war Ludwigs XIV nächstes Ziel. Seine An= schläge auf das spanische Belgien hatten die freien Niederlande gestört; dafür sollten sie seine Rache fühlen. Die Holländer waren auf den furchtbaren Angriff des mit England verbündeten Frankreichs nicht gerüstet und hatten nicht einen einzigen Bundes= genossen. Da, als aller andere Beistand versagte, verbündete sich Kurfürst Friedrich Wilhelm am 26 April (6 Mai) 1672 mit den Generalstaaten und stellte 20,000 Mann ins Feld, im Vertrauen auf den guten Willen des Kaisers Leopold, mit wel= chem er einen Monat später einen neuen Allianzvertrag abschloß. Und in der That zogen 16,000 Mann kaiserlicher Truppen unter Montecuculi nach Thüringen und alsbann nach den unteren Main= gegenden, dem Scheine nach zur Cooperation mit dem Kurfürsten, in Wahrheit aber, um seine Thätigkeit zu lähmen. Der kaiser= liche Hof war nämlich schon das Jahr zuvor mit Frankreich einen geheimen Vertrag eingegangen und hatte gegen die empfangene

Zusicherung, daß die spanischen Provinzen unangefochten bleiben
sollten, sich aller Einsprache gegen den holländischen Krieg begeben. Demgemäß entschuldigte der kaiserliche Minister Fürst
Lobkowitz das Engagement mit Brandenburg gegen den Kurfürsten von Mainz also: „daß man Kur-Brandenburg als ein
ungezäumtes wildes Pferd consideriret, welches zu besänftigen
man ein ander gezähmtes und gelindes Roß beigesellen müssen,
damit es sich nicht à corps perdu in eine Partei würfe, woraus
dem Reiche ein praejudicium entstehen könne".

Nach solchen Grundsätzen ward Friedrich Wilhelm von den
Räthen und Dienern des schwachen Kaisers verrathen und sah
schließlich nichts anderes vor sich als den Ruin seines eigenen
Landes. Nicht allein das Cleve'sche ward von den Franzosen
besetzt, sondern der Marschall Turenne rückte mit französischen
Truppen, unterstützt von den Kölnischen und Münster'schen, in
Westfalen ein und drang gegen die Weser vor. Da schloß Fried-
rich Wilhelm am 6 Juni 1673 zu Vossem Frieden mit dem
Könige von Frankreich und erhielt in demselben seine rheinisch-
westfälischen Lande zurück.

Der Friede mit Ludwig XIV war für Friedrich Wilhelm
eine Nothwendigkeit geworden, da der Kaiser und die Reichsstände entweder zum Feinde hielten oder doch keine Hand rührten,
um die Franzosen vom deutschen Boden abzuwehren. Aber Friedrich Wilhelm vergaß selbst unter diesen Umständen seiner Pflichten gegen Deutschland nicht, sondern reservirte sich ausdrücklich in
dem Friedensschlusse mit Frankreich, „keine Verpflichtung gegen
das Reich eingehen zu können und freie Hand zu behalten falls
er angegriffen würde."

Bald genug rief ihn die Vertheidigung Deutschlands wieder
unter die Waffen. Die bitteren Klagen aus den Trierer, Mainzer
und Pfälzer Landen über französische Einlagerung und Vergewaltigung, dazu das Andringen der nicht-minder hart gekränkten
Krone Spanien, weckten endlich den Wiener Hof aus seinen
Träumen auf. Das Ansehen des verrätherischen Fürsten Lobkowitz ward erschüttert und es bildete sich ein europäisches Bündniß zu dem Zwecke, Frankreich auf die Grenzen des Pyrenäischen
Friedens zurückzuführen. Am 24 Mai 1674 ward der Reichs-

krieg gegen Frankreich erklärt. Alsbald war Friedrich Wilhelm bereit, seiner Pflicht als deutscher Reichsfürst nachzukommen, und schloß ein neues Bündniß mit dem Kaiser. Im October zog der Kurfürst an der Spitze seiner Truppen durch Straßburg unter freudigem Zuruf der Bürger dieser deutschen Reichsstadt, um den Elsaß gegen Turenne zu vertheidigen. Ich schweige von dem Feldzuge des Reichsheeres, von den rühmlichen Einzelgefechten und der Erfolglosigkeit der Operationen im großen und ganzen. Im Januar gingen die Reichstruppen über den Rhein zurück. Daß die Brandenburger ihre Schuldigkeit gethan, konnte selbst der Neid nicht leugnen. Die schwersten Vorwürfe trafen den kaiserlichen General Bournonville. Er ward des Commando's enthoben und vor ein Kriegsgericht gestellt, das ihn freisprach. Die einmal versäumte günstige Gelegenheit war unwiederbringlich verloren.

Um die Streitkräfte seiner Gegner zu theilen, hatte Ludwig XIV die Schweden mit vermehrten Subsidien bestochen und zum Einfall in die kurfürstlichen Staaten aufgereizt. Im December 1674, während Friedrich Wilhelm noch im Elsaß stand, brachen sie in die Mark Brandenburg ein.

Der Kurfürst konnte seinem Lande nicht sofort Hilfe bringen. Nach Beendigung des Feldzugs im Elsaß mußte er seinen durch anhaltende Strapazen erschöpften Truppen in den fränkischen Winterquartieren Rast gönnen, um sie zu neuen großen Leistungen tüchtig zu machen. Unterdessen berieth er in persönlicher Zusammenkunft mit seinem Neffen Wilhelm von Oranien, dem Statthalter der Niederlande, den Kriegsplan und suchte den Kaiser zu vermögen, ihm von Sachsen her Hilfstruppen zu senden. Diese Bitte war vergeblich. Friedrich Wilhelm sah sich allein auf seine eigene Kraft angewiesen. Die Schweden begannen das feindlich besetzte Land immer härter mit Brandschatzungen und Gewaltthätigkeiten heimzusuchen; da kam der Kurfürst als Helfer in der Noth. Auf den 18 Juni hatte er einen Bettag ausgeschrieben und als Text das Wort des Propheten Jeremias (20, 11. 12) gegeben: „Der Herr ist bei mir wie ein starker Held; darum werden meine Verfolger fallen und nicht obliegen, sondern sollen sehr zu Schanden werden." Tags darauf stand er selbst in seiner Festung Magdeburg und eilte demnächst weiter, um die Schweden zu treffen, ehe ihre getrennten Heeresabtheilungen sich vereinigten und den Elbübergang ausführten. Unaufhaltsam ging es vorwärts. Am $\frac{15}{25}$ Juni ward der Havelübergang bei Rathenow im Sturm genommen und damit die Verbindung der schwedischen Corps unterbrochen; am $\frac{18}{28}$ Juni 1675 schlug der Kurfürst bei Fehrbellin mit 5600 Reitern und 13 kleinen Geschützen, ohne alle Infanterie, das Corps des Generals Wrangel aufs Haupt, welches 7000 Mann Infanterie, 4000 Mann Cavallerie und 38 Geschütze zählte, und befreite mit dieser Feldschlacht die Marken vollständig aus Feindeshand.

Jetzt hatte Friedrich Wilhelm auch Bundesgenossen. Einen Monat nach der Schlacht bei Fehrbellin erklärte das Reich an Schweden den Krieg. Während die brandenburgischen Truppen die Schweden durch Meklenburg verfolgten und das schwedische Pommern angriffen, kamen Dänen über die See und später auch kaiserliche Truppen zu ihrer Unterstützung herbei. In den nächsten Jahren ward den Schweden trotz hartnäckiger Gegenwehr eine Position nach der andern entrissen. Zu Ende des Jahres 1678 hatten sie alle deutschen Gebiete verloren; ganz Pommern mit Stettin, Greifswald und Stralsund war in Friedrich Wilhelms Hand.

Da versuchten die Schweden in geheimem Einverständniß mit den Polen, durch einen Einfall in Preußen von Livland aus dem Kriege eine andere Wendung zu geben. General Horn überschritt im November 1678 die preußische Grenze und drang bis in die Gegend von Königsberg vor. Aber wie ein schlagendes Wetter traf sie der Kurfürst mit seiner braven Armee. Rasch und ungehindert marschirte er mit 9000 Mann durch das polnische Preußen, ging am $\frac{8}{18}$ Januar über die Weichsel und war am $\frac{16}{26}$ Januar 1679 in Königsberg. Die Schweden warteten ihn nicht ab. Auf die Botschaft von seiner Ankunft traten sie eiligst den Rückzug an, verfolgt von der Vorhut des Kurfürsten unter General Görtzke. Um den Feind zu erreichen, ging Friedrich Wilhelm über das gefrorene Kurische Haff und seine Reiterei, geführt von Henniges von Treffenfeld, war bald den abziehenden Schweden auf den Fersen. Bis einige

Meilen vor Riga gieng die Verfolgung; dorthin retteten sich von 16,000 Mann kaum 3000 im Zustande völliger Auflösung.

„So endete dieser Feldzug", sagt Friedrich der große, „einzig in seiner Art, in welchem das Genie des Kurfürsten sich voll= ständig entfaltete, wo weder die Strenge der Jahreszeit in diesem unwirthlichen Klima, noch die Länge des Marsches von der Oder bis zu den Grenzen Livlands, noch die Mühseligkeiten, noch die Zahl der Feinde, kurz, wo nichts ihn aufhielt."

Friedrich Wilhelm hatte die Schweden vom deutschen Boden verjagt; Pommern war ungetheilt in seiner Hand, die Oder mit Stettin war frei und konnte sich dem deutschen Handel öffnen: da brachte ihn die Untreue seiner Bundesgenossen um den Preis seiner Siege. Ihre Kriegführung gegen Frankreich hatte sich nicht gleicher Erfolge zu rühmen; die Holländer waren der fort= dauernden Kriegskosten überdrüssig, die Spanier hatten empfind= liche Verluste erlitten, und was die Hauptsache war, das Ein= verständniß der Verbündeten war gestört. Daraus wußte die französische Diplomatie auf dem Congreß zu Nymwegen ihre Federn zu schneiden. Im August 1678 schloß Holland mit Frankreich einen Sonderfrieden ab, im September Spanien. Ludwig XIV erklärte sich bereit, einen Theil seiner Eroberungen fahren zu lassen, wenn Schweden in den vollen Umfang seiner Besitzungen wieder eingesetzt werde, und der kaiserliche Hof gieng willig auf den Vorschlag ein, Pommern als Aequivalent für spanische Provinzen dienen zu lassen. Kaiser Leopold schloß am 5 Februar 1679 den Frieden für sich und das Reich und der Reichstag zu Regensburg nahm ihn am 21 März an. Um den Kurfürsten Friedrich Wilhelm zur Unterwerfung unter die von Frankreich vorgeschriebenen Bedingungen zu zwingen, ward den königlich französischen Truppen eine Etappenstraße zu freiem Durchmarsche durch das Reich zugestanden. Alsbald rückte ein französisches Heer in das Cleve'sche ein, von dort in die Graf= schaft Mark und bis vor die Festung Minden. Ihr nächstes Ziel war Magdeburg, dann sollte es nach Berlin gehen.

Da unterwarf sich Friedrich Wilhelm den Bedingungen, welche Ludwig XIV im Frieden von Saint Germain ihm auf= erlegte (29 Juni 1679), und gab Vorpommern mit Stettin an

Schweden zurück. Er war über seine Verbündeten aufs höchste
entrüstet, welche unedler an ihm gehandelt als sein Feind, der
König von Frankreich. Damals ließ er die Denkmünze schlagen
mit den Worten: Exoriare aliquis nostris ex ossibus ultor.
Und mußte es sein feuriges Gemüth nicht empören, daß das
habsburgische Kaiserhaus nicht bloß für die spanischen Vettern
angelegentlicher sorgte als für die Herstellung der Integrität
Deutschlands, sondern daß es überhaupt Pommern den Schweden
noch lieber gönnte als ihm, dem Kurfürsten von Brandenburg?
Das sagte damals der kaiserliche Kanzler Hocker gerade heraus
mit den Worten, „es gefiele dem Kaiser keineswegs, daß ein
neuer König der Vandalen an der Ostsee emporkomme".

Friedrich Wilhelm nahm aus so bitteren Erfahrungen die
Lehre, daß er auf seine angeblichen Freunde und Bundesgenossen
nicht bauen könne, sondern mit dem Feinde sich vertragen müsse.
Daher trat er in den folgenden Jahren in Bündnisse mit Lud=
wig XIV, dessen Suprematie durch die Friedensschlüsse zu Nym=
wegen von ganz Europa anerkannt war. Frankreichs Uebermuth
stieg höher und höher. Durch die sogenannten Reunionen warb
ein Stück deutsches, belgisches, italienisches Gebiet nach dem
andern abgerissen und zu Frankreich geschlagen. Friedrich Wil=
helm drang darauf, durch einen festen Frieden den französischen
Uebergriffen eine Schranke zu setzen, weil das Reich unfähig
sei, einen neuen Krieg zu führen. Aber mehr und mehr mußte
er sich überzeugen, daß es für einen deutschen, zumal einen
protestantischen Fürsten keine Möglichkeit gäbe, mit Ludwig XIV
in Frieden zu leben, und daß die heiligsten Pflichten geböten
sich gegen ihn zur Wehre zu setzen. Dieser hatte es auf nichts
geringeres als die rheinische Pfalz abgesehen, jenes gesegnete Land
mit blühenden Städten, welche wenig Jahre später auf seinen
Befehl in Trümmer und Asche gelegt wurden.

Kaum war nämlich ein Waffenstillstandsvertrag auf zwanzig
Jahre abgeschlossen, so bedrohte Ludwig XIV Deutschland schon
wieder mit unerhörten und unerträglichen Prätensionen. Zu=
gleich eignete sich Ludwig die spanische Staatsmaxime an, nach
welcher die Glaubenseinheit das Fundament_der_Universalmo=
narchie bilden sollte. In England bestrebte sich Ludwigs Schütz=

ling, der katholische Jacob II, das bestehende Recht in Staat und Kirche zu unterdrücken. Ludwig XIV selbst ließ seine reformirten Unterthanen verfolgen und hob endlich das von seinem Großvater Heinrich IV zu ihrem Schutze erlassene Edict von Nantes auf; dabei ward die Auswanderung über die französischen Grenzen bei Galeerenstrafe untersagt. Das königliche Edict vom 18 October 1685 ward am 22. desselben Monats vom Parlamente zu Paris registrirt. Siebzehn Tage später erließ Kurfürst Friedrich Wilhelm von Potsdam aus eine Bekanntmachung, welche mit den Worten beginnt: „Dieweilen die Verfolgungen und scharfen Proceduren, welche eine Zeithero in Frankreich wider die der reformirten Religion Zugethanen ergangen, viel deroselben gedrungen haben, das Königreich zu verlassen und anderwärts Ruh zu suchen, haben wir gutwillig, aus herzlichem Mitleiden, welches wir billig tragen zu denjenigen, welche wegen des Evangelii und der reinen Glaubens-Bekenntniß, so wir mit ihnen bekennen, leiden müssen, durch gegenwärtiges, mit unserer Hand unterschriebenes Edict der so verfolgten französischen Nation in allen unsern Landschaften und Provinzen einen sicheren Schutz und freie Wohnung anbieten wollen, mit fernerer Erklärung, was zugleich für Gerechtigkeiten, Freiheiten und Nutzen sie von uns zu gewärtigen haben, zu Trost und Linderung der Bedrängniß, mit welcher der göttlichen Vorsehung beliebt hat einen so merklichen Theil seiner Kirche zu treffen." Gegen 15,000 Franzosen aller Stände folgten der hochherzigen Einladung des Kurfürsten, und diese Colonien von Familien, welche um ihres Glaubens willen unter Drangsal und Gefahr aus dem Vaterlande flüchteten, haben ihrer neuen Heimat reichen Segen zugebracht.

Ludwig XIV aber zürnte dem Kurfürsten über dieses Manifest, welches in ganz Europa Wiederhall fand, und erklärte ihm unter anderem, er habe nie zu Gunsten der Katholiken in den kurfürstlichen Landen sich eingemischt. Darauf erwiederte Friedrich Wilhelm: sollte es ihm je in den Sinn kommen, seine katholischen Unterthanen so zu behandeln, wie in Frankreich seine Glaubensgenossen behandelt würden, so werde er nichts dawider haben, wenn der König sich ihrer annähme, aber er lasse es

sich angelegen sein, die Katholiken nicht minder als die Prote=
stanten in ihrer Gewissensfreiheit und bürgerlichen Rechten zu
schützen.

Den bevorstehenden neuen Kampf gegen Ludwig XIV be=
reitete Friedrich Wilhelm mit größter Umsicht in vertrautem Ein=.
verständnisse mit Wilhelm von Oranien vor. Das Bündniß
mit den vereinigten Niederlanden ward erneuert, mit dem Kaiser
wurden neue Allianzverträge abgeschlossen, bei denen es sich
darum handelte, zu völliger Beruhigung des habsburgischen
Hauses auch über die brandenburgischen Ansprüche auf schlesische
Gebiete eine Ausgleichung zu treffen. Nachdrücklich stand Friedrich
Wilhelm dem Kaiser bei, damit dieser den Türkenkrieg beendige
und sich die Hände gegen Frankreich frei mache. Ferner half er
die Expedition Wilhelms von Oranien nach England vorbereiten,
um Jacob II zu entthronen, damit England wieder seine Selb=
ständigkeit unter den europäischen Staaten gewinne.

Es war ihm jedoch nicht beschieden, diese großartigen Ent=
würfe, von denen mancher hinter seinem Rücken durch geheime
Ränke verkümmert ward, selbst noch ins Werk setzen zu helfen.
Am 29. April a. St. 1688 endete sein thatenreiches Leben im
69. Jahre seines Alters.

Mit fester Hand führte Friedrich Wilhelm die Regierung
bis zum Augenblicke seines Todes. Am 27 April raffte er sich
von seinem Krankenlager auf, um noch einmal der Sitzung seines
Geheimenrathes zu präsidiren, seinen Räthen für ihre treuen
Dienste zu danken und väterliche Ermahnungen an seinen Sohn,
den Kurprinzen Friedrich, zu richten. Zwei Tage darauf — es
war der Sonntag Misericordias domini — nahm er Abschied
von den seinigen; er sprach die Worte Hiob's: „Ich weiß, daß
mein Erlöser lebt, und er wird mich hernach aus der Erde auf=
erwecken“, und entschlief.

Als Friedrich Wilhelm die Regierung antrat, war der
brandenburgische und preußische Name tief erniedrigt und in
Deutschland gering geachtet. Durch ihn wurden die durch weite
Räume von einander getrennten Landschaften ein selbständiger
Staat, der seine innewohnende Lebenskraft in harten Prüfungen
bewährte und allen deutschen Gebieten als Muster vorleuchtete.

Der große Kurfürst setzte die neu gewonnenen und sorgsam aus=
gesparten Kräfte an Aufgaben, welche nicht für seine Lande
allein, sondern für ganz Deutschland von entscheidender Bedeu=
tung waren. Das hat ihm die dankbare Verehrung seiner Unter=
thanen und seiner Freunde und Bewunderung selbst von Seiten
seiner Gegner eingetragen. Noch war das schwierige Werk der
Aufrichtung einer deutschen Großmacht erst begonnen, aber
Friedrich Wilhelm der große hatte die Wege vorgezeichnet, auf
denen seine Nachkommen den preußischen Staat zu immer höheren
Stufen der Macht und der Ehre erheben sollten, sich zum Ruhme
und mit Gottes Hilfe zum Heile von ganz Deutschland.

Graf Brühl und Friedrich der große.

Die sächsische Cabinetspolitik vor dem siebenjährigen Kriege.

Sybels historische Zeitschrift Bd. XV und XVI (1866); hier umgearbeitet.

Das Interesse für die Zeiten des siebenjährigen Kriegs hat, wie schon ein Blick auf den Büchermarkt zeigt, neuerdings bedeutend zugenommen. Die Kriegsthaten jener Tage sind vielfach durch Veröffentlichung älterer Aufzeichnungen neu beleuchtet und von kundigen Männern kritisch erörtert worden; vorzüglich aber hat man sich bemüht die Triebfedern der handelnden Personen, die Genesis ihrer Entschließungen und ihre letzten Zwecke, überhaupt die europäische Politik jener Epoche zu enthüllen. Es ist das öfter mit mehr Eifer als Geschick geschehen. Die im Volke lebendige Auffassung ist einmal keine andere als die, daß König Friedrich von Preußen, in Gefahr von Russen, Oesterreichern und Franzosen mit Krieg überzogen zu werden, seinen Feinden mit kühner Entschlossenheit zuvorkam, mit unerschütterlichem Heldenmuthe sich ihrer erwehrte und durch seine Geistesgröße einen ruhmvollen Frieden errang, der den preußischen Staat auf die Dauer befestigte. Gegen diesen Glauben haben Schriftsteller, denen das heutige Preußen nicht ansteht, Sturm gelaufen. Onno Klopp hat die Werke Friedrichs des großen zu dem Zwecke durchgenommen, um daraus eine Anklageacte des Königs aufzustellen, und ihm hat der Beifall derer nicht gefehlt, welche meinen um Preußen in Deutschland zu erniedrigen seine Geschichte schwärzen und die „sogenannten" Befreiungskriege, den „sogenannten" Friedrich den großen, den „sogenannten" großen Kurfürsten aus dem Gedächtnisse des deutschen Volkes tilgen zu müssen.

Die historische Wissenschaft hat diesem Treiben gegenüber die Pflicht ihre Acten sorgfältig zu revidiren, außer den längst bekannten bisher nicht benutzte ans Licht zu ziehen und jeden, der die Wahrheit ehrlich sucht, in den Stand zu setzen, sich sein Urtheil zu bilden: jeder neue Beitrag bisher unbekannter Urkunden wird ihr willkommen sein, namentlich aus den Cabinetten der Feinde des preußischen Königs. Denn dieser selbst wandte sich gleich von vorn herein an die öffentliche Meinung, nicht etwa nur mit Proclamationen und Bulletins, sondern er ließ die Actenstücke, auf Grund deren er sich entschied, drucken; in

feiner Geschichte des siebenjährigen Krieges erstattete er Bericht
von seinem Handeln; unzählige Briefe, Tagebücher und andere
Schriftstücke sind von preußischer und von englischer Seite der
Oeffentlichkeit übergeben oder in den Archiven der wissenschaft=
lichen Benutzung freigestellt. Dagegen waren die Acten der
gegen Preußen und England verbündeten Höfe bis zur jüngsten
Zeit der historischen Forschung fast unzugänglich. Hierdurch
gewannen die Publicationen an Bedeutung, welche aus den
·sächsischen Archiven entnommen wurden, so wenig diese auch
über die geheimen Verhandlungen der großen Cabinette Aufschluß
zu geben vermochten. Diese sind in voller Klarheit ans Licht
gezogen worden, seit vor allen andern das österreichische Archiv
unter Alfred von Arneths· Direction seine reichen Schätze der
Wissenschaft erschlossen hat. Aber der nähere Einblick in die
Politik des sächsischen Hofes gewährt deshalb ein besonderes
Interesse, weil König Friedrich den Krieg mit dem Angriff auf
Sachsen eröffnete und sein Verfahren auf Grund der diploma=
tischen Correspondenz des sächsischen Hofes vor den Regierungen
und Völkern Europas zu rechtfertigen suchte.

Von sächsischer Seite sind in den letzten Decennien folgende
Publicationen erfolgt:

1) Einige neue Actenstücke über die Veranlassung des sieben=
jährigen Krieges und der in Folge desselben entstandenen Allianzen.
Aus den Papieren eines Staatsmannes. Leipzig, Teubner. 1841.

Der Herausgeber dieser Actenstücke, der im Jahre 1853
verstorbene königl. sächs. Conferenzminister Friedrich Albrecht
Graf von der Schulenburg, war in den Jahren 1810—1812
und 1814—1830 sächsischer Gesandter am kaiserlich österreichischen
Hofe. Seine Schrift zerfällt in zwei Hauptabtheilungen: I. „in
„Bekanntmachung einiger neuen Documente, die Veranlassung
„zum siebenjährigen Kriege betreffend, welche vorzüglich aus den
„sächsischen Archiven entlehnt sind; — II. in Veröffentlichung
„von Angaben und Staatsschriften, welche das vom Wiener Ca=
„binet im Jahre 1756 begründete neue politische System in Evi=
„denz stellen.“ — Woher er die in der zweiten Abtheilung ent=
haltenen Urkunden entnommen habe, sagt Graf Schulenburg
nicht. Sie befinden sich nicht im kaiserlichen Archive, dessen

Acten dadurch mehrfach vervollständigt werden, sondern scheinen dem Nachlasse eines der Conferenzminister anzugehören.

2) Beleuchtung der Kriegswirren zwischen Preußen und Sachsen vom Ende August bis Ende Oktober 1756. Nach archivarischen Quellen, Handschriften, Tagebüchern ꝛc. bearbeitet von Heinrich After, K. S. Oberster von der Armee. Dresden, Adler und Dietze 1848.

Der als Militärschriftsteller rühmlich bekannte Verfasser benutzte für diese Schrift die ihm bereitwilligst geöffneten sächsischen und preußischen Archive. Wenn gleich der militärische Gesichtspunkt für ihn der bestimmende war, so ist doch seine tüchtige Arbeit auch für die Kenntniß der sächsischen Cabinetsverhandlungen sowie der Mißregierung des Grafen Brühl überhaupt von nicht geringer Bedeutung. Manches wichtige Schriftstück ist durch ihn zuerst publicirt worden.

3) Die Geheimnisse des sächsischen Cabinets. Ende 1745 bis Ende 1756. Archivarische Vorstudien für die Geschichte des siebenjährigen Krieges. Zwei Bände. Stuttgart, Cotta 1866.

Der Verfasser dieses Buches — Graf Karl Friedrich Vitzthum von Ecstädt — verfolgt den Zweck die von dem sächsischen Cabinet in den Jahren 1745—1756 gepflogenen Verhandlungen darzulegen und damit die von Hertzberg verfaßte preußische Staatsschrift: Mémoire raisonné sur la conduite des Cours de Vienne et de Saxe, et sur leurs desseins dangereux contre Sa Majesté le Roi de Prusse, avec les Piéces originales et justificatives qui en fournissent les preuves. Berlin 1756[2]) einer kritischen Prüfung zu unterwerfen. Zur Unterlage seines Werkes dienen ihm theils die Acten des königlich sächsischen Haupt-Staatsarchivs, theils bisher unbenutzte Familienpapiere aus dem

---

1) Vgl. Arneth Maria Theresia IV 450. 555, 38.

2) Die amtliche deutsche Uebersetzung trägt den Titel: Gegründete Anzeige des unrechtmäßigen Betragens und der gefährlichen Anschläge und Absichten des Wienerischen und Sächsischen Hofes gegen Se. Königl. Majestät von Preußen mit schriftlichen Urkunden erwiesen. Berlin, 1756 (abgedruckt Sammlung der neuesten Staatsschriften. Frankf. u. Leipzig 1757. 270 u. S.) Den französischen Text f. Hertzberg, Recueil des déductions, manifestes, déclarations etc. Berlin (1779) I p. 1—64.

gräflich Vitzthumschen Familienarchiv. Der erste Band umfaßt
die Periode von Ende 1745 bis zum 6. September 1756, der
zweite geht bis zum November 1757.

Im Anschluß an das vorliegende Werk erörtern wir die
Politik des sächsischen Cabinets und seines leitenden Ministers
des Grafen Brühl bis zum Ausbruch des siebenjährigen Krieges.
Wir sehen hierbei ab von den Herzensergießungen, mit denen
der Verfasser die aus den Archiven entnommenen Actenstücken zu
würzen gesucht hat. Bei diesen Ausbrüchen eines thörichten Hasses
gegen Preußen zu verweilen lohnt heutzutage nicht mehr der Mühe.

I.

Zum richtigen Verständniß der späteren Begebenheiten ist es
nothwendig von vorn herein die Beschaffenheit der sächsischen Regierung unter August III seit deren Anfang in der Kürze zu
überblicken.

August III verdankte die Krone von Polen dem Bündnisse
des Wiener und Petersburger Hofes. Kaiser Karl VI befriedigte er durch die in dem Wiener Vertrage vom 16 Juli 1733
erklärte Anerkennung der pragmatischen Sanction und die Ver-
zichtleistung auf Ansprüche seiner Gemahlin Maria Josepha, der
Tochter Kaiser Josephs I, an die österreichischen Staaten. Die
russischen Waffen verhalfen ihm zum Besitze des polnischen Thro-
nes, und der russische Einfluß bildete seine Stütze gegen die
starke mit Frankreich verbundene Gegenpartei: es wurde ein Fun-
damentalsatz des sächsischen Cabinets „den kaiserlich russischen
Hof, so viel nur irgend thunlich, zu menagiren und dessen Freundschaft zu cultiviren". Mit König Friedrich Wilhelm I von Preußen,
welcher spät und mit Widerstreben die vollendete Thatsache der
Thronerhebung anerkannt hatte, war August III gespannt; seinen
Wünschen entsprach es Preußen niederzuhalten und für das
sächsische Haus ebenfalls eine erbliche Königskrone zu gewinnen.

Durch die erneuerte Verbindung mit Polen wurden dem
sächsischen Kurstaate große Opfer ohne Gegenleistungen von polnischer Seite auferlegt und seine Stellung in Deutschland beein-
trächtigt. Der Verfasser glaubt allerdings, ohne die handgreif-
lichen Nachtheile zu leugnen, auch die Bedeutung der europäischen

Stellung hervorheben zu müssen, welche die polnische Krone dem
Kurfürsten verschafft habe: er meint, damit sei „ein europäischer
Luftzug in das sächsische Land gekommen."[1] Wir glauben,
daß er für diese Ansicht am wenigsten in Sachsen Zustim=
mung finden wird. Wer unbefangen urtheilt wird bekennen daß
August II, als er für den eitelen Glanz einer fremden Krone
den Glauben seiner Väter und schweres Geld einsetzte, den Ehren=
posten aufgab, welchen sein Haus an der Spitze des evangelischen
Deutschlands einnahm, und daß er damit die wichtigsten Inter=
essen Sachsens verleugnete. Die polnische Krone hat weder ihm
noch seinem Sohne Segen gebracht und dem Lande nur Elend
und Jammer: nicht ein belebender Luftzug, sondern der Pesthauch
einer bodenlosen Liederlichkeit und Günstlingswirthschaft kam
damit über Sachsen. Die Prachtbauten Dresdens und die un=
vergleichlichen Sammlungen, von denen der Verfasser redet, sind
nicht mit polnischem Gelde bezahlt worden.

Daß das Volk in seinem Kerne durch das vom Hofe gegebene
Beispiel nicht angesteckt wurde, legt ein schönes Zeugniß von
seiner sittlichen Tüchtigkeit ab. Die schweren Heimsuchungen,
welche der siebenjährige Krieg über Sachsen verhängte, haben
läuternd gewirkt, und nachdem die unnatürliche Verbindung mit
Polen gelöst war, hat unter den mit strenger Gerechtigkeit
und landesväterlicher Fürsorge in Sachsen waltenden Fürsten die
Betriebsamkeit des Landes sich wieder zu gesegnetem Wohlstande
entfalten können. Aber dieses neue Leben hat mit der üppigen
Hofhaltung der Auguste und ihren europäischen Verbindungen
nichts zu schaffen, sondern es ist erwachsen aus dem Fleiße eines
frommen und nüchternen Volkes, welches seine hohe durch alle
Classen verbreitete sittliche und intellectuelle Bildung dem Pro=
testantismus verdankte.

Regierungssorgen drückten König August III nicht. Gut=
müthig und schwachen Geistes schenkte er ein unbegrenztes Ver=
trauen dem Grafen Heinrich Brühl, der es wie kein anderer
verstand ihm die Geschäfte leicht und das Leben angenehm zu
machen. Vom Pagen bildete sich Brühl zum Cavalier von den

---

1) I IV. 311.

artigsten und einnehmendsten Formen und gewann durch seine
Dienstfertigkeit schon Augusts II Gunst so weit, daß ihm wich=
tige Finanzämter und die Direction der inneren Angelegenheiten
übertragen wurden. Unter August III behauptete er sich neben
dem Grafen Sulkowski, bis es ihm mit österreichischer Unter=
stützung gelang diesen Nebenbuhler durch Hofintriguen zu stür=
zen; seitdem beherrschte er den König bis zu dessen Tode aus=
schließlich. Er unterhielt seinen Herrn mit Festen, Lustbarkeiten,
Jagden, sorgte für Kapelle und Theater, vermittelte die An=
schaffung von Kleinodien und Kunstwerken, für welche August
III Sinn und Verständniß hatte: für jede Liebhaberei und jede
Verschwendung des Hofes hatte er Geld bereit. Während der
König sich seiner Hingebung und seines Diensteifers freute,
wußte Brühl die ihm geschenkte Gunst meisterlich auszubeuten.
Aemter häufte er auf Aemter, sowohl im Hof= und Civil= als
im Militärdienst, und bezog davon für damalige Zeiten unerhört
hohe Besoldungen, während er, zu den Geschäften träge, alle
Arbeit durch seine Creaturen oder kümmerlich bezahlte Unter=
beamte verrichten ließ. Zu den regelmäßigen Einkünften kamen
die reichen Geschenke an baarem Gelde und an Gütern, welche
er seinem königlichen Gönner abzuschwindeln wußte. Die Fi=
nanzen des Landes brachte er an den Bankerott, aber je mehr
die öffentlichen Cassen sich erschöpften, um so höher stieg der
Reichthum Brühls, die Pracht seines Haushalts, seiner Garde=
robe und Kostbarkeiten aller Art. Pflicht und Gewissen rühr=
ten ihn nicht. In Sachsen gab er sich für einen Protestanten
aus, denn nach dem Landesgesetze konnte er nur als solcher kur=
fürstlicher Minister sein, schrieb sogar ein Gebetbuch und heuchelte
gläubige Gesinnungen noch auf seinem Todtenbette; in Polen
spielte er den Katholiken, um das Indigenat und polnische Kron=
ämter zu erlangen. Die königlichen Schenkungen benutzte er,
um ganzen Gemeinden wohlerworbene Besitzrechte zu entziehen,
und aus öffentlichen Cassen in baarem Silber empfangene Ent=
schädigungsgelder zahlte er in Steuerscheinen aus, die nicht den
achten Theil des Nominalwerthes galten. Von dem wahren
Stande der Dinge erfuhr der König nichts; wenn ihm je
etwas für Brühl nachtheiliges überbracht wurde, sah er darin

böswillige Verleumdung oder unbegründeten Argwohn. Brühl
ließ seinen Herrn nicht aus den Augen und war so gut bedient,
daß die Umgebungen des Königs nicht allein sondern des ganzen
königlichen Hauses von ihm abhiengen. Ihm beugten sich die
übrigen Minister und die hohe Generalität. Einst gelang es
einem Obersten dem Könige eine Bittschrift der Officiere seines
Regiments zu überreichen, welche seit mehr als zwanzig Mona=
ten keinen Sold empfangen hatten. Der König erzürnte, aber
Brühl versicherte, der Oberst müsse verrückt geworden sein, denn
die Besoldung sei richtig ausbezahlt. Und wirklich überreichte
er demnächst dem Könige die Quittungen der Officiere über die
die empfangenen Besoldungen und ein Gesuch des Obersten, ihm
den Abschied zu bewilligen, da er an periodischer Geistesabwesen=
heit leide und in solcher den Grafen Brühl verklagt habe.

So hatte es denn dabei sein Bewenden, daß der Sold des
Militärs immerfort rückständig blieb und die Zahlungen in ver=
schiedenen entwertheten Scheinen erfolgten: in vielen Fällen ge=
währten bemittelte Einwohner Officieren einige Mal die Woche
unentgeltlichen Mittagstisch. Die Königin, der Kurprinz und
seine willenskräftige Gemahlin Marie Antonia von Baiern ver=
wünschten im Stillen den übermächtigen Einfluß Brühls, aber
zu beseitigen vermochten sie ihn nicht. Eine charakteristische
Anekdote theilt der Verfasser aus den Papieren des General=
lieutenants Grafen Vitzthum vom September 1756 mit. Die
öffentlichen Cassen waren so leer, daß nicht einmal für die
Festung Königstein der nöthige Proviant angeschafft werden
konnte, und daß Brühl bei dem Wiener Hofe um ein Darlehen
von 100000 Thalern bettelte. Für seinen eigenen Bedarf aber
hatte er Geld. Aus dem Lager von Pirna sandte er zugleich
mit einer vom Könige seiner Gemahlin bestimmten Sendung, die
aber kein Geld enthielt, an seine Maitresse, die Opernsängerin
Albuzzi, ein Packet mit viertausend Ducaten. Die Packete wur=
den verwechselt und der Oberschenk von Bose verfehlte nicht, so=
bald er des Irrthums gewahr wurde, der Königin das für sie
bestimmte Packet auszuhändigen und sich dagegen das der Albuzzi
zugedachte auszubitten. Die Königin gab es heraus, ohne ein
Wort zu sagen, befahl aber eine Cassenrevision, welche ihr be=

stätigte, daß die Caſſen leer und die Gehalte der Civil= und
Militärbeamten ſowohl als die Rechnungen für den Hofhalt ſeit
längerer Zeit im Rückſtande ſeien. Da brach ſie in die Worte
aus: „alſo das Hemd das ich trage und das Brot das ich eſſe
ſind nicht bezahlt." [1])

Der Verfaſſer iſt weit davon entfernt Brühls gewiſſenloſe
Verwaltung entſchuldigen zu wollen, aber er meint „es würde
„ein Trugſchluß ſein, daraus zu folgern daß auch ſeine äußere
„Politik nothwendig habe verwerflich ſein müſſen." [2]) Wir ſind
anderer Anſicht. Wer es einmal zu ſeiner Natur gemacht hat
gegen ſeinen Herrn und die ſeinem Amte und ſeiner Pflege
Befohlenen Lug und Trug zu ſpinnen und keine andern Trieb=
federn ſeiner Handlungsweiſe hat als Eitelkeit und Habſucht,
wird auch fremden Mächten nicht Treu und Glauben halten, ſon=
dern in der auswärtigen Politik eben ſo heuchleriſch und falſch
mit Liſten und Ränken umgehen: da ihn keine ſittliche Verpflich=
tung bindet, wird er ein unzuverläſſiger Freund und ein ver=
ächtlicher, aber unter Umſtänden recht unbequemer Feind ſein.
Zwar beſchränkt der Vf. ſein Urtheil dahin, „daß für alles, was
„an der äußeren ſächſiſchen Politik zu loben, das Verdienſt dem
„Premierminiſter Grafen Brühl nicht zukommt, während für
„alles, was an derſelben zu tadeln, was namentlich in der Aus=
„führung verſäumt ward, dieſer Miniſter einzig und allein ver=
„antwortlich bleibt": zum öfteren rühmt er die Gewiſſenhaftig=
keit und die Einſicht der übrigen Miniſter. Aber ſeine eigene
Darſtellung beſtätigt, daß dieſe von Brühl vollkommen abhän=
gig waren, der ihre verſtändigen Rathſchläge nur ſo weit be=
folgte als es ihn gutdäuchte; und wie die Miniſter ſo waren
auch die Geſandten an auswärtigen Höfen ſeines Winkes ge=
wärtig. Kurz, nach Brühls Belieben ward Sachſens innere ſo=
wohl als äußere Politik geleitet und zwar die letztere nach dem=
ſelben Grundſatze, den er in der inneren Verwaltung für ſeine
Perſon befolgte, von fremden Höfen möglichſt viel Geld für mög=
lichſt geringe Leiſtungen zu erlangen und bodenloſe Projecte zur Ver=
größerung der ſächſiſchen Macht auf anderer Unkoſten zu betreiben.

---

1) I 452.   2) I 317 f.

Die erste Probe wie er bestehende Bündnisse hielt legte Brühl im österreichischen Erbfolgekriege ab. In dem Wiener Vertrage hatte Sachsen sich verpflichtet die pragmatische Sanction anzuerkennen und zu ihrer Aufrechthaltung dem Kaiser oder dessen Erben und Nachkommen erforderlichen Falls 6000 Mann zu stellen. Und hätte auch keine vertragsmäßige Pflicht bestanden, so schien den König von Polen das eigene Interesse bestimmen zu müssen, die durch die Eroberung von Schlesien bewirkte Verstärkung der preußischen Macht zu hindern. Allerdings war sie ihm im höchsten Grade widerwärtig: aber Brühl glaubte die Umstände danach angethan den sächsischen Beistand höher zu verwerthen. Daher stellte er, als König Friedrich II Schlesien inne hatte und Karl Albrecht von Baiern als Vasall Frankreichs sich anschickte österreichische Erblande und die deutsche Krone an sich zu bringen, an Maria Theresia die Forderung die drei nächstgelegenen Kreise Böhmens vorläufig auf dreißig Jahre an Sachsen abzutreten oder in eine Zahlung von 40 Millionen Thalern zu willigen. Schließlich brachte er es dahin, daß am 11 April 1741 die österreichischen Gesandten mit ihm zu Dresden einen Vertrag unterzeichneten, kraft dessen Sachsen sich verpflichtete, Maria Theresiens Gemahl, den Großherzog Franz, als Mitregenten der österreichischen Länder anzuerkennen, diesem die Stimme bei der Kaiserwahl zu geben und sich mit allen Streitkräften am Kriege gegen Preußen zu betheiligen. Dagegen sollte die Königin von Ungarn an Sachsen binnen achtzehn Jahren zwölf Millionen Thaler bezahlen und den jährlich entfallenden Betrag durch Ueberweisung der Einkünfte von gewissen, Sachsen zunächst gelegenen Grenzstrichen sicher stellen. Außerdem wurden von Sachsen verhältnißmäßige Antheile an den auf Kosten Preußens zu machenden Eroberungen sowie die Abtretung eines Landstriches zwischen der Lausitz und Polen ausbedungen. Endlich sollte der Großherzog von Toscana sich verbindlich machen, als Kaiser die Erhebung des kurfürstlichen Hauses zur königlichen Würde auch für dessen Erblande zu bewirken.

Die österreichischen Gesandten waren zu solchen Zugeständnissen nicht ermächtigt, und Maria Theresia verweigerte ihre Ratification. In Folge dessen trat Sachsen, als die Lage der jungen Königin immer gefährlicher wurde, am 19 September dem Nymphenburger Bündnisse ihrer Gegner bei und nahm aus der Erbschaft der Habsburger Oberschlesien und Mähren in Anspruch. Noch in demselben Jahre vereinigten sich sächsische Truppen mit den baierischen und französischen in Böhmen, im folgenden Jahre rückten sie mit den Preußen in Mähren ein. Kursachsen gab seine Stimme zur Kaiserwahl Karls VII aus dem bairischen Hause. Indessen erwachte die schon früher genährte Abneigung und Eifersucht des sächsischen Hofes gegen Preußen mit neuer Stärke; Brühl suchte schon seit dem März 1742 in geheimen Unterhandlungen eifrig die Aussöhnung mit dem Wiener Hofe, und nachdem am 11 Juni unter englischer Vermittelung zwischen Oesterreich und Preußen die Friedenspräliminarien zu Breslau unterzeichnet waren, in welchen der Beitritt Sachsens vorbehalten wurde, durfte er vollends nicht säumen den Frieden mit Oesterreich herzustellen. Noch suchte er für die erhobenen Ansprüche und die aufgewendeten Kosten eine Schadloshaltung zu erlangen: er forderte nicht weniger als vier oder fünf Kreise von Böhmen und betheuerte, als österreichischerseits auf dem einfachen Beitritte Sachsens bestanden wurde, so lange ein Glied des sächsischen Hauses am Leben sei, werde man die ihm jetzt angethane Schmach und Schande nicht vergessen, sondern sich früher oder später rächen. Aber er mußte sich fügen. Am 23 Juli stellte Maria Theresia, am 28 Juli August III eine Erklärung aus, welche die Stelle eines Friedenstractats vertrat, und nach längerem Bedenken fand am 11 September zu Dresden der Austausch dieser Urkunden statt. Damit schloß diese Episode der sächsischen Cabinetspolitik.

In den ausgewechselten Erklärungen war ein Bündniß zwischen dem österreichischen und sächsischen Hofe angekündigt worden, welches binnen vier Wochen geschlossen werden sollte. Für dieses machte Brühl seinen Preis: auch jetzt sollte Sachsens Beihilfe durch Abtretungen erkauft werden. Da diese nicht gewährt wurden, zogen sich die Verhandlungen hin, bis nach Abschluß des Wormser Bündnisses zwischen Oesterreich, England und Sardinien zu Wien am 20 December 1743 auf Grund des 1733 geschlossenen Vertrages eine Defensivallianz zwischen Oesterreich und Sachsen

zu Stande kam. Von den geheimen Artikeln bestimmte der erste, daß die Gewährleistung der österreichischen Lande nicht auf den gegenwärtigen Krieg und die darinnen bereits verfangene Mächte zu verstehen noch J. K. M. von Polen verbunden seien, die stipulirten 6000 Mann Hilfsvölker gegen selbe zu stellen; der zweite, daß, sollte der König sich zur Theilnahme an dem gegenwärtigen Kriege gegen Frankreich und zu einer mehreren Hilfsleistung anheischig machen wollen, die Königin von Ungarn und Böhmen dem Kurhause Sachsen entsprechende Vortheile versichern und „bevorab sich zu allem was ohne Dero Schaden zur Faci=
„litirung der Communication zwischen dem Königreich Polen und
„den kursächsischen Landen, nach Maß derer sich eräugnen mögen=
„der Vorfallenheiten beschehen kann, ganz willfährig und freund=
„nachbarlich erfinden lassen." Die österreichische Hilfe war auf 12000 Mann bestimmt. Wenige Wochen später, am 4 Februar 1744, schloß Sachsen auch mit Rußland eine ähnliche Defensiv=
allianz und ließ es sich angelegen sein die Kaiserin Elisabeth für Oesterreich günstig zu stimmen. Nunmehr beantragte auch der sächsische Hof bei dem österreichischen, zur Befestigung ihres Bündnisses die sächsische Kriegshilfe auf 20000, die österreichische auf 30000 Mann zu erhöhen. Der Antrag ward angenommen und die betreffende Declaration, deren nähere Bestimmungen noch nicht veröffentlicht sind, am 13 Mai 1744 ausgefertigt.

Diese Allianzverträge, in Verbindung mit den Projecten Georgs II von England und seines Ministers Carteret, die europäischen Machtverhältnisse von Grund aus umzugestalten, brachten König Friedrich II zu der Überzeugung, daß er um Schlesien zu behaupten noch einmal das Schwert ziehen müsse, ehe Maria Theresia und ihre Verbündeten ihrer Gegner völlig Meister geworden seien. Zu diesem Ende schloß er am 22 Mai 1744 einen Unions=
vertrag mit Kaiser Karl VII, Kurpfalz und Hessen=Cassel, am 5 Juni und 22 Juli Offensivbündnisse mit Ludwig XV von Frankreich und Karl XII. Sachsen glaubte Friedrich durch rasches Vorgehen in der Neutralität erhalten zu können. Am 5 August suchte er bei dem Könige in Warschau und zu gleicher Zeit in Dresden bei dem geheimen Rathe die Bewilligung des Durchmarsches seiner Truppen durch Sachsen nach und führte diesen am 11 August und den

folgenden Tagen aus, ohne auf die erst am 13 August ertheilte
Antwort des sächsischen Hofes zu warten. Diese lautete ab-
schlägig, und es begann nun von neuem das Markten um den
Preis der sächsischen Cooperation gegen Preußen. Man einigte
sich endlich dahin, daß Sachsen von den englischen Subsidien
50000 L. St. empfangen solle, ferner die preußischen Lehen in
der Lausitz, Crossen, Züllichau und andere Preußen abzunehmende
Gebiete. Nach Abschluß dieser Übereinkunft vereinigten sich die
sächsischen Truppen, 22000 Mann, mit den österreichischen in
Böhmen, und Friedrich II sah sich einer Übermacht gegenüber,
welche die Verpflegung seines Heeres und seine Verbindung mit
Schlesien gefährdete, der einzigen welche ihm mit seinen Staaten
blieb, da er durch Sachsen von der Mark abgeschnitten war.
Unter diesen Umständen war er genöthigt Böhmen zu räumen
und sein Heer nach Schlesien zurückzuführen.

Jetzt giengen die Hoffnungen der Feinde Preußens hoch. Am
8 Januar 1745 ward zu Warschau von Oesterreich, England,
Holland und Sachsen eine Quadrupelallianz abgeschlossen, in
welcher König August III sich verpflichtete gegen jährliche 150000
L. St. englischer und holländischer Subsidien 30000 Mann zur
Vertheidigung von Böhmen zu stellen: zugleich wurde ihm ein
entsprechender Antheil an den zu machenden Eroberungen zugesichert. Aber mit der Ratification beeilte sich der sächsische Hof
nicht. Es galt ihm die Feststellung seines Antheils am Gewinn,
als welchen er die schlesischen Fürstenthümer Sagan, Glogau und
Jauer verlangte: mittlerweile verhandelte er auch mit Frankreich,
welches nach erlangter Zustimmung Preußens dem König August III
die durch Karls VII Tod erledigte römische Kaiserkrone angeboten
hatte. Dieses Anerbieten hatte für August III und seine Gemahlin die Kaisertochter, ganz besonders aber für Brühl, der
sich im Geiste schon als Reichswürdenträger sah, sehr viel ver-
lockendes, aber die Warnung anderer Räthe, namentlich des Gesandten am englischen Hofe Grafen Flemming, sich nicht durch
Frankreich und Preußen verleiten zu lassen das Warschauer
Bündniß zu sprengen, endlich die Drohung der englischen Regierung die Subsidienzahlung einzustellen, brachten den Entschluß
zu Wege, am 15 März den Warschauer Vertrag zu ratificiren, mit

der Erklärung, die Ratification geschehe in der Voraussetzung, daß auch die Vereinbarung über den Sachsen zukommenden Antheil an den Eroberungen baldigst zum Abschlusse gelange. Diese stieß sich daran, daß der sächsische Hof auf die Erlangung der Kaiserkrone noch nicht geradezu verzichten mochte und daß er mit seiner Entschädigungsforderung sehr hoch griff. Maria Theresia gieng über jene Gelüste hinweg, da die Erwählung ihres Gemahls ohnehin gesichert schien: was die territoriale Abfindung anbelangte, so weigerte sie sich standhaft von Böhmen oder von Schlesien irgend etwas als höchstens den Schwiebuser Kreis Sachsen zu überlassen. Unter allen Umständen sollten Schlesien und Glatz an Oesterreich zurückfallen: von den außerdem an Preußen gemachten Eroberungen wurden im glücklichsten Falle das Herzogthum Magdeburg mit dem Saalkreise, Crossen, Züllichau und die böhmischen Lehen in der Lausitz Sachsen zugesprochen. Ueber diese Theilung preußischer Lande stellten Maria Theresia am 3 Mai, August III am 18 Mai gleichlautende Erklärungen aus. Es ist dies der sogenannte Leipziger „Partage=Tractat", Nr. I. unter den vonˉ Hertzberg im Anhange des Mémoire raisonné 1756 publicirten Actenstücken. Zu gleicher Zeit eröffneten die mit dem russischen Hofe über dessen Theilnahme an dem Kriege mit Preußen gepflogenen Unterhandlungen die Aussicht das Herzogthum Preußen an Polen zu bringen, wogegen die an die Ukraine grenzenden Landstriche an Rußland überlassen werden sollten.

Jetzt trat Sachsen, das bisher nur zur Vertheidigung Böhmens mitgewirkt hatte, in die Offensive gegen Preußen ein, um sich der verheißenen Beute zu versichern. Noch vor Ablauf des Monats Mai rückten die sächsischen Truppen mit den österreichischen unter Herzog Karl von Lothringen in Schlesien ein. Aber es kam anders als man gedacht. Bei Hohenfriedberg am 4 Juni erlitt das verbündete Heer eine vollständige Niederlage und mußte sich nach Böhmen zurückziehen: der erste Stoß der angreifenden preußischen Armee und damit der empfindlichste Verlust hatte die Sachsen getroffen. Schlesien war durch diese glänzende Waffenthat für Preußen behauptet und Sachsen mußte für die Betheiligung an dem Angriffe auf die preußischen Staaten büßen. Gemäß seinen früheren Erklärungen, daß wenn kursächsische

Truppen Schlesien beträten, er feindlich in Sachsen einfallen
werde, kündigte König Friedrich II August III den Krieg an
und erhob in seinem Manifeste die Anklage „daß die sächsischen
„Ministri durch eine schändliche Untreu des Königs ihres Herrn
„Maj. sonst bekannte redliche Gemüthsneigung surpreniret haben
müssen".

Unter solchen Umständen bemühte sich die englische Regierung
mit Preußen Frieden zu stiften und schloß, nachdem Maria The=
resia ihre Rathschläge verworfen hatte, am 26 August zu Han=
nover mit Friedrich II einen Vertrag ab, in welchem die Grund=
lage des Friedens für Deutschland festgestellt wurde. Dagegen
giengen Maria Theresia und August III am 29 August ein
engeres Bündniß ein, in welchem der letztere sich anheischig machte
mit seiner gesammten Streitmacht den König von Preußen zu
bekämpfen; auch sollten die vorderen Reichskreise zu Rüstungen
veranlaßt werden. Großen Eifer entfaltete der sächsische Hof
dennoch nicht. Maria Theresia äußerte damals, er verstehe weder
recht Freund nach recht Feind zu sein. Bald jedoch schien er
das früher versäumte nachholen zu wollen. Am 30 September
hatte Friedrich II einen neuen Sieg bei Soor in Böhmen über
Oesterreicher und Sachsen erfochten, und der Oberfeldherr Karl
von Lothringen war der Meinung für dieses Jahr die Waffen
ruhen zu lassen. Aber der sächsische Hof bestand darauf von
Sachsen aus mit vereinten Kräften einen Winterfeldzug gegen
die Marken zu unternehmen und Maria Theresia gab ihre Zu=
stimmung. Der Erfolg war kein besserer als früher. Statt den
König Friedrich zu überraschen, wurden seine Gegner von ihm
überrascht; Sachsen ward der Schauplatz des Krieges, und Brühl
flüchtete mit dem Hofe nach Prag. Zweimal, am 23 November
bei Groß=Henuersdorf in der Lausitz und am 15 December bei
Kesselsdorf, wurden die von den Oesterreichern wenig unterstützten
Sachsen von den Preußen geschlagen. Nunmehr brang endlich
die englische Vermittelung durch: am 25 December 1745 ward
auf Grund der zu Hannover von preußisch=britischer Seite fest=
gestellten Präliminarien der Friede zwischen der Kaiserin und
dem Könige von Preußen abgeschlossen und die Verträge von
Breslau und Berlin bestätigt. An demselben Tage wurde auch

der Friede zwischen Preußen und Sachsen unterzeichnet, in welchem August III seine durch Contributionen und andere Kriegslasten schwer beschädigten Länder zurückempfieng.

So endete auch dieser Krieg, statt Eroberungen an der Elbe und Oder einzubringen, mit neuen Demüthigungen für den sächsischen Hof, und was als das schlimmste gelten durfte, er hatte weder bei dem Gegner noch bei den Verbündeten Achtung gewonnen. Maria Theresia war zu dem Friedensschlusse mit Preußen namentlich durch die Nachrichten bestimmt worden, daß Sachsen insgeheim sich um einen Separatfrieden mit Preußen bemühe. Friedrich II hatte wie sein Manifest besagte, „die Eifersucht, „welche der sächsische Hof gegen einen Nachbar gefaßt, dessen „Anwachs an Macht er nicht ohne herbe neidische Empfindungen „ansehen können", gründlich erfahren; er hatte seine „bodenlosen Hoffnungen" erkannt, auf Preußens Unkosten große Eroberungen zu machen; und die sächsische Schilderhebung in seinem Rücken hatte ihm so viel Schaden gethan, daß seitdem sein Entschluß feststand sich nicht ein zweites Mal in diese Gefahr zu begeben.[1]

II.

Wir sind zu dem Zeitpunkte gekommen, mit welchem die Vitzthumsche Darstellung der „Geheimnisse des sächsischen Cabinets" beginnt. Der Verfasser bemerkt, was hinter dem Dresdener Frieden liege, die mit Oesterreich und Rußland getroffenen Uebereinkünfte über die Offensive gegen Preußen und die Theilung preußischer Lande seien mit dem Friedensschlusse zu todten Buchstaben geworden: nur die am 20 December 1743 mit Oesterreich und am 4 Februar 1744 mit Rußland geschlossenen Defensivbündnisse seien in Kraft geblieben. Ohne Zweifel, wenn der sächsische Hof den geschlossenen Frieden ehrlich hielt und auf die früher gehegten Projecte nicht wieder zurückkam, hatte König Friedrich von Preußen kein Recht ihn für abgethane Dinge abermals verantwortlich zu machen. Aber er durfte um der Sicherheit seiner Staaten willen nicht verabsäumen darüber zu wachen,

---

1) Vgl. Valori's Schreiben an Rouillé vom 31 August 1756. Mém. de Valori II 161.

ob nicht ähnliche Anschläge von neuem angesponnen wurden: so=
bald dieß geschah, mußte das frühere Verhalten des sächsischen
Hofes ihm zum Maßstabe dafür dienen, wessen er sich in künf=
tigen Fällen von demselben zu versehen habe. Welche Politik
Sachsen nach dem Dresdener Frieden verständiger Weise beobach=
ten mußte, liegt auf der Hand. Ein minder mächtiger Staat,
der zwischen zwei größere gestellt ist, hat die Aufgabe die unter
diesen vorhandenen Gegensätze durch seine guten Dienste so viel
wie möglich zu heben und durch eine feste unparteiische Haltung
beiden Nachbarn Achtung einzuflößen, zugleich aber seine Kräfte
so zu Rathe zu halten, daß er im äußersten Falle einer Verge=
waltigung nicht wehrlos unterliege.

Brühl that von dem allen das Gegentheil. Die sächsische
Armee zählte im Jahre 1744 über 47000 Mann, auf dem Frie=
densstande von 1746 40000 Mann: seitdem wurde sie entspre=
chend der bodenlosen Finanzwirthschaft mehr und mehr reducirt
und betrug nach dem Etat von 1756 nur noch 22000 Mann.
Aber neben dieser fortschreitenden Entwaffnung, während die
preußische Armee auf einer Stärke von mehr als 130000 Mann
erhalten wurde, konnte Brühl es dennoch nicht lassen, das ein=
mal gewohnte Spiel von neuem zu beginnen und an fremden
Höfen, namentlich dem russischen, gegen den König von Preußen
zu hetzen. Friedrich der große drängte den sächsischen Hof nicht
zu einer feindseligen Haltung. Er bot demselben im Jahre 1746
eine Defensivallianz an und ließ sich auch später bereit finden
gerechte Beschwerden Sachsens abzustellen. Der Verfasser wendet
freilich auf Sachsens Verhalten gegen jenes preußische Anerbieten
den Spruch an: eine gebrannte Katze scheut das Feuer; es seien
die Folgen des Nymphenburger Bündnisses noch zu frisch im
Gedächtniß gewesen, als daß der sächsische Hof ein zweites Mal
das Spiel nicht durchschaut hätte.[1]) Jedoch dieser Vergleich
trifft nicht zu, denn nicht an dem Nymphenburger sondern an
dem Warschauer Bündnisse hatte Brühl sich die Finger verbrannt,
und um Eroberungs= und Theilungsprojecte handelte es sich in
den preußischen Vorschlägen nicht. Daß freundnachbarliche Be=

---

1) I 117.

ziehungen zwischen Preußen und Sachsen möglich seien, hat wie Aster sehr wahr bemerkt[1]), das Verhältniß Friedrichs des großen zu dem Kurfürsten Friedrich August dem gerechten dargethan, einem Fürsten, dem er vertraute und den er achtete. Wir finden es daher nicht so selbstverständlich, daß Sachsen sich beeilte die preußischen Anträge abzulehnen und zu gleicher Zeit in Wien und Petersburg mitzutheilen. Die Feindschaft gegen Preußen geflissentlich zur Schau zu tragen konnte am wenigsten im In= teresse Sachsens liegen.

Die nächste Sorge Brühls nach hergestelltem Frieden gieng dahin den zerrütteten sächsischen Finanzen aus fremder Herren Kassen Zuflüsse zu eröffnen. Die Seemächte boten Subsidien für die Stellung sächsischer Truppen zu dem Kriege, den sie im Bunde mit Oesterreich gegen Frankreich fortsetzten. Diese Verhandlungen zerschlugen sich nicht wegen der patriotischen Absichten der säch= sischen Minister „den für englische Interessen fortgesponnenen Weltkrieg von Deutschlands Grenzen fern zu halten[2])“, sondern weil Frankreich dieselben und noch größere Vortheile bot, ohne daß Sachsen dafür das geringste zu leisten brauchte.

Der sächsisch=französische Subsidienvertrag vom 21 April 1746, über den der Verfasser sehr interessante Mittheilungen gibt, war das Werk des Halbbruders von August III, des Mar= schalls von Sachsen, der durch die glückliche Führung des Kriegs in den Niederlanden sich damals auf die Höhe seines Ruhmes erhob. Der ausgesprochene Zweck des Bündnisses war die Her= stellung des allgemeinen Friedens. Frankreich versprach sich über die Präliminarbedingungen mit Sachsen zu verständigen und den Krieg von den Grenzen des Reiches fern zu halten. Sachsen machte sich dagegen verbindlich keinen Theil an dem Kriege außer= halb Deutschland zu nehmen; sollte aber das Reich den Krieg erklären, so ward Sachsen durch den Tractat an der Erfüllung seiner Pflichten als Reichsstand nicht gehindert. Für seine Neu= tralität und zur Entschädigung für Subsidien, die er von andern Mächten erhalten könnte, empfieng August III für die Jahre 1746—1748 je zwei Millionen Livres. Ein entsprechender Sub=

---

1) S. 106.   2) Geheimnisse I 109.

fidienvertrag mit Spanien ward am 13 Mai 1746 abgeschlossen,
doch scheinen, wie der Verfasser bemerkt, die spanischen Zahlungen
ausgeblieben zu sein.

Die Bedingungen dieses Vertrags waren der Art, daß man
begreift wie Graf Broglie als Gesandter am sächsischen Hofe die
französischen Minister, welche ihn abgeschlossen, geradezu Narren
nennen konnte[1]). Der auffälligste Artikel des Vertrages jedoch,
nach welchem Sachsen die französischen Subsidien selbst dann
beziehen sollte, wenn es sein Contingent zu einem Reichsheere
gegen Frankreich stelle, wird uns weniger befremden, wenn wir
bedenken, daß die französische Regierung gerade in diesem Ver=
trage wie in den Soldverträgen mit Kurpfalz, Köln, Würtemberg
und dem Bündnisse mit Preußen die Garantie hatte, daß ein
Reichskrieg nicht unternommen werde[2]). Das Versprechen thun=
lichster Aufrechthaltung der Neutralität des Reiches ward von
Sachsen auch später wiederholt[3]). Zugleich beabsichtigte der fran=
zösische Hof durch die Verbindung mit dem sächsischen, welche
demnächst durch die Vermählung einer sächsischen Prinzessin
mit dem Dauphin von Frankreich noch mehr befestigt wurde,
zu einer Verständigung mit Oesterreich zu gelangen und dessen
Bündniß mit den Seemächten zu sprengen. Es kam hinzu daß
die französische Regierung auf König Friedrich von Preu=
ßen wegen des zu Dresden geschlossenen Friedens und seiner be=
stimmten Erklärungen, fortan Neutralität beobachten zu wollen,
erzürnt war. Brühl schrieb während der Verhandlungen über
den Subsidienvertrag an den Marschall von Sachsen, Frankreich
möge sich um so eher zum Frieden entschließen „im Hinblick auf
„die geringe Zuverlässigkeit eines Fürsten, der die Wage auf die ·
„Seite neigen kann, auf welche er will, und dessen natürliches
„Interesse es gegenwärtig zu sein scheint, sich mit den Seemäch=
„ten zu verbinden. Die Folge wird beweisen, was ich sage, wenn
„man nicht zuvorkommt, und sich den Vorzug zu nutze macht,
„den die Kaiserin Königin der Freundschaft Frankreichs geben

---

1) Schreiben Brühls an den Grafen Vitzthum v. 9 Nov. 1755. I 274.
2) Vgl. Alfr. v. Arneth, Mar. Theres. erste Regierungsjahre III 261 f.
3) Geheimnisse I 191.

„möchte anstatt des preußischen Schutzes, zu welchem sonst diese „Fürstin sammt den Seemächten nothgedrungen ihre Zuflucht „nehmen muß, und dies ist es gerade was der König von Preu= ßen „erwartet". Die Bemerkung des Verfassers [1]), daß Brühl in diesem Schreiben einen richtigen Instinct für das Verständniß der großen Politik an den Tag lege, ist zutreffend: wir sehen, daß er die Bedeutung Friedrichs des großen nicht unterschätzte; um so schwerer trifft ihn die Verantwortung für seine thörichte Handlungsweise an der Spitze der sächsischen Regierung.

Die guten Dienste Sachsens für einen Friedensschluß mit der Kaiserin nahm der französische Hof zu Ende des Jahres 1746 in Anspruch, als der Herzog von Richelien nach Dresden kam, um die Braut des Dauphins nach Frankreich zu geleiten. Frie= drich II hatte ihn zu sich eingeladen, aber Richelieu lehnte ab, wie der Marschall von Sachsen schrieb, „damit er bei seiner An= kunft nicht nach Preußen rieche" [2]). In Folge der Eröffnun= gen Richeliens ward der sächsische Gesandte in Wien Christian Graf von Loß am 27 December angewiesen, die friedlichen Ge= sinnungen des Königs von Frankreich der Kaiserin zu vermel= den, welche damals nicht mit Unrecht über Georg II von England sehr ungehalten war. Nach Eingang einer günstigen Antwort ward am 19 Januar 1747 Brühls Vertrauter der geheime Lega= tionsrath von Saul nach Wien geschickt, um den kaiserlichen Hof zu bestimmten Erklärungen über die französischen Propositionen zu vermögen. Es handelte sich darum zwischen dem österreichi= schen und französischen Hofe Präliminarien festzustellen, über welche man in Paris sich mit Spanien einigen wollte: alsdann sollten die Seemächte zum Beitritt aufgefordert werden. Gleich in seiner ersten Antwort sprach der österreichische Hof seinen Wunsch aus, daß des Königs von Preußen und des Dresdener Tractats, den er übrigens gewissenhaft erfüllen wolle, nicht ge= dacht werden möge. Als Saul eintraf, ward die ängstlichste Fürsorge angewandt, daß der englische Gesandte Robinson nichts von seiner Mission erfahre: „über eine höfliche Schneckenstiege" ward er in der Fürstin Trautson Zimmer zu der Audienz ge=

1) I 112.   2) I 133.

führt, welche ihm die Kaiserin in Gegenwart des Ministers
Grafen Ulfeld und Bartensteins ertheilte. Anstoß erregte besonders die Forderung Frankreichs, Don Philipp von Spanien,
Ludwigs XV Schwiegersohn, entweder in den Niederlanden oder
in Italien mit Land auszustatten. Überall traute Maria Theresia den französischen Anträgen nicht so weit um sich darüber
mit ihren bisherigen Verbündeten zu entzweien und gab deßhalb
nur allgemeine und unbestimmte Antworten. So endeten diese
Verhandlungen ohne Resultat, und der Krieg ward sowohl in
Italien als den Niederlanden fortgesetzt.

Was mit Oesterreich nicht gelungen war, versuchte Frankreich
später mit mehr Erfolg bei England: die dem Schreiben des
Marschalls von Sachsen an den englischen General Ligonier vom
3 August 1747 beigefügten französischen Vorschläge bildeten die
Grundlage der Friedensunterhandlungen, für welche der Congreß
zu Aachen anberaumt wurde. Jene französischen Propositionen
wurden durch den sächsischen Gesandten in Paris, Johann Adolf
Grafen von Loß, den Bruder des Gesandten in Wien, einberichtet
und dem österreichischen Hofe mitgetheilt. Maria Theresia nahm
ganz besonders Anstoß an der Erklärung: la France garantira
la Silésie ainsi que l'Angleterre l'a garantie, und bemühte sich
noch einmal mit dem Hofe von Versailles ein Sonderabkommen
über die Präliminarien zu treffen, wobei die beiden Brüder
Grafen Loß als Mittelspersonen dienten. Die geheimen Verhandlungen zwischen Oesterreich und Frankreich sind neuerdings von Alfred von Arneth und von Adolf Beer eingehend
erörtert worden. Wir erwähnen daher nur, daß Maria Theresia
am 16 Febr. 1748 den Grafen Loß in Paris zur Unterzeichnung
des österreichischen Entwurfs der Präliminarien bevollmächtigte,
und daß ein geheimer Artikel derselben in Betreff des Königs
von Preußen besagte que de même que dans les articles préliminaires signés cejourd'huy il est fait abstraction des intérêts
du dit prince et de la garantie de la Silésie, il en sera encore fait abstraction dans le traité de paix définitiv à con-
clure. Die französische Regierung lehnte die Unterzeichnung
unter dem Vorwande ab, daß ihr Gesandter St. Severin im
Begriffe stehe sich zu dem Congresse zu begeben und den Auftrag

habe mit dem Bevollmächtigten der Kaiserin Grafen Kaunitz die nöthigen Vereinbarungen zu treffen.

Damals kam es zu einer Verständigung zwischen Oesterreich und Frankreich nicht. Der Stand des Seekrieges und die den französischen Niederlassungen in Canada drohende Gefahr vermochte den Hof von Versailles, statt mit Oesterreich, am 30 April 1748 die Präliminarien mit den Seemächten abzuschließen, zu deren Annahme Maria Theresia sich nach vergeblichem Widerspruche schließlich verstehen mußte. Diese besagten in Art. XX le Duché de Silésie et le comté de Glatz, tels que S. M. Prussienne les possède aujourd'hui, seront garantis à ce prince par toutes les puissances et parties contractantes dans les présents articles préliminaires. Nochmals versuchte Kaunitz mit St. Severin hinter dem Rücken der bisherigen Verbündeten Oesterreichs ein Separatabkommen zu schließen. Der sächsische Legationsrath im Haag, von Kauderbach, machte hiefür den geschäftigen Zwischenträger. Aber es ergab sich endlich daß, trotz mancher entgegenkommender Aeußerungen, das augenblickliche Friedensbedürfniß des französischen Hofes mächtiger war als jede andere Erwägung und daß derselbe einstweilen sich auf eine Allianz mit Oesterreich nicht einlassen mochte. Die Garantie Schlesiens als eines preußischen Besitzthums ward entsprechend den Präliminarien in . den Aachener Frieden vom 18 October 1748 aufgenommen (Art. XXII).

Der Verfasser betont[1]) die ehrenvolle Rolle welche die sächsische Diplomatie damals gespielt habe. Schwerlich mit Recht, mögen wir die handelnden Personen oder deren Ziele betrachten. St. Severin sagte zu Kaunitz in einer ihrer ersten Unterredungen, gegen den sächsischen Hof habe sich der französische nicht offen aussprechen können: nous sommes persuadés de la probité du Roi de Pologne, mais Mr. de Bruhl est un fripon, il ne nous aime pas, il nous haït et il est vendu à la Russie.[2]) Kauderbach setzte aus hingeworfenen Aeußerungen des französischen Gesandten eine förmliche Proposition zusammen, derzufolge der französische Hof bereit war mit allen seinen Kräften der

---

1) I 195.   2) Beer a. a. O. 18, 2.

Kaiserin zur Wiedereroberung von Schlesien beizustehen, wogegen
er sich in Flandern entschädigen sollte. Dies ward von Kauder=
bach hinter Kaunitzens Rücken nach Dresden gemeldet und von
dort nach · Wien; aber als Kaunitz der Sache auf den Grund
gieng stellte sich heraus, daß Kauderbach sich wichtig gemacht
habe ohne dazu autorisirt zu sein.[1]) Und was die Ziele betrifft,
so darf man billig fragen, ob es dem sächsischen Interesse ent=
sprochen habe, das Bündniß Oesterreichs mit den Seemächten
zu lösen und eine österreichisch=französische Allianz zu Wege zu
bringen, zu keinem anderen Zwecke als um einen neuen schlesi=
schen Krieg gegen Preußen anzustiften. Mich dünkt, die Ge=
schichte gibt darauf eine klare und zweifellose Antwort. Uebrigens
empfieng der sächsische Hof für seine guten Dienste den Lohn in
der Verlängerung des Subsidienvertrags mit Frankreich auf die
Jahre 1749 und 1750, worüber eine Convention am 6 Sep=
tember 1747 zu Tongres abgeschlossen ward. Noch vor Ablauf
desselben starb der Marschall von Sachsen, und die Beziehungen
zwischen dem französischen und sächsischen Hofe erkalteten.

In die Verhandlungen über den europäischen Frieden, welcher
den österreichischen Erbfolgekrieg beendigte, spielt, wie wir sehen,
höchst bedeutsam die Anerkennung oder Nicht=Anerkennung des
preußischen Besitzstandes in Schlesien herein. Noch mehr tritt
diese Frage in den Vordergrund bei den mit Rußland getroffenen
Vereinbarungen. Der Verfasser der vorliegenden Schrift legt
dabei großes Gewicht auf die wiederholt gegebenen Erklärungen
der Kaiserin Maria Theresia, daß sie nicht die erste sein werde
den Dresdener Frieden zu brechen, im Falle der König von
Preußen ihn pünktlich erfülle. Was hiervon zu halten ist, steht
gegenwärtig außer Frage. Die neuerdings ans Licht gezogenen
Acten des kaiserlichen Cabinets liefern den urkundlichen Beweis
daß Maria Theresia der festen Ueberzeugung lebte, der Vertrag
werde nicht alle Zeit sie binden: sie werde die Gelegenheit finden,
Schlesien wieder an sich zu bringen. Diese Gelegenheit herbei=
zuführen war das beharrliche Streben des österreichischen Cabi=

---

1) Beer a. a. O. S. 67 ff. und die Depeschen von Loos und von Kaunitz
S. 176—183. 190—194.

nets. Darum wurde alles aufgeboten, um andere Mächte zu einem Angriffe auf Preußen zu bestimmen und bei so entstandenem Kriege nicht bloß Schlesien wieder zu erobern, sondern den preußischen Staat noch mehr zu schwächen und für immer unschädlich zu machen. Denn Maria Theresia hielt jenes allein zur Sicherstellung der österreichischen Macht nicht für ausreichend. Wie diese Dinge sich entwickelten, kann nur eine zusammenhängende Darstellung der europäischen Politik jener Periode darthun: wir beschränken uns hier darauf den Antheil Sachsens an derselben zu verfolgen.

Von weit größerer Bedeutung als das Bündniß des sächsischen Hofes mit dem französischen war auch in dieser Zeit dessen Verbindung mit den Höfen von St. Petersburg und Wien. Denn diese ward unablässig gepflegt, und es gelang auch in der That den anfänglichen Unwillen jener Höfe über den französischen Subsidienvertrag zu beschwichtigen. Die russische Kaiserin Elisabeth war von ihrer früheren Hochschätzung Friedrichs des großen zur bitteren Feindschaft übergegangen und hatte während des letzten Kriegs dem Könige von Polen einmal über das andere ihren Beistand zugesichert: zum Frühjahre 1746 sollten die russischen Truppen im Felde erscheinen. Der Haß der Czarin gegen den preußischen König wuchs von Tage zu Tage. Auf die Nachricht von der Schlacht bei Kesselsdorf und von dem Entschluß der sächsischen Regierung Frieden zu schließen, bot sie der Kaiserin Maria Theresia dreißig Regimenter zur Fortsetzung des Krieges gegen Preußen an. Als der Abschluß des Dresdner Friedens gemeldet wurde, erklärte der Großkanzler Bestucheff, Rußland werde der Kaiserin, wenn sie den Krieg erneuern wolle, mit hunderttausend Mann beistehen. Diese Stimmung des russischen Hofs ward von dem österreichischen zu dem Abschlusse eines neuen Defensivtractats benutzt, welcher am 22 Mai/2 Juni zu Petersburg unterzeichnet wurde. Dieser bildete fortan die Grundlage des engen Bündnisses zwischen den Höfen von Wien und St. Petersburg. Der wichtigste Artikel des ganzen Vertrags war der vierte geheime Separatartikel[1]), in welchem bestimmt ward,

---

1) Den deutschen Urtext dieses Artikels f. Hertzberg, gegründete Anzeige. Beweisschriften Nr. II. Geheimnisse I 127.

daß für den Fall, daß Oesterreich oder Rußland oder die Re=
publik Polen von Preußen feindlich angegriffen werde, das Recht
der Kaiserin Königin auf Schlesien und die Grafschaft Glatz
wieder in Kraft treten solle. Zur Abwehr eines solchen Angriffs
verpflichtete sich jeder der beiden contrahirenden Theile binnen
drei Monaten dreißigtausend Mann zu stellen, diese aber so ge=
schwind als nur möglich auf sechzigtausend Mann zu verstärken.
Die Kaiserin Königin machte sich anheischig binnen einem Jahre
von der Zeit an gerechnet, da Schlesien und Glatz völlig wieder
in ihrer Gewalt sein werde, zwei Millionen rheinische Gulden
an die russische Kaiserin auszahlen zu lassen.

Ueber die Tragweite dieses Artikels haben wir nicht nöthig
des breiteren uns auszusprechen: ist doch selbst von österreichi=
scher Seite anerkannt, daß er über den Dresdener Frieden hinaus=
greife. Wir erinnern hier nur daran, daß der russische Hof sich
damals und die folgenden Jahre mit Angriffsplänen auf Schweden
trug, ein Fall der auch in dem Petersburger Vertrage bereits
vorgesehen war. König Friedrich war entschlossen in einem solchen
Kriege Schweden zu unterstützen und schloß zu dem Ende im
nächsten Jahre mit Schweden eine Defensivallianz. Mit Mühe
gelang es damals der englischen Regierung den Frieden im
Norden zu erhalten. Wenn König Friedrich, um Schweden bei=
zustehn, die russischen Grenzen überschritt, was in aller Welt
hatte das mit dem Dresdener Frieden zu thun? Aber der öster=
reichische Hof nahm durch den Petersburger Vertrag die Vollmacht
in Anspruch, alsdann den Dresdener Frieden für erloschen zu
erklären. Mit vollem Rechte ist von preußischer Seite dieser
Artikel zum Beweise angeführt worden, daß die Gegner nur auf
die günstige Gelegenheit warteten, den Angriff auf die preußischen
Staaten zu eröffnen.

Außer dem Kaiser ward der Republik Polen und dem Kur=
fürsten von Sachsen, sowie dem Könige von Großbritannien als
Kurfürsten von Braunschweig=Lüneburg der Beitritt zu diesem
Vertrage vorbehalten. Sehen wir, wie sich der sächsische Hof in
dieser Sache verhielt. Wegen des jüngst von Frankreich mit
Sachsen geschlossenen Subsidienvertrags erfolgte von Seiten der
kaiserlichen Höfe, nachdem im October bloß der Haupttractat mit=

getheilt war, erst im März 1747 die Mittheilung auch der geheimen und Separatartikel an den Dresdener Hof und die Einladung jenem sowohl wie diesen beizutreten. Ueber diese Angelegenheit ward am 15 April 1747 von den kurfürstlichen
Geheimenräthen ein Gutachten erstattet, aus welchem der Vf.
ausführliche Mittheilungen macht. Sie erkannten darin die Gefahr und die nachtheiligen Folgen an, welche der Beitritt mit
sich führen könne, lästige Verpflichtungen ohne Bestimmung von
Vortheilen, möglichen Argwohn bei Frankreich und Vorenthaltung
der Subsidien. Die Preußen betreffende Stelle (S. 152—154)
theilen wir wörtlich mit: „Wegen Preußen hat es darinne gleiche
Bewandniß (mit Frankreich), daß es Ew. K. M. schon habende
Verbindung mit beiden kaiserlichen Höfen zur Genüge weiß,
mithin deren Erfüllung auf sich begebenden Fall zum Voraus
vermuthen kann, hingegen aber auch die Beweg- und End-Ursachen
des neuen Petersburger Tractats nicht ignoriren mag. Ob nun
Ew. K. M. Beitritt zu diesem von des Königs in Preußen Maj.
gleichgültig aufgenommen werden dürfte, zumalen seit kurzem die
von Ihnen zu zweien Malen bei Ew. K. M. angetragene neue
Allianz vor der Hand decliniret worden, müssen wir billig um
so mehr in Zweifel stellen, als schon die königlich-preußischer
Seits wegen eines Campements bei Magdeburg und Berlin ob-
seienden Anstalten zu erkennen geben, daß insofern Ihre K. M.
einen Angriff gegen einen derer beiden kaiserlichen Höfe vorhaben,
sie auch schon gegen Ew. K. M. die mesures nehmen. Ja es ist
nur gedachter Königs Maj. wohl zuzutrauen, daß wenn Sie
etwann gar, wie nicht unwahrscheinlich ist, von denen bei dem
neuen Petersburger Tractat befindlichen secreten separaten Articuln durch Ihre in Rußland habende geheime Canale bereits
Wissenschaft erlanget oder noch erlangen, Sie Ew. K. M. Accession als eine Verletzung des Dresdener Friedens ausbeuten
und nach Ihren schon neulich geäußerten, auch im Werk erwiese-
nen principiis: es mache sich ein Hülfe leistender Theil des
Krieges und derer Feindseligkeiten selbst mit theilhaftig, und sei
im Uebrigen das praevenire besser als das praeveniri, um des-
willen, ehe sie noch zu Ihren gegen Rußland oder den Wienerischen
Hof etwann im Sinne habenden Unternehmungen vorschritten,

E. K. M. Lande, in der Hoffnung, E. K. M. dadurch außer dem Stande einer Hülfsleistung zu setzen und Sich den Rücken von dieser Seite frei zu halten, angreifen, mithin Dero Truppen durch Ihre große Präpotenz einen fatalen Coup beizubringen suchen möchten, ohne daß man sich allhier zu dessen Abwendung eines prompten Beistandes zu versehen hätte." Es versteht sich von selbst, daß diese Besorgnisse vor Preußen bei der Erwägung des vierten geheimen Artikels, der „über die sonst üblichen Reguln zu weit hinausgehe" noch viel stärker hervortreten.[1]

Der Verf. erinnert mit Recht, daß die Ereignisse den staatsmännischen Blick der sächsischen Minister bestätigt haben, denn neun Jahre nachher sei diese Prophezeiung fast wörtlich eingetroffen. In der That bedurfte es keiner Prophetengabe, sondern nur des gesunden Menschenverstandes, um sich zu sagen, wie König Friedrich den Vertrag von Petersburg und Sachsens Verhalten zu demselben ansehen würde. Nun aber sollte man glauben, diese so richtig urtheilenden Männer würden zu dem Schlusse kommen, daß Sachsen einem so gefährlichen Vertrage seinen Beitritt versagen müsse. Aber keineswegs: vielmehr befinden sie, da eine gänzlich abschlägliche Antwort das Mißtrauen der beiden kaiserlichen Höfe vergrößern möchte, S. K. M. zwar beiden kaiserlichen Höfen Dero Neigung zur Accession, soviel den Haupttractat betrifft, zu erkennen geben, jedoch diese ganze Angelegenheit vor der Hand mit guter Art dilatorie tractiren möge. Das war nicht, wie der Verfasser urtheilt,[2] ganz sachgemäß, sondern darin lag der Grundfehler der sächsischen Cabinetspolitik, daß sie aus Schwäche gegen Rußland und aus verhaltenem Groll gegen Preußen das als recht anerkannte nicht ausführte, sondern mit halben Maßregeln unter der Decke spielen wollte. Wir werden nicht fehlgreifen, wenn wir in dieser Wendung des Votums Brühls Einfluß erkennen, dessen Vertrauter, der frühere Lakai und damalige Graf Hennicke, mit den Grafen von Zech und von Rex das Gutachten erstattete.

Die dilatorische Behandlung ward übrigens namentlich aus dem Grunde beliebt, weil man dadurch Zeit gewinne den Ver-

---

1) S. den Auszug Gegründete Anzeige VI.   2) I 157.

lauf der damals zu Breda eingeleiteten Friedensconferenzen ab=
zuwarten. Denn käme es zum Frieden, so würde Oesterreich
weit eher in der Lage sein, „die k. preußischen Absichten zu
unterbrechen" und dann der Beitritt Sachsens weniger Bedenken
haben. Endlich widerriethen sie wegen etwaiger Avantagen Forde=
rungen zu stellen: auf solche Vortheile, wie sie in dem Separat=
abkommen von 3. und 18 Mai 1745 bedungen worden, das
Absehen zu richten, scheine gefährlich und vergebens, da gewiß
zu vermuthen, daß der Wiener Hof, falls er seinen Zweck mit
Schlesien und Glatz erreicht, um die Erfüllung von dergleichen
Versprechen wenig bekümmert sein und die Vergrößerung Sachsens
schwerlich mit Ernst und Eifer zu befördern suchen dürfte.

Einige Wochen später, am 23 Mai 1747, wurden Graf
Vitzthum der Gesandte und von Pezold der Resident am russi=
schen Hofe für die Beitrittsverhandlungen mit Vollmacht und
mit den von dem Könige und Brühl unterzeichneten Instructio=
nen versehen, welche das III. Aktenstück bei Herzberg bilden.
Diese Instructionen muß der Verfasser sehr oberflächlich ange=
sehen haben, denn er nennt sie[1]) eine französische Paraphrase des
Berichts der Geheimenräthe vom 15 April, während das gerade
Gegentheil der Fall ist. Brühl ließ sich nämlich viel tiefer ein,
als deren Gutachten gerathen fand; in directem Widerspruch
damit konnte er sich nicht enthalten Sachsens Antheil an den
von Preußen zu machenden Eroberungen im voraus zu bedingen.
Die Hingebung des Königs für die beiden Kaiserinnen wird
nachdrücklich erklärt; er hat sich zu dem Beitritt so bald ent=
schlossen in der Hoffnung, daß der Großkanzler darauf bedacht
sein werde das vergangene wieder gut zu machen, indem er seine
Maßregeln von weitem her so nimmt, daß in Zukunft der König
nicht allein zur Zeit und hinreichend unterstützt werde, sondern
auch bei Gelegenheit gegenseitigen Beistandes seine Rechnung,
Schadloshaltung und reellen Vortheil finde (Art. III). Ins=
besondere wird für den Fall der Anwendung des vierten ge=
heimen Artikels die Forderung gestellt, daß die Kaiserhöfe den
König an der Beute und den Eroberungen, welche sie machen,

---

1) I 162.

theilnehmen laſſen (Art. XI). In dieſer Beziehung werden die
ſächſiſchen Bevollmächtigten angewieſen die ruſſiſchen Anerbietun=
gen entgegenzunehmen und in Bezug auf die Kaiſerin Königin
zu erklären, daß in jedem Falle und wenn dieſe Fürſtin, von
neuem vom Könige von Preußen angegriffen, dazu gelangte, nicht
bloß Schleſien und die Grafſchaft Glatz zurückzuerwerben, ſondern
auch dieſen Angreifer in engere Grenzen einzuſchließen, der König
von Polen als Kurfürſt von Sachſen ſich an die zwiſchen ihm
und J. M. zu Leipzig den 18 Mai 1745 feſtgeſetzte Theilung
halten würde (Art. XII). Uebrigens ſollen Graf Bitzthum und
Petzold alles ad referendum nehmen und nichts eher abſchließen
als ſie durch endgiltige Befehle und Entſchließungen des Königs
dazu ermächtigt ſeien.

Damit haben wir den Beweis, daß der Vertrag über die
Theilung der preußiſchen Monarchie, weit entfernt als ein todter
Buchſtabe betrachtet zu werden, ſchon fünf Monate nach Abſchluß
des Dresdener Friedens wiederum die Baſis der Brühlſchen
Projecte abgibt. Das nächſte was Brühl zu thun hatte war
den franzöſiſchen Hof zu beſchwichtigen, der über Sachſens Bei=
tritt zu dem Vertrage von St. Petersburg ungehalten war.
Das geſchah wie ſich von ſelbſt verſteht nicht ohne Klagen über
die Verleumdungen des Königs von Preußen, der allein durch
ſeine gehäſſigen Zuſinuationen daran Schuld ſei, daß der ruſſiſche
Hof Sachſens Beitritt ſo dringend verlange. Brühl ließ eine
Abſchrift des Hauptvertrags dem franzöſiſchen Miniſterium mit=
theilen, und als dieſes auf einer ſchriftlichen Erklärung in Be=
treff der Separat= und geheimen Artikel beſtand, ermächtigte
Brühl im Namen des Königs am 18 Juni den Grafen Loß, ſie
dahin abzugeben, que le traité dont il s'agit ne contient rien
de plus que ce qui est porté dans la copie allemande qu'on
a communiquée, et que nous ne savons rien d'aucun article
separé et secret: mais que supposé aussi qu'il en existât, qu'on
nous les communiquât, et qu'on nous invitât à y accéder pa-
reillement, la France pouvoit être sûre que nous n'entrerions
dans aucun engagement qui tendît à son offense, ou qui fût
contraire en façon quelconque à ceux que nous avons avec
cette couronne. Dieſe Inſtruction war von dem Entwurfe der

abzugebenden Declaration begleitet. Graf Loß stellte sie dem=
gemäß am 6 September vor Unterzeichnung der neuen Subsidien=
convention mit Frankreich aus und sie ward durch Königliches
Rescript d. d. Leipzig 30 September 1747 ratificirt.

Der Verfasser findet Brühls Verfahren in dieser Sache ganz
in der Ordnung, weil die geheimen Artikel zwar in Dresden
dem sächsischen Hofe vertraulich mitgetheilt worden seien aber nicht
officiell dem sächsischen Gesandten in Petersburg, ferner weil das
französische Ministerium nur darüber Beruhigung wünschte, daß
die geheimen Artikel nichts enthielten, was Frankreich zum Nach=
theile gereichen könne; zugleich rügt er die für diplomatische
Piècen nicht erlaubte Ungenauigkeit, daß Hertzberg, der unter
Nr. VIII und IX die Actenstücke publicirt, Nr. IX Déclaration
statt Projet de la Déclaration überschrieben hat.[1]) Diese Aus=
stellung ist thöricht, denn der Verfasser gibt selber zu,[2]) daß
Graf Loß seiner Ausfertigung der Declaration den von seinem
Hofe vorgeschriebenen Entwurf zu Grunde legte. DieSophistik
aber, mit welcher die Unwahrheit entschuldigt werden soll, zu
der Brühl den Namen des Königs mißbrauchte, ist einer histori=
schen Darstellung unwürdig.

Die Verhandlungen über Sachsens Beitritt zum Peters=
burger Vertrag wurden, wie Bestucheff behauptete, durch des
Vicekanzlers Woronzoff Bedenken wegen des geheimen Zusammen=
hangs, in welchem der sächsische Hof mit Frankreich und selbst
mit dem Könige von Preußen stehe, längere Zeit verzögert. Erst
am 25 August 1747 wurde dem sächsischen Gesandten die Copie
des Vertrags und der geheimen und Separat=Artikel übergeben,
am 8/19 September fand in Gegenwart Woronzoffs und des
österreichischen Botschafters Pretlack die erste Conferenz in
Bestucheffs Wohnung statt. Schon vorher waren die sächsischen
Bevollmächtigten mit dem österreichischen dahin übereingekommen,
über die „eventuelle Partage und Schadloshaltung" nicht in
Petersburg, sondern in Wien zu unterhandeln, und dieses Punk=
tes vor der Hand „nur in den generalsten terminis" Erwähnung
zu thun. Auf Grund dieser Verhandlungen reichten die sächsi=

1) I 166 f.   2) S. 190 f.

schen Gesandten am 14/25 September ein schriftliches Pro=
memoria ein, das IV. Actenstück bei Herzberg. In diesem waren
die Bedingungen des sächsischen Beitritts präcisirt, und in Be=
ziehung auf den vierten geheimen Artikel unter anderm gefordert,
„daß S. K. M. auf den Fall, wenn einer von beiden kaiserlichen
Höfen sich zuerst attaquiret befinde, zur Eröffnung Dero inmittelst
zu präparirenden Operationen nicht eher gehalten sein solle, als
bis der zweite kaiserliche Hof damit einen wirklichen Anfang ge=
macht und damit einen Theil der außerdem auf die sächsischen
Lande ihrer Nähe und Lage halben fallenden Uebermacht von
selbigen abgezogen habe, oder auch die Gefahr daselbst auf einmal
zu unüberwindlichem Schaden von S. K. M. und zu Vernich=
tung der außerdem zum Besten der gemeinen Sache von höchst=
denenselben zu gewartenden Assistenz ecrasirt zu werden, sonst
nicht so ganz augenscheinlich werde vorhanden sein.“ Ferner
wurde ein verhältnißmäßiger Antheil an der Beute, den Gefan=
genen und den Conqueten an Land und Leuten beansprucht und
die Erwartung ausgesprochen, daß Rußland den von Sachsen
mit dem römischen kaiserlichen Hofe über deren eventuelle Thei=
lung zu treffenden Vergleich zum voraus genehm halten und zu
garantiren sich gefallen lassen möchte.

In einer späteren Unterredung stellte der österreichische Bot=
schafter die Behauptung auf, daß die Theilungsconvention von
1745 noch in Kraft bestehe. Diese Meinung wies Pezold als
irrig zurück und beharrte dabei, daß sie nur als Modell dienen
solle, wie auf den Fall eines neuen von dem Könige von Preußen
herrührenden Bruches, die künftige Partage mit einigen Aen=
derungen zum voraus bestimmt werden könne. Diese seine An=
sicht ward von dem sächsischen Hofe am 16 December 1747 aus=
drücklich gebilligt und demgemäß der Gesandte in Wien am 21
December angewiesen, die directe Verhandlung über die eventuelle
Theilung mit dem Wiener Hofe einzuleiten. Diese Instruction
ist das V. Actenstück bei Herzberg. Es heißt darin: mon in-
tention est que ma convention signée ci devant à Leipzig le
18 May 1745 avec la reine de Hongrie — pouvant servir de
partage éventuel a l'avenir, excepté le troisième degré, ou —
vous demandiez pour moi a l'Impératrice-Reine une part plus

considérable à ces conquètes. — Der Wiener Hof fand es jedoch damals, am Vorabend des Aachener Congresses, nicht an der Zeit auf diese Verhandlung einzugehen.

Auf das Promemoria des sächsischen Gesandten vom September 1747 ward von dem russischen Hofe nicht früher als am 30 Juni (a. St.) des nächsten Jahres eine Antwort ertheilt[1]) und darüber wiederum ein Gutachten der geheimen Räthe erfordert, welches am 17 September 1748 erstattet wurde. Diese waren durch die russische Antwort in ihren Bedenken nur bestärkt, daß man durch den Beitritt ohne Aussicht auf Entschädigung Land und Armee einer Gefahr aussetze, deren rechtzeitige Abwendung nicht zu erwarten stehe. Die den vierten geheimen Artikel betreffende Stelle ist von Herzberg unter Nr. VII ausgezogen.

Der russische Hof war über die doppelzüngige Haltung des sächsischen verstimmt und in seinem Mißtrauen gegen Brühl bestärkt.[2])

Die Verhandlung ruhte, bis England den Beitritt zum Petersburger Vertrage erklärte. Schon im Jahre 1747 hatte der österreichische Botschafter in Petersburg Freiherr von Pretlack dem sächsischen Residenten Pezold eröffnet, daß der König von England, auf dessen Anbringen der österreichische Hof erst den Breslauer und hernach den Dresdener Frieden eingehen müssen, sich auf das heiligste engagiret habe, daß die Cession von Schlesien und Glatz nur so lange gelten solle, bis man sich aus den jetzigen übrigen allzu schweren Conjuncturen herausgewunden haben werde.[3]) Am 30 November 1747 schlossen England und Holland einen Subsidientractat mit Rußland, in Folge dessen im nächsten Jahre 36000 Russen durch Polen und Böhmen dem Rheine zu marschirten; ein neuer Vertrag zwischen Rußland und England vom 30 December bestimmte des näheren die Truppenhilfe Rußlands, für den Fall, daß die Staaten der Kaiserin oder des Königs von England direct oder indirect von dem Könige

---

1) Vgl. u. S. 180.
2) Beer, Aufzeichnungen des Grafen W. Bentinck CII.
3) Geheimnisse I 185 f.

von Preußen angegriffen würden. In Folge der Unterzeich=
nung der Aachener Friedenspräliminarien traten die russischen
Truppen den Rückmarsch an.

Um jene Zeit schien König Georg II dem Wunsche seiner
Minister, mit Preußen freundliche Beziehungen herzustellen, nach=
geben zu wollen; aber bald durchkreuzte er ihre Bestrebungen
und war eifriger als je in seinem Diensteifer für Maria Theresia
und seiner Feindseligkeit gegen seinen Neffen Friedrich von
Preußen. Den förmlichen Beitritt Englands zu dem Peters=
burger Vertrage vom 22 Mai 1746 und dessen geheimen Artikeln
betrieb die österreichische Regierung ernstlich im Jahre 1749, und
Brühl wies den sächsischen Gesandten in London an den kaiser=
lichen Gesandten dabei zu unterstützen. Bei Newcastle hatte man
ein leichtes Spiel, er erklärte, er wolle diesen Vertrag zur Basis
der englischen Politik machen; aber seine Collegen im Ministerium
trugen Bedenken, die Acte der Garantie zu brechen, durch welche
sie Schlesien für Preußen gewährleistet hatten; darüber kam es
schließlich zu nichts anderem, als dem Beitritt Englands zu dem
Haupttractat mit förmlichem und ausdrücklichem Ausschluß der
geheimen Artikel. Nach dem Berichte des sächsischen Gesandten
gieng die Accessionsacte Georgs II als Königs von England am
31 October an Mr. Keith nach Wien ab und wurde von dort
an Guydickens nach Petersburg befördert; aber über der Ver=
handlung, den Beitritt Georg II als Kurfürsten zu Braunschweig=
Lüneburg betreffend, verzögerte sich die Unterzeichnung zu Peters=
burg bis zum 30 October 1750. Georg II trat für seine deut=
schen Lande dem Vertrage nicht bei, erhielt aber die Zusage des
Schutzes derselben, wenn sie in Folge seines Beitrittes als König
von England angegriffen werden sollten. Inzwischen hatte
Newcastle den lebhaften Wunsch geäußert, daß auch Sachsen
seinen Beitritt erkläre, worauf Brühl am 23 Nov. 1749 ant=
wortete: je suis au contraire du sentiment que nous ne le
fassions pas qu'à très bonnes enseignes et à condition que
l'Angleterre nous accorde des subsides. Sans cet appas les
engagements que nous avons déjà avec les dites deux cours
(impériales) peuvent nous suffire. Zugleich bemerkt er, wenn
sich England nicht zu Subsidien entschließe, werde man den —

noch bis Ende 1750 laufenden — Subsidienvertrag mit Frank=
reich erneuern. Auch verfehlte er wiederum nicht, Newcastle vor
den Insinuationen des Königs von Preußen zu warnen[1]), was
wohl dahin geht, er solle sich durch dessen Gegenvorstellungen
nicht abhalten lassen Englands Beitritt zu dem russisch=öster=
reichischen Bündnisse zu bewirken.

So steuerte denn nun Brühl frischweg zu dem Fahrwasser der
englischen Guineen und nahm sich das Verhalten Georgs II zum
Petersburger Vertrage zur Richtschnur. Am 19 Februar 1750
wurden für den neuen Gesandten am russischen Hofe General von
Arnim die Instructionen ausgefertigt, aus denen Hertzberg die
Punkte auszog (Nr. X), welche die Neigung des sächsischen Hofes
bezeugen, dem Vertrage unter gewissen Bedingungen beizutreten,
von denen namentlich der schleunige Beistand, im Falle Sachsen
angegriffen werde, und die Bestimmung des Antheiles an den
durch glückliche Waffenerfolge zu erlangenden Vortheilen hervor=
gehoben werden. Der Verfasser ergänzt diesen Auszug dahin,
daß Graf Arnim angewiesen wurde sich zu erkundigen, ob Ruß=
land sich damit zufrieden geben werde, wenn Sachsen nach dem
Vorgange Englands bloß dem Hauptvertrage „mit Abstrahirung
von allen dessen Separat= und secreten Articuln" beitreten wolle;
endlich, daß die Accession zu den geheimen Artikeln von dem
Beitritte Georgs II als Kurfürsten von Braunschweig ab=
hängig gemacht wird[2]). Auch dießmal ermangelte Brühl nicht
den Gesandten zu instruiren, die Kaiserin und ihre Minister
„unter der Hand im Mißtrauen gegen die preußische Macht und
derselben Vergrößerung und gefährlichen Gebrauch zu unterhal=
ten" (Hertzberg Nr. XVII). Wie zu Petersburg so suchte auch
zu Paris der sächsische Gesandte „mit nicht zu ermüdender Ge=
schäftigkeit" das Mißtrauen gegen Preußen zu schüren[3]).

Zur Kenntniß der Situation erinnern wir daran, daß König
Georg II, um sein durch den Aachener Frieden erschüttertes
Bündniß mit der Kaiserin von neuem zu befestigen, damals den
Plan verfolgte, die Wahl des erst neunjährigen Erzherzogs Joseph

---

1) Auszug aus Brühls Depesche Geheimnisse I 206 f. Vgl. Beer
a. a. O. CXXI. 2) S. 208. 3) Beer a. a. O. CVI.

zum römischen Könige zu bewirken und zu diesem Zwecke eine
überwiegende Mehrzahl kurfürstlicher Stimmen mit Geld und
guten Worten zu gewinnen, um trotz des Widerspruchs des
Königs von Preußen die Wahl zu vollziehen. Schon hatte die
römische Curie die wegen der Jugend des Erzherzogs nachgesuchte
Dispensation gewährt, der geistlichen Kurfürsten glaubte man sich
versichert zu haben, mit Baiern war ein Subsidienvertrag vereinbart, der am 22 August 1750 zu Hannover unterzeichnet
wurde. Um Sachsens Mitwirkung zu erlangen, ward im August
der englische Gesandte am preußischen Hofe, Sir Hanbury Williams,
nach Warschau geschickt, wo seine Anträge vom Grafen Brühl
dankbarlichst entgegengenommen wurden: er verließ den königlich
polnischen Hof mit der Zusage Augusts III sich wieder mit den
Seemächten zu verbinden und seinen Subsidienvertrag mit Frankreich nicht. erneuern zu wollen. Im folgenden Jahre wurde
Williams, der am preußischen Hofe sich so viel herausnahm, daß
König Friedrich seinen Gesandten am englischen Hofe beurlaubte
und auf der Abberufung von Williams bestand, am sächsischen
Hofe beglaubigt und konnte den im vorigen Jahre eingeleiteten
Subsidienvertrag am 13 September 1751 zum Abschluß bringen.

Die Verzögerung entsprang theils aus Bedingungen, welche
Brühl in Betreff der königlichen Gewalt in Polen stellen wollte[1]),
theils aus der von neuem erhobenen Forderung der Accession
Sachsens zum Petersburger Vertrage, während Graf Brühl gesonnen war, den Vorgang der Generalstaaten und Hannovers
abzuwarten. Die Bereitwilligkeit zum Beitritt ward in einem
Promemoria, welches am 26 Juni 1751 dem russischen Gesandten zu Dresden übergeben und dann auch Williams mitgetheilt wurde (Nr. XI Hertzberg), von neuem ausgesprochen, unter
der Voraussetzung, daß zuvor die Kaiserin von Rußland und
ihre Alliirten den kursächsischen Landen und Unterthanen voll-
kommene Sicherheit gewährten. Aber Williams ließ nicht nach
und forderte Sachsens Beitritt als Vorbedingung der Gewährung
englischer Subsidien, welche für Brühl unentbehrlich waren, da
die französische Geldquelle seit Ende des vorigen Jahres nicht

---

1) Vgl. über diese Verhandlungen Beer a. a. O. CXVIII—CXXIV.

mehr floß. Jetzt ward am 24 August der sächsische Entwurf der Accessionsacte nach Petersburg abgesandt, in welchem König August III sich bereit erklärte auf dem Fuß der alten Tractate, gleich wie es die Krone England gethan, (also ohne die geheimen Artikel) dem Defensivbündnisse von 1746 beizutreten; dagegen sollten in besonderen Declarationen die kaiserlichen Höfe die sächsischen Lande gegen alle Unterdrückungen, Angriffe und Gewaltthätigkeiten garantiren und versprechen in Zeiten Maßregeln zu treffen, damit im Falle einer Thronerledigung die polnische Krone bei dem Hause Sachsen ferner wie bisher verbleibe. Von den Theilungsprojecten, welche in den früheren Instructionen den Hauptpunkt bildeten, war in diesem Entwurfe nicht die Rede, schwerlich, wie der Verfasser[1]) glauben machen will, weil die sächsische Gewissenhaftigkeit über alle eventuellen Theilungspläne einen vollständigen Sieg erfochten hatte, denn diese war Brühl und seinen Genossen fremd, sondern weil das englische Ministerium alsdann den Subsidienvertrag nicht genehmigt hätte.

Mit der Fassung der Accessionsacte war Williams zufrieden gestellt und unterzeichnete am 13 September den Subsidienvertrag, nach welchem Sachsen von Michaelis 1751 bis 1755 48000 L. St. jährlicher Subsidien zu zwei Dritteln von England, zu einem Drittel von Holland empfieng. Dafür verpflichtete es sich den Seemächten im Kriegsfalle 6000 Mann Truppen zu stellen und die beabsichtigte römische Königswahl zu unterstützen. Außerdem erhöhte Georg II, der in den Jahren 1744 und 1745 als Kurfürst von Hannover der sächsischen Kammer schon zwei und eine halbe Million Thaler Conventionsmünze vorgeschossen hatte, sein Darlehn noch um eine Million und ließ sich dafür die Einkünfte der Grafschaft Mansfeld und anderer Herrschaften verpfänden.

Ueber den förmlichen Beitritt des sächsischen Hofes ward noch bis ins Jahr 1753 verhandelt, aber vollzogen ward er nicht. Oesterreich war wenig daran gelegen, wenn er sich nur auf den Haupttractat beschränken sollte, „weil Chursachsen durch Annahme eines solchen Beitrittes von der besonderen Obliegenheit

1) Geheimnisse I 215.

11*

gegen Preußen gleichsam losgesprochen wird"[1]): so gut es England fortwährend drängte auch dem direct gegen Preußen gerichteten vierten geheimen Artikel beizutreten, forderte es das gleiche
auch von Sachsen. Im Jahre 1753 gewann es den Anschein daß
Graf Brühl sich nicht länger dessen weigern werde. Im Januar
empfieng der österreichische Gesandte am russischen Hofe eine
Vollmacht für den Fall, daß diese Accession zu Petersburg vollzogen werden sollte. Graf Sternberg berichtete aus Dresden, daß
Brühl entschlossen sei jenem Artikel beizutreten; „es käme bloß
darauf an, wie diese Accession den hiesigen Umständen nach und
um dem Könige von Preußen die mindeste ombrage zu machen,
abzufassen sei."[2]) Indessen hielt man den Beitritt Sachsens
allein zur Sicherung gegen Preußen nicht für genügend, wenn
nicht auch England zu demselben Schritte bewogen werden könne.
Deshalb drang man lebhafter als zuvor in das britische Ministerium und auch Brühl bemühte sich um eine vorgängige englische Garantie der Accession Sachsens. In seinem Auftrage
richtete der sächsische Gesandte in Wien Graf Flemming am
9 März an den Herzog von Newcastle ein langes Schreiben, in
welchem er diesen zur Gewährung jener Garantie zu bestimmen
suchte. Aber das englische Ministerium beharrte darauf sich in
so bedenkliche Verpflichtungen nicht einzulassen. Es verweigerte
nach wie vor den Beitritt zu dem gegen Preußen gerichteten
Artikel und versagte eben deßhalb auch die nachgesuchte Garantie
der sächsischen Accession[3]).

Um dieselbe Zeit, am 8 März, hatte Brühl den Grafen
Flemming instruirt, daß der König nicht abgeneigt sei sich mit
dem Wiener Hofe über gegenseitige Waffenhilfe mit allen Streitkräften zu verständigen, und zwar durch vertrauliche Erklärungen
in Bezug auf den IV. geheimen Artikel, mittelst angemessener
Bedingungen und Vortheile, für welche die Erklärung der Kaiserin vom 3 Mai 1745 als Basis dienen könne (Herzberg Nr. XIII). Am 23 März meldete Graf Sternberg aus

---

1) Beer CXXIV.
2) Beer CXXVII f. Vgl. Flemmings Bericht aus Wien den 28 Februar
1753. Mém. raisonné Nr. XII.
3) 1753 März 30 Newcastle an Flemming. Geheimnisse I 221.

Dresden, daß der sächsische Hof den Beschluß gefaßt habe, dem vierten Artikel beizutreten, jedoch sollte dies durch eine besondere geheime Urkunde geschehen. Zugleich forderte Sachsen von Maria Theresia bestimmte Zusicherungen für die künftige Wahl des Churprinzen von Sachsen zum Könige von Polen. Hierauf sich einzulassen und bei dieser Gelegenheit neue und beschwerliche Bedingungen auf sich zu nehmen trug der Wiener Hof Bedenken[1]). Bald wirkte die wachsende Spannung seines Verhältnisses mit England auch auf diese Verhandlungen hemmend ein.

Graf Vißthum hat es nicht für gut befunden, die Beziehungen des Brühlschen Ministeriums zu dem russischen Hofe näher zu beleuchten. Er begnügt sich damit zu constatiren[2]), daß Sachsen dem Bündnisse von 1746 nicht beigetreten sei, auch niemals die ernstliche Absicht gehabt habe beizutreten; „vor dieser Thatsache zerstiebt das Mémoire raisonné.“ Mit solchen Schlagworten ist die Sache nicht abgethan. Die bisher erörterten Verhandlungen lehren genugsam wohin Brühls Wünsche und Absichten giengen. Daß er damit den russischen Entwürfen entsprach ergeben andere, ebenfalls von Herzberg veröffentlichte Actenstücke, über die der Verfasser vorgezogen hat zu schweigen. Sie alle durchzugehen würde uns hier zu weit führen: wir heben nur ein Beweisstück heraus, um zu zeigen, daß vor dem Schattenspiel der uns hier dargebotenen Enthüllung der sächsischen Cabinetspolitik die preußischen Staatsschriften noch nicht zerstoben sind. Am 26 Mai 1753 ward zu Moskau in dem Geheimenrathe der Kaiserin als leitender Grundsatz der russischen Politik festgestellt, daß man sich aus allen Kräften bemühen müsse, den König von Preußen auf den alten Fuß und in die mäßigen Umstände zu setzen, worin er war, sei es daß er Hannover oder Sachsen anfalle, oder daß man von selbst ihm den Krieg ankündige und denselben anfange[3]). Der sächsische Geschäftsträger von Funk, der den Protokollauszug an Brühl einsandte, berichtete ferner (am 7 Juni 1753), was er den russischen Ministern über das Benehmen seines Hofes im Falle eines Krieges mit Preußen er-

---

1) Beer CXXXVI f.　　2) I 226.
3) Herzberg Recueil I 248 f. Nr. V. S. dazu Beer CXLV f.

klärt habe: „Ich ermangelte nicht bei dieser Gelegenheit die alten,
so oft von mir vorgebrachten Wahrheiten in Erinnerung zu
bringen, daß unser bekannter Zustand uns schwerlich vergönnen
dürfte, uns in ein so großes als gefährliches Spiel zu wagen,
und mit einem übermächtigen Nachbar einzulassen, ehe und bevor
dieser nicht außer Stand gesetzet wäre, uns sonst auf einmal zu
ecrasiren. Man war so billig dieser Vorstellung sogleich Platz
zu geben, und gestand selbst: freilich müßten wir nicht die ersten
sein, die sich auf den Turnierplatz wagten, sondern so lange
warten bis der Ritter im Sattel wankte".[1]) Im October
1755 erfolgte der Beschluß des großen Conseils den König
von Preußen ohne weitere weitläufige Discussion anzugreifen,
wenn derselbe von einem oder andern der hiesigen Allürten
entamiret werden würde[2]). Diese Beschlüsse vernahm Brühl
nicht bloß mit „vollkommener Satisfaction und Beystimmung",
sondern er hetzte den russischen Hof fortwährend auf; gestützt auf
die beigebrachten amtlichen Correspondenzen sagt die „Gegründete
Anzeige" mit Recht: „die sächsischen Ministres an den auswär=
tigen Höfen haben die gröbsten Erdichtungen, die härtesten Ver=
leumdungen und alle verhaßte Mittel einer unächten Staatskunst
angewandt, um S. K. M. mit allen Mächten von Europa, son=
derlich aber der Kaiserin von Rußland zu verunreinigen und den
Endzweck des petersburgischen Bündnisses zu befördern."

Fragen wir nun, welchen Schluß König Friedrich der große
aus diesen Actenstücken, deren Copien ihm aus der sächsischen
Kanzlei zugiengen, auf die künftige Handlungsweise des regie=
renden sächsischen Ministers Brühl ziehen mußte, so lehren die
früher von Hertzberg und die in der uns vorliegenden Schrift
publicirten Acten, daß der sächsische Hof, obgleich er die dem
Dresdener Frieden widerstreitende Tragweite des Petersburger
Vertrages und namentlich des vierten Artikels erkannte, dennoch
bereit war demselben beizutreten, sobald er gegen die daraus
entspringende Gefahr hinreichende Sicherheit und für seine Be=
theiligung am Kriege ausgiebigen Lohn an preußischen Landen

---

1) Gegründete Anzeige S. 13 f. Abgekürzt in der französischen Ueber=
setzung Recueil I 11.   2) Nr. XXV Recueil I 57.

erhielt. Da ihm weder das eine noch das andere garantirt wurde, hielt er mit seinem Beitritte zurück, aber mit Recht durfte in der „Gegründeten Anzeige" behauptet werden, daß der sächsische Hof, falls derselbe auch der Allianz von Petersburg nicht förmlich beigetreten, dennoch an allen von dem Wienerischen Hofe darauf gebaueten gefährlichen Anschlägen Antheil genommen. Als König Friedrich die Nothwendigkeit erkannte im Jahre 1756 gegen die Kaiserin Maria Theresia das Schwert zu ziehen, mußte er aus der Correspondenz des sächsischen Hofes und den früher gemachten Erfahrungen den Schluß ziehen, daß der sächsische Hof zwar anfangs die Maske der Neutralität annehmen, aber sobald die preußische Armee in Böhmen geschlagen sei und die Russen vorrückten, kurz, sobald Preußen in Bedrängniß gerathe, den Schild erheben werde, um seines Antheils an der Beute und den Eroberungen nicht verlustig zu gehen. Auf Grund dieser Ueberzeugung faßte er seinen Entschluß für die Dauer des Kriegs Sachsen in Gewahrsam zu nehmen, indem er den gewissen Schaden erwog, den er von Brühls Feindseligkeit und Treulosigkeit zu befahren hatte, und auf der andern Seite die strategische Nothwendigkeit die Lausitzer und sächsischen Gebirge und den Elbstrom zu beherrschen, um Schlesien und die Marken zu decken und für die Vertheidigung sowohl als für den Angriff die natürliche Basis zu gewinnen, endlich den großen Gewinn, die Hilfsquellen Sachsens für sich auszunutzen, statt sie seinen Feinden zu überlassen.

Außer den Beziehungen zu Oesterreich und Rußland haben wir noch die ferneren Verhandlungen des sächsischen Hofes mit England und Frankreich zu erwägen. Brühl hatte nämlich in den Jahren 1755 und 1756 neben den künftigen Möglichkeiten die dringendste Geldnoth unmittelbar vor Augen. Michaelis 1755 lief der Subsidienvertrag mit England und Holland ab. Die sächsischen Minister, der englische und russische Gesandte in Dresden fanden einstimmig die Erneuerung desselben wünschenswerth, aber König Georg II und seine Minister waren nicht zu bewegen. Erst wollten sie wissen, ob Maria Theresia gesonnen sei in dem mit Frankreich ausbrechenden Seekriege die Niederlande und Hannover gegen eine französische Invasion zu decken

ober nicht. Da die Kaiserin alle dahin gerichteten englischen
Vorschläge verwarf und ihrerseits die weitgehendsten Forderungen
aufstellte, brach die englische Regierung die Verhandlungen mit
dem Wiener Hofe ab und nahm darauf Bedacht sich mit dem
Könige von Preußen über die Neutralität Hannovers zu ver=
ständigen. Ehe dieß geschah, während Georg II noch vor einem
möglichen preußischen Angriffe auf Hannover in Sorge war,
unterzeichnete Sir Hanbury Williams am 19/30 September 1755
zu St. Petersburg einen englisch = russischen Subsidienvertrag.
Wir bemerken, daß nicht wie der Verf. glaubt die Ratification
dieses Vertrages unterblieb, sondern zu der am 14 Februar a. St.
von ihr vollzogenen Ratification fügte die Kaiserin Elisabeth eine
Declaration hinzu, es solle der Vertrag nur gelten, wenn der
König von Preußen die Staaten des Königs von England oder
seiner Bundesgenossen angreife. Williams ließ sich trotzdem die
Auswechselung der Ratificationen gefallen und sandte mit dem
russischen Exemplare auch die Declaration ein [1]). Die letztere
schickte die englische Regierung zurück ohne die Sache zu ändern:
Rußland beharrte bei der Feindschaft gegen Preußen, welche bis=
her England selbst genährt hatte, und lehnte unter den veränder=
ten Verhältnissen die Entgegennahme der Zahlungen ab. Damit
ward der Vertrag gelöst.

So viel zur Erläuterung der damaligen Situation. Was
Sachsen betraf, so stellte es sich bald heraus, daß die englischen
Minister in Folge ihres Zerwürfnisses mit Oesterreich wenig
Trieb verspürten den sächsischen Hof länger zu besolden. Daher
half es nichts, daß der russische Hof nicht ermangelte „dem Che=
valier Williams die triftigste und angelegentlichste Anregung
wegen unserer der gemeinen Sache so dienlichen und fast unent=
behrlichen Subsidien=Prolongation zu thun" (S. 268). Die Ver=
handlungen zogen sich bis zum März 1756 hin, aber England
erneuerte den Subsidienvertrag nicht.

Dazwischen kam ein französisches Angebot. In Abwesenheit

---

1) Vgl. den Bericht des Legationssecretairs Prasse an den Grafen von
Brühl d. d. Petersburg den 5 Juli 1756. Beil. Nr. VII der „Beantwor=
tung". Hertzberg Recueil I 250.

des Gesandten Grafen Charles Broglie versah dessen Secretär von Lynar in Dresden die Geschäfte. Dieser erhielt am 24 August 1755 die Weisung anzufragen, ob der sächsische Hof geneigt sei sich in Engagements mit Frankreich einzulassen und die Verhandlungen mit den Seemächten abzubrechen. Brühl hielt sich zunächst diese Verhandlung offen ohne bindende Erklärungen zu geben, und suchte das französische Anerbieten in Petersburg und Hannover zu verwerthen. Im October traf Graf Vitzthum, der neu ernannte außerordentliche Gesandte am französischen Hofe, in Paris ein und empfieng von dem Minister Rouillé die Versicherung, daß Ludwig XV bereitwillig dem sächsischen Hofe alle Vortheile bewilligen werde, die derselbe von den Seemächten erwarten könne; ähnlich sprach sich Graf Broglie aus, der im Begriffe stand von seiner Urlaubsreise nach Dresden zurückzukehren. Aber als Broglie in Sachsen eintraf, verwarf er Brühls Forderung den französisch=sächsischen Vertrag von 1746 zu Grunde zu legen und „die bloße Jnaction der sächsischen Truppen zu bezahlen;" vielmehr bestand er auf der Basis des im Jahre 1751 mit den Seemächten abgeschlossenen Vertrags. Jn den weiteren Verhandlungen gestand das französische Ministerium nichts weiter zu, als daß Sachsen nur dann von einer Truppenstellung frei sein solle, wenn der König sich verpflichte den Durchmarsch der russischen Truppen durch Polen zu verweigern; ferner ward die Mittheilung der mit Oesterreich und Rußland geschlossenen Verträge verlangt. Unter diesen Umständen lehnte Brühl am 11 December 1755 die französischen Vorschläge ab; namentlich erschien es ihm als eine unerhörte Zumuthung den Durchmarsch der Russen durch Polen zu verweigern. Uebrigens fuhr die Dauphine fort sich um den Subsidienvertrag für ihren Vater zu bemühen und Graf Vitzthum ergriff die erste Gelegenheit ihn wieder anzuregen, ohne Brühls Gegenbedenken überwinden zu können, bis die Preußen in Sachsen standen.

Wir würden dieser Verhandlung, zu deren vollem Verständniß eine genaue Darlegung der damaligen Vorgänge am französischen Hofe erforderlich ist, hier gar nicht gedacht haben, wenn der Verfasser nicht auch diese Gelegenheit benutzt hätte um Friedrich den großen zu verdächtigen. Er findet nämlich in jenem

französischen Anträge „den Schlüssel zu dem diplomatischen Feld=
zuge vom Jahre 1755." — „Derselbe begann sonach mit einem
versteckten preußischen Angriffe unter französischer Flagge auf
die österreichisch=russisch=sächsische Position. Es war ein neuer
Versuch Sachsen in das französisch=preußische Lager herüber=
zuziehen" [1]) und resumirt [2]). „Preußen hatte Frankreich vermocht
in Dresden zu versuchen, ob sich der dortige Hof von seinen
alten Engagements abwendig machen lassen würde. Preußen
hatte insbesondere gewünscht die Verträge selbst zu kennen, welche
Sachsen an Oesterreich und Rußland banden. Preußen endlich
hatte, als die sächsischen Minister die ihnen gelegte Falle durch=
schauten, wiederum alles aufgeboten, um die von ihm selbst ein=
gefädelte Verhandlung scheitern zu machen." Diese ganze Unter=
stellung ist unwahr. Am 27 Juli 1755 berichtete der preußische
Gesandte Knyphausen, daß Rouillé ihm die Absicht eröffnet habe,
wie mit andern deutschen Höfen so auch mit Sachsen einen Sub=
sidienvertrag zu schließen; jedoch auf die preußischerseits erhobe=
nen Einwendungen gab Rouillé die Versicherung, man werde die
Verhandlung mit Sachsen fallen lassen [3]). Mittlerweile waren die
französischen Anträge am 24 August in Dresden eingegangen
und wurden von dem dortigen preußischen Gesandten seinem Hofe
gemeldet [4]). Unmittelbar nach Eingang dieses Berichts wies König
Friedrich am 1 September seinen Gesandten an, Rouillé zu sagen:
que je ne saurois pas être avec les Saxons dans une même
alliance. Auf die Meldung daß die Verhandlung fortgesetzt
werde erneuerte er zu wiederholten Malen seinen Widerspruch.
So schrieb er am 18 October: que M. de Rouillé se souvienne
que le terme de mon traité avec la France va expirer et que
de la sorte qu'on se prend à mon égard relativement à la
Saxe j'aurai de la peine à renouveller mon traité, ce que vous
ne laisserez pas à insinuer intelligiblement à ce ministre.
Darauf meldete Knyphausen am 7 November die von Rouillé
ertheilte Antwort: qu'on avoit beaucoup de déference pour les
avis de V. M. et grande envie de conserver son amitié, mais qu'on

---

1) I 256.   2) S. 290.   3) 1755 Sept. 6 Knyphausen an den König.
4) Geheimn. I 256.

s'étoit trop avancé avec la cour de Saxe pour pouvoir reculer honorablement, à moins qu'il ne se présente quelque prétexte pour cet effet. Endlich auf die Meldung von dem Eingange der sächsischen Antwort und der fortgesetzten Bemühungen des Dauphins und der Dauphine[1]) erfolgte die Resolution: que quant au traité de subsides que la France vouloit faire avec la Saxe, qu'il devoit à présent le traiter avec indifférence et se tenir tout clos et boutonné là-dessus [2]). Inzwischen war der Befehl gegeben die Convention von West= minster zu unterzeichnen. Nicht anders als König Friedrich urtheilte Graf Vißthum, indem er aussprach, „wie wenig wah= ren Nutzen das ohnehin entfernte Frankreich Sachsen bringen könne, so lange es mit dem Könige von Preußen so intim liirt sei"[3]). Es erhellt hieraus, daß Friedrich der große seine Mei= nung über den französisch=sächsischen Subsidienvertrag von vorn herein klar und deutlich gesagt hat.

Ueber die Wirkung, welche der von Friedrich dem großen mit England am 16 Januar 1756 geschlossene Vertrag von West= minster hervorbrachte, gewinnen wir aus dem vorliegenden Buche geringen Aufschluß. Von anderer Seite erfahren wir, daß Brühl die Verstimmung des Wiener Hofes zu nähren suchte. Er wies hin auf die Gefahr, welche jenes Bündniß dem katholischen Glauben bereite und stellte vor, König Friedrich beabsichtige den Regensburger Reichstag zu sprengen und einen Congreß der protestantischen Stände unter Preußens Vorsitz zu Frankfurt zu versammeln. Den am 1 Mai 1756 zu Versailles erfolgte Ab= schluß des französisch=österreichischen Bündnisses begrüßten der König und Brühl mit besonderer Freude: sie waren überzeugt, daß damit den weiteren Fortschritten des Hauses Brandenburg ein Damm entgegengesetzt werde[4]).

III.

Das Schlußcapitel des ersten Bandes der „Geheimnisse"

---

1) Knyphausen an den König den 29 Dec. 1755.
2) S. m. Gesch. des siebenj. Krieges I 603 f. 612.   3) Geheimn. I 265 f.
4) Peer in Sybels hist. Zeitschr. XXVII 371 nach den Depeschen des Gra=
fen Sternberg.

und der ganze zweite Band betreffen die von den sächsischen
Generalen zur Sicherung des Landes und der Armee vorgeschlagenen Maßregeln, die Verhandlungen, welche dem Einmarsche
des preußischen Heeres vorausgiengen und folgten, endlich die
Kriegführung in Sachsen bis zur Capitulation der sächsischen
Armee. Hierüber hat Oberst After bereits alle wesentlichen Urkunden mitgetheilt, darunter manche, welche in den „Geheimnissen" entweder übergangen oder nur ausgezogen sind. Aber
After gibt überall nur einen deutschen Text und seine Uebersetzungen französisch geschriebener Actenstücke sind nicht immer
genau. Daher ist es mit Dank anzuerkennen, daß Graf Vitzthum mehrere derselben im Originaltexte mittheilt; von anderen
sind neue Uebersetzungen gegeben, welche im allgemeinen correcter
sein mögen als die Afterschen, aber den Originaltext vermögen
sie doch nicht zu ersetzen.

Graf Vitzthum hat nur an wenigen Stellen auf die
Aftersche Schrift verwiesen. In der Regel gibt er nicht an
weder was bereits in dieser publiciert war, noch was dort
allein zu finden ist[1]. Die Ursache dieses Verschweigens liegt
nicht allein in dem verschiedenen Standpuncte des Militärs
und des Diplomaten, sondern in der ganz abweichenden Beurtheilung der Handlungsweise des sächsischen Cabinets und
der sächsischen Generale. After, obgleich von bewährter Treue
für das sächsische Fürstenhaus und stolz auf die Ehre der sächsischen Armee, der er selbst mit Auszeichnung angehörte, urtheilt
strenge über Brühl nicht allein, sondern über die sächsischen Generale: er steht nicht an die Brühlsche Politik für die Occupa-
tion Sachsens durch Preußen verantwortlich zu machen und
diesem Minister mitsammt der hohen Generalität die Schuld an
dem unglücklichen Schicksal der Armee beizumessen, deren Haltung unter schweren Prüfungen volle Anerkennung verdient.
Graf Vitzthum dagegen findet außer bei Friedrich dem großen
fast nur die Schuld bei Brühl. Dieser wird verdientermaßen
ohne Schonung preisgegeben und auch die Indolenz des Königs

---

1) Den Nachweis über das Verhältniß beider Schriften s. hist. Zeitschr. XV
156 f. XVI 116 ff.

August III anschaulich gemacht, der binnen sechs Wochen, d. h.
bis zum Tage der Capitulation der Armee mit niemand außer
mit Brühl ein Wort über Politik oder über die Lage des Heeres
sprach, dem Feldmarschall Rutowski täglich in Brühls Gegen=
wart die Parole gab und ihn damit entließ, ohne je eine
Frage zu stellen oder einen Bericht von ihm zu empfangen [1]).
Dagegen geht er über die Schuld der Generale, welche sich
sklavisch fügten, obgleich sie Brühls Niederträchtigkeit kannten,
viel leichter hinweg und nimmt ihr Verfahren der Hauptsache
nach in Schutz. Nur einen interessanten Beitrag zur Beurthei=
lung Rutowskis und der von ihm begangenen Fehler hat der Ver=
fasser aus den Papieren des Generallieutenants Johann Friedrich
Grafen Vitzthum entnommen, und wir können nur bedauern, daß
statt der Wiederholung so vieler längst bekannter Actenstücke nicht
dessen „ohnparteiische Gedanken über die Campagne der sächsischen
Armee von 1756," vollständig abgedruckt sind, welche, wie die
Auszüge ergeben [2]), auf die damaligen sächsischen Zustände ein
helles Licht werfen.

Wir heben einige Puncte hervor, über welche die „Geheim=
nisse" neues bieten oder an denen irrthümliche Auffassungen zu
berichtigen sind.

Graf Vitzthum betont auf das schärfste den Widerspruch, wel=
cher in der am 28 August von dem preußischen Minister Grafen
Podewils dem sächsischen Gesandten in Berlin von Bülow gemachten
Eröffnung und dem Verfahren des Königs von Preußen liege. Nach
Bülows Berichte [3]) hatte Podewils von einem „ohnschädlichen
Durchzuge (transitus innoxius)" gesprochen. Wir müssen be=
merken daß davon eben so wenig in den Erklärungen, welche
Friedrich II direct an König August III und dessen Ministerium
richtete noch in den preußischen Proclamationen die Rede ist [4]). Seine

1) II 47—50.   2) II 323—333.
3) Danzig. Beytr. I 266. Geheimnisse I 399.
4) Die Instruction Friedrich II für seinen Gesandten in Dresden, Freiherrn
von Maltzahn, Potsdam den 26 August 1756 s. m. Gesch. d. siebenj. Kriegs I
634; ganz entsprechend das précis de la commission du ministre de Prusse
vom 29 August Geheimnisse I 395. Aster S. 114. Die Proclamation s. Aster
Beil. Nr. 4 S. 11.

Zusicherungen beschränkten sich darauf, „daß er nichts sehnlicher
herbeiwünsche, als die schleunige Wiederherstellung des Friedens
und den Augenblick, wo er S. M. dem König von Polen wieder
den ruhigen Besitz Ihrer Staaten zurückgeben könne," ferner daß
er seinen Truppen die strengste Disciplin „einschärfen und das
Land, so sehr es die Umstände nur gestatteten, schonen werde."
Darin hat König Friedrich Wort gehalten. Zwar nöthigten ihn
die Umstände Sachsen mit Kriegssteuern und Kriegsleistungen
hart und härter zu drücken, aber die Anerkennung ist den Preußen
zu Theil geworden, daß die österreichischen und Reichstruppen,
welche unter dem Namen von Freunden nach Sachsen einrückten,
im Lande viel schlimmer hausten als die Preußen. Das ist z. B.
1757, als die Oesterreicher die offene Stadt Zittau einäscherten,
von höchster Stelle anerkannt worden.

Graf Brühl verleugnete seine Natur auch in diesen Tagen
nicht. Am 2 September gieng ein Schreiben des Königs von
Preußen an den König von Polen ein, in dem es hieß: J'aurai
pour Elle (V. M.) et pour Sa famille toute l'attention et la
considération que je dois avoir pour un grand prince que
j'estime, et que je ne trouve à plaindre qu'en ce qu'il se livre
trop aux conseils d'un homme, dont les mauvaises intentions
ne sont trop connues et dont je pourrois prouver les noirs
complots papiers sur table (Preßsch b. 1 Sept. 1756). Brühl
war darüber sehr aufgebracht, wie sein Schreiben an Graf
Wackerbarth vom 6 Sept. zeigt[1], dennoch hatte er die Stirn am
5 September an den sächsischen Gesandten in Wien, Grafen
Flemming, zu schreiben: „alles was Er (der König vonPreußen)
gethan, ist, daß Er alle mögliche Sicherheit für den König, die
königliche Familie und für mich insbesondere, wie auch für
Alles, was zum Hofe gehört, mit Ausnahme des Militärs,
versprochen hat"[2].

Die verschiedene Auffassung des Oberst Aster und des Gra=
fen Vitzthum ergibt sich am deutlichsten bei der Beurteilung des
von sächsischer Seite gefaßten Beschlusses, mit der Armee im
Lager von Pirna stehen zu bleiben statt gemäß den österreichischen

---

1) Geheimnisse I 438.   2) I 431 f. Aster 185.

Vorschlägen nach Böhmen abzuziehen. Ich gehe hierauf genauer ein, weil an diesem Beschlusse das Schicksal der Armee hieng, und weil das Urteil über die Generale sich wesentlich danach bestimmt, ob man ihn gerechtfertigt findet oder nicht.

Während die schon seit Monaten gehegten Besorgnisse vor dem Eindringen der Preußen in Sachsen immer reger wurden, gaben der Feldmarschall Graf Rutowski und der General Chevalier de Saxe am 19. August ein Promemoria ein, in welchem die bei einem Durchmarsche der preußischen Armee eintretenden Eventualitäten und die zu ergreifenden Maßregeln erwogen waren[1]. Dieses Promemoria läßt einen höchst bedeutenden, einsichtsvollen und entschlossenen Militär als Verfasser erkennen, der darauf Bedacht nimmt, alles daranzusetzen, um dem Könige von Preußen den Sieg zu entreißen, der ihn auf den Gipfel der unumschränkten Macht erheben und ganz Deutschland seiner willkürlichen Botmäßigkeit überliefern werde. Er sagt u. a.: „es ist besser und ohnfehlbar glorreicher eine Armee durch die Schärfe des Schwertes als durch Streckung des Gewehrs zu verlieren, sobald eines wie das andere dem Lande nicht mehr helfen als schaden kann. — Wir haben durch unsern Widerstand dann dem allgemeinen Feinde Abbruch gethan; wir haben uns für unsere Freunde aufgeopfert; wir haben für das allgemeine beste gelitten." Er schließt mit dem Vorschlage, von dem Wiener Hofe eine Ordre auszuwirken, vermöge welcher dem Generalfeldmarschall Grafen Brown Befehl gegeben würde, ein Corps von acht Bataillonen Infanterie, 500 Husaren und 1000 Croaten in der Gegend von Aussig und Teplitz dergestalt parat zu halten, daß der Commandant dieses Corps auf die erste Requisition von hier aus sich bei Pirna mit der königlichen Armee conjungiren könne.

Zu dem Lobe der in diesem Promemoria ausgesprochenen Gesinnungen und Ansichten sind Oberst Aster und Graf Vitzthum einig, aber während dieser die natürlichen Söhne Augusts II wegen ihres Scharfsinnes und ihrer Vaterlandsliebe belobt, bemerkt Aster, daß diese Betrachtungen höchst wahrscheinlich aus der Feder des Generalmajors von Dyherrn geflossen seien und

---

1) Vollständig Aster S. 102—106; im Auszuge Geheimnisse I 380—381.

mit dem nachherigen wirklichen Verfahren des Feldmarschalls
Rutowski in großem Widerspruche stehen [1]).

Nachdem der Einmarsch des preußischen Heeres in Sachsen
am 29 August angekündigt und begonnen war, setzte der sächsische Hof den österreichischen von dem gefaßten Entschlusse, sich
im Lager von Pirna so lange als möglich zu halten, in Kenntniß und beantragte dafür entsprechend jenem Promemoria die
Cooperation der kaiserlichen Armee. Zunächst ward eine Verstärkung der sächsischen Armee um 10000 Mann erbeten und daran
der fernere Vorschlag geknüpft, daß die ganze kaiserliche Armee
nach Sachsen ziehen möge. Der eine wie der andere Vorschlag
ward abgelehnt. Die Oesterreicher waren mit ihren Rüstungen
noch so weit im Rückstande, daß Brown nicht anders zu rathen
wußte, als daß die sächsische Armee sich nach Böhmen zurückziehen möge. Eben dahin giengen auch die Instructionen, welche
Graf Kaunitz im Namen der Kaiserin dem Feldmarschall Brown
gab und dem Grafen Brühl abschriftlich mittheilte. Ihre genauere
Kenntniß verdanken wir dem Grafen Vitzthum. Es werden darin
die sächsischen Anträge für unausführbar erklärt; hiebei spricht
Kaunitz im Namen der Kaiserin den Wunsch aus, daß es noch
möglich werde, die sächsische Armee nach Böhmen zu ziehen, und
ermächtigt Brown diesen Rückzug zu erleichtern und zu sichern,
im Falle dies nach strategischen Regeln noch thunlich sei [2]).

Auf Grund dieser unumwundenen aber freilich wenig erfreu-
lichen Entscheidung des Wiener Hofes ward am 10 September
ein Kriegsrath gehalten, welchem der „Premierminister und
General" Graf Brühl beiwohnte. Bei dem Protokolle dieses
Kriegsraths befindet sich ein offenbar für denselben bestimmtes
Promemoria, nach der Bemerkung des Grafen Vitzthum von der
Hand Dyherrns, den auch After als Verfasser vermuthete [3]).

---

1) Geheimnisse I 381. After 105.
2) S. M. l'Impératrice — voudroit, qu'il pourroit encore être pos-
sible de la retirer (r l'armée saxonne) de la Saxe, et Elle authorise
V. E. de faire tout ce qu'elle jugera convenable pour faciliter et assurer sa retraite en Bohême, en cas que cela soit encore faisable dans
les règles de la guerre. Geheimnisse II 45 f.
3) Geheimn. II 51. After 283.

Darin werden die beiden Möglichkeiten die Armee zu erhalten, die Vertheidigung der Position bei Pirna und der Rückzug nach Böhmen, erwogen. Dyherrn entscheidet sich für den letzteren, obgleich dabei der Verlust der nur mit großen Kosten zu ersetzenden schweren Artillerie zu gewärtigen sei. Graf Vitzthum bemerkt: „wir haben darin ohne Zweifel die Gedanken Rutowki's zu suchen," eine Behauptung, welche nach den Aeußerungen des Generallieutenants Grafen Jo. Fr. Vitzthum schwerlich begründet ist [1]): man muß banach eher annehmen, daß das Promemoria von Brühl veranlaßt war, der auch nach Rutowski's [2]) Zeugniß den Rückzug nach Böhmen anempfahl. Im Kriegsrathe fand diese Ansicht keinen Beifall [3]). Nachdem das von Kaunitz an Brown gerichtete Schreiben verlesen war, „worinnen die Uhrsachen, warum man uns nicht entsetzen noch degagiren könte, detailliret worden," ward berathschlagt, „ob die Retraite unserer Armee nach Böhmen annoch möglich zu machen wäre? und fiel der einmüthige Ausspruch dahin, daß dieses nunmehro zu späte und schlechterdings impraticable wäre; dahero auch kein ander Mittel übrig bliebe als allhier in diesem Posto zu verbleiben und das äußerste abzuwarten. — Bei dem genommenen Entschluß, daß man das äußerste allhier abwarten müßte, erwehnten annoch des Herrn Gen. von Wilster Excell. sowohl als der Herr General=Lieutenant von Meagher, daß wenn man es auch wagen und so glücklich seyn würde, sich mit der Kayserl. Königl. Armee in Böhmen zu conjungiren, dennoch die allerübelsten Folgen, und der gänzliche Ruin des ganzen Landes zu befahren sein dürffte."

„Es erörterten hierauf des Herrn Generals von Wilster Excell. dero Sentiment dahin, daß es sehr wohlgethan seyn dürffte, wenn unsers Allergnädigsten Königs Majestät nochmals

---

1) Geheimnisse II 277.

2) S. Rutowski's Exposé raisonné II 383 le premier ministre inclinant toujours à vouloir qu'on s'ouvrit un chemin vers la Bohême, tous les généraux lui en firent sentir dès lors l'impossibilité; et le résultat de ce conseil de guerre, dont le procès verbal est ci-joint, fut qu'on tâcheroit d'entrer en négociation avec le roi de Prusse. L'objet du traité étoit une neutralité.

3) S. das Protokoll After 237 ff. Geheimn. II 427 ff.

ein Schreiben an J. M. den König in Preußen abgehen zu
lassen und Deroselben darinnen vorstellig zu machen geruhen
wolten, daß da man durch diese jezige Position der Armee,
und ob man gleich Gelegenheit und Zeit genug gehabt hätte, eine
anderweite Partie zu erwählen, man dennoch genugsam gezeiget
hätte, daß man neutral verbleiben und dem Könige von Preußen
in seinem Marche nichts in Weg legen wolte; daß man aller
offerten ohngeachtet dennoch bei diesem Sentiment bliebe: es wäre
denn, daß der König von Preußen die Armee zur größten Despe-
ration bringen wolte, woraus allerhand schädliche Suiten vor
beyde Theile entstehen könten; daß dahero des Königs von Preußen
Majestät Ihre Declaration von Sich zu geben geruhen möchten,
was Selbte denn endlich von unserer Seite verlangten?

Wie nun hierüber von unten auf votiret wurde, so stimmten
sämbtliche Herren Generals mit diesem Gutachten überein, und
traten auch des Herrn General-Feld-Marschalls Excellenz sowohl
als des Herrn Chevalier de Saxe Durchlaucht demselben ebenfalls
völlig mit bey, mit dem Beyfügen, daß dieser Pas, wenn er auch,
wie fast zu besorgen, nichts fruchtete, den König von Preußen
dennoch bey der ganzen Welt in tort sezen würde."

In der Beurteilung dieses kriegsräthlichen Beschlusses gehen
nun Oberst Aster und Graf Vitzthum weit auseinander. Aster
(S. 240. 281—288) meint, er sei fast kindisch zu nennen; es
blieb, wie daraus zu ersehen sei, alles beim alten. Er findet
in dem Protokolle kein einziges Wort, welches sich auf einen
wahrhaft militärischen Grund bezöge. Er geht ferner die gleich-
zeitige Correspondenz durch und entnimmt auch daraus „hinreichende Belege dafür, daß die hohe Generalität durchaus nicht
deßwegen bei Pirna verblieb, um Oesterreich Zeit zu seinen Rüstungen zu verschaffen, sondern daß sie diesen ganz zufällig ge-
schaffenen Vortheil erst dann in Anschlag brachte als die Sachsen
sich gefangen geben mußten. Jetzt erst fiel ihr ein sich dieses
Dienstes für Oesterreich zu rühmen."[1]) Anders Graf Vitzthum

---

1) Vgl. Rutowski Exposé raisonné Geheimn. II 382 si l'évènement a
été contre nous, il l'a été encore bien plus contre le grand objet du
Roi de Prusse. En un mot, notre perte a été le salut de la Bohême

(Geheimn. II 56 ff.). Er bemerkt zunächst mit Recht, daß Brühl zu dem Rückzuge nach Böhmen, den er empfahl, nicht entschlossen gewesen sein könne, denn sonst werde er durch einen königlichen Befehl den Aufbruch dahin entschieden haben. Ferner erkennt er mit Aster das Wilster'sche Argument, daß der Abmarsch nach Böhmen den Ruin des Landes zur Folge haben werde, als nicht stichhaltig an und erklärt, daß, vom militärischen Standpunkte aus betrachtet, die Vereinigung mit der k. k. Armee in Böhmen um jeden Preis gesucht werden mußte. „Aber“, fährt er fort, „nicht bloß die Gegenwart, auch die Zukunft kam in Betracht.“ Er ist im Hinblick auf das Promemoria vom 19 August der Ueberzeugung, daß Rutowski und der Chevalier de Saxe im Bewußtsein der höheren, der deutschen Aufgabe, welche die sächsische Armee zu lösen habe, im Lager von Pirna stehen blieben, um nicht nur der k. k. Armee in Böhmen Zeit zu verschaffen sich zu sammeln, sondern auch die Aussicht zu eröffnen, durch eine combinirte Action der deutschen, der russischen und der französischen Heere dem Kriege mit einem Schlage ein Ende zu machen. Schlimmsten Falles hatte man sich für die gemeine Sache geopfert. Hieran knüpft Graf Vißthum ein Raisonnement aus der Seele der sächsischen Generale, wie durch ihren Beschluß die eigentlichen Absichten des Königs von Preußen offenbar werden sollten, das zu wiederholen oder zu widerlegen der Mühe nicht lohnt.

Ich glaube die Art und Weise, wie der Verfasser der „Geheimnisse“ über Personen und Thatsachen abspricht, hinlänglich erläutert zu haben.

Je mehr dieser verspätete Versuch, die Brühl'sche Cabinetspolitik als eine den Principien nach durchaus correcte hinzustellen, zu deren Erfolge nur die entsprechende Ausführung gemangelt habe, sich den Anschein ohne alle Nebenabsicht ausgeführter actenmäßiger Studien gibt, um so mehr habe ich im Dienste der Wissenschaft mich verpflichtet gehalten, neben der Anerkennung für das neue Material, welches der geschichtlichen Kenntniß zu gute kommt, gegen die Entstellung der thatsächlichen Verhältnisse und die gehässige Tendenz, welche der Verfasser verfolgt, Verwahrung einzulegen. „Die Zeiten eines Brühl

12*

können für Sachsen nie wiederkehren", rief vor Jahren ein er=
leuchteter Staatsmann in der sächsischen Ständekammer aus.
Möge dieses Wort wie in der innern so auch in der äußern
Politik Sachsens wahr bleiben.

––––––––

Beilagen.

I. Zu den Texten der preußischen und sächsischen Staatsschriften von 1756 und 1757.

Graf Vitzthum hat es sich zur Aufgabe gesetzt nicht bloß
die Schlüsse, welche Hertzberg aus den Papieren des sächsischen
Hofes gezogen hat, sondern auch den getreuen Abdruck der Acten=
stücke anzufechten. An mehr als einer Stelle berühmt er sich,
daß er zuerst den deutschen Urtext veröffentliche, der von
Hertzberg incorrect ins französische übertragen sei. Er hat hie=
bei übersehen, daß dem französischen Texte des Mémoire
raisonné in der „Gegründeten Anzeige" eine amtliche
deutsche Ausgabe zur Seite steht (vgl. o. S. 131). Denn in
dem „teutschen Abdrucke von dieser Schrift" sind „alle Be=
weisstellen, so im Original teutsch sind, Wort für Wort nach
denen Originalien abgedruckt." Das gleiche ist in der franzö=
sischen Ausgabe mit den Schriften beobachtet worden, deren Ori=
ginale in französischer Sprache verfaßt sind. Es gilt also, um
in jedem Falle den ursprünglichen Text zu lesen, beide Ausgaben
zusammenzunehmen. Der französische und deutsche Text ist zu=
sammengestellt in den „Gesammelten Nachrichten und Urkunden,
den im J. 1756 in Deutschland entstandenen Krieg betreffend".
o. O. 1757 8°. I 402—482.

Die amtliche deutsche Ausgabe ist in den Geheimnissen I
229 angeführt, aber auf die darin gedruckten Urkunden hat der
Verfasser sich offenbar nicht eingelassen. Er rügt z. B. I 200
die Hertzbergsche Uebersetzung des Gutachtens der sächsischen Ge=
heimenräthe vom 17 September 1748 in Betreff der Accession

Sachsens zu dem IV. geheimen Artikel des Vertrages von St. Petersburg als unverantwortlich uncorrect. Hertzberg hat die Worte: — „könnten Jhro Kön. Maj. in Preußen solches — „Höchstderoselben wohl gar als eine Verletzung des diesseitigen „Friedensschlusses vom 25 December 1745 ausdeuten und zur „Last legen" übersetzt: le Roi de Prusse — pourroit lui imputer une violation de la paix de Dresde. Daß hiemit die Aus= drücke „wohl gar" und „ausdeuten" nicht wie unterstellt wird in schlimmer Absicht übergangen sind, lehrt die deutsche Aus= gabe, welche ihrer nicht ermangelt.

Der von Hertzberg mit archivalischer Treue veranstaltete Druck bedarf einer Berichtigung nur an drei Stellen.

a) Jn dem Texte der Mémoire raisonné Berlin 1756. S. 28 ist eine Depesche des sächsischen Geschäftsträgers Praße vom 2 Mai 1756 datiert statt vom 10 Mai. Dieser Fehler ist von Hertzberg selbst berichtigt in der „Beantwortung der Anmerkungen" Berlin 1757. Jn dem Recueil des déductions I 18 hat Hertz= berg das richtige Datum hergestellt.

b) Unter den Beweisstücken ist Nr. VI, der Auszug aus der Churfächsischen Geh. Räthe Gutachten in der „Gegründeten Anzeige" richtig datiert d. d. 15 April 1747. Vgl. Geheimnisse I 156. Jm Mémoire raisonné ist verdruckt donné le 15 Aout 1747. Dieser Fehler wiederholt sich in den späteren Abdrücken, so auch in den Oeuvres de Frédéric le Grand. Berlin 1847 IV 56.

c) Jn Nr. X der Beweisstücke wird angeführt „des Russisch= „Kaiserl. Ministerii Antwort vom 30 Jan. 1748" auf das Pro= memoria der sächsischen Gesandten vom 14/25 Sept. 1747. Jn dem Mémoire raisonné dagegen heißt es le Memoire du Mini- stère Russien en date du 3 Janv. 1748, servant de réponse au Memoire des Ministres du Roi du 14/25 Sept. 1747. Die russische Antwort war datiert vom 30 Jni 1748; s. Geheimnisse I 196. Danach ist das Datum sowohl in Hertzbergs Recueil I 46 als in den Oeuvres de Frédéric le Grand IV 59 zu be= richtigen.

Völlig unbekannt ist Graf Vitzthum mit einer wenige Monate später von Hertzberg verfaßten Staatsschrift: Beantwortung

berer sogenannten Anmerkungen über die von Anbeginn des gegenwärtigen Krieges bis anhero zum
öffentlichen Druck gediehene Königl. Preuß. Kriegs-
manifesten, Circularien und Memoires. Mit Bey-
lagen. Berlin 1757 (abgedruckt Teutsche Kriegs-Kanzley 1757.
II S. 1. Gesamm. Nachrichten und Urkunden 1758. III S. 161).
Sowohl der Text als die Beilagen dieser Schrift enthalten
wiederum zahlreiche Actenstücke aus dem sächsischen Archive. Auch
hievon veranstaltete Hertzberg eine französische Uebersetzung u.
d. T. Refutation de l'ouvrage intitulé: Remarques sur les Manifestes de Guerre du Roi de Prusse, Lettres Circulaires et
d'autres Mémoires publiés depuis le commencement de cette
guerre jusqu'à présent. Berlin 1757. Diese ist in Hertzbergs
Recueil des déductions I 65 ff. aufgenommen, mit der Bemerkung: il faut observer, que l'original de cette Refutation a
été écrit en Allemand et que la Traduction françoise ne l'ex-
prime pas assez.

Gegen das preußische Mémoire raisonné richtete das sächsische Cabinet eine Schrift u. d. T.: Natürliche Vorstellung der Wahrheit: entgegen gesetzet dem Preußischen so genannten Gründlichen und überzeugenden
Bericht von dem Betragen derer Höfe zu Wien und
Dresden. Warschau 1756 (abgedruckt Teutsche Kriegs-Canzley
1757. I 932. Gesamm. Nachrichten und Urkunden 1758. III I
u. ö.) Ihr Verfasser war, wie Graf Vitzthum angibt (Geheimnisse II 87), der Geheime Kriegsrath Le Coq. Hiebei ist nicht
die amtliche Ausgabe der „Gegründeten Anzeige", sondern eine
bereits vor derselben erschienene Uebersetzung des Mémoire raisonné zu Grunde gelegt, welche den Titel trägt: Gründlicher
und überzeugender Bericht von dem Betragen derer Höfe
zu Wien und Dresden und ihren gefährlichen Anschlägen wider Se. Königl. Majestät in Preußen mit
denen zum Beweise gehörigen Original-Beylagen und
Briefen. Berlin, 1756.

Der „Natürliche Vorstellung" sind 39 Beilagen angehängt,
in welchen unter anderen Actenstücken eine Uebersetzung der von

den Königen August III und Friedrich II gewechselten Schreiben enthalten ist.

Auch von dieser Schrift ward eine amtliche französische Ausgabe veranstaltet, unter dem Titel Les preuves evidentes; reponse au Memoire raisonné de la Cour de Berlin, au sujet de la conduite des Cours de Vienne et de Dresde. Varsovie 1757[1]). Diese enthält 44 Beilagen; den 39 der deutschen Ausgabe sind Nr. 40—44 neu hinzugefügt. Die Briefe der Könige werden hier nach dem französischen Originaltexte mitgetheilt. Dieser ist mit der deutschen Uebersetzung zusammengedruckt in Jo. Christoph Adelungs pragm. Staats-Geschichte Europens. Gotha 1767. VIII. Beilage S. 19—44.

Neben der amtlichen französischen Ausgabe erschien auch von der sächsischen Staatsschrift eine nicht autorisirte französische Uebersetzung, in welcher die ursprünglich französisch abgefaßten Schreiben aus dem Deutschen zurückübersetzt waren. In dieser Gestalt ist die Correspondenz der Könige in den Oeuvres diverses du Philosophe de Sans-Souci (c. D.) 1761 Tom. III gedruckt und daraus von Preuß in die Ausgabe der Werke Friedrichs des großen IV 235—260 aufgenommen. Graf Vitzthum nahm wahr, daß diese Publication zu den im Sächsischen Archive aufbewahrten Originalen und Concepten nicht stimme, und hat den ursprünglichen Text wieder hergestellt[2]). Es versteht sich von selbst, daß die im Königl. Preußischen Staatsarchive gleichermaßen erhaltenen Schriftstücke hiemit gleichlautend sind.

1) Mir liegt nicht der Warschauer Druck, sondern eine von dem Hofbuchhändler Trattner in Wien verlegter Abdruck vor. Die französische Ausgabe ward am 1 März 1757 von dem sächsischen Residenten in Haag den Generalstaaten übergeben. Kriegs-Canzley 1757. I 931.

2) Geheimnisse I 403 Anm. II 87. Das Schreiben Friedrichs II an August III vom 18 October 1756 ist in der „natürlichen Vorstellung" und den Preuves evidentes nicht enthalten. Eine deutsche Uebersetzung desselben s. Sammlung der neuesten Staatsschriften auf das Jahr 1756. Frankf. u. Leipz. S. 226 f. Den französischen Text s. Geheimnisse II 261 f. Fünf andere Briefe der beiden Monarchen vom 16—18 October s. ebend. S. 255—261.

Zu leichterem Vergleiche, wie die verschiedenen Fassungen sich zu ein=
ander verhalten, stelle ich die drei Texte der Schlußsätze des Schreibens
zusammen, welches Friedrich II am 1 September 1756 an August III
richtete.

I.

Friedrich II schrieb: (Les
preuves évidentes, annexe
V. Geheimnisse I 411):

Ce n'est ni la cupidité
ni l'ambition qui dirigent
mes démarches, mais la
protection que je dois à
mes peuples et la néces-
sité de prévenir des com-
plots qui deviendroient
plus dangereux de jour
en jour, si l'épée ne
tranchoit ce noeud Gor-
dien, lorsqu'il en est
tems encore.

Voilà à peu près toutes
les explications que je
suis en état de donner
à V. M. Je ménagerai
Ses états autant que ma
situation présente le
permettra. J'aurai pour
Elle et pour Sa famille
toute l'attention et la
considération que je
dois avoir pour un grand
prince que j'estime, et
que je ne trouve à
plaindre qu'en ce qu'il
se livre trop aux con-
seils d'un homme, dont
les mauvaises intentions
me sont trop connues et
dont je pourrois prouver

II.

Die Uebersetzung lautet (Na=
türl. Verstellung Beil. V):

Weder Begehrlichkeit
noch Ehrgeiz sind die
Triebfedern meiner Un=
ternehmung, sondern der
Schutz, welchen ich mei=
nen Völkern schuldig bin,
und die Nothwendigkeit,
denen Zusammen = Ver=
schwörungen zuvorzukom=
men, welche von Tag zu
Tag stärker werden möch=
ten, wenn der Degen
diesen unauflöslichen Kno=
ten, weil es noch Zeit
ist, nicht entzwey schnitte.
Hierinnen bestehet die
Erklärung, welche ich
E. M. zu geben im
Stande bin. Dero Staa=
ten werde ich, so viel
meine gegenwärtigen Um=
stände es gestalten wol=
len, schonen. Ich werde
vor Dieselben und Dero
Familie alle Aufmerksam=
keit und Hochachtung he=
gen, die ich einem großen
Fürsten schuldig bin, wel=
chen ich werthschätze, und
den ich nur darinnen zu
beklagen finde, daß er
den Rathschlägen eines
Menschen zu sehr folget,
dessen böse Gesinnungen

III.

Die Rückübersetzung
(Oeuvres de Frédéric. le
Grand IV 237):

Les ressorts qui me
font agir ainsi ne sont
pas la soif du gain, ni
l'ardeur de la gloire; ce
n'est que la protection
que je dois à mes sujets
et la nécessité absolue
de traverser des com-
plots qui s'augmen-
teraient de jour en jour,
si l'épée ne venait en-
core à tems trancher ce
lien indissoluble.

Ce sont là les motifs
que je suis en état de
donner actuellement à
V. M. de mes démar-
ches. Quant à la Saxe,
je l'épargnerai autant
que ma situation pré-
sente me le permettra.
J'aurai pour V. M. et
pour toute votre famille
royale toute l'attention
et toute l'estime que je
dois à un grand prince
que je chéris, et que je
ne trouve à plaindre
qu'en ce qu'il se confie
trop aux conseils d'un
homme, dont les mau-
vaises intentions ne me

I.

les noirs complots papiers sur table.

J'ai fait toute ma vie une profession de probité et d'honneur, et sur ce caractère, qui m'est plus cher que le titre de Roy, que je ne tiens que par le hazard de la naissance, j'assûre V. M. que quand même dans quelques moments, surtout du commencement, les apparences me seront contraires, qu'Elle verra, en cas qu'il soit impossible de parvenir à une réconciliation, que ses intérêts me seront sacrés, et qu'Elle trouvera dans mes procédés plus de ménagement pour Ses intérêts et pour ceux de Sa famille que ne lui veulent insinuer des personnes qui sont trop au-dessous de moy, pour que j'en daigne faire mention. Je suis etc.

II.

mir allzuwohl bekannt sind, und deſſen ſchändliche Anſchläge ich durch ſchriftliche Beweiſe augenſcheinlich barthun könnte.

In meinem ganzen Leben habe ich allemahl von Redlichkeit und Ehre Profeſſion gemacht, und auf dieſen Character, welchen ich höher halte, als den Königs-Titul, den mir der ohngefähre Zufall durch die Geburth zueignet, verſichere ich E. M., daß, wenn gleich auf einige Augenblicke, hauptſächlich bey dem Anfange, meine Handlungen einen widrigen Anſchein haben ſollten, Dieſelbigen dennoch, woferne es unmöglich wäre zu einer Ausſöhnung zu gelangen, ſehen werden, wie theuer mir Dero Intereſſe ſeyn ſoll, und daß Sie in meinem Betragen mehr Sorgfalt für Dero und Ihres Hauſes Vortheile finden werden, als Ihnen von Perſonen beygebracht werden will, welche zu weit unter mir ſind, als daß ich ſie würdigte ihrer zu erwehnen. Ich verharre ꝛc.

III.

sont que trop connues, et dont je pourrais démontrer les dangereux desseins par des preuves écrites de sa propre main.

Pendant toute ma vie j'ai fait profession d'honneur et de probité, caractère que je mets audessus de celui de roi, dans lequel le pur hasard m'a fait naître; et par ce caractère je proteste que, quelque apparence d'hostilité que puissent avoir mes actions, surtout au commencement, V. M. verra, dussions-nous même ne jamais parvenir à quelque voie d'accommodement, combien ses intérêts me sont chers. Aussi trouvera-t-elle dans ma façon d'agir un zèle décidé pour son avantage et pour celui de toute sa famille, quoi qu'en disent certaines personnes, qui sont trop au-dessous de moi pour que je daigne m'abaisser jusqu'à les nommer. Je suis etc.

II. Der angebliche preußisch-englische Vertrag vom 11. Januar 1857.

(Zuerst gebruckt in der Zeitschr. f. b. preuß. Geschichte 1866. III 250.)

Christoph Wilhelm von Koch hat in der Table des Traités Basel und Paris 1802 II 29—32 einen bis dahin unbekannten Traktat publicirt, den König Friedrich II von Preußen am 11 Januar 1757 mit Großbritannien abgeschlossen haben soll, und Schöll hat denselben in seiner histoire abrégée des traités de paix III, 30—32 1817 wieder abbrucken lassen.

Die Ueberschrift lautet: Convention entre la Prusse et la Grande-Bretagne, pour le maintien des libertés de l'Europe et le soutien de la religion protestante en Allemagne, du 11 Janvier 1757.

Die Einleitung fußt darauf, daß die am 1 Mai 1756 zwischen Frankreich und dem Hause Oesterreich abgeschlossene Allianz, der mehrere andere Mächte beigetreten seien, die Verfassung des deutschen Reiches und die protestantische Religion in solchem Grade gefährde, daß, um dieser großen Liga das Gegengewicht zu halten, ein engeres Bündniß zwischen den Höfen von Berlin und London erforderlich sei.

Der Tractat selbst enthält neun Artikel. Der erste erneuert und bestätigt den Vertrag vom 15 (vielmehr 16) Januar 1756.

Im zweiten verpflichtet sich der König von Großbritannien, die hannöversche Armee in englischen Sold zu nehmen, unter dem Namen einer Observationsarmee, und sie auf 70,000 Mann zu bringen, inbegriffen 20,000 Preußen, welche der König von Preußen mit ihr vereinigen wird.

Im dritten macht sich der König von Großbritannien anheischig, alljährlich, so lange wie der Krieg dauern wird, eine Million Pfund Sterling an den König von Preußen zu zahlen, um ihn in den Stand zu setzen, nachdrücklich seinen Feinden zu begegnen und sie zur Vernunft zu bringen (les mettre à la raison).

Im vierten verpflichtet sich S. Britische Majestät, in die Ostsee ein Geschwader von acht Linienschiffen und mehreren Fregatten zu schicken, und wenn nöthig, noch mehr, sobald S. Preußische Majestät sie requirirt, um seine gewaltigen Anstrengungen zu unterstützen.

In gleicher Absicht wird S. Britische Majestät Frankreich an seinen Küsten oder in den Niederlanden beunruhigen. (Art. 5.)

Andererseits verpflichtet sich S. Preußische Majestät, bei der hannöverschen Armee die gedachten 20,000 Mann seiner Truppen zu lassen, bis diese Armee die Franzosen genöthigt hat, über den Rhein zurückzugehen, und wenn die Umstände es erlauben, noch länger. (Art. 6.)

Im siebenten Artikel verspricht der König von Preußen, die größten Anstrengungen zu machen, den Wiener Hof zum Frieden zu zwingen, um mit allen seinen Kräften gegen Frankreich zu agiren, als den gemeinsamen Feind (que les hautes parties contractantes regardent comme leur ennemie).

Deßhalb verpflichten sich beide Mächte zu gegenseitigen Anstrengungen, den Krieg in das Innere Frankreichs zu versetzen, um dies zu zwingen, den Frieden unter den Bedingungen anzunehmen, welche man ihm dictiren wird (afin de la forcer à accepter la paix aux conditions qu'on voudra lui dicter). (Art. 8.)

Im neunten Artikel versprechen beide Theile, nichts ohne gemeinsame Berathung zu thun, insbesondere sich auf kein Souderabkommen mit Frankreich einzulassen.

Schöll begleitet den Abdruck des Tractats mit der Bemerkung, daß Koch nicht sage, an welchem Orte noch von welchen Ministern er unterzeichnet sei, scheint aber an seiner Echtheit nicht zu zweifeln. Eben so wenig ward diese von andrer Seite angefochten: Stenzel (preuß. Geschichte V 40) registrirt ihn mit der trockenen Bemerkung, daß von England weder die Hilfsgelder gezahlt noch die Schiffe geschickt wurden. Aehnlich spricht sich Carlyle aus (Frederick the great B. XVIII, Ch. 1. Bd. 10 S. 9 f. d. Leipz. Ausg.); er fügt hinzu, daß dieser Vertrag noch in keinem englischen Buche erwähnt worden sei. Neuerdings hat Graf Vitzthum an der Authenticität festgehalten (Geheimnisse I 331 und dazu die Anmerkung in den Nachträgen zum II Bande).

Der einzige, welcher mit mir in dem Zweifel zusammenstimmt, ist
M. Tétot, welcher in seinem höchst brauchbaren Répertoire des
Traités. Paris 1866 S. 56 zu der Anführung des Vertrages
hinzufügt: l'authenticité de ce Traité est plus que douteuse.

Man sollte glauben, daß ein Vertragsdocument, an dessen
Mittheilung wesentliche Stücke mangeln und welches keine that=
sächliche Wirkung geübt hat, Bedenken erregen müsse, ja, ein
aufmerksamer Leser wird nicht umhin können, an den Bestim=
mungen, welche es enthält, Artikel für Artikel Anstoß zu nehmen.
Die Verträge, welche Friedrich der große schloß, sind ohne Aus=
nahme klar und präcis gefaßt und frei von leerem Wortschwall:
hier haben wir das Gegentheil. Preußen, das der Ueberzahl
seiner Feinde sich zu erwehren hatte, und England, dessen König
um die Vertheidigung Hannovers sich schwere Sorge machte,
scheinen auf nichts mehr zu sinnen, als auf einen Offensivkrieg
gegen Frankreich, und während Pitt auf der Unmöglichkeit be=
stand, ein Geschwader in die Ostsee schicken zu können, und
namentlich zur Entschädigung von 1758 an dafür je auf ein Jahr
vier Millionen Thaler Subsidien zahlte, werden hier mit leichter
Hand auf jedes Kriegsjahr eine Million Pfund Sterling und
Kriegsschiffe nach Belieben zugesichert, und das von demselben
Pitt; denn im Januar 1757 war er Staatssekretär.

Daß ein Vertrag dieses Inhalts nicht geschlossen sein kann,
ist gewiß. Natürlich ist auch in dem preußischen Staatsarchiv
keine Spur davon vorhanden. Eben so wenig hat jemand in
den Akten des englischen Parlaments oder anderen englischen
Staatsschriften je eine Notiz davon gegeben. Er hat aber auch
nicht einmal in der Form eines Entwurfes existirt: keine königs
liche oder ministerielle Instruction und kein Bericht des preußi=
schen Gesandten L. Michell am britischen Hofe oder des eng=
lischen Andrew Mitchell am preußischen enthalten ein Wort, was
dahin gehörte. Angeregt waren die Fragen über Sendung eines
britischen Geschwaders in die Ostsee, um die Russen in Schach
zu halten, oder Zahlung von Subsidien an Preußen seit dem
Sommer 1756, aber formulirt waren die Vorschläge noch. von
keiner Seite. Ende November 1756 bildete der Herzog von
Devonshire mit Pitt das neue Ministerium, welches nur bis

zum 6 April 1757 im Amte war. In diesen vier Monaten ward keine neue Uebereinkunft zwischen England und Preußen getroffen. König Friedrich gab am 28 December 1756 seinem Gesandten Instructionen pour engager les ministres Britanniques à se décider ultérieurement sur les mesures à prendre und Michell antwortete am 7 Januar 1757: die Minister hätten die besten Absichten von der Welt, aber Pitt sei krank und bettlägerig: deßhalb schwebten die Verhandlungen. Vier Tage nach diesem Berichte soll der vermeintliche Vertrag unterzeichnet sein.

Vorsichtig genug hat der Fälscher weder Unterschriften noch den Ort der Unterzeichnung namhaft gemacht: aber in dem Datum hat er sich doch verrathen. Nach Artikel 7 sollen nämlich die Franzosen über den Rhein zurückgetrieben werden: sie überschritten aber diesen Strom erst Anfang April; am 6 b. M. besetzten sie Wesel. Also ist der Traktat nicht früher als im April 1757 angefertigt worden, aber sicherlich auch nicht viel später; denn als die Franzosen bis zur Weser vordrangen und Friedrich II in Böhmen harte Arbeit fand, konnte niemand den Königen von Preußen und England die hochtrabenden Phrasen andichten wollen, welche wir hier lesen.

Aber zu welchem Zwecke und von welcher Seite wurde die Fälschung unternommen? — Zuvörderst ist mit Sicherheit anzunehmen, daß Koch diesen Tractat wie andere von ihm aus Licht gezogene in den französischen Archiven vorfand[1]); lehrt doch auch die ganze Fassung desselben, daß er auf Frankreich berechnet war. Er soll dazu dienen, den Unwillen über Friedrich den großen, den früheren Alliirten Frankreichs, möglichst zu steigern. Nicht bei der französischen Nation, denn er wurde nicht publicirt, sondern an der entscheidenden Stelle, bei Ludwig XV, auf den ein solches Reizmittel eher als irgend etwas andres wirken konnte. Desselben bedurfte man aber von österreichischer Seite, um den geheimen Allianzvertrag, dessen Abschluß sich einen Monat um den andern verzögerte, endlich durchzusetzen. Schon während des Winters 1756/57, als der Marschall d'Estrées über die militärischen Dispositionen in Wien verhandelte, hatten sich vielerlei Schwierigkeiten ergeben und die junge österreichisch-französische Allianz getrübt. Darüber war man endlich hinweggekommen: am 25 Februar 1757 zeichneten d'Estrées und Neipperg die militärische Convention, in die Oesterreich in der Erwartung willigte, daß nun der geheime Allianzvertrag alsbald zu Stande komme.

---

1) Auch in dem Königl. Sächsischen Staatsarchiv findet sich eine Copie vor, deren Uebersetzung Aster (Kriegswirren. Beilage Nr. 5 S. 12—14) unter dem falschen Datum 15 Jan. 1756 mittheilt.

Aber es vergiengen noch zwei Monate, bis Starhemberg zum Ziele kam und den 1 Mai 1757 mit Rouillé und Vernis den zweiten Vertrag von Versailles unterzeichnete, in welchem Graf Kaunitz den lange und beharrlich vorbereiteten Triumph seiner Diplomatie sah. Den Ausschlag gab der Wille Ludwigs XV, mit der Kaiserin Königin sich zu alliiren, und damit an dem Könige von Preußen Rache zu üben. Der angebliche von Friedrich II am 11 Januar 1757, in derselben Zeit, wo Damiens gegen den französischen Monarchen das Messer zückte, mit England geschlossene Vertrag war ganz danach angethan, den Haß Ludwigs XV anzustacheln. Daher halte ich es für wahrscheinlich, daß der Tractat wenn nicht von österreichischer Seite so doch im Interesse der Parteigänger Oesterreichs aufs Tapet gebracht ist.

Was die englisch-preußischen Beziehungen betrifft, so bemerke ich, daß auf Pitt's Entlassung im April 1757 eine fortgesetzte Ministerkrisis folgte, die erst im Juni mit der Bildung des Coalitions-Ministeriums beendet ward, in welchem Pitt für die auswärtige Politik und den Krieg freie Hand behielt. Alsbald nahm dieser große Staatsmann die Verhandlung über ein engeres Bündniß mit Preußen auf und bot im Juli König Friedrich 500,000 L. St. Subsidien mit der Erklärung, daß eine Verwendung britischer Truppen in Deutschland nicht statthaben könne, eben so wenig vor der Hand die Absendung eines Geschwaders in die Ostsee. In seiner Bedrängniß nach der Schlacht bei Kolin gieng der König vorläufig auf das Anerbieten ein, das am 23 September 1757 auf vier Millionen Thaler = 670000 L. St. erhöht wurde. Sobald er aber mit der Schlacht bei Roßbach wieder zu Kräften kam, weigerte er sich rundweg auf Subsidien einzugehen und forderte statt dessen die thätige Hilfe Englands mittelst einer baltischen Flotte und Verstärkung der westfälischen Armee mit britischen Truppen. Ich habe diese Verhandlungen, welche die Beziehungen der Verbündeten empfindlich spannten, in meiner Geschichte des siebenjährigen Kriegs I 546 ff. actenmäßig entwickelt. Sie währten vom November 1757 bis zum April 1758, bis endlich Friedrich II einwilligte, den von englischer Seite Monate vorher aufgestellten Entwurf eines einjährigen Subsidienvertrags am 11 April 1758 unterzeichnen zu lassen, der am 7 Dec. 1758, 9 Nov. 1759 und 12 Dec. 1760 jedesmal für das nächste Jahr erneuert wurde. Vor Abschluß dieses Vertrags bezog König Friedrich keinerlei Subsidien von irgend welcher Seite. Die Gesammtsumme, welche England von 1758—1761 an Preußen zahlte, betrug 2,680000 L. St.

Der Ursprung des siebenjährigen Krieges nach den Acten des österreichischen Staatsarchivs.

———

Sybels historische Zeitschrift Bd. XXIV 1870; hier ergänzt und zum Theil umgearbeitet.

Geschichte Maria Theresia's von Alfred Ritter von Arneth. Vierter Band. Maria Theresia nach dem Erbfolgekriege. 1748—1756. 8. XII u. 571 S. Wien 1870, W. Braunmüller.

Fünf Jahre sind vergangen, seit Alfred von Arneth seine Geschichte der ersten Regierungsjahre Maria Theresia's mit dem Ende des Erbfolgekrieges abschloß. Jedermann kennt die Vorzüge dieses bedeutenden Werkes: die umsichtige Benutzung der in den kaiserlichen Archiven aufbewahrten Urkunden, die feine Zeichnung der handelnden Personen, sowohl Maria Theresia's und ihres Gemahls als ihrer Räthe, Minister und Feldherren, die warme Theilnahme für die hochsinnige und thatkräftige Fürstin, deren Gedanken und Unternehmungen, durch die frühere Versäumniß und engherzige Beschränkung der Geschichtschreibung in Oesterreich verdunkelt, hier zum ersten Male in klarem Lichte hervortreten. Die allgemeinen Verwicklungen europäischer Politik werden dagegen nur insoweit das österreichische Interesse im Spiele ist, berücksichtigt. Hierbei äußert sich eine bittere Stimmung wider die Gegner der Kaiserin, welche insbesondere Preußen und Friedrich der große zu entgelten hat.

Jenen früheren Bänden entspricht in Anlage und Haltung die uns jetzt gebotene Fortsetzung. Es sind die österreichischen Acten, aus deren reicher Fülle der Geschichtschreiber Maria Theresia's schöpft, um die leitenden Ideen des kaiserlichen Cabinets und deren Durchführung darzulegen. Die Berichte der auswärtigen Gesandten kommen daneben in Betracht, aber sie sind für die Darstellung nicht maßgebend. Die österreichische Anschauung füllt den Rahmen des Bildes aus, für welches nur einzelne Züge von anderer Seite entlehnt werden. Liegt hierin eine gewisse Einseitigkeit, so ist doch Arneth von blinder Bewunderung Maria Theresia's frei. Die Schwächen und Irrthümer ihrer Regierungsprincipien, welche den Stempel ihrer Zeit an sich tragen, übersieht er keineswegs: in manchem Worte über deren bis in die Gegenwart reichenden Wirkungen erkennen wir den einsichtigen, der eigenthümlichen Aufgabe des österreichischen Staatswesens wohlbewußten Patrioten. Vor allem gebührt ihm das ehrende Zeugniß, daß er aus den ihm vorliegenden Acten treu berichtet: er darf von sich sagen, daß in seiner Darstellung „nichts beschönigt und nichts verschwiegen wurde".

Von großer Bedeutung sind in diesem Bande die Abschnitte, welche den von Maria Theresia zur Concentration der Staats= gewalt und Steigerung ihrer Finanzen ergriffenen Maßregeln gewidmet sind; ich nenne namentlich das neue Steuersystem, die Hebung der Steuerkraft und die einheitliche Kriegsrüstung. Wir sehen den Widerstreit der altüberkommenen Gewalten und des modernen Staates, jene auf den Ständen der einzelnen Kron= länder beruhend und durch deren Führer im Rathe der Kaiserin selbst vertreten, dieser ins Leben geführt durch Maria Theresia's beharrlichen Willen und wenige Männer ihrer Wahl. In den deutschen Landen verfolgt die Staatsgewalt unbekümmert um „wohlhergebrachte Gewohnheiten" ihr Ziel: die ständische Oppo= sition unterliegt dem Beamtenthum. Dagegen wagte man es nicht, Ungarns alte Verfassung anzutasten. Hier gelang es nicht, die königliche Macht zu stärken und die Steuern wesentlich zu er= höhen. Von vornherein sah man davon ab, Ungarn die gleichen Lasten und die gleiche Steuerverfassung aufzubürden, wie den übrigen Kronländern. Man forderte nicht mehr als die Er= höhung der ungarischen Militärcontribution um 1,200,000 fl. Aber auch dieser verhältnißmäßig geringe Beitrag ward verwei= gert. Der ungarische Landtag verstand sich nach vielfältigen und scharfen Widerreden zu nicht mehr als jährlich 700,000 fl., welche noch dazu nur auf kurze Frist und unter Bedingungen gewährt wurden. Unter solchen Verhältnissen mußte die Spal= tung zwischen den auf ihren ständischen Privilegien beharrenden Ländern der ungarischen Krone und den bureaukratisch regierten deutschen Provinzen immer tiefer greifen.

Was Maria Theresia zur Neugestaltung des österreichischen Staatswesens that, geschah im Geiste Friedrichs des großen und ward von niemand so lebhaft anerkannt, als von preußischen Berichterstattern. Der Großkanzler von Fürst berichtete im Jahre 1755: „Welcher andere Souverän würde binnen sieben Friedens= jahren vermocht haben, die Dinge auf den Fuß herzustellen, wie wir sie gegenwärtig sehen. Bis in die spätesten Zeiten wird man erkennen, daß Maria Theresia eine der größten Fürstinnen der

Welt war. Das Haus Oesterreich hat ihres Gleichen nicht ge= habt." Und Friedrich der große schreibt von ihr in der Einleitung zur Geschichte des siebenjährigen Krieges: elle mit dans ses finances un ordre inconnu à ses ancêtres, et non seulement répara par de bons arrangements ce qu'elle avait perdu par les provinces cédées au roi de Prusse et au roi de Sardaigne, mais elle augmenta encore considérablement ses revenues. — Par tous ces soins le militaire acquit dans ce pays un degré de perfection où il n'était jamais parvenu sous les empereurs de la maison d'Autriche, et une femme exécuta des desseins dignes d'un grand homme. Manche treffende Bemerkung über den Kampf Maria Theresia's mit den überlieferten Zuständen verdanken wir der hinterlassenen Schrift von Clemens Th. Perthes: politische Zustände und Personen in den deutschen Ländern des Hauses Oesterreich von Karl VI bis Metternich. Gotha 1869. Es sind jedoch nicht die inneren Verhältnisse des österreichi= schen Staatswesens, bei denen wir zu verweilen gedenken. In höherem Grade noch zieht uns die Entwickelung des neuen Systems der auswärtigen Politik an, für welche uns hier zum ersten Male die österreichischen Acten eröffnet werden. Diese an der Hand des Arneth'schen Werkes in ihren wesentlichen Momenten zusammenzufassen soll die Aufgabe dieser Blätter sein. Wir be= rücksichtigen hiebei zugleich die späteren Veröffentlichungen von Adolf Beer, durch welche Arneths Forschungen in manchen Puncten ergänzt werden[1]).

I

Wir kennen den unversöhnlichen Haß Maria Theresia's gegen Friedrich den großen und ihre Entrüstung gegen ihren Ver= bündeten Georg II von England über den Aachener Frieden, in welchem Preußen der Besitz Schlesiens gewährleistet ward. Wir wissen aus ihrem eigenen Munde, daß sie damals den Entschluß in sich befestigte, bei erster Gelegenheit Rache zu nehmen und

---

1) Aufzeichnungen des Grafen Will. Bentinck über Maria Theresia. Mit einer Einleitung: über die österreichische Politik in den Jahren 1749—1755. Wien 1871. Die österreichische Politik in den Jahren 1755 und 1756. Sybels hist. Zeitschrift 1872. XXVII 282—373.

daß sie als die Mittel zu ihrem Zwecke die Aufrechthaltung des 1746 mit Rußland erneuerten Bündnisses und die Stiftung einer französischen Allianz ansah. Ihren Unwillen hat sie den englischen Gesandten nicht verhehlt und ihre Wünsche und Absichten den französischen Gesandten offen kundgethan. Davon zeugen die der französischen Regierung erstatteten Berichte und die von ihr ertheilten Instructionen, welche Schlosser aus den französischen Archiven entnahm, dessen Mittheilungen H. Wuttke in dem Vorworte zu Huschbergs Geschichte der drei Kriegsjahre 1756, 1757, 1758, Leipzig 1856, aus Schlossers Papieren in dankenswerther Weise ergänzt hat. Nicht minder stand es fest, daß in dieser ganzen Angelegenheit Graf Kaunitz der Mann des Vertrauens der Kaiserin war, daß er vollkommen auf ihre Gedanken eingieng und alle Widersprüche und Hindernisse überwand, welche ihrer Verwirklichung entgegentraten.

Nicht in gleichem Maße waren wir bekannt mit der Art und Weise, wie das neue System österreichischer Politik ins Werk gesetzt ward. Zwar die Verhandlungen, welche zwischen dem Wiener Hofe und dem Cabinet von St. James bis zu deren Bruch im Jahre 1755 geführt wurden, ergaben sich aus den englischen, die Beziehungen zu Rußland aus den sächsischen Berichten so vollständig, daß kaum etwas wesentliches hinzukommt. Dagegen waren wir über die Wandlungen, welche der Plan eines österreichisch-französischen Bündnisses durchlaufen hat, höchst ungenügend unterichtet. Unser Material hiefür beschränkte sich theils auf die Skizze, welche Duclos, allerdings auf Grund von Mittheilungen des Grafen Bernis, aber erst nach Jahren mit mancherlei Irrthümern und Ungenauigkeiten niedergeschrieben hat[1]), theils auf die Informationen, welche der englische Gesandte Keith am österreichischen und der preußische Gesandte Knyphausen am französischen Hofe einzog. Daß die letzteren von guter Hand waren, lehrte der Augenschein: nach der Ueberzeugung des kaiserlichen Botschafters war es kein geringerer, als der französische Kriegsminister d'Argenson selbst, welcher den preußischen Ge-

---

1) Histoire des causes de la guerre de 1756 (geschrieben 1763, in den Mémoires secrets de Duclos. Coll. Petitot tom. LXXVII 102). Vgl. m. Gesch. d. siebenjähr. Kriegs I 115. Ranke, der Ursprung des siebenj. Krieges 263.

sandten von dem Stande der Dinge unterrichtete[1]). Indessen diese Berichte melden nur von dem letztem Stadium der geheimen Unterhandlung. Eben dahin gehören auch die „neuen Actenstücke", welche Graf Albrecht von der Schulenburg, wie sich jetzt ergibt aus einem Privatarchive[2]), veröffentlicht hat, die einzigen Documente von österreichischem Ursprunge, welche neuerdings ans Licht gezogen worden sind. Durch Arneths Verdienst erhalten wir nunmehr eine urkundliche Darstellung, welche uns den vollständigen Verlauf der Berathungen des kaiserlichen Cabinets und die Ausführung der gefaßten Beschlüsse klar übersehen läßt.

Der Aachener Friede war kaum geschlossen, da drohte im Norden zwischen Rußland und Schweden ein offener Zwiespalt auszubrechen, welcher bei den zwischen Rußland und dem Wiener Hofe einerseits, andrerseits zwischen Schweden, Preußen und Frankreich bestehenden Bündnissen leicht zu einem neuen allgemeinen Kriege führen konnte. Unter diesen Umständen forderte Maria Theresia im März 1749 von ihren Conferenzministern, den Grafen Königsegg, Ulfeld, Colloredo, Khevenhüller, Harrach und Kaunitz schriftliche Gutachten über das nach nunmehr geschlossenem Frieden bei anscheinenden Unruhen im Norden gegen England, Frankreich und das Reich zu ergreifende System. Zu einer entsprechenden Meinungsäußerung veranlaßte sie ihren Gemahl, den Kaiser Franz. In dessen Note vom 18 März, in dem Votum Harrachs und in Kaunitzens Denkschrift vom 24 März prägen sich die widerstreitenden Ansichten in voller Schärfe aus.[3])

Kaiser Franz bezeichnete bei der gefährlichen Stellung, in welcher Oesterreich sich der Türkei, Preußen, Frankreich und Italien gegenüber befinde, die innere Kräftigung der Monarchie als die eigentliche Grundlage des neuen Systems. Denn „wer eine schöne und zahlreiche Armee besitzt und die Mittel sie zu unterhalten und operiren zu machen, der wird von seinem Feinde respectirt und nicht so leicht angegriffen werden, seine Freunde aber behalten und neue Alliirte erwerben." Die Seemächte seien von Alters her die wahren Verbündeten Oesterreichs; an ihnen

---

1) 1756 April 17. Starhemberg an Kaunitz. Arneth 439.
2) (Leipzig 1841). Vgl. o. S. 130 f.
3) Arneth 262. 266 ff. 535 f. Beer, Bentinck XXV—XXXIV.

solle man festhalten, indem sie jederzeit gegen Frankreich eine
mächtige Beihilfe bieten. Ferner solle man die Freundschaft mit
Rußland pflegen, welches sowohl gegen die Pforte als gegen
Preußen thatkräftigen Beistand zu leisten vermöge, und Sachsen
und Hannover in die Defensivallianz ziehen, welche das einzige
Mittel biete, dem unruhigen Ehrgeize des Königs von Preußen
Schranken zu setzen, Oesterreich selbst aber die ihm durchaus
nothwendige Ruhe zu sichern. „Wegen des Königs in Preußen
solle man nicht allein eine gute Nachbarschaft halten, sondern
ihn auch menagiren, in was nicht wieder den Dienst ist, und
nicht so öffentlich den Haß, den man gegen ihn zu haben Ursache
hat, zeigen, und den Leuten in allen Gelegenheiten vorwerfen,
daß sie preußisch sind, ergo nichts nutz." — Es wäre gut eine
Haltung gegen ihn anzunehmen, „daß er uns nicht allzeit als
eine Hydra ansieht, welche er von allen Seiten accabliren müsse."

Frankreich sei gleichfalls zu schonen, aber ihm nie zu trauen;
am allerwenigsten möge man sich mit der Idee berücken lassen,
mit Frankreichs Hilfe wieder in den Besitz Schlesiens zu ge=
langen. Man möge sich nur wieder und immer wieder ins
Gedächtniß zurückrufen, wie sehr man von Frankreich betrogen
worden sei, und niemals vergessen, daß Frankreichs süße Worte
noch ungleich gefährlicher seien, als seine Waffen.

Nur die Erhaltung des Friedens und höchstens die Vertheidi=
gung gegen feindlichen Angriff, nicht aber Krieg und Eroberung
dürfe von nun an als Zielpunct gelten für die österreichische Politik.

Das Gutachten des Kaisers Franz entsprach den Traditionen
des habsburgischen und des lothringischen Hauses. Zur Kennt=
niß der Minister scheint es nicht gebracht zu sein.

Unter den Ministern vertrat mit größter Entschiedenheit Graf
Harrach die Aufrechthaltung des Bündnisses mit England. Das Bünd=
niß mit Rußland beruhe auf keiner dauernderen Grundlage als auf
der günstigen Gesinnung der Kaiserin Elisabeth und des Kanzlers
Bestucheff. Ein Todesfall oder eine Umwandlung der bisherigen
Anschauungen könne hierin einen vollständigen Umschwung herbei=
führen. England sei ein ebenso mächtiger als in Folge seines
eigenen Vortheils auch verläßlicher Alliirter. Ohne England sei
weder von Dänemark noch von Holland etwas zu hoffen, ohne

England vermöge man Spanien nicht von Frankreich zu trennen, noch den König von Sardinien auf die österreichische Seite zu bringen. Welcher Hof könne Oesterreich mehr als der englische bei der Pforte das Wort reden? Von England erhalte man Subsidien. So nothwendig sei die Wiederherstellung des innigsten Bündnisses mit dieser Macht, daß man auch in Wien sich mehr als bisher überwachen müsse um England durchaus keinen Anlaß zur Mißstimmung zu geben.

Harrach tadelte entschieden den gereizten Ton, welcher so oft in den nach England gerichteten Depeschen angeschlagen worden sei. Man möge doch endlich aufhören die alten Vorwürfe immer wieder vorzubringen. Man wisse ja, daß sie je gegründeter desto verletzender seien, insbesondere für ein stolzes Volk, dessen Oesterreich weit mehr bedürfe, als es selbst von dem Beistande Oesterreichs abhängig sei. Es gebe ja jetzt schon genug Leute in England, welche aus Vorliebe für den Protestantismus dem Könige von Preußen die Rolle in Europa zudächten, die bisher das Haus Oesterreich gespielt habe. Diese Leute zu entwaffnen und die alten Sympathien Englands für Oesterreich wieder wachzurufen sei die dringendste Aufgabe. Um sie zu erfüllen, müsse England gegenüber ein ganz anderer Ton angeschlagen werden als er in der letzten Zeit üblich gewesen sei.

Diese scharfe Rüge war gegen die Geschäftsführung des Hofraths von Bartenstein gerichtet. Denn dieser hielt, ohne daß er Mitglied des Ministeriums war, dennoch alle Fäden der österreichischen Politik in seiner Hand; sämmtliche Depeschen und Instructionen wurden von ihm abgefaßt. Die Verstimmung gegen England war von ihm vorzüglich genährt worden.

Ganz anders als Harrach betrachtet Kaunitz die Lage der Dinge und die Ziele der österreichischen Politik.[1]

Allerdings stellt auch er unter den natürlichen Freunden des österreichischen Hauses England oben an. Aber er findet, daß diese Macht neuerdings bei vielen Gelegenheiten nicht gemäß den Grundsätzen dieser Freundschaft gehandelt habe. Er erläutert

1) Arneth 271—279. Beer XXXVIII—LXVIII.

dieß an Englands Verhalten während des letzten Krieges und kommt zu dem Schlusse, daß von England bei dem dermaligen Stande der Sachen kein directer Antheil an einem Kriege Oester= reichs mit dem Hause Bourbon zu erwarten sei, zumal wenn sich das Wetter nicht in den Niederlanden zusammenzöge. Am aller= wenigsten sei solches gegen Preußen anzuhoffen. Denn so gewiß es sei, daß König Georg II und das hannöversche Ministerium gegen Preußen eine wahre, persönliche Feindschaft und Eifer= sucht hegen, so gewiß sei es andererseits daß Preußen sich einen starken Anhang in England zu erwerben Mittel gefunden und daß ein großer Unterschied zwischen der englischen und hannöver= schen Denkungsart obwalte.

Indessen will Kaunitz keinen Bruch mit England, vielmehr ist er überzeugt, daß alle Extreme sorgfältig zu vermeiden, die Nutzbarkeit der geleisteten Dienste nicht zu mißkennen und, in Einsicht der widrigen Gesinnungen, das gute und ersprießliche, so von England ferner an zu hoffen stehe, nicht außer Augen zu setzen sei. Hingegen würde die allgemeine Betrachtung, daß England für einen natürlichen Alliirten anzusehen und das so= genannte alte System zur Aufrechthaltung des österreichischen Hauses am zuträglichsten sei, unvollkommen und unschlüssig sein, wenn man nicht auf den Unterschied der Zeiten und Umstände gehörige Aufmerksamkeit richte.

Gleich England rechnet Kaunitz auch Holland zu den natür= lichen Alliirten Oesterreichs. Allein bei ihrem dermaligen Zustande sei die Republik nur darauf bedacht alle neuen Gefahren, welche ihr von Frankreich oder Preußen drohen könnten, von sich fern zu halten. Daher sei auch auf Holland im Falle der Noth nicht zu zählen.

Die Allianz mit Rußland erachtet Kaunitz für ersprießlich und wohlbegründet. Aber ein dauerndes System könne man darauf nicht bauen, da die Politik dieses Staates nicht von dessen wirklichen Interessen ausgehe, sondern sich nach dem Belieben ein= zelner Personen richte. Der Tod, der Fall Bestucheffs, preußische oder französische Intriguen können große Veränderungen herbei= führen. Kaunitz tadelt, daß der russische Kanzler auf Unter= nehmungen in Schweden denkt und der Sorge vor Preußen fast gänzlich vergißt. Rußland sollte seinem gefährlichsten Feinde weder Zeit noch Gelegenheit lassen die nordischen Unruhen zu seinem Vortheil auszubeuten, sondern wenn es doch losbrechen will, seine Macht gegen Preußen gebrauchen, dessen Lande ohne= dies noch ganz offen stehen."

Zu den natürlichen Freunden zählt Kaunitz auch den sächsi= schen Hof, bemerkt jedoch: „daß übelste ist daß Sachsen nach dem Geständnisse seiner Minister sich außer Stand befindet gleich an= fangs directen Antheil gegen Preußen zu nehmen und als ein werkthätiger Alliirter zu figurieren, aber dennoch aus einem der= artigen Einverständniß im Verhältnisse seiner Mitwirkung allzu große Vortheile zu ziehen sich in den Kopf setzt.

Auch Hannovers Interesse sei in wesentlichen Stücken von dem englischen ganz verschieden und gehe dahin sich mit Rath und That gegen Preußen zu vereinigen.

Nachdem Kaunitz die Freunde des Kaiserhauses gemustert, wendet er sich zu den natürlichen Feinden. Als solche nennt er die osmanische Pforte, Frankreich und Preußen.

Gegen die Pforte, deren Politik unberechenbar sei, lasse sich nichts thun, als fortwährend auf seiner Hut zu sein und keinen Anlaß zum Friedensbruche zu geben.

Frankreich habe sich allerdings seit Jahrhunderten und bis zum jüngsten Kriege an dem Hause Oesterreich versündigt: aber die gegenwärtige Beschaffenheit des Landes und seiner Regierung sei der Art, daß diese sich in den nächsten Jahren in keinen Krieg einlassen werde, es sei denn, daß er ihr abgedrungen würde. Das Einverständniß des französischen Hofes mit Preußen hielt Kaunitz für weniger eng, als es den Anschein habe: denn er müsse sich überzeugt haben, daß auf die Freundschaft des Königs von Preußen, zumal gegen England, nicht sicher zu rechnen sei und daß dessen anwachsende Macht auch seinen bisherigen Ver= bündeten zum Schaden gereichen könne.

„So viel nun den König in Preußen betrifft", fuhr Kaunitz fort, „so verdient er sonder Zweifel in der Classe der natürlichen Feinde oben an und noch vor der ottomanischen Pforte gesetzt, mithin als der ärgste und gefährlichste Nachbar des durchlauchtig= sten Erzhauses angesehen zu werden." Der König von Preußen könne nicht daran zweifeln, daß das Kaiserhaus den Verlust Schlesiens niemals verwinde, sondern keine Gelegenheit vorübergehen lassen werde, sich dieser Provinz wieder zu bemächtigen. Er werde daher bedacht sein, Oesterreich immer mehr zu schwächen und ihm für alle Zeit die Kraft zur Durchführung seiner Pläne zu benehmen. Zu Folge dessen würden auch künftighin beide Höfe in „der größten Eifersucht und unversöhnlicher Feindschaft" leben.

Daraus aber ergebe sich die Unzulänglichkeit des bisher befolgten und die Nothwendigkeit der Annahme eines neuen politischen Systems. Als Grundsatz desselben habe zu gelten, daß man „die erste, größte und beständige Sorgfalt dahin zu richten habe, wie man sich nicht nur gegen des Königs feindliche Unternehmungen verwahren und sicherstellen, sondern wie er geschwächt, seine Uebermacht beschränkt und das Verlorene wieder herbeigebracht werden könne."

In diese große Unternehmung dürfe man jedoch nur dann eintreten, wenn, soweit menschliche Beurtheilung reiche, an einem glücklichen Ausgange nicht mehr zu zweifeln sei. Preußens Kriegsmacht sei der kaiserlichen, wenn nicht überlegen, so doch zum mindesten gleich. Ohne Bundesgenossen könne man sich also unmöglich in Krieg mit Preußen begeben. Von den Seemächten lasse sich jedoch hiezu kein Beistand erwarten. Es bleibe somit nur eine einzige Aussicht jenen großen Zweck zu erreichen, und diese bestehe darin, daß Frankreich vermocht werde, „nicht nur den Unternehmungen Oesterreichs sich nicht zu widersetzen, sondern zu denselben direct oder wenigstens indirect die Hände zu bieten und dadurch den Ausschlag zu geben."

Freilich werde Frankreichs Einverständniß niemals anzuhoffen sein, außer es werde durch einen zureichenden und wesentlichen Vortheil in die österreichischen Absichten hereingezogen. „Man muß Frankreich ein Anerbieten machen, durch welches es bewogen werden könnte, die Wiedereroberung Schlesiens zu wünschen und zu unterstützen", und zwar könne dies durch Hingabe einer Provinz in Italien oder in den Niederlanden geschehen.

Kaunitz setzt voraus, daß Frankreich schwerlich seine Waffen direct gegen Preußen wenden werde. Ihm genügte schon die geheime Zustimmung und indirecte Mitwirkung des französischen Hofes, indem dieser ausgiebige Subsidien zahle und möglichst viele Reichsfürsten durch die Aussicht auf Erwerbung preußischer Länder zum Kriege treibe. Hiebei dachte er zunächst an Sachsen und Kurpfalz; wenn nur einmal das Eis gebrochen wäre, dürfte man auch den Beistand Hannovers und anderer Länder erwarten.

Uebrigens war er der Meinung, daß in diesem Plane nichts enthalten sei, was gegen das Interesse der Seemächte verstoße. Daher lasse sich derselbe mit der Generalmaxime, sich mit den Seemächten nicht zu verfeinden, sondern ihre Allianz zu suchen, vollkommen vereinigen.

Was dagegen dem Plane am meisten schaden und entgegenstehen dürfte, sei das russische Vorhaben, Schweden mit Krieg zu überziehen, denn dadurch werde Frankreich als Schwedens Alliirter gleichsam gezwungen sich mit Preußen enger zu verbinden. Daher erfordere es der allerhöchste Dienst, nicht nur mit aller Vorsicht sich im geringsten nicht in die nordischen Dinge einzumischen noch das glimmende Feuer, insoweit es gegen Schweden geht, mehr anzublasen, sondern ohne Zeitverlust alle diensame Vorstellungen bei dem russischen Hofe einzulegen, damit dieser von seinem Vorhaben abstehen und diesfalls das französische Ministerium außer fernerer Sorge setzen möge. Auch erfordere das eigene Staatsinteresse Rußlands seine Waffen nicht gegen Schweden, sondern gegen Preußen zu wenden, um auf diese Weise sich die Superiorität über beide Mächte zu sichern.

Kaunitz will nicht, daß man an die Durchführung des Planes gehe, wenn auch nur eine der erwähnten Vorbedingungen fehlschlüge. Diese aber bestehen darin, daß Rußland den König von Preußen in seinen eigenen Landen mit einer Armee von wenigstens 60—70,000 Mann zu bekriegen den Anfang mache, daß Frankreich und Spanien nicht nur hiezu stillsitzen, sondern auch allen Vorschub zu geben durch Eingestehung von Vortheilen vermöget werden, daß zugleich die gemessene Abrede und das gemeinsame Einverständniß dahin erfolge, dem Könige in Preußen, theils durch Gewährung von Subsidien, theils durch Zutheilung von Ländern, so viel Feinde als möglich auf den Hals zu ziehen, um ihn auf einmal von allen Seiten mit einer großen Macht anzugreifen. In dem Falle, daß diese wesentlichen Vorbedingungen einträfen, war Kaunitz der Meinung das Unternehmen nicht auf künftige Zeiten, etwa so lange bis die Erblande sich erholt, hinauszuschieben, sondern je eher je besser damit den Anfang zu machen. Denn der russische Hof sei von den günstigsten Gesinnungen beseelt und gegen Preußen sehr aufgebracht, ein günstiger Umstand, der vielleicht nicht so bald wiederkehre. Ferner seien die empfindlichen Vorwürfe, welche dem französischen Ministerium wegen des Aachener Friedens gemacht wurden, noch neu, die Bewerkstelligung jenes Planes werde sie zum Schweigen bringen und bei dem Könige und der Nation Beifall finden. Frankreich hat sich noch nicht in widrige Verbindungen vertieft. Der vorgeschlagene Plan verwickelt Frankreich in keinen unmittelbaren Krieg. Alle übrigen Mächte werden nicht für Preußen eintreten. Künftige Zufälle und Veränderungen sind nicht vorauszusehen. Je mehr Preußen Zeit gewinnt, desto mehr wird es sich in Schlesien festsetzen und seinen Einfluß bei andern Höfen zu vermehren suchen.

So weit erörtert Kaunitz den einzig möglichen Offensivplan. Sollte dieser fehlschlagen, so bleibt nichts anderes übrig als alle Aufmerksamkeit auf eine Defensive zu richten, die Ruhe zu befestigen und sich vor feindlichen Angriffen sicher zu stellen.

Dazu ist unbedingt erforderlich die Verfassung und Verwaltung der Länder zu ordnen, eine starke Kriegsmacht zu halten und in den auswärtigen Staatsgeschäften mit großer Behutsamkeit nach gleichmäßigen Grundsätzen vorzugehen. An einem etwa im Norden entstehenden Kriege hat man keinen Theil zu nehmen, dem Bourbonischen Hause keine Ursache zu Mißvergnügen oder Argwohn zu bieten, jedoch andererseits auch keine allzu große Rücksicht und Willfährigkeit zu bezeigen, denn dies würde eine entgegengesetzte Meinung als die beabsichtigte hervorrufen, ja endlich Verachtung und jenen Uebermuth, der sich für um so höher hält, je mehr andere sich erniedrigen. Man möge sich nicht in neue Defensivallianzen und Verbindlichkeiten einlassen, den Seemächten jeden Vorwand benehmen, als wolle man sich von ihnen trennen und ein anderes politisches System befolgen, die russische Freundschaft auf das sorgfältigste pflegen und so weit es thunlich sei mit allen europäischen Mächten in gutem Vernehmen stehen.

Das Gutachten von Kaunitz war eine tiefdurchdachte Arbeit und überwog die Aufsätze der andern Minister weit an Umfang sowohl — es umfaßt hundert und sechsundzwanzig Folioblätter — wie an innerem Gehalte. Es war das Programm des künftigen Staatskanzlers. Zwar enthielt es, wie Kaunitz selbst ausspricht, in den wesentlichsten Stücken, namentlich was die französische Allianz und ihre Verwerthung gegen Preußen anbetrifft, nicht neue, von ihm ausgesonnene Gedanken, sondern beruhte auf den während des Aachener Congresses empfangenen Weisungen und den Aeußerungen der französischen Minister[1]). Aber was ihm seiner Zeit von Bartenstein im Namen der Kaiserin an die Hand gegeben war, hatte Kaunitz sich völlig zu eigen gemacht und zu einem durchgreifenden Systeme der österreichischen Politik gestaltet. Gemäß den hier entwickelten Grundsätzen hat Kaunitz gehandelt, sowohl während er den Botschafterposten am französischen Hofe bekleidete, als seitdem er die Politik Oesterreichs als Staatskanzler leitete.

Nach Eingang der Gutachten ihrer Minister beauftragte die Kaiserin Bartenstein aus denselben einen Auszug anzufertigen. Er that dies in der Weise, daß er in einem Vortrage, welchen er der Kaiserin am 19 April 1749 überreichte, die Meinungen von Königsegg, Ulfeld, Colloredo, Khevenhüller und Kaunitz zusammenfaßte. Zugleich suchte er darum nach seine Ehre und Unschuld gegen die in Harrachs Gutachten enthaltenen Anklagen rechtfertigen zu dürfen.

Dies verbat die Kaiserin; sie verlangte es von Bartenstein als ein Opfer und einen nicht kleinen Dienst, daß er ohne von Harrachs „Particular-Anführungen und Beklagungen" etwas zu melden, Harrachs Votum wie die übrigen auszuziehe.[2]) Bereits am 20 April kam Bartenstein dem Befehle der Kaiserin nach. Die Auszüge wurden sämmtlichen Ministern mitgetheilt und von jedem die Erklärung gefordert, ob er bei seiner vorigen Meinung beharre, und ob dieselbe recht gefaßt sei, oder ob er einer anderen beitrete.

---

1) S. hierüber Arneth, Maria Theresia III 349 ff. Ab. Beer, zur Geschichte des Friedens von Aachen. Wien 1871. (Archiv f. österreich. Gesch. XLVII 1.)

2) Arneth IV 534, 28.

Die Minister sprachen sich dahin aus, daß der Auszug im wesent=
lichen ihre Ideen in sich begreife; auch Kaunitz beschied sich da=
hin, so sehr auch Bartenstein seine Entwürfe abgeschwächt hatte.
Nunmehr fällte die Kaiserin die Resolution: „Wo nach Er=
klärung des Harrach die Meinungen gleich seyend, so approbire
selbe, wo aber ein Unterschied, falle denen Majoribus bey, wo=
nach sich künftig zu halten sowohl in denen Berathschlagungen
als Expeditionen, darnach sich allzeit als ein Grund zu halten." [1])
Hiermit verwarf Maria Theresia das Gutachten Harrachs,
mit welchem sie überhaupt zerfallen war, und erklärte das Votum
der Majorität ihrer Ministerconferenz, wie Bartenstein es zu=
sammengefaßt hatte, für maßgebend. Daß nicht etwa, wie Beer
aussprach und wie ich selbst früher angenommen habe, Kaunitzens
Entwürfe abgelehnt waren, ergibt sich aus dem Auszuge Barten=
steins mit völliger Klarheit. Denn dieser hat das Majoritäts=
votum der Art gefaßt, daß. die von ihm getheilten Auffassungen
Kaunitzens überall den leitenden Faden bilden.
Beer hat das nach Bartensteins Weise schwerfällig angelegte
Actenstück vollständig veröffentlicht (S. 129—142); wir dürfen
uns hier auf den Punct beschränken, welcher den Kern von Kau=
nitzens Entwurfe bildet, nämlich die Trennung Frankreichs von
Preußen und die Gewährung eines Gegenvortheils an Frankreich.
Hierüber besagt der Auszug wörtlich (S. 138 f.):
„So viel nun 10) diese Absonderung der Krone Frankreich
von Preußen anbelangt, wird zwar dieselbe vom Grafen Ulfeld,
Graf Khevenhüller und Grafen Kaunitz für sehr schwer, doch
nicht für ohnmöglich gehalten. Und glaubt der letztere zu deren
Bewürkung nebst Darstellung eines größeren, bei beiden See=
mächten unanstößigen Vortheils unter andern mit diensam zu
sein, daß Frankreich von diesseitiger friedlicher Gesinnung in An=
sehung der nordischen Angelegenheiten überzeugt werde u. s. w.
Gleichwie aber der Graf Königsegg und Colloredo sich nicht
vernehmen lassen, wessen Meinung sie dessenthalben sind, so
werden es selbe noch weiter äußern müssen.
Ungehindert dieses Antrags und Unterschieds jedoch sind

---

[1]) Beer, Benlink XXXIV.

11) alle fünf Meinungen in dem hinwiederum ganz einig, daß Frankreich nebst den Türken und Preußen unter die natürlichen Feinde des Erzhauses zu zählen, daß dessen süßen Worten im mindesten nicht zu trauen, sondern einzig und allein auf die Werke zu gehen, und daß endlich nicht anzuhoffen sei, von Frankreich auch nur einen zeitlichen Nutzen, ohne einen anderwärtigen, nach Beschaffenheit der Gemüthsregungen und Zeitumstände sich ergebenden Gegenvortheil zu erhalten."

Also erklären drei der Minister die Erlangung eines Einverständnisses mit Frankreich gegen Preußen für möglich, während zwei sich der Aeußerung darüber enthalten haben, und alle fünf stimmen dahin überein daß Frankreichs Mitwirkung nur durch ein zu gewährendes Aequivalent zu erlangen sei. Demnach entspricht das Votum der Majorität Kaunitzens Entwürfen.

Daß diese Auffassung die richtige sei wird bestätigt durch ein Gutachten des Feldmarschalls Karl Batthiany vom 18 Juni 1749. Dieser ward im Mai, nach seiner Rückkehr aus den Niederlanden, in die geheime Conferenz berufen und erhielt von der Kaiserin den Auftrag von den Gutachten der Minister über das künftig zu befolgende politische System Kenntniß zu nehmen und seine Meinung darüber zu sagen. Batthiany erklärte hierauf, der von Kaunitz aufgesetzte Plan, um Frankreich von Preußen zu betachiren und Schlesien wieder zu überkommen, sei mit aller ersinnlichen Vorsichtigkeit eines so würdigen und in Weltgeschäften tief einsehenden Staatsmannes ausgearbeitet, „wessentwegen er auch den Beifall des ganzen Ministerii in so weit überkommen zu haben scheinet, daß den Vorschlag auszuführen nicht unterlassen werden solle" (Arneth 282. 536, 31). Batthiany selbst erklärte, er sehe wohl ein, daß die Trennung Frankreichs von Preußen für Oesterreich „von unaussprechlichem Nutzen" sein würde. Jedoch hielt er das Unternehmen für äußerst schwierig und rieth jedenfalls die Unterhandlung mit Frankreich nicht eher zu beginnen, als bis Oesterreich seine Truppen wie seine Finanzen in so günstigen Zustand versetzt habe, daß nicht allein die Wahrscheinlichkeit, sondern sogar die moralische Gewißheit des Erfolges zu Oesterreichs Gunsten spreche.

Somit ward Kaunitzens System von der Majorität der

Ministerconferenz im Princip gebilligt; der einzige entschiedene Vertreter des Einvernehmens mit den Seemächten, Graf Harrach, starb bereits im Juni 1749. Es unterliegt keinem Zweifel daß Kaunitz in seinem Gutachten vielfach den eigensten Gedanken Maria Theresiens Ausdruck gab. Auch der Kaiserin galt seit Ende des Erbfolgekriegs die Allianz mit den Seemächten für nicht mehr als ein Nothbehelf, wie sie im October 1760 dem Grafen Choiseul sagte: les Anglois ont toujours soutenu les intérêts de leurs alliés, excepté les nôtres; il est vray qu'ils nous ont sacrifiés en toute occasion. Moi je me suis bien promis après la paix d'Aix-la-Chapelle de ne me plus lier avec eux, et je n'oublierai jamais tout ce que j'en ai souffert.

Aber von der Billigung der Principien bis zu ihrer praktischen Anwendung waren noch viele Schritte zu thun. Der Wiener Hof gieng langsam und mit kluger Vorsicht daran das Netz zu spinnen, welches zu gelegener Zeit sich über dem Haupte des Königs von Preußen zusammen ziehen sollte.

Kaunitz selbst hatte die Ausführung seines Offensivplans an zwei Vorbedingungen geknüpft, „Essentialrequisite", wie er sie nannte, daß Rußland von Schweden abstehe und mit Preußen Krieg anfange, und daß Frankreich hiezu allen Vorschub zu leisten vermocht werde. Weder die eine noch die andere Bedingung erwies sich vor der Hand erreichbar. Bestucheff beharrte eigensinnig auf seinen Absichten gegen Schweden, im Jahre 1750 schien der Ausbruch des Krieges unmittelbar bevorzustehen, und die Folge davon war, wie Kaunitz vorausgesagt, eine engere Verbindung zwischen Preußen und Frankreich. Erst im Jahre 1751 gelang es dem österreichischen Gesandten Pretlack den russischen Hof zu friedfertigen Erklärungen zu bestimmen.

Um so weniger dachten die Minister der Kaiserin daran, in Hoffnung eines zukünftigen Einverständnisses mit Frankreich, sich von den Seemächten zu trennen. Vornehmlich ließen sie es sich angelegen sein, jede Annäherung derselben an Preußen zu hindern. Sie nährten die Eifersucht und Gehässigkeit, welche Georg II und seine hannöverschen Minister gegen Friedrich II hegten. Aber sie achteten sorgfältig darauf, wie die Instruction für den österreichischen Gesandten in London vom 17 Juli 1749 besagt, „daß

man sich weder durch die Seemächte verleiten lasse, bei Frankreich
Mißtrauen zu erregen, noch durch Frankreich die Seemächte zu
verstimmen[1]." Der Wiener Hof ergriff bei dem britischen Cabinet
nicht die Initiative zu gemeinsamen Schritten, aber er entzog
sich auch den mit geschäftigem Eifer von Georg II betriebenen
Maßregeln nicht; namentlich ließ man sich auf die von ihm vor=
geschlagene Wahl des Erzherzogs Joseph zum römischen Könige
ein. Aber in dieser wie in anderen Angelegenheiten beobachtete
man in Wien eine kühle Zurückhaltung und vermied jeden Schritt,
welcher den französischen Hof verletzen und einer französischen
Allianz hinderlich sein konnte.

Es erklärt sich aus diesen Umständen daß Kaunitz nicht
früher als im Jahre 1750 den Botschafterposten in Paris über=
nahm, welcher ihm seit dem Aachener Frieden zugedacht war.
Seine Instruction (vom 18 September 1750) nahm Bezug auf
die ihm bekannten Berathungen der geheimen Conferenz, ins=
besondere den von Bartenstein gefertigten Auszug, das politische
System betreffend, und hob nur hervor, was nöthig sei, ihn von
der Kaiserin eigentlichen Willensmeinung zu unterrichten. Vor
allem habe er den französischen Hof von dem aufrichtigen Ver=
langen der Kaiserin zu überzeugen, zur Aufrechterhaltung der
Ruhe Europas in ein dauerndes und inniges Freundschaftsver=
hältniß mit Frankreich zu treten. Erst wenn die französische Re=
gierung von der Aufrichtigkeit der Gesinnung des Wiener Hofes
überzeugt worden sei, könne man nach und nach daran arbeiten,
bei Frankreich den Verdacht gegen Preußen zu vermehren.[2]
Man werde nicht irren, wenn durchaus gesuchet werde das Gegen=
gewicht jenem zu geben, was Preußen betreibet.

Zunächst bot sich für Kaunitz geringe Aussicht, dem Ziele
seiner Wünsche näher zu kommen. Zwar empfieng ihn Ludwig XV
zuvorkommend und unterhielt sich mit ihm aufs vertraulichste;
Puysieux, der Minister der auswärtigen Angelegenheiten, trat zu
ihm in freundliche Beziehungen: aber die Politik der französischen
Regierung beharrte in ihrer bisherigen Bahn. Diese war, was

---

1) Arneth 286 f.   2) Arneth 325. Beer CXXX.

Preußen betraf, in der Instruction des zur gleichen Zeit beim
Wiener Hofe als Botschafter beglaubigten Marquis de Hautefort
am 14 September 1750 dahin formulirt: Il n'est que trop vrai-
semblable que la cour de Vienne — ne perd point de vue le
projet de recouvrir le plutôt qu'elle pourra ce qu'elle a cédé
malgré elle dans le cours de la dernière guerre et en parti-
culier la Silésie. Cet objet lui tient tellement à coeur que,
soit par elle-même, soit par le canal de la cour de Dresde,
elle a fait au roi depuis 1745 jusqu'en 1748 plusieurs propositions de paix particulière et des offres même d'abandonner
à la France quelques places des Pays-Bas Autrichiens, pourvu
que S. M. voulût bien ne rien stipuler en faveur du roi de
Prusse et observer une exacte impartialité par rapport aux
discussions que l'I. R. de Bohème et de Hongrie pourroit
avoir avec ce prince. Mais le roi n'a jamais cru qu'il fût ni
de sa gloire ni de son intérêt de livrer le roi de Prusse au
ressentiment de la cour de Vienne et de ses alliés.[1])

Demgemäß äußerte sich der französische Botschafter in Wien.
Maria Theresia hatte es kein Hehl, daß, wenn der Zeitlauf
günstige Umstände herbeiführe, sie vielleicht daran dächte, Schlesien wiederzuverlangen. Aber sie versicherte, in dem gegenwärtigen Augenblicke denke sie nicht daran. Hautefort belobte die
Kaiserin ob ihrer weisen Mäßigung und ihrer Einsicht, daß die
gegenwärtigen Umstände nicht gestatteten einen solchen Plan zu
fassen.

Nicht anders lauteten die Erklärungen, welche Kaunitz am
französischen Hofe gegeben wurden. Es zeigte sich nicht die
mindeste Aussicht auf Aenderung der französischen Politik zu
Gunsten Oesterreichs. Nach einigen Monaten verzweifelte Kaunitz an der Ausführbarkeit des von ihm vertretenen Systems der
Politik und richtete in diesem Sinne an die Kaiserin eine Denkschrift, welche am 12 April 1751 von ihm entworfen, am 3 Mai
ausgefertigt und am 14 Juni abgesendet ward. Er berief sich
darauf, daß trotz ihrer sonstigen Feindseligkeit sowohl England
als Frankreich den König von Preußen im Besitze Schlesiens zu

---

1) Wuttke-Hirschberg XL.

erhalten suchten. Frankreichs Haltung gegen Oesterreich müßte nach wie vor als eine drohende erscheinen. „Was bleibt nun", schloß er diese Erwägungen, „bei solchen Umständen für ein anderes vernünftiges Mittel zur Befestigung der eigenen Sicherheit übrig, als endlich den Verlust Schlesiens ganz zu vergessen, dem Könige von Preußen diesfalls alle Sorge zu benehmen, und ihn auf diesem Wege dereinst in die Allianz Oesterreichs mit den Seemächten zu ziehen[1])?"

Damit schien sich Kaunitz zu den Ansichten bekehrt zu haben, welche Kaiser Franz hegte, ohne sie mit besonderem Nachdrucke geltend zu machen. Maria Theresia ließ sich jedoch dadurch in ihrem Vorsatze nicht beirren, und Kaunitz selbst beharrte in seinen Bedenken nicht. In einem Briefe an den Cabinetssecretär der Kaiserin, Koch, vom 5 December 1751 schreibt er: „Ich habe mit Schmerz gesehen, daß J. M. aus jener Denkschrift (vom 3 Mai) entnommen hat, daß ich den Gedanken hätte, ihr zu rathen, sich wahrhaft mit dem Könige von Preußen zu vereinigen; ich habe das niemals gedacht und werde es nie denken[2])."

Die Dinge hatten sich inzwischen günstiger angelassen, und zwar durch die Theilnahme der Marquise de Pompadour. Nach französischen Berichten nahm man bisher an, daß Kaunitz mit dieser Maitresse Ludwig XV schon während des Aachener Congresses eine Correspondenz angeknüpft habe. Dagegen belehrt uns Arneth, daß die geheimsten Aufzeichnungen der Wiener Archive davon keine Spur enthalten.[3]) Nach seiner Ankunft am französischen Hofe berichtet Kaunitz, daß die Marquise für die Aufmerksamkeiten, welche er ihr erweise, sehr empfänglich sei und daß der König ihm dafür Dank wisse.[4]) Aber erst am 22 August 1751 meldete er: „Wenn sich Madame de Pompadour in die auswärtigen Angelegenheiten mischte, so habe ich Grund zu glauben, daß sie uns keine schlechten Dienste leisten würde; sie bezeigt mir viel Güte und einiges Vertrauen. — Alles dies hat freilich keinen Einfluß auf die eigentlichen Geschäfte, aber

---

1) Arneth 330—339. 543, 13—15.   2) 334. 544, 19.   3) 323.
4) 326. 542, 6.

14 *

dergleichen persönliche Neigungen verderben doch nichts und kön=
nen bei günstiger Gelegenheit von großen Folgen sein[1]." Im
nächsten Jahre besuchte er sie öfter in ihrem Lustschlosse Bellevue
bei Paris und hatte vertrauliche Unterredungen mit ihr, deren
Inhalt auf Ludwig XV berechnet waren. So schreibt Kaunitz
am 23 Juni 1752: J'ai eu occasion de causer aussi fort long-
temps dans la même matinée avec Mad. la marquise de Pompadour, et je lui ai dit beaucoup de choses que je suis bien-
aise qu'elle redise au Roi[2]).

Aber wenn auch die Pompadour das Ihre that, Ludwig XV
für Kaunitz und die Kaiserin günstig zu stimmen, so findet sich
doch keine Andeutung, daß sie damals bereits Schritte gethan
habe, um die geheimen Entwürfe des Wiener Hofes in Betreff
einer Allianz ins Werk zu setzen. Dazu stimmt die Erzählung
von Duclos[3]), die Pompadour sei auf Kaunitzens Vorschläge
eingegangen und habe sich geschmeichelt, die Minister zu be=
kehren: aber sie sei bei ihnen auf so entschiedenen Wider=
spruch gestoßen, daß sie es nicht wagte, dem Könige einen
Plan vorzulegen, welchen der ganze Staatsrath bekämpft haben
würde.

Als einen für den Erfolg seiner Bemühungen nachtheiligen
Umstand sah Kaunitz den Rücktritt des Marquis de Puysieur
vom auswärtigen Ministerium an, denn sein Nachfolger St. Contest
war noch weniger geneigt, von der hergebrachten Politik des
französischen Hofes gegen Oesterreich abzuweichen.

Am 1 Januar 1753 verließ Kaunitz seinen Botschafterposten
und übernahm wenige Monate später als Hof= und Staatskanzler
die Leitung der auswärtigen Angelegenheiten. Sein Nachfolger
Georg Graf von Starhemberg traf erst nach Jahresfrist in Paris
ein. Die ihm ertheilten Instructionen (vom 27 October 1753)
waren durchaus friedfertig; sie zeigen, daß die Hoffnung mit
Frankreichs Beihilfe Schlesien wieder unter österreichische Bot=
mäßigkeit zu bringen, völlig in den Hintergrund getreten war.
Frankreichs Einverständniß mit Preußen schien enger als je zu

---

1) Arneth 334. 544, 20.   2) 341. 546, 32.   3) Pétitot. LXXVII 104.

sein. Daher ward Starhemberg sogar angewiesen, es zu ver=
meiden, die früher gegen den König von Preußen erhobenen Be=
schwerden zu erneuern und Haß oder Abneigung wider ihn zur
Schau zu tragen [1]). Andererseits befunden die dem Nachfolger
Hautefort's, Marquis d'Aubeterre am 26 September 1753 er=
theilten Instructionen zwar für den kaiserlichen Hof weit geneig=
tere Gesinnungen, aber nicht minder den Entschluß des Königs
von Frankreich an seinem Bündnisse mit Preußen festzu=
halten [2]).

Der Pompadour überbrachte Starhemberg ein Schreiben von
Kaunitz, und ward von ihr höchst zuvorkommend empfangen, aber
es blieb vorläufig bei dem Austausche bloßer Höflichkeiten. Die
Ernennung von Rouillé zum Nachfolger des im Juli 1754
gestorbenen Marquis de St. Contest, welche durch sie bewirkt
war, kam Starhemberg ganz unerwartet. In seinem Bericht vom
7 August erklärt er, es sei keine Hoffnung vorhanden, daß ein
gutes Einvernehmen und eine genaue Freundschaft zwischen den
Höfen von Wien und Versailles jemals werde herbeigeführt wer=
den könne, wenn auch von Seiten Oesterreichs alles mögliche
dafür geschehe [3]).

Man fragt sich unwillkührlich, ob unter solchen Verhält=
nissen Maria Theresia nicht auf den Gedanken kam, ihre Kriegs=
pläne gegen Friedrich von Preußen nicht bloß auf günstigere
Umstände aufzuschieben, sondern ein friedliches Einverständniß
mit diesem Könige zu versuchen. Für unmöglich hatten ein sol=
ches, wie wir sahen, ihre treusten Rathgeber nicht erachtet.
Friedrich II hatte, wie der Kaiserin wohl bekannt war, seit dem
Dresdener Frieden allen Verlockungen Frankreichs, nochmals sich
am Kriege zu betheiligen, beharrlich widerstanden. Nach dem
Aachener Frieden waren die Unterhandlungen über die Ausfüh=
rung gewisser Stipulationen des Dresdener Friedens von 1745
aufgenommen worden. Sie betrafen die Garantie dieses Frie=
dens von Seiten des Reiches, ferner die Schuldforderungen

1) Arneth 358.
2) Schlosser, Gesch. d. 18. Jahrh. II³ 299. Wuttke-Huschberg XLVI.
3) Arneth 363.

österreichischer Unterthanen und einen durch beiderseitige Com=
missarien zu vereinbarenden Handelsvertrag. Diese beiden An=
gelegenheiten beruhten auf Bestimmungen des Berliner Friedens
von 1742, welche der Dresdener Friede bestätigt hatte.
Von diesen Gegenständen war nur einer erledigt. Auf Be=
trieb Georgs II ward der Dresdener Friede im Jahre 1751 von
Kaiser und Reich gewährleistet. Inzwischen erhob sich ein neuer
Zwiespalt über die von Georg II vorgeschlagene Wahl des Erz=
herzogs Joseph zum römischen König. Friedrich II hielt seine
Stimme zurück, da gegenwärtig kein Bedürfniß zu einer solchen
Wahl vorliege und der Erzherzog noch unmündig sei, und be=
stärkte durch den französischen Hof auch andere Kurfürsten, na=
mentlich Kurpfalz, in ihrem Widerspruche oder in den Anfor=
derungen, für deren Gewährung ihre Stimme zu erkaufen war.
Die Erledigung der schlesischen Schuldsache zog sich darüber in
die Länge, daß Friedrich sie von dem gleichzeitigen Abschlusse
des Handelsvertrages abhängig machte, in der Ueberzeugung, daß
wenn einmal jene Schulden abgezahlt seien, der letztere nie zu
Stande kommen werde. Der österreichische Hof weigerte sich
beides zusammen zu behandeln, und so verschleppte sich die Unter=
handlung, wie Arneth anerkennt[1]), nicht etwa allein durch die
Schuld Preußens.

Aber alles dies waren Streitpunkte, über welche bei gutem
Willen leicht hinwegzukommen war. Der Hauptgrund des dauern=
den Zwiespaltes lag in den Personen der Regenten. Friedrich
der große beobachtete die Kaiserin mit wachsamem Argwohn und
sah sich durch ihr Verhalten darin bestärkt. Maria Theresia
haßte Friedrich leidenschaftlich und hatte dessen kein Hehl. Sie
befestigte sich in dieser Gesinnung durch die Kenntnißnahme von
der Correspondenz des Königs mit seinem Gesandten in Wien[2]).

1) Arneth 313.
2) Arneth 309. 539 Anm. 370—372. Daß die preußischen Depeschen
regelmäßig intercipirt wurden, lehrt Ulfeld's Schreiben an die Kaiserin über
Klinggräff (Podewils Nachfolger in der preußischen Gesandtschaft zu Wien):
„deß Klinggräv schreiben an König enthalten nicht so viel erfindungen und
unwahrheiten, wie vor Zeiten des Podewils seine." Intercepte aus Berichten
des englischen Gesandten in Wien s. Neun Actenstücke S. 39.

Man hat es so oft Friedrich II zum Vorwurfe gemacht, daß er durch feile Beamte sich Einsicht in fremde Acten verschaffte. Aber man sollte dabei wenigstens nicht vergessen, daß ähnliche Kunstgriffe an allen Höfen jener Zeit im Schwange waren. Depeschen der auswärtigen Gesandten wurden an dem französischen, englischen, russischen, sächsischen und nicht minder an dem österreichischen Hofe erbrochen und gelesen. Nun scheinen jene preußischen Correspondenzen zwar nichts von großer Bedeutung ergeben zu haben, aber gelegentlich reizte doch ein spitziges Wort die Kaiserin und trug dazu bei, ihrem Hasse Nahrung zu geben.

So vergiengen die Jahre, in denen bei den leitenden Mächten England und Frankreich das Friedensbedürfniß vorwaltete. Ein neuer Krieg war im Anzuge. Die Grenzstreitigkeiten in Amerika waren nicht verglichen worden. Seit 1754 standen am Ohio bereits Engländer und Franzosen gegen einander unter den Waffen. Es war zu erwarten, daß ihre Fehde, an deren Ausgang die Zukunft der Colonien hing, auch die Mutterstaaten in Europa in Krieg verwickeln werde. In diesem Falle schien es nicht anders, als werde England wieder wie früher mit Oesterreich, Frankreich mit Preußen im Bunde stehen, und als würden wie von jeher die Niederlande den Kampfplatz abgeben.

Bereits wurden Erklärungen in diesem Sinne gewechselt. Starhemberg stellte im April 1755 die Anfrage, ob Frankreich wirklich im Falle eines mit England in Europa zu führenden Krieges den Aachener Frieden brechen und die Niederlande angreifen werde. Der französische Minister antwortete, man könne es Frankreich nicht verdenken, wenn es sich in solchem Falle durch Bekämpfung der Verbündeten Englands schadlos zu halten suche [1]).

Da geschah es, daß Maria Theresia und Georg II sich über die Bedingungen entzweiten, unter denen ihr Bündniß fernerhin noch Geltung haben sollte, und daß sie beiderseits glaubten, eher mit ihren früheren Gegnern als mit ihren bisherigen Bundesgenossen sich vertragen zu können. Damit nahm Maria Theresia ihren großen Plan gegen Preußen wieder auf.

---

1) Arneth 364.

II.

Die englischen Berichte und Staatsschriften jener Jahre sind zum Ermüden voll von den rastlosen aber stets vergeblichen Bemühungen Georgs II das durch den Aachener Frieden gestörte Einverständniß mit Maria Theresia nicht bloß wiederherzustellen, sondern auch auf unerschütterlichen Grundlagen zu befestigen. Die Ursache dieses Mißerfolgs lag, wie Arneth's Mittheilungen bestätigen, nicht etwa nur in dem Widerstreben des Wiener Hofes, sondern in höherem Grade noch in dem Ungeschick der englischen Regierung, der herrischen Sprache, welche Georg II sich verstattete und dem schroffen Widerspruch, mit welchem Maria Theresiens gerechte Beschwerden über den Barrierevertrag abgewiesen wurden. Statt einander näher zu kommen, hatten die dem Namen nach verbündeten Höfe sich thatsächlich von Jahr zu Jahr mehr entfremdet.

Im Jahre 1755 wurden erneute Versuche gemacht, sich angesichts des bevorstehenden Krieges zu verständigen, aber es zeigte sich bald, wie verschieden die Grundanschauungen des kaiserlichen und des britischen Hofes waren [1]). Georg II forderte, daß Maria Theresia ernstliche Anstalten treffe, die Niederlande und Hannover gegen Frankreich und eventuell gegen Preußen zu vertheidigen, und war für diesen Zweck zu Subsidienverträgen bereit. Maria Theresia dagegen bestand darauf, die Streitkräfte, welche sie während des Friedens zugerüstet hatte, nicht zu theilen, sondern ihre Hauptmacht gegen Preußen zusammenzuhalten und dem ihr eng befreundeten russischen Hofe die zum Kriege gegen Preußen erforderlichen Geldmittel zu verschaffen. Um die englische Regierung von der Nothwendigkeit dieses Verfahrens zu überzeugen, ward ihr einmal über das andere vorgehalten, König Friedrich beschäftige sich mit neuen Angriffsplänen gegen Oesterreich. „Es wird", sagt Arneth [2]), „später ausdrücklich versichert, daß man die unumstößlichen Beweise für diese Thatsache in Händen

---

1) Zu dem folgenden vgl. Beer, die österreichische Politik in den Jahren 1755 und 1756, in Sybels hist. Zeitschr. XXVII 282—373.
2) S. 374.

habe. Worin jedoch die Beweise bestanden, ist nirgends er-
sichtlich."

Wir dürfen hinzufügen, daß Friedrich der große den lebhaften Wunsch hegte, daß der drohende Seekrieg sich nicht auf
den Continent Europas erstrecken möchte. Denn in diesem Falle
befürchtete er bei dem erklärten Hasse des russischen und österreichischen Hofes die gefährlichsten Verwicklungen für die Sicherheit seiner Staaten. Deßhalb wirkte er zu Gunsten des Friedens und suchte wenigstens den Krieg von Deutschland fern-
zuhalten.

Georg II ließ die Einwände des kaiserlichen Hofes nicht
gelten, sondern drang aufs bestimmteste darauf, daß derselbe die
Niederlande kräftig schütze: Maria Theresia aber blieb unwandelbar des Willens, sich Englands Begehren nicht zu fügen. Zwar
fehlte es im Rathe der Kaiserin auch jetzt nicht an Fürsprechern
der englischen Vorschläge, aber ihre Warnungen wurden nicht
gehört. Es ward beschlossen der englischen Regierung ein Ultimatum zu stellen, um zu sehen, ob es sich lohne, ferner mit ihr
verbündet zu bleiben oder nicht.

Dieses Ultimatum, die von Kaunitz selbst abgefaßte Note
vom 19 Juni 1755, stellte zwar eine Verstärkung der österreichischen Truppen in den Niederlanden um 10—12000 Mann in
Aussicht, aber wies in der Hauptsache, mit Wiederholung der
vielfältigen Beschwerden des kaiserlichen Hofes, die englischen
Propositionen aufs entschiedenste und in schroffer Sprache zurück[1]).
Was die Note zu bedeuten hatte, erklärte Maria Theresia bei
Uebersendung einer Abschrift derselben an ihren Schwager Karl
von Lothringen: vous y trouverez des traits extrêmement forts;
·il a fallu y venir pour que je sache une bonne fois,. comment
je suis avec les Anglais[2]). Kaunitz nannte sie in einer Denkschrift,
welche er am 27 Juni an die Kaiserin richtete, einen Probier-
stein, um zu erfahren, ob auf ein verläßliches Bündniß mit den
Seemächten zu hoffen oder auf ein solches nicht mehr zu rechnen
sei. Denn bei dem bisherigen System, wenn dessen Gebrechen

---

1) Coxe's Austria 1807. II. 379—382. Arneth 378—382. Beer 293 ff.
2) Arneth 378. 648, 68.

nicht verbessert werden sollten, habe Oesterreich keine hinläng=
liche Sicherheit für sich selbst und noch weniger die bundesmäßige
Mitwirkung der Seemächte zu der wünschenswerthen Beschrän=
kung der preußischen Macht zu gewärtigen[1]). Arneth erwähnt
nicht, was der englische Gesandte Keith aus seiner Unterredung
mit dem Staatskanzler berichtet, Kaunitzens Antwort auf die
Frage, auf welcher Grundlage man sich denn einigen könne:
Mon Dieu, en attaquant le roi de Prusse.

Wir ersehen aus Arneth's Mittheilungen, daß Kaunitz nicht
die Absicht hegte, durch den Ton, den er anschlug, den Bruch mit
England herbeizuführen. In jener Denkschrift erwägt er die drei
Möglichkeiten: Entweder entscheide sich England für thatkräftige
Maßregeln im Sinne der Allianz, wie der österreichische Hof sie auf=
faßte; dann sei der Hauptzweck erreicht. Oder es finde sich durch
dessen Haltung bewogen, den Streit mit Frankreich gütlich bei=
zulegen; dann sei für den Augenblick die Kriegsgefahr beseitigt.
Oder England wende sich an Preußen; dann werde es darauf
ankommen, ob König Friedrich auf die englischen Vorschläge
eingehe oder nicht. Lehne er sie ab (und dies hielt Kaunitz für
das wahrscheinlichere), so werde diese Abweisung England zwin=
gen, sich neuerdings und eifriger als je um den Beistand Oester=
reichs zu bewerben. Sollte aber Preußen wider Vermuthen sich
auf die Seite Englands schlagen und das Bündniß mit Frank=
reich verlassen, dann wäre wohl nicht zu zweifeln, daß Frank=
reich selbst die vollständige Aussöhnung und Verbindung mit
Oesterreich suchen und auf die Annahme eines politischen Systems
hinwirken würde, welches die ersten katholischen Mächte gegen
die protestantischen vereinigen und die bisherige Gestalt des euro=
päischen Gleichgewichtes völlig abändern würde[2]).

Um diese Zeit mögen die Principien aufgestellt und von dem
Kaiser und der Kaiserin genehmigt worden sein, auf welche
Kaunitz sich späterhin beruft. Es waren folgende: 1) daß in
allen Fällen und bei allen Gelegenheiten das sorgfältigste und
vorzüglichste Augenmerk auf den König von Preußen und dessen
Schwächung zu richten sei; 2) dies sei nur auf zwiefache Weise

---

1) Arneth 382—385. Beer a. a. O. 307—311.   2) Arneth 384.

zu erreichen, entweder durch die bisherigen Bundesgenossen oder durch Mithilfe Frankreichs; 3) derjenige der beiden Wege, der sich zuerst darbiete, sei einzuschlagen; 4) so lange hiezu keine Hoffnung vorhanden, sei auch keiner der Wege für beständig zu verscherzen, sondern beide müssen offen erhalten werden; 5) jeder Krieg, der nicht unmittelbar gegen Preußen gerichtet ist, sei zu vermeiden, da er dem Erzhause zu keinem wesentlichen Vortheile, sondern nur zum Nachtheile gereichen könne[1].

Die englische Regierung ließ das österreichische Ultimatum vom 19 Juni unbeantwortet. Georg II erklärte, er wolle mit der Kaiserin sich nicht auf einen Federkrieg einlassen, und suchte seit dem 10 August sich mit dem Könige von Preußen über einen Neutralitätsvertrag zu verständigen.

Dem österreichischen Hofe ward von englischer Seite ange= deutet, daß es wohl gelingen dürfte, den König von Preußen zur Neutralität zu bestimmen, so daß Oesterreich seine Truppen unbesorgt gegen Frankreich verwenden könnte. Andererseits kamen günstigere Nachrichten aus Paris. Starhemberg meldete am 2 August, die französische Regierung werde sorgfältig alles ver= meiden, wodurch sie mit Oesterreich in Krieg gerathen könne[2].

Unter diesen Umständen ward zu Wien die Bahn betreten, um das bereits vor sechs Jahren erwogene politische System ins Werk zu setzen und den Beistand Frankreichs zum Kampfe gegen Preußen zu suchen.

Am 16 August 1755 erfolgte in Gegenwart des Kaisers und sämmtlicher Mitglieder der Conferenz Maria Theresia's entschei= dender Ausspruch, wenn England den König von Preußen ver= möge dem Kriege fernzubleiben, auch österreichischerseits völlig stillzusitzen und die Niederlande im Falle eines französischen Ein= bruchs dem Schicksal lediglich zu überlassen[3]. Wie dabei die Sicherheit des deutschen Reiches bestehen könne, ward nicht ge= fragt.

Die Allianz mit England war durch diese Entschließung gelöst.

---

1) Beer 333. Der Ministerconferenz wurden diese Principien am 26 No= vember 1756 eröffnet.
2) Arneth 387, 550, 77.   3) 387. 549, 75. Beer 318—321.

Nachdem entschieden war, daß Oesterreich in keinem Falle das Schwert gegen Frankreich ziehen werde, ward auf Grund eines schriftlichen Vortrages des Grafen Kaunitz an den Kaiser in den Conferenzen vom 19 und 21 August über die ferneren Maßregeln Beschluß gefaßt.

Kaunitz entwickelte die Nachtheile für Oesterreich, wenn es sich an dem europäischen Kriege nicht betheilige, und die Gefahren, wenn es in demselben auf Englands Seite treten wolle. Dagegen biete sich ein glückverheißender Ausweg, wenn es gelinge, mit Frankreich dahin übereinzukommen, daß dem Könige von Preußen Schlesien wieder entrissen und ihm gleichzeitig die Gelegenheit zur Rache im voraus benommen werde. Das wirksamste Mittel, Oesterreich vor den gefährlichen Absichten des Königs von Preußen zu retten, bestehe darin, wenn Frankreich seine Allianz mit diesem löse, und Rußland vermocht werden könne, ihn mit 80,000 Mann anzugreifen. Um den König von Frankreich zu gewinnen, müsse man ihm größere Vortheile anbieten, als die Allianz mit Preußen ihm gewähre, und zwar dürfe man den Infanten Philipp für Parma, Piacenza und Guastalla ein anderes und einträglicheres Gebiet in den Niederlanden zutheilen, Frankreich gestatten, sich während des Krieges der Plätze Ostende und Nieuport zu bemächtigen, die Bewerbung des Prinzen Conti um die polnische Krone, welche dem Könige von Frankreich am Herzen liege, begünstigen, endlich ein Bündniß zwischen Frankreich, Spanien, Neapel und Rußland zu Stande bringen. Den Verbündeten Frankreichs, wie Schweden, Sachsen und Kurpfalz, sollten wesentliche Vortheile auf Kosten Preußens zu Theil werden, und dieser Staat auf die Ausdehnung, welche er vor dem dreißigjährigen Kriege gehabt, reducirt werden, um ihm die Kraft zu benehmen für das künftige Rache auszuüben. Von Frankreich verlange man nichts weiter, als daß es der Allianz mit Preußen entsage und sich über die Bestreitung der Kosten, welche die Ausführung dieses Planes erfordere, einverstehe. Wenn Oesterreich mit 100,000 Mann und Rußland mit einer fast gleichen Truppenzahl den Krieg begönnen, würde Schweden, Sachsen, Pfalz, ein Theil des fränkischen Kreises, ja vielleicht Hannover selbst sich nicht lange bitten lassen, daran theilzunehmen. Dann könnten schon im nächsten Jahre 250,000 Mann gegen Preußen im Felde stehen.

Zunächst also galt es, sich mit dem französischen Hofe zu verständigen. Erst dann, wenn mit diesem zuverlässige Abrede genommen sei, wollte man die Verhandlung mit Rußland ab=schließen, die Höfe aber, welche nicht in das Geheimniß gezogen werden sollten, in der Vermuthung bestärken, Oesterreich suche sich der Theilnahme am Kriege völlig zu entschlagen [1]).

Kaiser Franz schrieb unter Kaunitzens Vortrag sein Placet und seinen Namen. Maria Theresia setzte ihre Unterschrift hin=zu. Der Krieg gegen Preußen zum Zwecke der „Zergliederung" dieses Staates war beschlossen, vorausgesetzt, daß Ludwig XV seine Zustimmung, und wenn nicht die Waffen, so doch das Geld Frankreichs dazu hergeben wolle.

III.

Noch am Abend des 21 August 1755 giengen die Couriere nach Paris ab, am 29. waren die Depeschen in Starhemberg's Händen. Ausschließlich durch ihn sollten die Verhandlungen ge=führt werden, und zwar hatte er sich nicht dem französischen Minister, sondern nur im tiefsten Geheimniß einem für diesen Zweck von Ludwig XV erwählten Bevollmächtigten zu eröffnen. Einen solchen zu ernennen, sollte er entweder durch den Prinzen Conti oder durch die Marquise de Pompadour den französischen Monarchen bitten lassen.

Der Einfluß des Prinzen Conti auf Ludwig XV war im Sinken. Die Pompadour beherrschte den Hof und das Cabinet. Daher wandte sich Starhemberg an die Maitresse und überreichte ihr das Schreiben von Kaunitz, welches die Bitte enthielt, daß sie den König ersuchen möge, einen Mann seines vollen Ver=trauens zur Entgegennahme der äußerst wichtigen Propositionen zu bestimmen, welche der kaiserliche Botschafter dem Könige zu machen habe [2]). Der Pompadour war es sehr schmeichelhaft, zwischen der Kaiserin und dem Könige die Mittlerin zu machen.

---

1) Arneth 388—393. Peer 322—328.   2) Arneth 560), 82.

Ludwig XV gieng bereitwillig auf den Vorschlag ein und beauf=
tragte mit der Unterhandlung den vertrautesten Günstling der
Pompadour, den Grafen Bernis. Zn ihrem Landhäuschen unter=
halb der Terasse von Bellevue (Bagatelle, Brimborion oder Ba=
biole genannt) fand am 3 September die erste Unterredung der
Bevollmächtigten statt.

Vor allem andern wurden eigenhändige Erklärungen der
beiden Souveräne ausgewechselt, welche die feierliche Betheuerung
enthielten, daß über die Verhandlung, sie möge gelingen oder
nicht, stets das tiefste Geheimniß bewahrt werden solle[1]). Hier=
auf las Starhemberg dem französischen Delegirten eine Skizze
des ganzen Allianzplans vor. In dieser ward ein Argument in
den Vordergrund gestellt, welches, wie es scheint, in der für die
Conferenz bestimmten Denkschrift von Kaunitz kaum berührt war,
nämlich daß England nur zu dem Ende den König von Preußen
sich zu verbünden oder ihn wenigstens durch die Russen in
Schach zu halten suche, um die Interessen der katholischen Reli=
gion, sowie der Häuser Oesterreich und Bourbon seinen beson=
deren Absichten zu opfern[2]).

In der dritten Conferenz, welche am 9 September in Star=
hemberg's Wohnung abgehalten ward, gab Bernis im Namen
des Königs schriftliche Antwort auf die Vorschläge der Kaiserin.
In dieser ward vertrauliche Auskunft darüber begehrt, woraus
die Kaiserin schließe, daß zwischen Preußen und England ge=
heime Unterhandlungen stattfänden zum Schaden der katholischen
Religion und zum Nachtheile Oesterreichs und Frankreichs, denn
ohne die überzeugendsten Beweise vermöchte der König nicht mit
seinen Verbündeten zu brechen, ja ihre Treue nur zu bezweifeln.
Gegen England nahm Ludwig den Beistand der Kaiserin in An=
spruch. Hiezu sei vor-allem nöthig, durch vorläufige Verabre=
dungen jeden Friedensbruch zwischen Oesterreich und Frankreich
zu verhüten. Beide Mächte müßten sich verpflichten, niemand
beizustehen, der im Widerspruche mit dem Frieden von Aachen
und dessen Garantieen handle. In einem späteren Tractate könne
man sich über die Bedingungen einigen, unter denen der Aus=

1) Arneth 550, 81.   2) 394.

tausch der italienischen Herzogthümer gegen ein Aequivalent in in den Niederlanden stattzufinden habe. Durch eine geheime Verabredung seien französische Truppen in Ostende und Nieuport einzulassen. Mit der Aufnahme Rußlands und der übrigen Ver= bündeten beider Mächte in die abzuschließende Allianz war Lud= wig XV einverstanden [1]).

Wir sehen, die dargebotene Lockspeise hatte verfangen. Ludwig XV hieß den Gedanken einer Allianz mit Oesterreich willkommen, aber er wollte sie vorläufig gegen England gerichtet wissen, nicht auch gegen Preußen. Er rechnete noch auf die Dienste Friedrichs des großen gegen Hannover. Zwar hatte der König dem französischen Ministerium schon bestimmt erklärt, daß er sich auf ein solches Project nicht einlassen könne, aber Lud= wig hoffte dennoch ihn dafür zu gewinnen. Er hatte schon gegen Ende Juli beschlossen, zu diesem Zwecke den Duc de Rivernois mit geheimen Aufträgen nach Berlin zu senden. Dessen Abreise ward verschoben, weil die französische Regierung für den Krieg noch keinen festen Plan gefaßt hatte. Nach Empfang der öster= reichischen Vorschläge ließ Ludwig XV Rivernois Mission zu dessen nicht geringem Befremden einstweilen auf sich beruhen.

Die französische Antwort befriedigte Kaunitz nicht, denn sie versagte die Mitwirkung Frankreichs zum Kampfe gegen Preußen, welche die Grundlage der österreichischen Proposition bildete. Deßhalb ward Starhemberg am 27 September ange= wiesen, Bernis zu erklären, daß hiermit der Vorschlag des Wiener Hofes „gänzlichen und von selbsten hinwegfiele." Aber gern sei er bereit, wenn Frankreich es billige, sich mit Spanien und anderen Mächten zu gemeinschaftlicher Parteinahme gegen den= jenigen zu vereinigen, welcher zuerst auf dem Festlande Europa's den Krieg beginne [2])

Wie Kaunitz in einem Vortrage an den Kaiser ausführt, handelte es sich hiebei darum, dem Continentalkriege überhaupt vorzubeugen [3]). In diesem Gedanken würde sich der Kanzler des Kaiserhofes mit dem Könige von Preußen begegnet haben. Dieser

---

1) Arneth 398. Starhembergs Berichte vom 11 Sept. waren am 19. in Wien. Beer 329.   2) Arneth 401. 551, 92. Beer 329 ff.   3) Arneth 400. 551, 91.

beantwortete am 12 August die ersten Anträge der englischen
Regierung mit der Aufforderung, das Uebel mit der Wurzel zu
vertilgen und zwar durch einen Friedensschluß, welcher durch die
guten Dienste einer dritten Macht, etwa die seinigen und der
Kaiserin, sich werde erwirken lassen. „Glauben Sie mir", schrieb
er dem Herzog von Braunschweig, „dies ist das einzig wirksame
Mittel, durch welches es gelingen kann, Europa in Frieden zu
erhalten und den Ruin unseres gemeinsamen Vaterlandes zu
verhüten [1]."

Es unterliegt jedoch keinem Zweifel, daß es dem Grafen
Kaunitz mit seiner Friedfertigkeit kein Ernst war. Er hat es
weder damals noch später Hehl gehabt, daß die Erklärung, die
Kaiserin trete von ihrem Projecte zurück, nur eine scheinbare
gewesen sei, darauf berechnet, Zeit zu gewinnen. Man habe vor
der Hand nur danach getrachtet, die Verhandlung nicht abzubre=
chen und das aufkeimende Mißtrauen gegen Preußen zu nähren.
Denn man habe nicht gezweifelt, König Friedrich werde selbst
die Mittel zur Steigerung desselben an die Hand geben [2].

Kaunitz hatte sich in Ludwig XV nicht geirrt. Weit ent=
fernt die Unterhandlung fallen zu lassen, ließ derselbe in Er=
wiederung der österreichischen Antwort am 11 October das Be=
gehren nach näherer Erläuterung der Vorschläge des Wiener
Hofes stellen [3].

Inzwischen traf eine Voraussetzung des österreichischen Ent=
wurfes über Erwarten ein. Am 30 September ward zu Peters=
burg der englisch=russische Subsidientractat unterzeichnet, dessen
Spitze allein gegen Preußen gerichtet war. Am 7 October faßte
das große Conseil der Kaiserin Elisabeth den Beschluß, den König
von Preußen ohne weitere weitläuftige Discussion anzugreifen,
nicht bloß wenn dieser Fürst einen Verbündeten Rußlands an=
greifen sollte, sondern „sobald er von einem oder andern der
hiesigen Alliirten entamiret würde" [4]. Arneth bemerkt mit Recht,
daß darunter wohl nur Oesterreich verstanden werden konnte [5].

---

1) S. meine Gesch. d. siebenj. Kriegs I 607 ff. Nr. 6.
2) Arneth 401 f. Beer 333, 1.   3) Arneth 402.
4) Gesch. d. siebenj. Kriegs I 141 f. Vgl. II 524. 5) Arneth 434, vgl. 392.

Dem Könige von Frankreich gab Maria Theresia erst am 22 November Bescheid; sie war inzwischen mit der Erzherzogin Maria Antonie niedergekommen. Die Antwort war zuvorkommend, aber dilatorisch gehalten. Man drang nicht weiter darauf, daß Frankreich sich von dem Bündnisse mit Preußen lossage, aber man gab zu verstehen, daß der König die Vortheile, auf welche man ihm früher Aussicht eröffnet, auf dem eingeschlagenen Wege nimmermehr erreichen werde. Ohne von seinen eigentlichen Absichten genauer unterrichtet zu sein, könne der Wiener Hof unmöglich weiter gehen[1].

Kaunitz wußte, daß die im September gemachten österreichischen Vorschläge am französischen Hofe fort und fort in ernstliche Erwägung gezogen wurden. Sie bildeten nicht mehr ein Geheimniß zwischen dem Könige, Bernis und der Pompadour, sondern es war auch der Minister der auswärtigen Angelegenheiten, Rouillé, dessen erster Beamter, Abbé de la Ville, theilweise auch die Minister Machault und Sechelles ins Vertrauen gezogen.

Die Antwort an den österreichischen Hof ward am 28 December erlassen, gerade als Nivernois endlich auf die wiederholten Hindeutungen Friedrichs über die ihm von England gemachten Anträge sich nach Berlin begab, um Preußen zum Kriege gegen England zu entbieten. Wir kennen die Propositionen, welche Nivernois überbrachte: Erneuerung der französisch-preußischen Allianz; Angriff Preußens auf Hannover und Schadloshaltung durch einige westindische Inseln; Sicherstellung Preußens vor einem Einmarsche der Russen; gegenseitige Garantieen der Reichsfürsten[2]. Der Inhalt derselben ward dem österreichischen Gesandten nicht vorenthalten.

Die dem Wiener Hofe ertheilte Antwort steht mit diesen Propositionen in Einklang. Die französische Regierung nahm die unbeschränkte Freiheit in Anspruch, nicht bloß die englischen Besitzungen, sondern auch das Kurfürstenthum Hannover anzugreifen; daher könnte dieses nicht in den Garantievertrag inbe-

---

1) Ueber Kaunitzens Erwägungen s. Beer 334 ff.
2) Gesch. d. siebenj. Krieges I 109. 131. Vgl Beer 336.

griffen werden, welchen Frankreich auf Grund des Aachener
Friedens für sich und die Verbündeten beider Theile zu schließen
bereit sei. Die Neutralität Oesterreichs ward anerkannt, aber
der Kaiserhof müsse dahin wirken, daß sowohl den russischen,
als den hessischen und andern Soldtruppen Englands der Durchzug verweigert werde. Gelinge es trotzdem den Russen, sei es
Frankreich, sei es einen seiner Verbündeten zu bedrohen, so müsse
zur Abwehr dieses Angriffes Oesterreich den französischen Streitkräften freien Durchzug gewähren[1]).

So wenig diese Vorschläge auch den Absichten des Wiener
Hofes genügten, so entnahm Kaunitz doch daraus die Beruhigung,
daß Ludwig XV nicht daran denke die österreichischen Besitzungen
anzugreifen. Das Anerbieten einer vollständigen Neutralität für
den Fall, daß zwischen England und Frankreich ein Krieg in
Europa ausbreche, und eines Freundschafts- und Garantiever-
trages „gewährten uns Zeit Athem zu schöpfen", sagt Kaunitz
in der obgedachten Denkschrift, „wir konnten nunmehr mit be-
ruhigteren Sinnen nachdenken über den Weg, den wir einzuschlagen hatten"[2]).

Am 27 Januar 1756 ergieng das kaiserliche Rescript, durch
welches Starhemberg mit neuen Instructionen versehen wurde.
Sie sollten dazu dienen, den Verhandlungen eine entscheidende
Wendung zu geben. Ausführlich wurden die bis zum Juni zum
Schutze der österreichischen Besitzungen mit England gepflogenen
Unterhandlungen dargelegt. Aus deren Verlaufe habe der kaiserliche Hof den Argwohn eines geheimen Einverständnisses zwischen England und Preußen geschöpft und sei dadurch zu der
ersten Eröffnung an den König von Frankreich vermocht worden.
Die Kaiserin billigte die von Frankreich gegen England gefaßten
Entschließungen und stand von jeder Einwendung gegen eine Invasion Hannovers ab, aber sie sprach die Ueberzeugung aus, daß
die französische Regierung nicht daran denke, sich Preußens zum
Kriege gegen England und Hannover zu bedienen. Damit falle
eines der wesentlichsten Bedenken, welche man sonst wegen der
etwaigen Neutralität Oesterreichs hätte hegen müssen. Die

---

1) Arneth 405.   2) 405. 406 f.

französischerseits vorgeschlagene Gewährleistung des österreichischen Länderbesitzes ward acceptirt, und man sah darin den Antrag auf Stiftung einer dauernden Vereinigung zwischen Oesterreich und Frankreich. Sollte der französische Hof eine gleiche Garantie für Preußen begehren, so könnte sie von österreichischer Seite auch für Rußland und andere befreundete Mächte verlangt werden — eine Erklärung, welche nicht, wie Arneth vermuthet, den Sinn hat, daß der Wiener Hof sich einer Einbeziehung Preußens in den Garantievertrag nicht zu widersetzen gedachte, sondern daß er ein etwaiges Begehren dieser Art durch eine Gegenforderung aufheben wollte, welche für die französische Regierung unannehmbar war. Dagegen verwarf die Kaiserin die französische Forderung, daß sie sich dem Durchmarsche der Russen und anderer in englischem Solde stehender Truppen widersetzen, dagegen französischen Truppen den Durchzug gestatten sollte. Kaunitz bezeichnete diese Forderung brieflich gegen Starhemberg als widerspruchsvoll und unredlich, ja als lächerlich, jenes, weil sie mit der Neutralität streite, dieses, weil man sich damit verpflichten müßte, die Feinde der eigenen Verbündeten zu begünstigen[1]).

Kaunitz betrachtete es als einen großen Triumph, daß der Kaiser und die Kaiserin sich entschlossen, in dieser Weise die Fortführung der Verhandlung zu genehmigen. Es war nicht ohne inneren Kampf geschehen; Kaunitz bekennt gegen Starhemberg: ce qui m'a couté le plus de soin et de peine, a été la conviction nécessaire à la délicatesse de LL. MM. quod liceat[2]).

Arneth nennt diese Worte unklar; ich denke jedoch, daß ihre Bedeutung nicht zu verkennen ist. Der Punkt, an welchem das Gewissen des Kaisers und der Kaiserin Anstoß nahm, war sicherlich kein anderer, als die Preisgebung von Hannover, welche mit der kaiserlichen Pflicht, das Reich zu schützen, unvereinbar und zugleich der schnödeste Undank gegen den bisher verbündeten Fürsten war, dessen Beistand im Erbfolgekriege Maria Theresia aufrecht erhalten hatte. Daß die hannöversche Frage zum Schwanken führte, lehrt auch folgender Umstand. Die

1) 407—415. Vgl. Beer 338 f.   2) Arneth 415. 552, 98.

Instruction für Starhemberg, wie sie auf Kaunitzens Vortrag in der Conferenz vom 23 Januar genehmigt wurde, besagte (S. 411): „auch die Erklärung Frankreichs, daß es keine andere Macht in den gegenwärtigen Streit verwickeln werde —, erhielt die lebhafteste Zustimmung des kaiserlichen Hofes. Denn er erblickte hierin die doppelte Versicherung, daß Frankreich auch im Fall des Fehlschlagens seiner kriegerischen Unternehmungen wider England und Hannover, doch gegen die Niederlande und die österreichischen Staaten nichts feindseliges`beabsichtige, so wie daß Frankreich nicht daran denke, sich Preußens zur Bekriegung Englands und Hannovers zu bedienen." Hiemit ist die Invasion des Kurfürstenthums Hannovers von Seiten Frankreichs als selbstverständlich anerkannt. Dagegen ward in eben dem kaiserlichen Rescripte, welches diese Instruction enthielt, Starhemberg angewiesen, von der französischen Regierung die geheime Zusage zu erwirken, daß sie die Ruhe in Deutschland nicht stören und Hannover mit einem Angriffe verschonen wolle (S. 414). Geradezu ward Starhemberg erst am 6 März ermächtigt, in Uebereinstimmung mit der französischen Forderung zu erklären, daß der kaiserliche Hof gegen England und Hannover in gleicher Weise verfahren werde, wie Frankreich gegen Preußen, daß er sich daher einer französischen Unternehmung gegen Hannover nicht länger widersetze[1]).

Die englischen Berichte wissen bei einer späteren Conferenz von mißbilligenden Aeußerungen anderer Minister gegen Kaunitz zu sagen und von einem heftigen Ausfalle Franz I. Der Kaiser habe mit der Faust auf den Tisch geschlagen und ausgerufen: „eine so unnatürliche Allianz ist unzweckmäßig und soll nimmermehr stattfinden." Damit habe er das Zimmer verlassen. Die Kaiserin aber habe Kaunitz befohlen in seinem Vortrage fortzufahren und habe denselben in so entschiedenem Tone gebilligt, daß die anderen Minister keinen Widerspruch erheben mochten;

---

1) Arneth 427. 553, 15. Ranke 121, 1: „so fället das Bedenken von selbst hinweg, ob auch das französische Unternehmen gegen Hannover von uns gestattet werden könne, vielmehr würden andurch unsere allein gegen Preußen zu richtenden Operationen ungemein erleichtert, und die gefährlichen protestantischen Absichten auf einmal zernichtet."

schließlich habe sie es auf sich genommen, die Zustimmung des
Kaisers zu erwirken, was ihr denn auch leicht gelang.

Dieser Auftritt kann sich nicht wohl, wie es nach dem Berichte von Keith den Anschein hat, bei der späteren Berathung
über die Ratification der Verträge mit Frankreich begeben haben;
eher bei den Conferenzen über die Starhemberg zu ertheilenden
Instructionen. Arneth verwirft die ganze Erzählung. In ver-
traulichen Gesprächen möchten vielfache Aeußerungen gegen das
neue System gefallen sein, aber zu offenem Widerspruche und
vor allem in der Conferenz sei es nie gekommen[1]). Allerdings
mögen die Protokolle davon schweigen, aber wie scharf die ent-
gegengesetzten Meinungen auf einander stießen, lehren gelegent-
liche Aeußerungen von Kaunitz selbst. So schreibt er am
3 April 1756 an Starhemberg: „In der That ist der Sturm,
der von allen Seiten auf mich losbricht, ungemein stark und
wird noch täglich stärker werden, je mehr sich das Gerücht von
Ihrer geheimen Verhandlung verbreitet. Ja man geht schon so
weit, daß man an Mittel denkt, mich zu stürzen. Allein ich lache
dazu[2]).“ Und am 23 Juni meldet er dem Gesandten seine Befriedigung, daß beide kaiserliche Majestäten und das Ministerium
über das mit Frankreich geschlossene Bündniß aufrichtige Freude
empfinden, mit dem Zusatze, es sei nicht zu verwundern, „daß es
noch einige Englische Partisaner hier gibt, welche sich von den
alten Vorurtheilen leiten lassen, jedoch in der Wesenheit keine
andere Ausstellung vorzubringen wissen, als daß die Krone Frankreich einen unversöhnlichen Haß gegen uns im Herzen führe“[3]).

IV.

Die Instructionen vom 27 Januar 1756 erließ Kaunitz mit
der Zuversicht des Gelingens seiner Absichten. Um sich die ein-
flußreichste Fürsprache zu sichern, fügte er einem begleitenden
Briefe an Starhemberg schmeichelhafte Worte für die Pompadour
bei. Mit Bezug auf ein Briefchen, welches sie jüngst an ihn

1) 449 f.
2) 438 f. Vgl. Keith, Bericht vom 16 Mai 1756. Raumer Beitr. II 333.
3) Arneth 555, 43.

(ober an Starhemberg?) gerichtet, ließ er sie seiner Ehrerbietung und Anhänglichkeit versichern und erinnerte sie an das versprochene Bildniß de la plus aimable dame du monde [1]).

Bevor diese wichtige Sendung in Paris eintraf, war dem französischen Hofe der Abschluß des Neutralitätsvertrages von Westminster vom 16 Januar 1756 bekannt geworden, mit welchem England und Preußen sich verpflichteten, dem Eindringen oder Durchmarsche fremder Truppen in Deutschland sich zu widersetzen und die Ruhe in Deutschland zu erhalten. König Friedrich glaubte damit ein Mittel gefunden zu haben, den Einmarsch der Russen zu verhüten, welche durch den jüngstgeschlossenen Subsidienvertrag sich in englischen Sold begeben hatten; Georg II gedachte durch den Vertrag sein Erbland Hannover sicher zu stellen. Beide Theile vermeinten ihre bisherigen Bundesgenossen über diesen Schritt beruhigen zu können: Friedrich II, indem er der französischen Regierung die unmittelbare Gefahr vorstellte, welche ihm von Seiten der Russen drohte, ohne daß Frankreich ihn dagegen zu schützen vermöge, Georg II, indem er Maria Theresia auseinandersetzen ließ, daß sie nunmehr vor Preußen gänzlich außer Sorge sein könne.

Aber die Neutralität Deutschlands in dem englisch-französischen Kriege behagte dem Wiener Hofe so wenig, wie dem von Versailles. Bei dem letzteren bedurfte es nur dieses „Abfalles des Königs von Preußen", um für die österreichische Allianz den Ausschlag zu geben. Starhemberg säumte nicht, die Gunst des Augenblicks zu benutzen. Er eröffnete zwar der französischen Regierung den Inhalt seiner letzten Instructionen, aber bemerkte zugleich, sie seien durch die Ereignisse weit überholt, man möge auf die im September des vorigen Jahres von der Kaiserin gemachten Vorschläge zurückkommen [2]).

Hierauf gieng der französische Hof mit lebhaftem Eifer ein; am 19 Februar überreichte Bernis die Antwort des Königs (vom 16 Februar). Ludwig XV erklärte sich bereit, sich mit den kaiserlichen Majestäten zu verbünden, sei es auf Grundlage des ersten von der Kaiserin ausgegangenen Entwurfes oder des zweiten,

---

1) Arneth 415. 552 Anm. 500. 501.   2) Arneth 416.

der von Seiten Frankreichs aufgestellt war. Aber als das „Fundamentalprincip" stellte Ludwig die vollständigste Gleichheit und Gegenseitigkeit der Bedingungen hin; d. h. Oesterreich solle sich wider England zu alledem anheischig machen, was es selbst wider Preußen von Frankreich verlange. Bernis ließ sich nicht eher auf weitere Unterhandlungen ein, als bis Starhemberg, der diesem Grundsatze nicht unbedingt beipflichten wollte, die schrift= liche Erklärung entgegennahm, daß, wenn dieses Fundamental= princip von dem Kaiserhofe nicht angenommen werde, alle Be= sprechungen über die Propositionen_ der Kaiserin als null und nichtig anzusehen seien[1].

Nunmehr giengen Bernis und Starhemberg an die Erörte= rung der österreichischen Vorschläge vom September 1755. Die Ausstattung Don Philipps in den österreichischen Niederlanden ward im Namen Ludwigs XV acceptirt, dagegen auf das Au= erbieten Oesterreichs, dem Prinzen Conti die polnische Krone zu verschaffen, nicht eingegangen. Der König von Frankreich ließ sich bereit finden, sich mit dem russischen Hofe zu versöhnen und Spanien in das Bündniß zu ziehen; das gleiche wünschte er auch für den König Karl von Neapel. Aber der Hauptpunkt, die wider Preußen zu treffende Abrede, ward nicht so leicht er= ledigt. Bernis beharrte darauf, da die Kaiserin nicht in der Lage sei, gegen England angriffsweise vorzugehen, könne auch von einer activen Theilnahme Frankreichs am Kriege gegen Preußen nicht die Rede sein. Starhemberg dagegen suchte ihm klar zu machen, das einzige Mittel, die schlimmen Folgen des Bündnisses zwischen England und Preußen zu vereiteln, bestehe darin, die Macht des Königs von Preußen zu beschränken. Das könne aber nicht geschehen, wenn der französische Hof seine Mit= wirkung, insbesondere seinen Beitrag zu den Kosten des Unter= nehmens gegen Preußen, versage.

So viel brachte nun Starhemberg heraus, daß die französi= sche Regierung darein willige, daß Oesterreich mit russischer Hilfe Schlesien und Glatz wieder erobere, und daß sie hiefür auch Geldmittel beisteuern werde. Aber damit, meinte Bernis,

---

1) Arneth 418. 421. 553, 10.

werde der König von Preußen für sein Verschulden an Frank=
reich genugsam gestraft, welches in nichts anderem bestehe, als
daß er dem Hofe von Versailles aus seinen Verhandlungen mit
England ein Geheimniß gemacht habe. „Was ich auch sagen
mag", schreibt Starhemberg, „man glaubt nicht daran, daß Frank=
reich jemals irgend etwas von seiner Seite zu fürchten habe.
Man scheint den Vortheil nicht ganz zu ermessen, welchen Eng=
land aus dem Bündnisse mit Preußen zu ziehen vermag. Man
hält dafür, daß der Kaiserhof nur durch sein eigenes Interesse,
durch Leidenschaftlichkeit und Durst nach Rache sich leiten lasse.
Man ist es zufrieden, wenn wir uns Schlesiens wieder be=
mächtigen, aber man will uns nicht in eine ganz gesicherte Lage
versetzen, welche Frankreich Besorgnisse einflößen könnte" [1]). Er
wiederholt in einem späteren Berichte: „Bernis wird stets der
völligen Vernichtung des Königs von Preußen widerstreben" [2]).

Der Wiener Hof begrüßte die günstige Wendung, welche
die Verhandlungen mit Frankreich nahmen, mit lebhafter Genug=
thuung. Am 6 März ward, wie oben erwähnt, Starhemberg
zu der förmlichen Erklärung ermächtigt, daß die Kaiserin gegen
England und Hannover in gleicher Weise verfahren werde, wie
der König von Frankreich gegen Preußen. Damit war Lud=
wigs XV „Fundamentalprincip" anerkannt. Im übrigen war
der Wiener Hof der Meinung, daß es sich empfehle, zwar die
österreichischen Vorschläge zum Endziele der Verhandlungen zu
nehmen, aber als Vorbereitung zu dem Hauptvertrage die von
französischer Seite vorgeschlagene Neutralitätsacte und den De=
fensivvertrag zu errichten[3]).

Man hielt sich in Wien des raschen Abschlusses der fran=
zösischen Allianz so sicher, daß man daran dachte alsbald loszu=
schlagen. Daher hielt man es an der Zeit, sich mit dem russi=
schen Hofe dahin zu verständigen, daß derselbe gegen billige
Subsidien noch in diesem Jahre 60—70,000 Mann gegen die
preußischen Grenzen marschieren lasse. Gleichzeitig sollten 80,000
Mann Oesterreicher gegen Preußen zu Felde ziehen. Am 13 März

---

1) Arneth 418. 421—426, nach Starhembergs Bericht v. 27. Febr. 1756.
2) 1756 März 11. Beer 342.   3) Arneth 419. 420. 427 f.

ward der kaiserliche Botschafter in Petersburg, Graf Esterhazy, angewiesen hierüber bei dem russischen Hofe anzufragen[1]). Aber vor jedem weitern Schritte glaubte man mit dem französischen Hofe völlig aufs reine kommen zu müssen.

Diesem Zwecke entsprachen die am 27 März an Starhemberg erlassenen Instructionen. In der schriftlichen Antwort, welche Bernis übergeben ward, wiederholte die Kaiserin ihre Genehmhaltung der vollsten Gegenseitigkeit, aber setzte zur Bedingung, daß ihre Zugeständnisse nur für den Fall gälten, daß Schlesien und Glatz wieder in den Besitz Oesterreichs gelangt seien. Sie kam darauf zurück, daß noch andere Staaten zum Kriege gegen Preußen aufzubieten seien, da die österreichischen und russischen Armeen zu unzweifelhafter Entscheidung nicht ausreichten. So wünschenswerth es sei, sobald als möglich zur Ausführung des großen Planes zu schreiten, so müsse doch zuvor alles in bestimmtester Weise verabredet sein. Es könne also wohl geschehen, daß man erst im Frühling des nächsten Jahres losschlage. Inzwischen möge man sobald als möglich den Defensivvertrag abschließen, welcher zur öffentlichen Kundgebung und zur Grundlage der ferneren Verhandlungen bestimmt sei. Dadurch werde die Kaiserin der französischen Hilfe für den Fall versichert, daß der König von Preußen sie plötzlich angreife, bevor der „geheime Vertrag" zu Stande gebracht sei.[2])

Neben dieser schriftlich ertheilten Antwort ward Starhemberg mit mündlichen Erklärungen über die von österreichischer Seite Frankreich zu machenden Zugeständnisse beauftragt. Maria Theresia bedurfte unumgänglich französischer Geldhilfe, schon zu den an Rußland zu gewährenden Subsidien. Es galt zu ermitteln, um welchen Preis diese zu erlangen sei. Daher sollte Starhemberg auf offene Mittheilung der Begehren bringen, gegen deren Erfüllung der französische Hof sich zu rückhaltloser Mitwirkung gegen Preußen verpflichte[3]).

Die Subsidien, deren man bedürfe, berechnete man auf 12 Mill. fl., denn man werde an Rußland jährlich wenigstens 5 Mill. fl., an Sachsen und andere Höfe mehr als 4 Millionen

---

1) Beer 362. Vgl. Arneth 428.   2) 430.   3) 428 f.

zahlen müssen. Diese Ansätze trafen nicht zu; Rußland begnügte sich in dem später abgeschlossenen Vertrage mit einer Million Rubel = 2 Mill. fl. jährlicher Subsidien; die sächsischen und andere deutschen Höfe besoldete Frankreich; dennoch verpflichtete sich Ludwig XV in dem geheimen Vertrage vom 1 Mai 1757 zu 12 Mill. fl. jährlicher Subsidien. Damals, im März 1756, sprach der Wiener Hof nur von einem „Vorschuß" von 12 Millionen, wogegen die Kaiserin das Herzogthum Luxemburg verschreiben wollte. Außerdem sollte die französische Regierung veranlaßt werden, eine Armee nach Westfalen zu schicken, um Hannover und andere protestantische Lande von einer Hilfleistung an Preußen zurückzuhalten. Uebrigens blieb es Starhemberg überlassen, für diese Eröffnungen den geeigneten Zeitpunkt wahrzunehmen[1]).

Noch ehe Ludwig XV auf die Vorschläge der Kaiserin Bescheid gab, erhielt Kaunitz aus Petersburg „die vergnüglichsten und alle Hoffnung übertreffenden Nachrichten." Die vertrauliche Mittheilung von dem verheißungsvollen Stande der Verhandlung des österreichischen Hofes mit Frankreich ward am 25. und 26 März von dem geheimen Rathe der Czarin in Berathung gezogen und es erfolgte der einstimmige Beschluß, den König von Preußen je eher je lieber in seine vorigen Grenzen zurückzuweisen. Demnach ward dem kaiserlichen Gesandten, Grafen Esterhazy, eröffnet, daß Rußland, insofern die Kaiserin Königin ein Gleiches zu thun entschlossen sei und ihre Beziehungen zu Frankreich es zuließen, noch in dem gegenwärtigen Jahre mit 80,000 Mann die Operationen gegen Preußen beginnen werde. Die Kaiserin Elisabeth gab dem österreichischen Gesandten mündlich die Versicherung, daß sie zur Unterstützung ihrer Bundesgenossin alle ihre Kräfte aufbieten wolle, und fügte hinzu, daß sie für den gedeihlichen Abschluß der Verhandlungen mit Frankreich die herzlichsten Wünsche hege[2]).

Man blieb dabei nicht stehen. Elisabeth erklärte, selbst in dem Falle, daß Frankreich auf das Anerbieten Oesterreichs nicht eingehen sollte, würden sich Mittel und Wege finden lassen, wodurch die

---

1) Arneth 430.
2) Beer 363, nach Esterhazy's Berichten vom 5., 12. und 13 April 1756.

beiden kaiserlichen Höfe im Stande wären viribus unitis Schlesien
wieder zu erobern. Am 20 April eröffnete der Großkanzler
Bestucheff dem Grafen Esterhazy den russischen Offensiv- und
Theilungsplan, auf Grund dessen ein Offensivtractat abgeschlossen
werden sollte. Die Russen wollten im August zu Wasser und
zu Lande ihre Operationen beginnen, alsdann Sachsen und
Schweden zur Theilnahme entbieten und ersterem Magdeburg,
letzterem Brandenburgisch-Pommern zusichern. An Oesterreich sollte
Schlesien und Glatz zurückkommen, an die Republik Polen das
Königreich Preußen, dafür aber Kurland und Semgallen nebst
einem Arrondissement von Polen Rußland zuertheilt werden.[1]
Unverzüglich wurde der Vormarsch regulärer und irregulärer
Truppen nach Livland anbefohlen.

Aber der französische Hof entschied nicht so schnell, als man
in ungeduldigem Drange zu Wien und zu Petersburg sich vor-
spiegelte. Gleich anfangs wurden Verzögerungen herbeigeführt
durch die Erkrankung von Bernis, die Bedenklichkeiten von
Rouillé, endlich durch geheime Umtriebe anderer Minister, welche
die österreichische Allianz mißbilligten, aber dem Willen des
Königs nicht offen zu widersprechen wagten. Erst am 17 April
glaubte Starhemberg melden zu können, es werde ihm der Abschluß des Defensivtractates gelingen. Bernis hatte ihm erklärt,
er sei des Königs und der Pompadour sicher und jetzt der Sache
Meister.[2] Um jedes Hinderniß hinwegzuräumen richtete Starhemberg am 20 April ein Schreiben an die Pompadour, in welchem
er die wider die Allianz erhobenen Einwendungen beleuchtete
und die Gründe für dieselbe nochmals zusammenfaßte. Dieses
Schreiben, dessen Hauptsätze Flassan veröffentlicht hat[3]), wird in
Stahrembergs Berichten nicht erwähnt. Arneth deutet auf die
Möglichkeit hin, daß es vielleicht nicht an die Pompadour gerichtet oder nicht von Starhemberg verfaßt war. Ich sehe keinen
Grund zu einem solchen Zweifel. Dem Inhalte nach kann das

---

1) Auszug aus Esterhazy's Bericht vom 22 April 1756. N. Actenstücke
35 f. Beer 363 f.

2) Beer 343: qu'il étoit sûr du Roi et de Madame de Pompadour,
qu'il étoit à présent le maître de notre affaire.

3) Hist. de la diplomatie franç. VI² 48. Arneth 440.

Schreiben nur von einem Briefsteller herrühren, der alle Fäden des künstlich verschlungenen Gewebes in seiner Hand hielt, und was die Abresse betrifft, so zeigt sich auch in anderen Fällen, daß Starhemberg, was zwischen ihm und der Pompadour vorging, nicht in allen Einzelheiten nach Wien meldete.

Als Starhemberg dieses Schreiben absandte, war jedoch die Entschließung des französischen Hofes bereits gefaßt. Am Ostermontag, den 19 April, fand die Conseilsitzung zu Versailles statt. An dieser nahmen außer Bernis, welcher den Vortrag hielt, Rouillé, Machault, St. Florentin, Argenson und Puisieux Theil; den letzteren hatte der König auf Betrieb der Pompadour statt des erkrankten Generalcontroleurs Sechelles hinzugezogen. Der Beschluß fiel dahin aus, entsprechend der österreichischen Proposition den Neutralitäts- und Defensivtractat unverzüglich abzuschließen. Argenson und Puisieux erhoben keinen Widerspruch, Sie gaben zu, daß wenn die zu ergreifenden Maßregeln gehörig verabredet und die Gegenseitigkeit zwischen Frankreich und Oesterreich festgestellt werde, Frankreichs Interesse die Theilnahme an dem Bündnisse fordere. Aber sie bemerkten, statt Frieden zu erlangen, wie bisher so lebhaft gewünscht worden, werde Frankreich durch die Annahme des österreichischen Vorschlages in einen allgemeinen Krieg gestürzt werden. Es sei von höchster Wichtigkeit, die Dinge nicht halb zu thun und keine Zeit zu verlieren. Man möge daher nicht nur den Defensivtractat, sondern auch die Präliminarien des ungleich bedeutsameren geheimen Vertrages unverzüglich abschließen[1]).

Das erstere geschah sofort. Am 1 Mai 1756 ward zu Jouy, dem Landsitze Rouillé's (nicht zu Versailles, wie die Urkunden besagen), die Neutralitätsconvention und der „defensive Unions- und Freundschaftstractat" nebst den geheimen Artikeln von Starhemberg, Rouillé und Bernis unterzeichnet. Die Ratification unterschrieb Ludwig XV am folgenden Tage.

Die Pompadour triumphirte. Starhemberg schreibt an Kaunitz den 2 Mai: Madame de Pompadour est enchantée de la conclusion de ce qu'elle regarde comme son ouvrage,

---

1) Arneth 441 f. nach Starhemberg's Bericht vom 2 Mai.

et m'a fait assurer qu'elle feroit de son mieux pour que nous
ne restions pas en si beau chemin[1]). Und am 13 Mai: Je
crois qu'il seroit très-à-propos que V. E. voulût bien dans la
première lettre, qu'elle me fera l'honneur de m'écrire, insérer
quelques lignes ostensibles à Mme de Pompadour. C'est à
présent le moment où nous avons plus que jamais besoin
d'elle et je serois fort aise qu'outre les complimens porsonnels
de V. E. il y eût aussi quelque chose qui marquât la re-
connoissance et la considération de la Cour et du ministère
pour elle. Il est certain que c'est à elle que nous devons
tout, et que c'est d'elle que nous devons tout attendre pour
l'avenir. Elle veut qu'on l'estime et elle le mérite en effet.
Je la verrai plus souvent et plus particulièrement lors que
notre alliance n'est plus un mistère, et je voudrois avoir
pour ce tems-là des choses à lui dire qui la flattassent person-
nellement[2]).

Unmittelbar nach Unterzeichnung dieser Verträge, welche die
erste Grundlage des österreichisch-französischen Bündnisses bildeten, überreichte Bernis dem kaiserlichen Botschafter die von ihm
verfaßte Antwort des Königs auf die Proposition der Kaiserin
für den geheimen Vertrag, in welchem das ganze neue System
der verbündeten Höfe niedergelegt werden sollte. In dieser ward
die sofortige Stipulation von Präliminarien beantragt und zu
diesem Zwecke nähere Erläuterung der österreichischen Vorschläge
erbeten, insbesondere 1) über die Höhe der von Frankreich zu
zahlenden Subsidien; 2) über die Plätze, welche als Unterpfand
für jene Hilfsgelder Frankreich einzuräumen wären; 3) über die
Art, wie Frankreich die Seemächte dermaßen beschäftigen solle,
daß sie außer Stande wären, Preußen beizustehen; 4) aus welchen Truppen die dritte Armee zu bilden sei, welche die Kaiserin
(außer der österreichischen und russischen) zum Gelingen ihres
Unternehmens nöthig befinde. Sobald die Kaiserin über diese
Punkte genügende Auskunft gegeben, werde nichts den König
abhalten, sofort die Präliminarien des geheimen Tractates festzustellen[3]).

---

1) Arneth 444 f. 555, 33.   2) 463. 556, 52.   3) 445 f.

Wenige Tage später trat Bernis mit der Absicht des fran=
zösischen Cabinets hervor, um Alles zu verhüten, was in Zukunft
Zwiespalt oder Mißtrauen unter den Verbündeten erwecken könne,
die Allianz zwischen Frankreich und Oesterreich darauf zu grün=
den, daß die Kaiserin sich im Wege entweder einer Abtretung
oder eines Verkaufs an Frankreich der Niederlande völlig ent=
äußere. Ludwig XV verpflichte sich, den Infanten Don Philipp
mit einem Besitzthum auszustatten. Dagegen sollten dessen
italienische Herzogthümer an Oesterreich fallen und deren Werth
von dem für die Niederlande zu zahlenden Preise in Abzug ge=
bracht werden[1]).

Eine solche Forderung des französischen Hofes überraschte
weder Starhemberg noch Kaunitz. Man war zu Wien längst
darauf gefaßt, daß die Abtretung der Niederlande das unver=
meidliche Entgelt für Frankreichs Beistand gegen Preußen bilden
werde. Es kam nur darauf an, die Modalität derselben festzu=
stellen, denn Maria Theresia war entschlossen, jene Provinz in
keinem Falle unmittelbar und im Wege des Verkaufs an Frank=
reich zu überlassen, sondern den besten Theil derselben auf Don
Philipp zu übertragen. Der Rest mochte zur Schabloshaltung
Frankreichs dienen.

Aber was den größten Anstoß gab, war, daß die französische
Regierung noch immer Umstände machte, dem Könige von Preu=
ßen nicht bloß Schlesien und Glatz wieder zu entreißen, sondern
seinen Staat völlig zu vernichten. Bernis kam darauf zurück,
daß man kein Recht habe, den König auch jener Länder zu be=
rauben, welche er rechtmäßiger Weise besitze. Es liege im
Interesse der Allianz zwischen Oesterreich und Frankreich, daß
in Europa die Meinung sich verbreite, nicht Hang zur Gewalt=
thätigkeit oder Rachsucht und Haß sei die Triebfeder der beiden
Mächte. Er fügte hinzu, daß der Verlust Schlesiens und der
Krieg um dessen Besitz die Kräfte Preußens auf lange Zeit er=
schöpfen werde, und daß der Bund mit Frankreich die Kaiserin
gegen jede künftige Gefährdung durch Preußen sichere[2]).

1) Ajouté à la dernière réponse du Roi Très-Chrétien. Fait à Versailles le 11 Mai 1756. Arneth 448. 555, 37.
2) Arneth 448 f.

Diese Bedenken des französischen Hofes zu überwinden er=
schien als die bringendste Aufgabe der österreichischen Diplomatie.
Denn erst dann hatte sie ihren Zweck völlig erreicht, wenn
Frankreich unbedingt auf ihre Absicht eingieng, den preußischen
Staat zu zergliedern. Maria Theresia und Kaunitz zweifelten
nicht, daß es ihnen gelingen werde, Ludwig XV auch zu diesem
letzten Schritte zu vermögen.

Am 19 Mai ward in der kaiserlichen Conferenz auf Kau=
nitzens Vortrag die Ratification der Verträge von Versailles
einstimmig beschlossen. Wie das Protokoll besagt, „hat die
Kaiserin mehrmals offenherzig bekennet, daß sie noch keine Con=
vention in Zeit ihrer Regierung mit so vergnügtem Herzen
unterschrieben habe"[1]).

So lange man aber den geheimen Vertrag mit dem franzö=
schen Hofe noch nicht vereinbart hatte, galt es den ungestümen
Eifer Rußlands zu zügeln. Daher erließ Kaunitz am 22 Mai
eine Instruction an Esterhazy, in welcher eine bestimmte Er=
klärung über die russischen Theilungsprojecte umgangen und vor=
nehmlich entwickelt wurde, in welcher Weise der russische Hof
den französischen antreiben könne, „in die große Absicht sich
willfähriger zu erzeigen und nicht weiters so viele Rücksicht für
den König in Preußen zu tragen." Zugleich kündigte Kaunitz
an, daß die Verhandlung mit Frankreich allem Ansehen nach
vor etlichen Monaten nicht zum Schlusse gelangen könne und
deßhalb die Kriegsoperationen gegen Preußen bis ins künftige
Frühjahr ausgesetzt bleiben müßten[2]).

In Folge dieser Botschaft wurden im Juni die russischen
Kriegsrüstungen eingestellt und die Truppen, welche im Marsch
nach Livland begriffen waren, zurückbeordert[3]).

Ueber die Hauptfrage, die Abtretung der Niederlande und
die Bedingungen, unter denen dieselbe statthaben könne, erforderte
Kaiser Franz am 23 Mai von den Mitgliedern der Conferenz
schriftliche Gutachten. Diese lauteten einstimmig für die Ab=

---

1) R. Actenstücke 26. Wie Arneth 561, 41 bemerkt, ist statt concludit
offensive p. unanimia zu lesen *affirmative*.

2) R. Actenstücke 37. Vgl. Beer 366.

3) Gesch. d. siebenj. Krieges I. 623, 32.

tretung. Am gründlichsten erörterte Kaunitz sowohl diese Ange=
legenheit als alle anderen Gegenstände, welche für den geheimen
Vertrag zu erwägen waren. Er stellte sechs Conditiones sine
qua non und achtzehn andere auf, deren Erreichung zu versuchen,
aber in denen nachzugeben wäre. Seinem Votum gemäß ward
am 2 Juni Beschluß gefaßt und am 9 Juni die Instruction an
Starhemberg erlassen. Kaunitz unterstützte die Bemühungen des
Botschafters, so wie dieser es gewünscht, durch ein Schreiben
an die Pompadour. Er sprach darin aus, daß ihrem Eifer und
ihrer Weisheit alles verdankt werde, was bisher zwischen den
beiden Höfen vereinbart sei, und fügte hinzu: „Ich darf Ihnen
auch nicht verhalten, daß J. K. M. Ihnen alle Gerechtigkeit
zollen, die Ihnen gebührt, und für Sie alle Gefühle hegen, die
Sie nur wünschen können. Was vollbracht ist, verdient nach
meinem Dafürhalten die Billigung des unparteilichen Publikums
und der Nachwelt. Aber was noch zu thun bleibt, ist zu groß
und Ihrer zu würdig, als daß Sie es an Ihrer Mitwirkung
fehlen lassen könnten, um ein Werk nicht unvollendet zu lassen,
welches Sie auf immer ihrem Vaterlande theuer machen muß[1]).“

Das höchste Zeichen ihrer Dankbarkeit gewährte Maria
Theresia demnächst der Marquise durch das Geschenk ihres
Bildnisses en miniature, dessen Rahmen mit Diamanten ein=
gefaßt war[2]).

Einen wesentlichen Dienst erwies die Pompadour um jene
Zeit dem österreichischen Hofe dadurch, daß sie Ludwig XV ver=
mochte, Bernis nicht auf den ihm längst übertragenen Botschafter=
posten nach Madrid zu entsenden, sondern ihm die gleiche Stellung
in Wien zu übertragen, mit der Bestimmung, daß er vor dessen
Antritt die geheime Verhandlung zu Ende führen solle. Denn
in Bernis setzte Kaunitz sein ganzes Vertrauen. Am 19 Mai
schrieb er an Starhemberg: „Frankreich und seine Verbündeten
bedürfen eines großen Mannes in den großen Angelegenheiten,
und Herr von Bernis scheint mir diese Eigenschaft zu besitzen“[3]).

---

1) Arneth 463. 556, 53.   2) Campardon, Mad. de Pompadour 363.
3) Arneth 464. 557, 58.

Diese hohe Meinung von dem galanten Abbé sollte freilich die Probe nicht bestehen.

Der Inhalt der Instructionen vom 9 Juni, auf Grund deren Starhemberg mit Berniz den geheimen Vertrag zu vereinbaren hatte, ist aus dem Protokollauszuge der Conferenz vom 2 Juni bekannt. Zur Erläuterung dienen die Auszüge, welche Arneth aus dem schriftlichen Votum von Kaunitz mittheilt[1]). Ich habe um so weniger Veranlassung auf den ferneren Verlauf dieser Unterhandlung hier einzugehen, da sie erst nach dem Zeitpuncte zu Ende geführt wurde, mit welchem der vorliegende Band des Arneth'schen Werkes schließt. Es genügt zu bemerken, daß in dem Vertrage, wie er endlich am 1 Mai 1757 unterzeichnet wurde, „Starhemberg fast .in allen Artikeln eher mehr als weniger erhalten." So besagt das Conferenzprotokoll über die Ratification des geheimen Tractats. Und wie sehr Kaunitz von seinem Werke erbaut war, zeigen die Worte, mit welchen er in einer späteren Denkschrift die Schwierigkeit der Stiftung des Bündnisses mit Frankreich schildert: „es war ein Unternehmen, welches die Vorsehung allein einzugeben, zu lenken und gelingen zu machen vermochte, und unter ihren Auspicien schritt man ans Werk"[2]).

Nur in einem Stücke hatte man falsch gerechnet. Friedrich der große lag auch nicht still, bis seine Feinde ihn auf allen Seiten umstellt hatten. Lange waren ihre geheimen Anschläge ihm verborgen geblieben, aber immer klarer durchschaute der stets wachsame König die Gefahr eines überwältigenden Angriffs, mit welchem alle großen Continentalmächte den preußischen Staat zu zermalmen drohten. Im Juni traf er seine ersten Vorsichtsmaßregeln; im Juli erfuhr er, daß Rußland und Oesterreich die Eröffnung des Krieges auf das künftige Jahr vertagt hätten, und daß Frankreich nicht in der Rüstung sei, in den nächsten Monaten ihnen beizustehen. Vor Ablauf des August schlug er los, um die ihm noch gegönnte Frist zu benutzen, und machte sich zum Meister von Sachsen.

Arneth erkennt unumwunden an, daß König Friedrich sich in seinem Rechte befand, als er mit rascher That dem Angriffe des

---

1) N. Actenstücke 27—29. Arneth 450—455.   2) 396. 551, 84.

österreichischen Hofes zuvorkam, welcher nur deßhalb noch nicht ins Werk gesetzt war, weil man ihn im nächsten Jahre mit ungleich größerer Aussicht auf Erfolg zu unternehmen gedachte. Anders urtheilt er über Sachsen[1]. Er ist der Meinung: „keine militärische oder politische Rücksicht, dieselbe mochte für den Erfolg seiner Unternehmung noch so schwer ins Gewicht fallen, hätte den König zu dem durchaus rechtswidrigen Vorgange vermögen sollen, mit gewaffneter Hand einzufallen in ein friedliches Nachbarland, dem er in Wahrheit keinerlei Verschulden zur Last legen konnte."

Ueber diese Frage glaube ich auf die früher von mir gegebene Darlegung der Brühlschen Politik verweisen zu dürfen. Denn so fern auch der Wiener Hof davon war, den Grafen Brühl vor der Zeit ins Einverständniß zu ziehen, er wußte, wie Arneth's Mittheilungen bestätigen, daß er, sobald der Krieg gegen Preußen nur erst im Gange sei, auf die Dienste des sächsischen Hofes unbedingt zählen dürfe. Das gleiche ergibt sich aus der Correspondenz des sächsischen mit dem russischen Hofe, welche Friedrich dem großen bekannt war. Danach ist die Sachlage vollkommen klar. König Friedrich wußte voraus, daß der sächsische Hof zwar anfangs sich mit der Maske der Neutralität decken, aber sobald einmal Preußen ins Gedränge gerathe, den Schild erheben werde, um seines Antheils an der Beute nicht verlustig zu gehen. Dieses klug berechnete Spiel zu stören bot sich ihm nur ein Weg; er entschloß sich für die Dauer des Krieges Sachsen in Gewahrsam zu nehmen.

Ich habe absichtlich nur die Thatsachen aufgeführt, ohne ein Urtheil über das neue System der österreichischen Politik abzugeben, welches Kaunitz entsprechend den Intentionen seiner Monarchin ins Werk setzte. Nicht überall kann ich Arneth's Auffassung beistimmen. Aber ich erkenne darum nicht minder mit aufrichtigem Danke an, wie reiche Belehrung der historischen Wissenschaft aus diesem neuen Bande der Geschichte Maria Theresia's erwächst, und wie rückhaltlos der Verfasser urkundliche Darstellung an die Stelle unzureichender und vielfach trügerischer Erzählungen gesetzt hat.

---

1) Arneth 490.

Französische Friedensanträge an Preußen vom Jahre 1758.

———

Sybels historische Zeitschrift Bd. XXI. 1869.

Es ist bekannt, wie viel vergebliche Mühe sich die Mark=
gräfin von Baireuth im Jahre 1757 gab, um zwischen ihrem
Bruder Friedrich von Preußen und dem französischen Hofe eine
Friedensverhandlung einzuleiten. Weniger bekannt sind die Be=
mühungen des französischen Ministers Grafen Bernis, bald nach=
dem diese Correspondenz abgebrochen war unter Vermittlung des
Markgrafen von Baireuth insgeheim sich mit Friedrich dem gro=
ßen zu verständigen.

Am 29 Januar 1758 war auf das von der Markgräfin
durch Vermittlung des Erzbischofs von Lyon, Cardinal Tencin,
an Ludwig XV gerichtete Schreiben im Namen dieses Monarchen
von Bernis eine ablehnende Antwort ertheilt worden, welche mit
der Erklärung schloß, daß der König von Frankreich nicht ohne
seine Verbündeten unterhandeln und daß er sie nie verlassen
werde: man möge nicht wagen, ihm Vorschläge zu thun, welche
seinen Ruhm und seine Bundestreue antasten könnten[1]. Dieses
Schreiben ward unverzüglich dem Wiener Hofe mitgetheilt und
hatte natürlich dessen ganzen Beifall.

Aber es währte nicht lange, so steigerte sich bei Bernis in
Betracht der unglücklichen Wendung, welche der Krieg zur See
und zu Lande für Frankreich nahm, und der Zerrüttung der
französischen Finanzen die Sehnsucht nach einem schleunigen
Friedensschlusse bis zu dem Grade, daß er nicht bloß Maria
Theresia und Kaunitz mit seinen Anliegen bestürmte und Georg II
für Hannover und für England Anerbietungen machte, sondern
daß er auch mit Friedrich II anzuknüpfen suchte.

Die erste Nachricht von solchen Absichten des französischen
Hofs hatte die Markgräfin von Baireuth ihrem Bruder in
einem nicht erhaltenen Briefe gegeben; näheres meldete sie am
10 Mai[2]. Man werde die 24,000 Mann französischer Hilfs=
truppen so spät als möglich nach Böhmen schicken, um dem
Könige von Preußen Zeit für seine Operationen zu lassen und

---

1) (v. d. Schulenburg) Neue Actenstücke. Leipzig 1841. S. 80–83.
2) Oeuvres de Frédéric XXVII 1, 314.

die Kaiserin zu nöthigen, Frankreichs Vermittelung für den
Frieden anzurufen. Hannover solle Sachsen durch Rückgabe der
ihm zu Pfand gesetzten Landstriche entschädigen, Preußen der
Vermittler zwischen Frankreich und England für Amerika sein.
Die Markgräfin versichert, daß die Person, welche ihr diese
Mittheilung gemacht, über den Stand der Dinge am französi=
schen Hofe wohl unterrichtet sei. Dies bestätigen die Thatsachen,
wenn wir auch nicht wissen, ob der ungenannte Zuträger zu
seinen Eröffnungen ermächtigt war oder nicht.

Wenige Wochen später, während des Einmarsches preußischer
Truppen in Franken, kam Prinz Heinrich zum Besuche seiner
schwer erkrankten Schwester nach Baireuth und sprach gegen
deren Gemahl, den regierenden Markgrafen, den lebhaften Wunsch
aus, daß sein Bruder, der König, sich entschließen möge, Ver=
nunft anzunehmen und auf einen sicheren Frieden zu denken.
Markgraf Friedrich säumte nicht, von dieser Unterredung dem
französischen Ministerium zu berichten, und erhielt in kürzester
Frist den Auftrag, wie auf eigene Hand und im tiefsten Geheim=
niß über die ihm mitübersandte Proposition die Gesinnungen
des Königs von Preußen zu erforschen[1]. Er glaubte nichts
besseres thun zu können, als das Schriftstück, wie es ihm aus
dem französischen Cabinete zugefertigt war, mit einem Briefe
seiner Hand dem Prinzen Heinrich zur Beförderung an den
König zu übersenden. Prinz Heinrich bemerkt dazu: „es ist bei=
nahe gewiß, daß der Entwurf nicht von dem Markgrafen her=
rührt, sondern ihm von auswärts zugestellt ist"[2].

König Friedrich konnte über den Ursprung des »Projet pour
parvenir à une paix générale« keinen Augenblick in Zweifel
sein. Zwar der Markgraf spielte die ihm auferlegte Rolle so
gut, daß er in seinem Begleitbriefe vom 12 Juli schrieb: „Meine
Absicht war anfangs, den Entwurf gleichzeitig nach Frankreich
zu schicken, durch jemand, der vermittelst seiner guten Verbin=
dungen das Terrain sondieren könnte, aber die Furcht, Ew. Maje=

---

1) 1758, Aug. 19. Versailles. Bernis an Choiseul=Stainville.
2) 1758, Juli 20. Prinz Heinrich an den König. Schöning, der sieben=
jährige Krieg I 229. Das Folgende nach den Acten d. Königl. Preuß. Geh.
Staatsarchivs R. 44. FFF. 1758.

stät zwiefach zu mißfallen', hat meinen Eifer zurückgehalten, den meine Begierde, ein so heilsames Werk zu befördern, schon zu weit führt".

Die Proposition, welche Bernis dem Markgrafen in den Mund legte, war höchst eigenthümlicher Natur.

In der Einleitung wurde der verderbliche Krieg beklagt, der auf dem Continente ausgebrochen sei, nicht mit der geringsten Absicht auf Vergrößerung, sondern nur um sich völlige Sicherheit zu verschaffen. „Das Mißtrauen hat das Kriegsfeuer entzündet, möge die Wiederkehr gegenseitigen Vertrauens es so bald als möglich auslöschen. Das Verlangen nach Frieden ist allgemein".

Die Vermittelung eines anderen Staates sei zu weitaussehend und könne Verdacht erregen: es komme darauf an, einig zu werden, ohne jemand zu compromittiren. Den Markgrafen von Baireuth werde man nicht tadeln können, wenn er aus eigenem Antriebe seine Gedanken, wie ein allgemeiner Friede herzustellen sei, Frankreich und dem Könige von Preußen eröffne.

Die große Frage sei, welcher von den betheiligten Höfen den ersten Schritt thun werde. Um dieses Hinderniß zu heben, habe der Markgraf sich entschlossen, seinerseits einen allgemeinen Plan vorzuschlagen, über welchen die kriegführenden Parteien ihre unmaßgebliche Meinung sagen könnten. Er erkläre im Voraus, daß er von niemand, wer es auch sei, dazu aufgefordert sei, daß der Entwurf ihm nicht an die Hand gegeben sei, sondern daß ihn einzig und allein das aufrichtige Verlangen geleitet habe, den Frieden in Deutschland hergestellt zu sehen.

Der Markgraf erbiete und verpflichte sich, der zuverlässigste und geweihteste Bewahrer (le dépositaire le plus assuré et le plus sacré) der Meinungsäußerungen zu sein, welche die beiden Mächte als Antwort auf diesen Entwurf ihm wollen zugehen lassen, und schlage vor, über folgende Punkte sich vorläufig zu verständigen:

1) ob der vorgeschlagene Weg ihnen genehm sei;

2) daß ein undurchdringliches Geheimniß über die ganze Verhandlung bewahrt werde;

3) daß die Eröffnungen, welche wechselseitig oder einzeln

über diesen Entwurf gemacht werden, angesehen werden sollen als ausgesprochen, gemacht und vorgeschlagen zur selben Zeit und in demselben Augenblicke, ohne daß dem einen oder dem andern Theile beigemessen werden könne, der erste gewesen zu sein, und ohne daß der eine für sich jemals etwas davon zu seinem Vortheile anführen dürfe, noch weniger sich darauf beziehen, um Aergerniß unter den Verbündeten anzustiften;

4) daß zu diesem Ende die beiden Höfe von Frankreich und von Preußen ihre Erklärungen über den Entwurf wohlversiegelt und verschlossen einsenden wollen, unter dem Versprechen des Markgrafen, daß die eine nicht eröffnet werden solle, ohne daß die andere und alle beide eingetroffen seien: so daß, wenn Frankreich oder der König von Preußen für angemessen hielten, gar nicht darauf zu antworten, die eingetroffene Erklärung unentsiegelt treulich zurückgesandt wird.

So viel Umstände wurden gemacht, um die Verhandlung in das tiefste Geheimniß zu hüllen und der französischen Eitelkeit nichts zu vergeben. Die folgenden Punkte betrafen die Sache und ließen die Person des Markgrafen außer Spiel.

5) Obgleich nur Frankreich und Preußen die Präliminarien vereinbaren werden, gedenke man doch durchaus nicht, die Verbündeten davon auszuschließen;

6) demnach werde Frankreich bei der Kaiserin-Königin sich bemühen, in gleicher Weise, wie der König von Preußen es auf sich nehme, die Streitigkeiten zwischen den Höfen von Versailles und London zu beiderseitiger Befriedigung auszugleichen;

7) in demselben Augenblicke, wo die Präliminarien beiderseits genehmigt und unterzeichnet werden, wird der König von Preußen schon Befehl ertheilt haben, Sachsen zu räumen und dem Könige von Polen zurückzustellen, der für alle Unbill, Schaden und Verluste entschädigt wird, sei es in natura oder in Geld oder in einem Aequivalent durch die Abtretung einer dazu geeigneten Besitzung, worüber die beiden contrahirenden Theile sich verpflichten, unfehlbar mit einander übereinzukommen;

8) in dem künftigen allgemeinen Vertrage soll der von Münster und Osnabrück zu Grunde gelegt und ausdrücklich bestätigt werden;

9) gleichermaßen soll der Dresdener Vertrag und die darauf
bezüglichen von neuem bestätigt und gewährleistet werden, so
weit nicht durch einen der Artikel des künftigen allgemeinen Ver=
trags eine Abänderung getroffen wird;

10) die in Betreff der Grenzen und des Handelsverkehrs
von Schlesien obschwebenden Streitigkeiten sollen durch den be=
sagten allgemeinen Vertrag völlig gehoben und erledigt werden,
damit zwischen der Kaiserin=Königin und dem Könige von Preußen
nicht der mindeste Same der Zwietracht zurückbleibe;

11) damit dieser Friede dauerhaft und ewig sei, wird aus=
drücklich bestimmt, daß, im Falle sich irgend ein Streit oder
Zwist erhöbe, sei es zwischen der Kaiserin=Königin, ihren Erben
und Nachkommen und dem Könige von Preußen und seinen
Erben, oder den Königen von Preußen und Polen, keine
der gedachten Mächte je zu den Waffen greifen dürfe, sondern
daß man vertragsmäßig Austräge anrufen wird (z. B. Frank=
reich, England, Schweden und Rußland), welche der Billig=
keit, Gerechtigkeit, den Gewohnheiten und Constitutionen des
Reiches gemäß diese Zwistigkeiten entscheiden; dermaßen, daß
diejenige Macht, welche die andere angreift, ohne die vorgängige
Entscheidung der Austräge abzuwarten, durch die letzteren ange=
halten wird, sofort vollständigen Ersatz zu leisten, wozu die Aus=
träge gemeinschaftlich und jeder einzeln mit aller ihrer Macht
und Streitkräften einschreiten werden, ohne daß irgend ein
Vorwand oder Ausflucht sie davon entbinden kann.

Der zwölfte Artikel bestimmt, daß, wenn man den vorge=
setzten Zweck, die Herstellung des Friedens, nicht erreiche, alles,
was diesem Entwurfe gemäß gesagt, verhandelt und gethan sein
werde, anzusehen sei als niemals gesagt, verhandelt und gethan,
und demgemäß von der einen und der andern Seite abgeleugnet
werden könne als nichtig, nicht gesagt und nicht vorgekommen
(et pourra par conséquent être désavoué de part et d'autre
comme nul, non dit, et non avenu).

Der Markgraf betheuert schließlich, das Geheimniß unver=
brüchlich zu bewahren und auf die erste Weisung alle betreffen=
den Papiere zu unterdrücken, so daß nie das geringste Wort
davon angeführt werden könne.

Sehen wir ab von der Geheimnißkrämerei des in seinem Ge=
wissen geängstigten und rathlosen Ministers und erwägen den
sachlichen Inhalt der gemachten Vorschläge, so ergibt sich, daß
sie von Frankreich allein ausgehen, ohne Einvernehmen mit seinen
Verbündeten, daß die französische Regierung von jeder Eroberung
absehen will, daß sie Preußen den ferneren Besitz von Schlesien
auf Grund des Dresdener Friedens zusichert und zwar unter Ab=
stellung der von Preußen vor dem Kriege erhobenen Beschwerden,
daß sie aber für Sachsen irgend eine Schadloshaltung vorbehält.
Die Sonderübereinkunft zwischen Frankreich und Preußen soll
die übrigen kriegführenden Mächte zum Frieden nöthigen, und
dieser Friede soll dadurch verbürgt werden, daß einerseits Maria
Theresia und der König von Polen, andrerseits der König von
Preußen für ihr künftiges Wohlverhalten unter die polizeiliche
Aufsicht der übrigen europäischen Höfe gestellt werden. Dieser
letzte Vorschlag war ausgedacht mit Rücksicht auf Maria The=
resia's wiederholte Erklärung, ihre Sicherheit beruhe darauf, daß
die Macht des Königs von Preußen vernichtet werde; sonst werde
er binnen zwei Jahren wieder die Waffen erheben.

Daß man den Plan der Theilung des preußischen Staates,
wie er in dem geheimen Vertrage vom 1 Mai 1757 festgestellt
war, aufgeben müsse, davon war Verniß seit den Schlachten
von Roßbach und Leuthen und vollends seit der Auflösung der
französischen Armee in Niedersachsen überzeugt und hatte dessen
auch vor dem österreichischen Hofe kein Hehl, ohne bei der
Kaiserin und dem Grafen Kaunitz für seine inständigen Vor=
stellungen Gehör zu finden. In dieser Zeit bestärkte ihn in
seiner Friedenssehnsucht die Niederlage, welche die französische
Armee am 23 Juni bei Crefeld erlitt, und der drohende Verlust
der Festung Louisburg am Lorenzbusen, „von deren Schicksal der
Ruin und das Gedeihen unsers Handels abhängt".

Zugleich mit der Bairenther Proposition erließ Verniß am
6 Juli eine Depesche nach Wien an den dortigen französischen
Gesandten Choiseul=Stainville[1]), welche jener zur Erläuterung
dient. In der festen Erwartung, daß Olmütz von den Preußen

---

1) Biblioth. Imp. Paris. MS. Suppl. franc. nr. 7136.

genommen werde, rieth der französische Minister dem österreichi=
schen Hofe, keinen Augenblick zu versäumen, dem Könige von
Preußen Frieden anzubieten, unter der Zusicherung, den Beitritt
seiner Verbündeten und die Ratification des Reiches zu erwirken.
Wäre die Friedensverhandlung nicht so rasch zu erledigen, so
könne man Präliminarien, einen Waffenstillstand und einen Con=
greß verabreden. Die Präliminarien möchten festsetzen: Heraus=
gabe Sachsens, dem man wo möglich Entschädigung verschaffen
müßte (aber freilich sei nicht zu erwarten, daß der König von
Preußen diese auf sich nehme; denn wenn man sie ihm ansinne,
werde er für seine Staaten dieselbe Forderung erheben); Garantie
Schlesiens für Preußen gemäß dem Aachener Frieden; binnen
drei Wochen Räumung der Länder und Plätze, welche der Kaise=
rin und dem Könige von Preußen gehören; Verpflichtung, die
Zustimmung der Verbündeten des österreichischen und französi=
schen Hofes zu erwirken; Berufung eines Congresses, während
dessen alle Feindseligkeiten aufhören; Abrede, daß auf diesem
Congresse der Friede zwischen Frankreich und England verhandelt
werden solle und daß die abschließenden Mächte die Höfe von
Versailles und London vermögen werden, schleunigst einen Waffen=
stillstand abzuschließen.

Wir sehen, wie viel von dem Ausgange der Belagerung
von Olmütz abhieng: besorgte man doch schon in London, Fried=
rich dem großen möge es allzuschnell glücken, ehe England es
dahin gebracht habe, Frankreich auf lange Zeit hinaus unschäd=
lich zu machen[1]. Mit vollem Rechte durfte Friedrich klagen,
daß mit dem Mißlingen seines Unternehmens gegen Olmütz die
Aussicht auf Frieden geschwunden sei[2]. Es versteht sich von
selbst, daß nach diesem Erfolge der kaiserlichen Waffen die fran=
zösischen Rathschläge in Wien einfach zu Boden fielen.

Die Baireuther Proposition empfieng Friedrich nach dem
Abzuge aus Mähren, während er zwischen Königgrätz und dem
Passe von Nachod operirte. So lebhaft er den Frieden wünschte,

1) 1758 Juni 11. Horace Walpole to Sir Horace Mann. Walpole's
letters ed. by Cunningham III 140.
2) Mitchell's Diary Juli 2. 3. 4. Mitchell Pap. II 33. 34.

von diesen Vorschlägen glaubte er unter den obwaltenden Um=
ständen unmöglich sich einen Erfolg versprechen zu können, weil
keiner von den Hauptfeinden und keine der großen Ursachen des
Krieges darin berührt seien. Eine der vornehmsten Ursachen
wären die Angelegenheiten von Amerika; diese bildeten den
Hauptgegenstand für England, dessen Interessen er nicht preis=
geben werde; ferner die Abtretung und Besitznahme von Festun=
gen in Flandern, welche die Franzosen von dem Wiener Hofe
erlangt haben: wie dieser Punkt, so sei auch dessen, was ihn
(Friedrich), die Russen und die Schweden anlange, mit keinem
Worte gedacht. Ueberhaupt aber werde er sich so wenig als
die Königin von Ungarn dem vorgeschlagenen Schiedsgerichte
anderer Mächte unterwerfen, als welches wider die Souveränetät
sei und keine Macht von der Welt thäte. Uebrigens dankte er
dem Markgrafen in der verbindlichsten Weise für die bewiesene
Freundschaft und zollte seinen guten Absichten vollen Beifall[1]).
Ueber all die Umschweife, mit denen die Proposition eingeleitet
war, verlor Friedrich kein Wort.

Dem englischen Gesandten Mitchell gab König Friedrich
unter dem Siegel der Verschwiegenheit die Baireuther Proposition
zu lesen und händigte ihm einen Auszug aus seinem Antwort=
schreiben ein. Woher jene ihm zugegangen sei, lehnte der König
ab zu sagen; der Gesandte rieth auf die Markgräfin. In seinem
Berichte an das Ministerium bemerkte Mitchell, daß die ertheilte
Antwort des Beifalls der englischen Regierung nicht verfehlen
werde, da sie zeige, wie wohl der König die englischen Interessen
wahrnehme und wie fest er entschlossen sei, seinen Verpflichtun=
gen treu zu bleiben: übrigens dürfe er nicht verschweigen, daß
Seine Preußische Majestät des Krieges herzlich müde sei und
sehr aufrichtig nach Frieden verlange.[2])

Mehrere Wochen vergiengen, ehe der Markgraf von Baireuth

---

1) Nach der (von Eichel niedergeschriebenen) deutschen Marginalverfügung
des Königs und dem entsprechenden königlichen Cabinetschreiben au quartier
de Rakonitz du 28 de Juillet 1758.

2) 1758, Juli 31. Jessenitz bei Nachod. Mr. Mitchell to the Earl of
Holdernesse (most secret) M. P. I 419; extrait de la réponse au projet p. 421.

über das königliche Schreiben vom 28 Juli sich des weiteren ausließ. Am französischen Hofe überwog die Pompadour und mit ihr die Hingebung an die österreichische Allianz so sehr, daß Bernis seinem Verlangen nach Frieden vorläufig Schweigen gebot. Erst nach Mitte August ließ er sich wieder vernehmen.

Um sich den Rücken zu decken, setzte Bernis in seinem Schreiben vom 19 August Choiseul in Kenntniß, wie sich der Prinz Heinrich in Baireuth geäußert: auf erhaltene Meldung habe er, Bernis, geantwortet, der Markgraf könne auf eigene Hand, ohne daß der französische Hof ihn irgendwie dazu aufgefordert, die Stimmung des Königs von Preußen erkunden. „Wir wissen seit kurzem, daß Prinz Heinrich an den König von Preußen geschrieben hat, aber er hat noch keine Antwort erhalten. So steht die Sache". Choiseul ward ermächtigt, wenn es ihm angemessen dünke, Kaunitz davon vertrauliche Mittheilung zu machen.

Es wird nicht überflüssig sein zu bemerken, daß in Betreff der Baireuther Verhandlung König Friedrich mit seinem Bruder kein Wort gewechselt hat. Auf den Bericht des Markgrafen antwortete Bernis gleichzeitig mit jener Depesche nach Wien, und demgemäß schrieb der Markgraf pflichtschuldigst am 24 August an den König.

Hatte Friedrich erklärt, er könne sich von der ihm gemachten Proposition keinen Erfolg versprechen, so beharrte der antwortende Briefsteller dabei, das beste von ihr zu hoffen. „Die Aussöhnung wird allgemein ersehnt, der Krieg ist gar zu drückend, die Mehrzahl der Staaten empfindet seine Last und seine heillosen Folgen. Ich bin überzeugt, daß es sich von der einen und der andern Seite um keine Eroberung handeln würde: es ist mir von sehr guter Hand und von mehr als einer Seite versichert worden, daß man gerecht, billig, gemäßigt und sehr wohlgesinnt sein wird (qu'on sera juste équitable modéré et très-bien disposé)". England habe man vom allgemeinen Frieden nicht ausschließen wollen, im Gegentheil hoffe man, daß der König von Preußen einen Ausweg vorschlagen werde, um die Streitigkeiten zwischen den Höfen von Versailles und London zu beiderseitiger Befriedigung zu erledigen. „Es ist mir völlig unbewußt, ob es einen Vertrag über Abtretung flandrischer Plätze gibt, aber wenn ich die in Bezug darauf in Holland und anderswo gegebenen Erklärungen erwäge, weiß ich nicht, was ich über die Existenz einer solchen Abtretung denken soll. Die allgemeine Sicherheit scheint daran hauptsächlich Theil gehabt zu haben. Ew. Majestät wird mir erlauben zu sagen: daß Ihr Ruhm, Ihre Wohlfahrt, alles, was Sie betrifft, mir den Entwurf eingegeben haben; die Verbündeten des Wiener Hofs interessiren sich dafür gleichermaßen. — In Betreff der Russen und Schweden habe ich nur andeuten wollen, daß Frankreich auf sie wirken würde. Meine Absicht gieng nicht dahin, daß das vorgeschlagene Schieds= gericht einen Hauptartikel bilden solle: ich glaube also, daß man den Parteien freie Hand lassen kann, ohne sie den Uebelständen zu unterwerfen, welche daraus erwachsen dürften".

Aus diesem Schreiben erhellte noch klarer als aus dem früher= ren Entwurfe, daß Frankreich für sich allein handele, daß der Wiener Hof an dem Friedensvorschlage keinen Theil habe und daß auf Schweden und Rußland ebenfalls erst nachträglich ein= gewirkt werden solle. Bestimmte Vorschläge über die Prälimi= narien wurden nicht gemacht, sondern man beschränkte sich auf freundliche Redensarten. Was Flandern betraf, so stützte sich die gewundene Ausrede auf eine Denkschrift, welche Bernis am 25 Januar im Haag hatte übergeben lassen, um den General= staaten zu versichern, daß die französischen Truppen Ostende und Nieuport nicht länger als höchstens bis zu Ende des Krieges be= setzt halten sollten: eine Erklärung, welche der Wiener Hof, als dem geheimen Vertrage widersprechend, höchlichst mißbilligt hatte.

König Friedrich erhielt das Schreiben des Markgrafen auf dem Rückmarsche von der Zorndorfer Schlacht nach Sachsen und erkannte auf den ersten Blick, daß darin noch keine Basis des Friedens geboten sei: ehe er verhandeln könne, müßten die Gegner deutlicher mit der Sprache herausgehn. Daher erwiederte er, dem Markgrafen für seine guten Absichten dankend: „Ich bin stumm wie ein Karpfen. Wenn die Franzosen, Oesterreicher und Russen mir etwas zu sagen haben, so brauchen sie nur zu reden: aber ich für mein Theil beschränke mich darauf, sie zu schlagen und zu schweigen". Der eigenhändige Brief lautet nach der im Staatsarchive befindlichen Copie[1]):

Réponse du Roi au Margrave de Bareuth à Elsterwerde du 8 de Sept. 1758.

Mon cher Margrave. Je reçois votre lettre au moment que je suis dans le plus fort de mes opérations; après avoir chassé les Moscovites de la nouvelle Marche je me suis tourné vers Dresden pour chasser Mr. de Daun de la Lusace; c'est dans cette situation que votre lettre m'a été rendue. J'applaudis fort à vos bonnes intentions; mais je dois vous dire que je suis muet comme une carpe. Si les François, Autrichiens et Russes ont quelque chose à dire, ils n'ont qu'à parler, mais pour moi je me borne à les battre et me taire. Veuille le ciel que j'apprenne des bonnes nouvelles de ma soeur; cela m'intéresse plus que toutes les négociations de l'univers. Je suis avec bien de l'estime   Monsieur

Votre fidèle cousin et beau-frère.

F.

Auf die Erwiederung des Markgrafen vom 16 September erließ Friedrich zu Schönfeld bei Dresden am 20 September ein Cabinetschreiben, in welchem er erklärte: V. A. peut être persuadée que je ne me refuserai pas à une paix et à un accommodement raisonnable; j'écouterai volontiers toutes les propositions qu'on m'en voudra faire; mais jamais on obtiendra de moi que j'offre des conditions et que je fasse les premières ouvertures.

Der Markgraf antwortete am 27 September, er werde in Betreff authentischer Propositionen das Terrain sondiren und fügte hinzu: „Allemal wenn Ew. Majestät der Markgräfin Nachricht gibt, schöpft sie neue Kraft und läßt unsere Hoffnungen wieder aufleben".

---

1) Auch von diesem Briefe ward Mitchell ein Auszug mitgetheilt (j'applaudis — de l'univers). Derselbe ist von Raumer, Beiträge zur neueren Geschichte II 464 aus den Papieren Mitchells publicirt o. O. u. D., als eine Antwort des Königs auf einen Brief der Markgräfin vom 24 August. Im ersten Satze fehlt das Wort muet. Daher hat Preuß, Oeuvres de Frédéric XXVII 1, 319 das Bruchstück abdrucken lassen.

Des Markgrafen nächster Brief meldet ihren am 14 October um ein Uhr Nachts erfolgten Tod. Das Blatt trägt die Spuren der Thränen, mit denen König Friedrich es benetzt hat.

Damit endete diese Correspondenz des Markgrafen von Bai= reuth mit Friedrich dem großen. Vernis war nicht in der Lage, die geheime Verhandlung mit Preußen fortzusetzen. Maria Theresia beharrte unerschütterlich bei dem Entschlusse, sich keinen Frieden aufdringen zu lassen, sondern mindestens noch einen Feldzug zu unternehmen, und mit Hilfe der Pompadour riß sie Ludwig XV mit sich fort. Vernis ward am 2 October für seine Verdienste um die Allianz der großen katholischen Höfe von Pabste Clemens XIII zum Cardinal ernannt. Als er das päbstliche Breve empfieng, hatte Ludwig XV ihn bereits der Leitung der auswärtigen Angelegenheiten enthoben und den Herzog von Choiseul=Stainville als den geeignetsten Vertreter der beständi= gen Freundschaft zwischen den Häusern Habsburg=Lothringen und Bourbon zu seinem Nachfolger bestimmt.

König Friedrich gab nicht so bald die Hoffnung auf, daß seine Gegner sich zu billigen Vorschlägen herbeilassen würden. In einem Schreiben an seine Gesandten in England (Wahns= dorf bei Dresden den 12 September) entwickelte er, daß die Fort= setzung des Kriegs im nächsten Jahre zwar für England große Vortheile verspreche, aber er wisse nicht, woher er Mannschaften und Geld aufbringen solle, um den Krieg mit Nachdruck durch= zuführen; auf die Dauer könne das nicht so fortgehn. „Alles dessen ungeachtet", fuhr er fort, „dürft ihr versichert sein, daß ich mich wohl hüten werde, eine ähnliche Sprache unseren ge= meinsamen Feinden gegenüber zu führen; ganz im Gegentheil, werde ich zu ihnen mit aller nur denkbaren Festigkeit reden. Indessen bin ich der Meinung, daß, wenn sich ein Mittel dar= bietet, um mit Ruhm und Ehren aus dem Kriege herauszukom= men, man es nicht verwerfen dürfe".

Noch im December instruirte Friedrich seinen Freund, den Grafen Marishal, für dessen Mission nach Spanien, offenbar im Hinblick auf die von französischer Seite gemachten Vorschläge[1]):

---

[1]) 1758, December 9. Dresden. Friedrich II an den Grafen Marishal. Oeuvres de Frédéric XX 275.

„Bewirken Sie, daß diese Leute, die sich für so friedliebend aus=
„geben, anfangen, die Vergleichsbedingungen zu artikuliren, daß
„man sehe, worauf sie hinauswollen und wessen man sich von
„ihnen versehen darf: das ist es, wo man ihnen an den Puls
„fühlen muß. Wenn sie sich an unbestimmte Paralogismen hal=
„ten, so ist das ein sicheres Zeichen, daß sie keinen andern Zweck
„haben, als Keime des Mißtrauens und des Zwiespalts zwischen
„meine Verbündeten und mich auszustreuen; wenn sie sich erklären,
„wenn sie reden, so kann ich ihre Vorschläge meinen Verbünde=
„ten mittheilen, von denen ich mich niemals trennen werde, und
„diese Eröffnungen können Anlaß geben zu einer förmlichen
„Unterhandlung oder zur Abhaltung eines Congresses. Das sind
„meine Ansichten. Ich halte sie für recht und natürlich; an sich
„kommen lassen, die Andern zum Reden bringen, mich mit mei=
„nen Verbündeten vereinbaren: das ist was mir ziemt und was
„ich thun muß. Den Frieden erbetteln, mich vor Feinden beu=
„gen, die mich auf eine grausame und furchtbare Weise verfolgt
„haben, das werde ich niemals thun".

Als König Friedrich dies schrieb, war Bernis noch Mitglied
des französischen Cabinets. Wenige Tage darauf, am 13 De=
cember, ward er vom Hofe verbannt und auf eine seiner Abteien
verwiesen. Seitdem erhob sich im französischen Ministerium keine
Stimme für eine Unterhandlung mit Preußen.

<hr />

Schiller als Nationaldichter.

Festrede zu Schillers hundertjährigem Geburtstage.

—

Gehalten zu Greifswald am 10 November 1869 und ebendaselbst gedruckt.

Als Schiller zu Mannheim vor nunmehr fünfundsiebenzig Jahren die Hoffnung auf ein ersprießliches Wirken, welche er auf seine Verbindung mit dem dortigen Nationaltheater gegründet hatte, getäuscht und mit Kummer und Unmuth seine Dichterlaufbahn unterbrochen sah, da gieng ihm von Leipzig her eine Sendung zu mit sinnigen Geschenken und begeisterten Briefen von Körner, seiner Braut und deren Schwester, und von Huber, welche ihm als ihrem Wohlthäter im Geiste die Hand drückten und ihm dankten für den Schwung und die Stärkung, welche er ihnen durch seine Dichtungen gegeben. Das war ein süßer Trost für das verwundete Herz des Dichters, und er schrieb an seine edle Freundin Frau von Wolzogen:

„Wenn ich mir denke, daß in der Welt vielleicht noch mehr „solche Zirkel sind, die mich unbekannt lieben und sich freueten „mich zu kennen; daß vielleicht in hundert und mehr Jahren, „wenn auch mein Staub längst verweſt ist, man mein Andenken „segnet und mir noch im Grabe Thränen und Bewunderung „zollt: — dann meine Theuerste, freue ich mich meines Dichter= „berufes und versöhne mich mit Gott und meinem oft harten „Verhängniß".

Was damals als freudige Ahnung durch die Seele des Jüng= lings drang, wie herrlich ist es in Erfüllung gegangen! Der heutige Tag ist deß Zeuge. So weit die deutsche Zunge klingt, von Nord nach Süd und von Ost nach West, bei den stammver= wandten Schweizern und wo immer an allen Enden der Erde Deutsche fern von dem Mutterlande zusammenwohnen, vereinigen sich heute tausende und aber tausende in freudiger Bewegung um ihre Dankbarkeit und Verehrung für den längst heimgegan= genen Dichter laut zu bekennen. Da ist kein Unterschied des Standes oder der Partei, da gilt kein trennender Grenzpfahl, sondern es ist eine nationale Feier, deren sich jeder freut, der ein deutsches Herz im Busen trägt. Und wohl ist es ein Ehrentag unserer Nation, Friedrich Schillers hundertjähriger Geburtstag, des großen Dichters, der unserm Volke vor allen andern werth und theuer geworden ist, dem wir zu einem wesentlichen Theile

den Aufschwung unseres Nationalgefühls verdanken, und dessen
Werke uns immer von neuem Freude, Trost, Erhebung, Stär=
kung gewähren. Lassen Sie uns, verehrte Festgenossen, bei dem
Leben und Streben Schillers mit unserer Betrachtung verweilen,
um uns zu vergegenwärtigen, wie er ein Nationaldichter gewor=
den ist.

Traurig genug stand es in der ersten Hälfte des vorigen Jahr=
hunderts um das politische und geistige Leben unserer einst so großen
und herrlichen Nation. Seit dem unglückseligen dreißigjährigen
Kriege und dem schmählichen westfälischen Frieden war sie vollends
in sich zerfallen und fremden Zwecken dienstbar geworden. Viele
Fürsten suchten es Ludwig XIV von Frankreich nachzuthun in
der üppigen Pracht ihrer Hofhaltung und den Ausschweifungen,
mit denen sie der deutschen Sitte spotteten: das Mark des Lan=
des ward ausgesogen, ja manche verkauften das Blut ihrer Un=
terthanen in fremden Dienst. Dagegen gab es keinen Rechts=
schutz und auch keine Macht der öffentlichen Meinung, denn wir
hatten keine Litteratur. Unsere schöne kräftige Sprache, einst die
Sprache und die gewaltige Waffe Luthers, war gemengt mit
fremden Wörtern und erlahmt in der Nachahmung, unsere Lit=
teratur war entartet zu einer wohlfrisirten Hofpoesie, sie hatte
alle Kraft und Saft verloren. So weit war es gekommen; da er=
wachte ein neuer Geist schöpferischer Thatkraft und es ward offen=
bar, wie vieles auch faul war im deutschen Reiche und an den
Höfen, noch war im Volke, und zwar in allen Ständen, ein ge=
sunder Kern und eine unverwüstliche Jugend. König Friedrich
der große gab durch seine Thaten auf den Schlachtfeldern der
Nation das verlorene Selbstgefühl zurück. Denn nicht bloß seine
Preußen freuten sich seiner Siege, sondern wo immer in Deutsch=
land ein erleuchteter Sinn sich regte, jauchzte man dem Könige zu, der
allen Mächten des Festlandes die Stange hielt; mit freudiger Hoff=
nung sah man eine Macht sich gründen, welche berufen war schützend
und leitend die höchsten Interessen der deutschen Nation zu vertreten.
Und die Selbstverleugnung des großen Monarchen, sein strenges
Pflichtgefühl, seine Gerechtigkeit, seine Sparsamkeit, sein heller Geist
und seine Liebe zur Kunst und Wissenschaft, gab ein Vorbild und
einen Maßstab für andere Regenten. Jetzt bildete sich wieder

eine öffentliche Meinung, und sie fand Männer, welche ihre Organe und Führer wurden.

Friedrich der große stand von seiner Jugend her in der französischen Bildung und blieb dem Aufschwunge der deutschen Litteratur fern. Um so freier bewegten sich in ihr die Geister. Die fremden Fesseln wurden abgeworfen. Klopstock redete zuerst wieder die begeisterte Sprache eines tiefen Gefühls der Liebe und Freundschaft, des Patriotismus und der religiösen Andacht; Lessing befreite uns mit siegreicher Kritik von den falschen Kunstregeln der Franzosen und führte zur Erkenntniß des Wesens der Poesie und der bildenden Kunst. Und wie sein scharftreffendes Wort reine Bahn machte, so schuf er auch mustergiltige Vorbilder: namentlich für unsere dramatische Poesie begann mit ihm eine neue Aera. Wieland endlich bewahrte durch seine Schriften unserer Sprache gefällige Anmuth, Glätte und Gewandtheit. Mehr und mehr ward unser Volk sich bewußt, daß es nicht bestimmt sei andern Nationen die Schleppe zu tragen, sondern selbst ihnen voranzugehen.

Und schon wuchs ein jüngeres Geschlecht heran, das begeistert von Klopstock und Lessing nur in den Alten und der ernsten Litteratur der stammverwandten Britten würdige Vorbilder erkannte: das, durchdrungen von glühendem Hasse gegen alle Ausgeburten einer verkommenen und verbildeten Zeit, gegen alle Unnatur und Unwahrheit, mit jugendlichem Feuer in Sturm und Drang neues und bedeutendes zu schaffen unternahm. Voran gieng Herder und lehrte in der Poesie nicht ein bloßes Kunstproduct, sondern eine Welt- und Völkergabe erkennen, eine Sprache der Natur, die aus jedem Volke erklingt: an ihn schloß sich Goethe mit seinen frisch vom Herzen gesungenen Liedern, mit seinem Götz von Berlichingen, seinem Werther, Jugendwerken, welche den geborenen Meister ankündigten. Hier ward wieder aus der tiefsten Seele gegeben was den Dichter und was die mitlebenden in Freud und Leid bewegte: daher der bezaubernde Reiz und die unvergängliche Frische dieser Werke. Der dritte große Dichter, der diese Sturm- und Drangperiode innerlich durchkämpfte und der sie zum Abschlusse brachte, ist der Mann, den wir heute feiern, ist unser Schiller. Wohl hat er sie durchgekämpft. Kein Mensch wird

fertig durch Erziehung und Unterricht, das Leben erst und die
eigene Erfahrung gibt seinem Empfinden, Denken und Wollen
das feste Gepräge: aber so wie Schiller haben wenige ihr Lebens-
lang an ihrer sittlichen und geistigen Durchbildung gearbeitet.
Darüber ist sein Körper früh gebrochen, aber die Liebe und Bewunderung der Mit- und Nachwelt war sein Theil.

Schiller war ein Schwabe von Geburt. Wenn irgend ein
deutscher Volksstamm in sich zerrissen und zersplittert und von
Willkür jeder Art, von Weiberherrschaft, heillosem Finanz-
schwindel, schwer heimgesucht ward, so waren es die Schwaben.
Damals regierte als Herzog von Würtemberg Karl Eugen, ein
Fürst der im reifern Lebensalter die Sünden einer wüsten Jugend in Vergessenheit zu bringen suchte und ein inneres Bedürfniß des Wohlthuns empfinden lernte. Eine Lieblingsschöpfung
von ihm war die militärische Akademie, die spätere Karlsschule,
und dieser gehörte auch Schiller acht Jahre, von seinem vierzehnten bis zu seinem zweiundzwanzigsten Lebensjahre, als Zög-
ling an. Es war eine harte Schule für den lebhaften Knaben
und Jüngling, sich in den mit einer Fülle von Kleinmeisterei
beladenen Zwang und Zopf zu schicken; schlimmer noch war die
Verpflichtung, welche er hatte eingehen müssen, für die empfangene Wohlthat sich gänzlich den Diensten des herzoglichen Hauses
zu widmen und zu dem Ende Brodstudien obzuliegen, die seiner
innersten Natur widerstrebten. Wenn Schiller später dem Max
Piccolomini die Worte in den Mund legt: „was ist der Arbeit
Müh und Preis, der peinlichen, die mir die Jugend stahl, das
Herz mir öde ließ und unerquickt den Geist", so mischt sich darein
die schmerzliche Erinnerung an Selbsterlebtes. Denn die Bildung,
welche Schiller empfieng, war, wenn gleich manche wackere Lehrer
anregend wirkten, doch eine oberflächliche und in wesentlichen
Stücken ungenügende. Dabei lief er Gefahr in den überschwäng-
lichen Lobpreisungen des fürstlichen Wohlthäters, während er
mehr und mehr den drückenden Zwang empfand, seinen Charakter
zu verleugnen, und als ein ungeschickter Regimentschirurg die
Leiden der Menschheit zu vermehren.

Aber in so engen Schranken sich auch seine Jugend bewegte,
so war Schillern doch beschieden, was seinen Geist aufrichtete,

nämlich die Freundschaft mitstrebender Jünglinge, unter denen er seines Dichterberufes sich bewußt ward. Und hier war es ein glücklicher Griff des Genius, daß er das Drama erwählte um damit das Urtheil des Publikums zu erproben und in weite Kreise hinaus zu wirken.

„Die Räuber" waren das erste Werk, mit welchem der zweiundzwanzigjährige Jüngling sich unserm Volke als ein Dichter ankündigte, der zu großartigen Schöpfungen berufen sei. Wohl war es ein Charakterbild in grellen Farben, aber es hatte Charakter, wohl war das tragische Pathos — Mitleiden und Furcht — hinaufgetrieben zu Schauder und Entsetzen, aber wer konnte die Fülle dichterischer Kraft verkennen und fühlte sich nicht erschüttert und hingerissen? Und was noch dazu kam und vor allem dem Drama seine Bedeutung gab, die Gestalten des falschen Heuchlers und des verlorenen Sohnes entsprachen ganz dem Sturme und Drange der Zeit. Daher die bleibende Wirkung dieses Stückes und der gewaltige Erfolg bei seinem ersten Erscheinen. Schiller ward dadurch nicht verblendet: er prüfte sein Werk mit der ganzen Schärfe des Kritikers, bekannte freimüthig was sich ihm als unschön und kunstwidrig ergab, und während eine ganze Flut von Räuberstücken und Räuberromanen zu Markte gebracht wurde, versuchte er sich fortstrebend an neuen Aufgaben.

Da ergieng von Seiten des Herzogs an den Regimentsmedicus Schiller das Verbot nichts litterarisches mehr zu schreiben, außer medicinischem, noch mit dem Auslande zu communiciren, d. h. mit Mannheim, wo er der Aufführung der Räuber beigewohnt hatte. Umsonst war sein Bemühen diesen Befehl rückgängig zu machen. Da blieb dem Dichter keine Wahl: treu dem Berufe, den Gott ihm verliehen, entfloh er dem ihm willkürlich auferlegten Zwange und begab sich nach Mannheim um für das dortige National=Theater zu arbeiten.

Aber es sollten ihm die bittersten Prüfungen nicht erspart bleiben. Er hatte sein zweites Trauerspiel fast vollendet „die Verschwörung des Fiesco", ein Stück, mit welchem er von einem erdichteten Stoffe zu einem historischen fortschritt: und wie vieles auch die strengere Kritik, wie sie Schiller später selbst an sich übte, daran auszusetzen mochte, es ist dieses Drama in seinen rasch sich drängenden Scenen so voller Leben, es sind manche Charaktere, z. B. der Republikaner Verrina, der teuflische Mohr, mit so kräftigem Pinsel gezeichnet, daß es bei einem empfäng= lichen Publikum seine Wirkung nicht verfehlen konnte. Schiller bot es der Theaterintendanz an — und es ward troß Jfflands Fürsprache nicht brauchbar gefunden: kaltherzig und in kränken= der Weise sah der Dichter sich abgewiesen, der Noth und der Verzweiflung preisgegeben, wo er Anspruch auf Beistand und Unterstützung zu haben glaubte. „Jch hatte die halbe Welt mit „der glühendsten Empfindung umfaßt", schrieb Schiller damals, „und am Ende fand ich, daß ich einen Eisklumpen im Arme hatte". Jndessen ganz freundelos war Schiller nie; „sein wahr= haft königliches Herz" (wie ein Freund sagt) gewann ihm immer wieder vortreffliche Menschen, die ihm in entscheidenden Perioden seines Lebens mit Trost, Rath und Hilfe nahe standen. Jn jener trüben Zeit bereitete Frau von Wolzogen Schillern auf ihrem Gute zu Bauerbach im Meiningenschen eine Freistatt, wo er in stiller ländlicher Zurückgezogenheit sich sammelte und wiederum in Freundschaft und Liebe tief bewegt ward. Von dort kehrte er nochmals nach Mannheim zurück, wo man jetzt glaubte den Dich= ter brauchen zu können. Nunmehr brachte er den Fiesco zur Aufführung und sein drittes Drama das er zu Bauerbach ge= dichtet hatte, „Cabale und Liebe"; ein bürgerliches Trauerspiel, wie es Schiller selbst benannte. Aber das war keines von jenen Rührstücken, die unter diesem Namen noch lange die deutschen Bühnen mit Thränen benetzten: nein es war in höherem Sinne ein historisches Drama, als es der Fiesco war. Es war ein Spiegel der Zeit, deren sociale Schäden es offen und freimüthig darlegte, es gab ein lebendiges Bild der Zerrüttung, welche ein despotisches Regiment bis in Haus und Familie anrichtet. Da= her der Sturm des Beifalls, den dieses Stück hervorrief. Wie ernst überhaupt Schiller seinen Beruf als Theaterdichter nahm zeigt auch die damals gehaltene Vorlesung: „was kann eine gute Schaubühne eigentlich wirken"? Es kam ihm darauf an, daß das deutsche Theater, statt bloß flüchtiger Unterhaltung zu dienen, höhern Zwecken entspreche und den Nationalgeist erwecke, bilde und veredle.

Aber während der Ruhm des jungen Dichters mit jedem neuen Werke wuchs, wurde sein Leben zu Mannheim immer unerquicklicher. Sein Verhältniß zum dortigen Theater legte ihm drückende Verpflichtungen auf und ersparte ihm doch die peinlichsten Sorgen nicht. Er appellirte mit dem Unternehmen einer neuen Zeitschrift, der Rheinischen Thalia, an das Publikum, „seinen Souverain, seinen Vertrauten, sein Alles“: aber das Publikum, das ihm Beifall klatschte, mochte nicht zahlen. In gerechtem Mißmuth schrieb er an Frau von Wolzogen: „Men=„schen, Verhältnisse, Erdreich und Himmel sind mir zuwider, „meine Seele dürstet nach neuer Nahrung, nach besseren Men=„schen, nach Freundschaft, Anhänglichkeit und Liebe“. Und diese erwartete ihn in Sachsen. Schiller begab sich nach Leipzig zu den Freunden, deren herzlicher Begrüßung ich oben gedachte, und ward mit offenen Armen aufgenommen. Da fühlte er sich frei und erlöst: im Jubelton sang er:

Freude, schöner Götterfunken,
Tochter aus Elysium,
Wir betreten feuertrunken,
Himmlische, Dein Heiligthum:

ein Lied, das aus vollem Herzen kam und darum auch mächtig zu Herzen drang.

Für Schiller begannen jetzt ernste Lehrjahre, in denen der Jüngling zum Manne reifte. Er stand erst im sechsundzwanzigsten Lebensjahre und hatte bereits in rascher Folge eine Reihe von bedeutenden Werken mit der höchsten Anspannung seines Geistes geschaffen. Jetzt galt es seine Bildung zu vertiefen, seinen Ideenkreis zu erweitern, sein Urtheil zu schärfen. Dabei stand ihm mit Rath und That sein Freund Körner zur Seite, wahrhaft ein Ehrenmann, der durch sein vielseitiges Wissen und seine klare Einsicht den wohlthätigsten Einfluß auf den Dichter übte. Im Körnerschen Hause zu Dresden und Loschwitz vollendete Schiller den Don Carlos. Es ist dieses Stück weniger aus einem Gusse als irgend ein anderes der Schillerschen Dramen. Hatte er anfangs im Sinne der Mannheimer Theaterintendanz „ein

„Familiengemälde in einem fürstlichen Hause" geben wollen, so
wuchs ihm nunmehr seine Aufgabe unter den Händen: er unter=
nahm es, nach seiner eigenen Erklärung, „Wahrheiten, die jedem,
„der es gut mit seiner Gattung meint, die heiligsten sein müssen,
„und die bis jetzt nur das Eigenthum der Wissenschaft waren,
„in das Gebiet der schönen Künste herüberzuziehen, mit Licht und
„Wärme zu beseelen, und als lebendig wirkende Motive, in das
„Menschenherz gepflanzt, in einem kraftvollen Kampfe mit der
„Leidenschaft zu zeigen". Damit ist es ausgesprochen, was die=
sem Drama seine vorzügliche Bedeutung gibt, die warme Begei=
sterung, mit der der Dichter im Gegensatze gegen die Tyrannei
eines Philipp und die Inquisition die Gedankenfreiheit und die
Rechte eines niedergetretenen Volkes in Schutz nimmt. Und noch
in einer anderen Beziehung bezeichnet dieses Werk eine bedeut=
same Entwickelungsstufe unseres Dichters: indem er nach Les=
sings Vorgang dasselbe in Versen bearbeitete, ließ er auch in der
Form der Poesie ihr volles Recht widerfahren.

Danach schied Schiller im Jahre 1787 aus dem gastfreien
Hause seines Freundes um seine Bahn selbständig weiter zu ver=
folgen. Er begab sich nach Weimar, welches damals durch den
hochsinnigen Herzog Karl August ein Sammelplatz der größten
Geister unseres Volkes und ein Sitz der Musen geworden war.
Zunächst jedoch ruhte Schillers poetische Schöpferkraft sieben
Jahre hindurch. Noch war er bemüht, was seine Jugendbildung
verabsäumt hatte, das Studium der Alten, Geschichte und Philo=
sophie auf sich wirken zu lassen. Nicht daß er seinen Dichter=
beruf außer Augen verloren hätte; gerade die Gedichte, welche
dieser Zeit angehören, „die Götter Griechenlands" und „die
Künstler" lehren uns, wie sehr er von demselben erfüllt war.
Jenes vielfach mißverstandene Gedicht spricht das Bedürfniß einer
lebendigen persönlichen Beziehung zur Gottheit aus; von den
nüchternen Verstandesbegriffen seiner Zeit und dem todten Un=
glauben flüchtet der Dichter in das Reich der Poesie; und in den
Künstlern läßt er die Entwickelung der Menschheit an der Hand
der Kunst an uns vorübergehen, beseelt von der Ueberzeugung,
daß Schönheit, Wahrheit und Tugend in sich eins sind. „Nur
durch das Morgenthor des Schönen" ruft er der Menschheit

zu, „drangſt du in der Erkenntniß Land", und die Künſtler er=
mahnt er

> der Menſchheit Würde iſt in eure Hand gegeben:
> bewahret ſie!
> ſie ſinkt mit euch, mit euch wird ſie ſich heben!

Aber je tiefer Schiller die Aufgabe des Dichters erfaßte,
um ſo mehr fühlte er die Verpflichtung ſich zu derſelben mit allen
Kräften zu rüſten. Zuvörderſt wandte er ſich der Geſchichte zu,
und wie er alles, was er angriff, mit ganzer Seele trieb, ſo
trug ihm auch dieſes Studium reiche Frucht. „Mit jedem
Schritte", ſchreibt er an Körner, „gewinne ich an Ideen, und
meine Seele wird weiter mit ihrer Welt". Zwar war es Schiller
nicht gegeben mit mühſamem Fleiße den einzelnen Thatſachen
nachzuforſchen und den hiſtoriſchen Stoff zuſammenzutragen, aber
es war ihm eine Freude denſelben denkend zu durchdringen und
das menſchliche Intereſſe daran zu erwecken. Und das hat er
gethan, ſowohl durch ſeine Schriften als auf dem akademiſchen
Lehrſtuhle zu Jena, zu dem Herzog Karl Auguſt ihn berief.
Während den meiſten Gelehrten ſeiner Zeit die Geſchichte nichts
bot, als eine Menge vereinzelter Ueberlieferungen, ohne inneren
Zuſammenhang und ohne Beziehung auf die Gegenwart, erkannte
Schiller in ihr den vernunftmäßigen Organismus, durch deſſen
Betrachtung von Anbeginn bis auf unſere Tage wir unſerer Be=
ſtimmung uns erſt recht bewußt werden. Sie iſt nichts fernlie=
gendes und abgethanes, ſondern etwas das uns unmittelbar an=
geht. Daher die Friſche und Lebendigkeit ſeiner Darſtellung,
namentlich in ſeinen Hauptwerken, der Geſchichte des Aufſtandes
der vereinigten Niederlande und des dreißigjährigen Krieges. So
vieles auch im einzelnen die ſpätere Forſchung zu ergänzen und
zu berichtigen fand, im weſentlichen und großen hat Schiller mit
ſeiner Auffaſſung das wahre getroffen; er hat die Charaktere der
handelnden Perſonen mit dramatiſcher Kunſt in bewunderungs=
würdiger Weiſe treffend und unbefangen geſchildert, und mit
meiſterhafter Klarheit die verwickeltſten Begebenheiten anſchaulich
gemacht. Obgleich jene Werke nicht vollendet ſind, gab dennoch
Schillers Vorgang der deutſchen Geſchichtſchreibung einen nach=

haltigen Aufschwung, durch welchen sie der Geschichtschreibung jedes andern Volkes ebenbürtig geworden ist.

Von den historischen Arbeiten gieng Schiller zur Philosophie über. Diesen Studien verdanken wir eine Reihe von ästhetischen Abhandlungen, in denen Schiller das Wesen und die Aufgaben der Kunst, namentlich der dramatischen, zu tieferem Verständnisse bringt und mit voller Ueberzeugung darlegt, daß der Künstler, indem er frei, ohne einem anderen Zwecke zu dienen, das Schöne hervorbringt, die höchsten Interessen des menschlichen Geistes befriedigt.

Inmitten so ernster Beschäftigungen gestaltete sich Schillers gemüthliches Leben zu immer schönerer Harmonie, die auch dadurch nicht getrübt ward, daß schon damals körperliche Leiden ihn heimsuchten, die Vorboten eines frühen Todes. Er genoß in einer glücklichen Ehe mit Charlotte von Lengefeld den Frieden des Hauses, und die Schwingen seines Geistes wurden gehoben durch die herzliche Theilnahme an seinem Wohl und Wehe, welche ihm Freunde nah und fern mit Wort und That bezeigten, selbst von Dänemark her, wo man damals sich noch nicht darauf steifte sich gegen die deutsche Literatur abzusperren. Vor allem ward Goethes Freundschaft ihm eine Quelle der reinsten Freude; im Umgange mit ihm begann für Schiller eine neue, schönere Jugend. Der Briefwechsel von Schiller und Goethe seit dem Jahre 1794 legt ein redendes Zeugniß davon ab, was beide Männer einander gewesen sind, und wir dürfen sagen, es ist ein Ehrendenkmal unserer Nation, daß unsere beiden größten Dichter, nicht eifersüchtig einer auf den Ruhm des andern, sondern in treuem Vereine als Freunde zusammenstanden und sich gegenseitig im schönsten Wetteifer förderten. So bestärkten sie einander in der Begeisterung für alles treffliche, in dem Haß gegen allen falschen Geschmack und in dem Bewußtsein schöpferischer Kraft, welche in Meisterwerken zu Tage trat.

Denn nunmehr kehrte auch Schiller, inzwischen von allen amtlichen Verpflichtungen gelöst, zur Poesie zurück und hat in dem letzten Jahrzehnt seines Lebens, zu Jena und schließlich zu Weimar, Werke geschaffen, in denen Form und Inhalt zur schönsten Harmonie verschmolzen sind. In diese Jahre gehören die Gedichte, von denen unser Gemüth schon in der Jugend lebhaft ergriffen wird und die Schiller in Haus und Familie eine bleibende Stätte gesichert haben. Welche Saite er auch anschlägt, mag er die Würde der Frauen preisen oder an die Freunde sich wenden, mag er in verklärter Gestalt das Alterthum uns vor die Seele führen, oder in seinen Balladen und Romanzen durch die dramatische Lebendigkeit seiner Schilderungen, den Wohllaut seiner Rhythmen und den Adel seiner Sprache uns mit sich fortreißen, oder in dem Liede von der Glocke, einer Perle unserer Poesie, so recht aus der Tiefe des deutschen Gemüthes unser bürgerliches Leben durch alle Phasen begleiten, stets ist es ein reiner Klang, den wir empfinden, und der lange in uns nachhallt. Das brausende Feuer der Jugend, der Ungestüm, der jede Schranke durchbrach, ist gewichen, aber dem Ideale, dem er mit glühender Seele nachstrebte, ist der Mann treu geblieben.

Und neben diesem Schatze von Gedichten, neben den anmuthigen und scharf treffenden Epigrammen war doch wiederum das Drama die Hauptaufgabe, der Schiller sich widmete. In raschem Zuge gab er unserer Bühne ein großes Werk nach dem andern. Zuerst ein nationales Drama, wie wir kein zweites besitzen, den Wallenstein. Wohl durfte Schiller im Hinblick auf die schnell fertigen Dichterlinge sagen:

> Jahrelang müht sich der Meister und kann sich nimmer genug thun,
> Dem genialen Geschlecht wird es im Traume beschert.

Denn Jahre hatte es ihn gekostet, ehe er den gewaltigen Stoff ganz bemeisterte und künstlerisch gliederte. Aber er bot uns damit eine nationale Dichtung vom edelsten Stile, einen großen Gegenstand, der uns in tiefem Herzen bewegt, Charaktere, welche aus dem vollen Verständniß einer entscheidenden Periode unserer Geschichte geschöpft sind, und dazu eine edle, schwungvolle Sprache, die sich uns unvergeßlich einprägt. Mit welcher Lebensfrische führt Schiller in Wallensteins Lager das Heer vor, das der furchtbare Kriegsfürst sich geschaffen und als Werkzeug für seine verwegenen Pläne zu gebrauchen denkt. Wie fein und scharf ist in den Piccolomini die Situation und die Verwickelung gezeichnet, und wie treffen in dem meisterhaft durchgeführten Dialog die

Geister auf einander. Endlich in Wallensteins Tod; mit welcher
Kunst bereitet der Dichter die unaufhaltsam hereinbrechende Ka=
tastrophe vor und steigert die tragischen Affecte zu der mächtig=
sten Wirkung, ohne je die Grenze des Schönen zu überschreiten.
Und selbst wo die Personen, welche Schiller mit besonderer Nei=
gung und Vorliebe ausführte, wo Max und Thekla aus dem
Rahmen des historischen Gemäldes heraustreten, weiß er durch
die Innigkeit seines Gefühles die Wirkung auf das Gemüth we=
sentlich zu erhöhen.

Unmittelbar nach dem Wallenstein dichtete Schiller „Maria
Stuart", darauf „die Jungfrau von Orleans". War es in jenem
Drama der Antheil an dem Geschicke der allerdings nicht ohne
eigene Schuld unglücklichen königlichen Frau, welcher ihn beseelte,
so fühlte er in diesem sich gedrungen, das Bild der frommen
Hirtin zu reinigen von dem Staube, mit dem es der freche Spott
eines Voltaire besudelt hatte, und sie zu feiern als die Führerin
zur nationalen Erhebung, wie sie es war. Mit eindringlicher
Wärme redete diese Tragödie die Sprache der Vaterlandsliebe und
mahnte zur Eintracht gegenüber dem Landesfeinde, gerade in einem
Momente, wo das alte deutsche Reich Stück für Stück in Trüm=
mer gieng und der französische Uebermuth immer weiter griff.
Hierauf folgte „die Braut von Messina", in der der Dichter den
Chor und die Motive des antiken Dramas für unsere Bühne zu
benutzen versuchte, ebenfalls ein Werk von hochtragischer Wir=
kung und reich an dichterischen Schönheiten, aber doch eine Kunst=
schöpfung, welche unserem Gemüthe nicht so vertraut werden kann.
Endlich „Wilhelm Tell". In diesem Stücke ist wiederum die
ganze Seele unseres Dichters. Mit bewunderungswürdiger Kunst
weiß er die Schilderung des Landes und des Volkes der Schwei=
zer — und zwar eines Landes, das er nie mit Augen gesehen —
so in einander zu verweben, daß wir uns darin heimisch fühlen
und bekennen: hier ist kein Boden für die Zwingherrschaft; und
in den herrlichen Worten, mit denen er die Vaterlandsliebe und
die Erhebung eines freien Volkes für sein gutes Recht preist,
richtet er einen neuen Weckruf an unsere Nation: seid einig,
einig zum Kampfe für die Freiheit und die höchsten nationalen
Güter.

Dies war das letzte heilige Vermächtniß des Dichters, dessen Tage bereits gezählt waren. Lange Jahre schon war sein Körper siech und hinfällig, während sein Geist hell und frisch blieb. Wer etwa meinen wollte, Schillern wäre unter diesen Leiden die Freudigkeit des Schaffens verkümmert worden, verkennte ihn ganz. Bis zuletzt waren ihm noch schöne Stunden beschieden, und wenn ihn eine begeisternde Arbeit oder ein ernstes Studium beschäftigte, vergaß er seine Leiden völlig: fast bis zum letzten Athemzuge war er thätig. Um so schmerzlicher war die Erschütterung seiner Freunde und der Nation, als er im sechsundvierzigsten Lebensjahre am 9 Mai 1805 durch einen sanften Tod abgerufen wurde. Aber ihm war wohl. Ihm war es erspart den Siegeszug des fremden Eroberers und die tiefste Erniedrigung des Vaterlandes zu erleben. Indessen waren seine Worte ein theures Erbtheil, an dem die Herzen aller edelgesinnten sich stärkten und aufrichteten. Als Preußen banieberlag vor der Napoleonischen Uebermacht und mancher untreu ward, dessen Lippen vorher von patriotischem Eifer überflossen, las die Königin Luise ihren Schiller wieder und wieder und schöpfte aus seinen Dichtungen Trost und Hoffnung auf eine bessere Zeit. Da fragte sie einmal: „ob der Dichter „des Tell sich auch hätte mögen verblenden lassen? — Nein, nein", ruft sie aus. „Lesen Sie nur die Stelle:

Nichtswürdig ist die Nation, die nicht
Ihr Alles freudig setzt an ihre Ehre!

„Kann diese Stelle trügen? Und ich kann noch fragen, warum „er sterben mußte? Wen Gott lieb hat in dieser Zeit, den nimmt „er zu sich".

So sprach die Königin und so fühlten mit ihr alle Patrioten; durch die begeisterten Gesänge von Theodor Körner und seiner Kampfgenossen weht ein warmer Hauch des Schillerschen Dichtergeistes. So ist mit gleicher Liebe und Verehrung Schillers Andenken in unserm Volke bewahrt worden in guten und schlimmen Zeiten. Die beseelten Worte des Dichters haben fort und fort empfängliche Gemüther zu allem edlen und großen erweckt und unser Nationalgefühl gehoben und gekräftigt. Der heutige Tag, die Feier, zu der aller Orten die Nation mit inniger Dankbarkeit und mit gerechtem Stolze sich vereinigt, leistet Bürgschaft,

daß es auch fernerhin so sein werde. Denn mit voller Seele
stimmen wir auch heute noch ein in die Worte, welche Goethe in
der frischen Trauer dem befreundeten Dichter nachrief:

„Er war unser! Mag das stolze Wort
Den lauten Schmerz gewaltig übertönen.
Er mochte sich bei uns, im sichern Port,
Nach wildem Sturm zum Dauernden gewöhnen.
Indessen schritt sein Geist gewaltig fort
Ins Ewige des Wahren, Guten, Schönen;
Und hinter ihm in wesenlosem Scheine
Lag, was uns alle bändigt, das Gemeine".

Rede zur Feier von Arndts hundertjährigem Geburtstage.

Gehalten zu Bonn am 26 Dezember 1869 und ebendaselbst gedruckt.

Werthe Festgenossen!

Die Stätte, die ein guter Mensch betrat,
Ist eingeweiht; nach hundert Jahren klingt
Sein Wort und seine That dem Enkel wieder.

Soll nicht dieses Dichterwort auch uns, soll es nicht dem Manne gelten, dessen hundertjährigen Geburtstag wir heute feiern? Ja fürwahr, es ist ein deutscher Ehrenmann, an dessen Gedächtniß dieser Tag uns mahnt, dessen Name verwebt ist in die theuersten Erinnerungen unseres Volkes, dem in allen Gauen Deutschlands dankbare Herzen schlagen, und wir hätten zweifeln können, ob wir den Säculartag seiner Geburt feiern sollen? Wir, Angehörige und Bürger der Stadt, in der er mehr als vierzig Jahre gewandelt und gewirkt hat, auf deren Friedhof er bestattet ist, auf deren Warte sein Erzbild zu mahnendem Zeichen sich erhebt? Nein, Ernst Moriz Arndt ist es werth, daß wir sein Andenken ehren; er hat ein Recht darauf durch das was er für unser Vaterland gesonnen und gedichtet, gethan und gelitten hat.

Die schweren und harten Schläge, welche die morsche Reichsverfassung zertrümmerten, und die Schmach fremder Gewaltherrschaft, welche über unser Volk hereinbrach, schreckten Arndt aus den Träumen seiner jüngeren Jahre und dem Stillleben seiner abgeschiedenen Heimat auf: er konnte nicht anders, ein unwiderstehlicher Drang ergriff ihn seine Stimme zu erheben für Deutschlands Befreiung und Wiedergeburt. Er war ein Sohn des Volkes. In seinem Geburtslande, unter der bäuerlichen Bevölkerung der Insel Rügen, hatte altväterliche Einfalt und Treue, Wahrheit und Biederkeit sich eine Stätte bewahrt. In seinen Lehr- und Wanderjahren — und mit welcher Lust wanderte er nicht bis in sein hohes Alter — war die Liebe zu deutschem Wesen in ihm erstarkt und mit ihr der Haß gegen alles Gemeine und Entartete, gegen wälschen Tand und wälsche Schlaffheit.

Mit frischen Sinnen und mit vielseitigen Kenntnissen ausgerüstet, betrat Arndt die akademische Laufbahn und ward ein geachteter und geschätzter Lehrer an der pommerschen Universität Greifswald; aber zugleich ein freimüthiger Anwalt und Für=sprecher des Volkes, wo er es in seinem Rechte verkürzt und gedrückt sah.

Die erste Schrift, mit welcher Arndt hinausgriff über den engen Kreis seines Lehrberufs, war das Buch von der Leib=eigenschaft in Pommern und Rügen (Berlin 1803), ge=schrieben, wie das Vorwort bezeugt, „nicht aus dem Interesse des Schreibers für den Schein, sondern aus dem Interesse der Menschen für die Wirklichkeit; geschrieben nicht für die Dar=stellung, sondern für die Gerechtigkeit" [1]. Es blieb nicht aus, daß Arndt deshalb vor seinem damaligen Landesherrn, dem Könige von Schweden, verklagt und verlästert ward, aber die Wahrheit seiner Schilderung behielt den Sieg: im Jahre 1806 ward die Leibeigenschaft in Schwedisch=Pommern aufgehoben.

Von dieser Schrift hatte Arndt gesagt: „ich schrieb nur für mein Land" d. h. für meine pommersche Heimat. Bald trieb ihn die Noth der Zeit zum geistigen Kampfe über die Grenzen Pom=merns hinaus. Er richtete seine erweckenden Mahnrufe an das deutsche Volk.

Die tiefe Erniedrigung, welche über Deutschland gekommen war, entflammte Arndts Gemüth zu heiligem Eifer. Er erkannte sein Vaterland und liebte es fortan in ganzem Zorn und in ganzer Liebe und sandte seine geflügelten Worte in dem „Geist der Zeit" hinaus in empfängliche Seelen.

Die Franzosen, welche stolz auf die Siege ihrer Waffen überall herrisch und mit Willkür schalteten, wurden gewahr, welche Kraft im Volke schlummere. Vor ihren Spähern und Häschern mußte Arndt nach Schweden flüchten. Auf den Befehl des kaiserlichen Marschalls Soult vom 22 Juni 1808 ward Monsieur le professeur Arndt aus der Reihe der Greifswalder Professoren gestrichen. Wenige Monate später verhängte Napoleon aus seinem kaiserlichen Lager von Madrid die Acht über den

---

1) Arndt widmete diese Schrift dem Freiherrn von Essen, schwedischen General = Gouverneur über Pommern und Rügen. Ueber sein Verhältniß zu diesem vgl. meine Bemerkungen in Sybels histor. Zeitschr. 1833, IX 460 f.

Freiherrn von Stein. Man wollte das deutsche Volk seiner Füh=
rer berauben: aber man zeigte ihm vielmehr mit solchen Decreten
die Männer, welche seine Leitsterne sein sollten.

Lange litt es Arndt nicht in der Fremde. Im Jahre 1809
kehrte er zurück und ward das Jahr darauf nach dem Abzuge
der Franzosen aus Schwedisch=Pommern in seine Professur wie=
der eingesetzt. Aber zum Stillesitzen auf dem Lehrstuhl war die
Zeit nicht angethan. Arndt nahm 1811 seinen Abschied, ent=
schlossen, mit allen Waffen seines Geistes zur Befreiung des
deutschen Volkes von der Fremdherrschaft zu kämpfen. Er trat
in vertraute Beziehungen zu den Kriegern und Staatsmännern,
welche seine Gesinnungen theilten und an der Verjüngung des
preußischen Staats arbeiteten. Als neue große Entscheidungen
im Anzuge waren, ward Arndt von Stein berufen als ein wohl=
bewährter Streiter, dessen Worte schneidig und begeisternd
wirkten.

Das ist der Stein, welcher als Minister König Friedrich
Wilhelms III die Erbunterthänigkeit der Bauern aufgehoben, der
den Grundbesitz frei gemacht, der die Städteordnung geschaffen
und damit die bürgerliche Selbstverwaltung begründet hatte, der
Staatsmann, den Napoleon auf der Höhe seiner Macht fürchtete
und ächtete, „des Guten Grundstein, der Bösen Eckstein und der
Deutschen Edelstein".

Ihn hatte Kaiser Alexander zu seinem Rathgeber erwählt,
als Napoleon gegen Rußland zu Felde zog. Stein suchte in der
Voraussicht, daß dieser Krieg auch über Deutschlands Zukunft
entscheiden werde, an Arndt einen Gehülfen und Schriftführer.
Er hatte den rechten Mann gefunden, ehrenfest und beharrlich,
und sie haben treu zu einander gestanden. Stein blieb Arndts
Freund in guten und schlimmen Tagen, und Arndt hat dem
hochherzigen Manne noch in seiner letzten Schrift ein würdiges
Gedächtniß gestiftet.

Napoleon ließ sein Heer auf den eisigen Feldern Rußlands.
Preußen stand auf zum Freiheitskriege, mit freudiger Begei=
sterung und todesmuthiger Hingebung, bei deren Angedenken
unserem Arndt noch nach langen Jahren das Blut mit verdop=
pelten Schlägen klopfte. Damals sandte er fliegende Blätter in

die Welt von zündender Kraft: den Katechismus für den deutschen Kriegs= und Wehrmann, das Büchlein „von Landwehr und Landsturm"; da ertönten seine Lieder aus vollster Brust:

> „Der Gott, der Eisen wachsen ließ,
> Der wollte keine Knechte,
> Drum gab er Säbel, Schwert und Spieß
> Dem Mann in seine Rechte,
> Drum gab er ihm den kühnen Muth,
> Den Zorn der freien Rede,
> Daß er bestände bis aufs Blut,
> Bis in den Tod die Fehde";

da feierte er die Helden des großen Krieges, vor allem den Feld=marschall Blücher:

> „Was blasen die Trompeten? Husaren, heraus!
> Es reitet der Feldmarschall im fliegenden Saus", —

da sang er sein Lied vom deutschen Vaterland:

> „Das ganze Deutschland soll es sein!
> O Gott vom Himmel sieh darein,
> Und gieb uns rechten deutschen Muth
> Daß wir es lieben treu und gut.
> Das soll es sein!
> Das ganze Deutschland soll es sein!"

Das ganze Deutschland! frei von fremder Zwingherrschaft, in den alten Grenzen, welche bei innerer Zwietracht feindliche Gewalt uns verkürzt und beschnitten hatte. Vor allem mit In=begriff der Rheinlande. Mit welchem Ernste hat er gleich nach der Leipziger Schlacht in der Schrift: „Der Rhein Deutschlands Strom, nicht Deutschlands Grenze" gemahnt, nicht auf halbem Wege stehen zu bleiben; wie hat er das Trugbild ent=larvt, daß ein Strom, der die Länder nicht trennt, sondern ver=bindet, eine natürliche Grenze bilden könne; mit wie einbring=licher Kraft ruft er: „ohne den Rhein kann die deutsche Frei=heit nicht bestehen; ohne die Rheinlande gibt es kein Gleichge=wicht zwischen Frankreich und Deutschland! Und ihr wollt diese tapfern freiheitliebenden Männer zu Franzosen werden lassen? das Land aufgeben, wo ihr die Denkmäler eures Ruhms und eurer Größe seht, wohin ihr blicket, wohin ihr tretet"?

Das ganze Deutschland! frei und einig, mächtig und stark! Nicht zersplittert in achtunddreißig Staatengebiete und lahmgelegt durch den Bundestag, sondern eins in Gesetz und Verfassung, Sitte und Zucht. Arndt erwartete das Heil für Deutschland von Preußen. Darum trat er nach dem Kriege in den Dienst des preußischen Staates und ließ sich am Rhein nieder, aus innerer Neigung und in Hoffnung auf die dort zu stiftende Universität. Diese Hoffnung ward erfüllt. Am 9 August 1818 kündigte der Staatskanzler Hardenberg ihm seine Ernennung zum Professor der neueren Geschichte an der Universität Bonn an, „um ihn dadurch auf eine ehrenvolle Art im Angesicht des Vaterlandes zu belohnen". Arndt dankte mit freudigem Herzen und freiem Muthe. „In dem idealen Gebiet einer deutschen Universität", erwiederte er, „können die Geister nie zu kühn sein. Doch, indem ich mir diese Freiheit stillschweigend nehme, will ich auch das verbürgen, daß Ernst und Treue des Lebens und Charakters, und Scheu, in das Gebiet der That einzugreifen, ehe der Mann in dem Jünglinge gereift ist, die Religion meines Strebens und Lehrens sein wird".

Mit sehnendem Herzen harrte Arndt damals, daß die Frucht der volksthümlichen Erhebung reifen, daß der Staat auf dem von Stein gelegten Grunde ausgebaut werden, daß Preußen und Deutschland die Verfassung gewinnen sollten, welche eines großen und edlen Volkes würdig war.

Es war nicht die ungezügelte Freiheit, nach der Arndt trachtete, sondern eine solche, bei welcher dem Gesetze die höchste und ausnahmslose Herrschaft bleibt. Er war, wie er sich selbst genannt hat, ein königischer Mann. Er lebte der Ueberzeugung, daß die Monarchie mehr Sicherheit für bürgerliche Freiheit ge=währe als eine Republik, welche stets in Gefahr sei in dem Streite der Parteien einzelnen Machthabern oder der Pöbelherr=schaft zu verfallen. Er wollte ein starkes, ehrfurchtgebietendes Königthum, aber über einem Volke, welches von Jugend auf durch die edle Turnkunst zur Wehrhaftigkeit erzogen, durch keinen knechtischen Druck niedergehalten, frei seine Kräfte entfalten könne.

Aber es folgten die Jahre einer kurzsichtigen und engherzi=gen Reaction, da eine unheilvolle Saat des Mißtrauens und der

Verdächtigung um sich griff, ganz dazu angethan, Fürst und Volk einander zu entfremden und das Vertrauen in Verbitterung umzuwandeln.

Gegen Arndt richteten sich in erster Linie die giftigen Pfeile der Verleumdung. Man klagte ihn an, daß er an geheimen Ge= sellschaften theilnehme, daß er die Jugend verführe, daß er eine gefährliche Einheit Deutschlands predige. Arndt war kein Ge= heimbündler. Wes sein Herz voll war, des floß sein Mund über; davon predigte er in den Blättern, welche er in die Welt hinaus= fliegen ließ. Aber wohl bestand ein geheimes Band unbewußt unter tausend vaterlandsliebenden Männern, getragen von Ge= danken nicht des Umsturzes, sondern des Aufbaues. In diesem Sinne waren Schleiermacher, Reimer, Gneisenau, Stein unserem Arndt verwandt und verbunden. Zu solchen Gesinnungen der Vaterlandsliebe und Treue die Jugend zu erwecken, fühlte Arndt sich berufen. Und Deutschland groß und einig zu sehn, ja das war sein tiefster und innigster Herzenswunsch; dafür hatte er früher Acht und Verfolgung von den Landesfeinden über sich ergehen lassen und dabei beharrte er auch in der neuen Trübsal.

Kurz was sein Leben geadelt, seinen Namen groß gemacht hatte, das sollte nunmehr zum Verbrechen gestempelt werden. Zu dem Ende wurden seine Papiere versiegelt, sein Lehrstuhl ihm versperrt. Man hat ihn, um Arndts eigenes Wort zu ge= brauchen, still gestellt, den zu lebendigem Wirken berufenen Mann zur träumerischen Einkehr in sich genöthigt, das frohe Herz ver= bittert, man hat ihm zwanzig der besten Jahre seines Lebens geraubt. Aber was ihm kein Feind rauben konnte, das war der Trost des guten Gewissens, die Zuversicht, daß Recht doch Recht bleiben müsse, das gläubige Vertrauen auf Gott. Er hat nicht Groll noch Haß in sich genährt, sondern er richtete sich auf mit den Worten:

Heraus, mein Herz, aus deinem Jammer,
Mein krankes Herz, verzage nicht!
Heraus aus deiner dunkeln Kammer!
Und suche Licht, so findst du Licht. —

Es gilt mit Gott hineinzufahren,
Mit Gott wird Unten Oben sein;
Denk der Jahrtausende, die waren,
Jahrtausende, die werden sein.

So hat Arndt gelitten für das deutsche Volk und dieses hat ihm für seine Standhaftigkeit Dank gewußt. Edle Freunde, ein Stein, ein Niebuhr, haben sich unwandelbar zu ihm bekannt, und die deutsche Jugend hat nicht nachgelassen in ihrer Liebe und Verehrung für den Vater Arndt, auch dann nicht, als er unter dem Banne lebte.

Es sollte die Zeit kommen, da vom Thron herab Arndts Verdienste um das Vaterland anerkannt wurden. Friedrich Wilhelm IV setzte ihn, „seinen werthen theuren Freund", wie er ihn noch später genannt hat, ehrenvoll in die Professur wieder ein, unter dem Jubel unserer Universität und unserer Stadt, zur Freude des Vaterlandes. Arndt ward zum Rector der Universität erwählt, und manches Wort zu seiner Zeit bezeugte fortan, daß in dem siebenzigjährigen Greise noch frische Lebenskraft rege war, wenn seine Gedanken sich auch mehr auf die Vergangenheit als auf die Gegenwart richteten.

Da kam das Sturmjahr 1848 und rief den bald Achtzig=jährigen nochmals auf den Posten. Der rheinische Wahlkreis Solingen wählte ihn zum Abgeordneten für die Nationalversamm=lung zu Frankfurt. Arndt entsprach dem Rufe und ward mit ungeheurem Jubel von den versammelten Abgeordneten begrüßt. Auch in Frankfurt hat Arndt mit Ehren bestanden. Er gehörte zu keinem Club, zu keiner Partei: aber seine Stimme finden wir auf der Seite, wo Dahlmann mit seinen Freunden stand. Arndt erkannte es für seine Pflicht, den heißspornigen Eiferern mit mahnenden und strafenden Worten zu begegnen. Je heiliger ihm die Einigung und Stärkung des deutschen Volkes war, um so tiefer schmerzte ihn manche schnöde Rede, welche damals im Schwange gieng. „Es hat mir das Herz zerrissen", rief er einmal aus, „daß der Name Preußen seit einigen Monaten niedergerissen ist in allen Tageblättern, Pamphleten und Zeitungen, als wenn nichts gutes daran wäre." Er drang darauf, die Kraft der Regierungsgewalt im freien Staate nicht zu schwächen und warnte vor Pöbelherrschaft und republikanischen Träumereien. Arndt gab schließlich seine Stimme für die Reichsverfassung und für die Uebertragung des deutschen Kaiserthums auf den König von Preußen.

Friedrich Wilhelm IV stand an, die Kaiserkrone anders als mit freiem Einverständniß der Fürsten Deutschlands anzunehmen, und auf Grund einer Verfassung, welche in vielen Stücken das Gepräge der stürmischen Bewegung trug, unter denen über sie verhandelt und beschlossen war. Die Fürsten der Mittelstaaten weigerten sich, Preußen sich unterzuordnen. Nicht lange, so schrieb der Aufruhr die Reichsverfassung auf seine Fahnen. Die Aufgabe, zu deren Lösung die Nationalversammlung berufen war, war verfehlt. Angesichts des drohenden Bürgerkriegs legten Arndt und seine Freunde am 20 Mai 1849 ihr Mandat nieder.

Wenige Tage zuvor, am 15 Mai, hatte Arndt die prophetischen Worte gesprochen: „wir fahren bestimmt dahin, wenn wir unsinnig und wahnsinnig mit den Fluthen der Zeit fortlaufen und uns von den Fluthen der Zeit treiben lassen. Dann sind wir verloren, d. h. für ein halbes oder ganzes Menschenalter; aber mein Volk würde doch nicht verloren sein, das ist meine feste Ueberzeugung".

Arndt kehrte in sein stilles Haus am Ufer des Rheines zurück und bezeugte auch in dem letzten Jahrzehnt, das seinem Leben noch vergönnt war, mit manchem kräftigen Worte, wie nahe ihm Wohl und Wehe unseres Vaterlandes gieng, wie jugendlich frisch das Herz ihm schlug. So vollendete er sein 90. Jahr. Wem unter uns ist es nicht erinnerlich, wie heute vor zehn Jahren sein Geburtstag von ganz Deutschland gefeiert ward, welch ein Gedränge von Ehren und Freuden auf sein schneeweißes Haupt fiel? Das überwältigte ihn: nach wenig Wochen nahm ihn ein sanfter Tod aus unserer Mitte hinweg.

Aber sein Name klingt hell unter uns, sein Geist wirkt lebendig fort. Es ist der Geist demüthiger Frömmigkeit, ehrlichen Biedersinnes, männlichen Freimuthes, lauterer Treue, reinster Vaterlandsliebe. Mit diesen Tugenden hat Arndt unse-

rem Volke vorgeleuchtet in den Tagen großer Kämpfe und Ent=
scheidungen, in ihnen bleibt er ein Vorbild für die kommenden
Geschlechter. Und haben wir nicht Ursache heutzutage mit ge=
hobenem Herzen seiner zu gedenken, wo das, wofür Arndt ge=
stritten und gesungen hat, ins Leben tritt? Wo die Kleinstaaterei
zur Neige geht und unter der glorreichen Führung unseres Königs
ein verjüngtes deutsches Reich erblüht? Noch stehen wir an
der Schwelle seiner Entwickelung. Noch ist die Mainlinie nicht
übersprungen. Noch sind die Baiern und Schwaben und Aleman=
nen nicht mit uns eins. Aber schon sind sie uns enger verbündet
als sie es seit mehr denn 250 Jahren gewesen sind, enger als
je in dem deutschen Bunde oder in dem sinkenden römischen
Reiche deutscher Nation, und will's Gott, so erleben wir es noch,
daß unsere süddeutschen Brüder uns die Hände reichen und sich
mit uns vereinigen unter einer Reichsverfassung und einem Ober=
haupte. Geeinigt sind unsere volkswirthschaftlichen Interessen im
Zollverein, geeinigt ist unsere Wehrkraft zu Schutz und Trutz
gegen auswärtige Feinde; wer es wagen wollte mit Fremden
Verrath zu spinnen und die geschlossenen Verträge zu brechen,
den wird die deutsche Rechte zu Boden werfen und ihm des Ver=
räthers Lohn geben. Dank unserem Könige und seinen thatkräf=
tigen Räthen ist Deutschland wieder eine Weltmacht, unser Ban=
ner darf sich stolz zu Land und Meer entfalten, der deutsche
Name ist zu Ehren gebracht unter den Völkern des Erdbodens.
Kurz, was Arndts heißester Wunsch und sehnlichste Hoffnung war,
das ist erfüllt oder reift der Erfüllung entgegen.

So feiern wir denn Arndts hundertsten Geburtstag in
dankbarer Erinnerung und freudigem Aufblick. Seiner gedenken
die alten Krieger, die letzten der Tapferen, welche sein Wort zum
Kampfe begeisterte, die Sänger, denen er so manches Lied von
Liebe und Wein, von Freiheit und Männertugend, vor allem so
manches volksthümliche Lied zum Preise des Vaterlandes gedichtet
hat, die Jünglinge, welche er mit Schrift und Beispiel an=
spornte wie zu leiblicher Uebung so zu geistiger Spannkraft.
Seiner gedenkt jeder deutsche Mann, wes Alters und Standes
er auch sei, dem Ruhm und Ehre des Vaterlandes am Her=
zen liegt.

In der That, wir würden den Glauben an unsere Zukunft verleugnen, wenn wir nicht die Männer in ehrendem Gedächtniß halten wollten, welche mit ahnendem Geiste die künftige Größe unseres Volkes geschaut, welche dem Vaterlande ihre beste Lebens=kraft gewidmet, welche in seinem Dienste mit unerschütterlicher Standhaftigkeit gedichtet, gekämpft und gelitten haben. Darum gesegnet sei das Andenken des Vaters Arndt.

Wilhelms I königliche Grundsätze.

Rede zur Feier des Geburtstages Seiner Majestät des Königs am 22 März 1861, gehalten in der Aula der Universität Greifswald, gedruckt Greifswald 1861.

Mit den Gefühlen der Freude und des Dankes gegen Gott versammeln wir uns heute in diesen festlichen Räumen, um den Geburtstag Seiner Majestät des Königs zu begehen. Denn wenn der König leidet, so lastet ein Druck auf der Stimmung seiner treuen Unterthanen, und die wehmüthige Theilnahme wirft einen trüben Schleier auf jedes nationale Fest: dagegen hebt sich freudig das Herz, wenn der König von Gottes Gnaden in frischer Kraft seinem Volke zu Heil und Segen das Scepter führt. Längst blicken wir in Ergebenheit und Ehrfurcht auf unsern König Wilhelm I: um so mehr ist es uns ein inneres Bedürf= niß heute, da wir zum ersten Male seinen Geburtstag öffent= lich feiern, unsere Gefühle und unsere Wünsche laut zu bekennen.

Diese festliche Stimmung ist tief begründet in dem Wesen des preußischen Königthums und dem Verhältniß, in welchem es zum Volke steht. Das Königthum der Hohenzollern ist nun und nimmermehr nur die zierende Krone eines aus sich selbst er= wachsenen Staates, sondern die Fürsten sind es, welche das Volk aus Zerfahrenheit und aus innerem Zwiespalte zur Eintracht führten, welche statt des Streites der Stände und der Unter= drückung des einen durch den andern gleiches Recht für alle setzten, welche mit Gerechtigkeit, Weisheit und Kraft aus zer= stückelten Landschaften einen wohlgeordneten Staat, ein mächtiges Reich schufen. Dieser Müh' und Arbeit, dieser hochherzigen Selbstverleugnung seiner Fürsten hat das Volk vergolten mit Treue und Hingebung in den Zeiten der Noth und Gefahr. So hat sich aus geringen Anfängen der preußische Staat erhoben zu einer Macht ersten Ranges in Deutschland und in Europa: aber er kann seinen Ehrenplatz nicht anders behaupten, als wenn König und Volk in Eintracht verbunden sind und dem Königthume seine Würde und seine Macht vollkräftig verbleibt.

Dieselben Grundsätze, welche die Stifter der Macht unseres Fürstenhauses leiteten, haben in jeder entscheidenden Wendung, je nach den Forderungen der Zeit von neuem mit Klarheit und Kraft erfaßt, zu höheren Zielen geführt. Seit die erlauchten Hohenzollern zuerst aus ihren schwäbischen Stammsitzen in das

Fürstenamt der Burggrafen von Nürnberg eintraten, waren sie nicht nur bemüht ihres Erbes treu zu walten, sondern fort und fort ließen sie das gemeine Beste des Reiches sich angelegen sein. So bewährt übernahmen sie die Marken. Hier hatte das edle Geschlecht der Askanier sich in den Theilungen verblutet; unter ihren Nachfolgern, den Wittelsbachern und den Luxemburgern, war das Land verkommen und -verdorben: bis der Hohenzoller Friedrich I einzog und mit kräftiger Hand den Trotz der Ritter= schaft brach, Frieden und Recht wieder herstellte und Stadt und Land beschirmte. Das Werk, das der Vater glorreich begann, haben seine Söhne beharrlich fortgeführt. Während die Macht des deutschen Ordens in Preußen und die Seeherrschaft der Hanse zu Falle kam, richteten diese narbenbedeckten Helden, ein Friedrich der eiserne, ein Albrecht Achilles, die Marken wieder auf als eine Schutzwehr der deutschen Nation. Aber mit derselben Festig= keit und Einsicht, mit der sie als Landesfürsten ihre Unterthanen wiederum unter der Zucht gesetzlicher Ordnung zusammenfaßten und feindlicher Nachbarn sich erwehrten, griffen sie ein in die großen Angelegenheiten des Reiches und der Christenheit. Auch damit hinterließen sie ihren Nachkommen ein Vorbild, dem die späteren zum Heile ihres Volkes nachgestrebt haben.

Denn nicht dann stand es um das Land am besten, wenn die Regenten sich auf den engen Kreis märkischer Verhältnisse beschränkten, sondern die weitblickenden Fürsten, welche thatkräftig in die allgemeinen deutschen und europäischen Angelegenheiten eingriffen, sind zugleich die größten Wohlthäter ihrer Unterthanen geworden und haben sie auf neue Bahnen der Entwickelung ge= führt. Friedrich Wilhelm der große Kurfürst ward nach den Drangsalen des dreißigjährigen Krieges der Begründer der Macht und der Wohlfahrt des brandenburgischen Staates. Hat er dieses Werk durchgeführt, indem er provinciellen und ständischen Sonder= interessen Rechnung trug? Nimmermehr, sondern er erkannte es als seine Aufgabe, diese zu beugen unter die Einheit des Staates, und die Nachwelt preist ihn darum, daß er unter allen Mühen und Gefahren seinen Grundsatz unverrückt festgehalten hat. Zu diesem Zwecke schuf er das Heer als eine einheitliche Streitmacht und stritt in den großen Kriegen gegen Polen, gegen Schweden, gegen Frankreich), nicht um provincielle Interessen, sondern als ein Vorkämpfer des deutschen Volkes, ja in entscheidenden Momenten der Freiheit von Europa. In diesem Geiste ließ er seine Söhne erziehen — „nicht allein Unserem Kur- und Fürstlichen Hause und Familien, sondern auch dem Römischen Reich und geliebtem Vaterlande deutscher Nation eine Zierde, Leuchter und Säule zu sein": sic gesturus sum principatum, ut sciam rem populi esse, non meam privatam (so will ich mein Fürstenamt führen, daß ich weiß, es ist des Volkes und nicht meine Privat-Sache), das war der Grundsatz, den er seinen Söhnen in die Feder dictierte. So war Friedrich Wilhelm zwar nicht dem Namen, wohl aber der Gesinnung und der That nach ein König.

Die Nachkommen des großen Kurfürsten haben auf dem Grunde weiter gebaut, den er gelegt hatte. Durch ihre Verdienste und Thaten erhob sich Preußen zu einem Königreiche und alsdann zu einer Großmacht, welche durch geistige Ueberlegenheit und angespannte Kraft ersetzte, was ihr im Vergleich mit anderen an äußeren Mitteln abgieng. Allerdings kam nach dieser großen Epoche eine Zeit, da man sich sicher wähnte im Besitze, statt ihn durch frische Thätigkeit stets neu sich zu erringen: „wir sind eingeschlafen auf den Lorbeern Friedrichs des großen", schrieb die Königin Luise, „welcher, der Herr seines Jahrhunderts, eine neue Zeit schuf. Wir sind mit derselben nicht fortgeschritten, deßhalb überflügelt sie uns". Aber als das alte Staatsgebäude zusammenbrach, da bewährte es sich, daß die Arbeit der Hohenzollern an ihrem Volke nicht umsonst gewesen war. Denn ist es nicht wie ein Wunder, mit welcher Lebenskraft Preußen unter seinem heldenmüthigen Könige Friedrich Wilhelm III sich von dem Falle aufrichtete, einmüthig vom Throne bis zur Hütte, fromm, mit männlichem Stolze, voll glühenden Hasses gegen das Unrecht, begeistert für die Freiheit, todesmuthig zum Kampfe für König und Vaterland. Das ist der Geist, zu dem die Fürsten ihr Volk herangebildet hatten, und in diesem Geiste geschah Preußens Wiedergeburt zum Heile von ganz Deutschland.

Auch seit den Tagen des großen Völkerkampfes haben Preußens Könige nicht abgelassen, die höchsten Interessen des Staats- und Volkslebens zu pflegen und zu fördern. Stämme

verschiedener Art und Sitte, Anhänger verschiedener Bekenntnisse
verdanken dem Scepter der Hohenzollern Gewähr ihres Rechtes
und eine früher nicht gekannte Blüte ihrer Wohlfahrt: in dem
preußischen Königthume haben alle die sichere Bürgschaft der
freien Verfassung und der Herrschaft des Gesetzes. In dieser
Handhabung des Fürstenberufes ruht die einigende Macht. Welche
Provinz, die einst für sich gestanden, möchte sich ablösen von
dem Bande, das alle umschlingt, und ihr Sonderleben zurück=
wünschen? In mancher heißen Fehde stritten die Pommern unter
ihren Herzogen mit den Brandenburgern und sie bewahren das
Gedächtniß ihres alten ruhmreichen Fürstenhauses in dankbarem
Herzen: aber nichtsdestoweniger weichen sie in Treue und Hin=
gebung keiner der ältesten Provinzen der Hohenzollern. Wie die
jüngeren Söhne eines altbegründeten Hauses eintreten in das
Erbe der Vorfahren, so stehen auch wir im preußischen Staate.
Preußens Ehre ist auch unsere Ehre. Auch wir haben Theil an
den Früchten der Arbeit von Jahrhunderten, welche das erhabene
Herrscherhaus der Hohenzollern an seinem Volke und mit sei=
nem Volke vollbracht hat.

In der Erkenntniß, daß dieses Königthum der Grundpfeiler
des preußischen Staates ist und bleiben muß, ehren wir den
König, den Gott uns zum Herrn gesetzt hat, mit Ergebenheit
und Ehrfurcht. Aber es würde unserer heutigen Feier ihr
schönster Schmuck fehlen, wenn sie nicht getragen würde von
persönlicher Verehrung. Die rechte Weihe zu freudiger Erhebung
des Gemüthes gewinnt sie damit, daß wir in unserem Könige
Wilhelm I den Erben nicht bloß der Krone und der Macht,
sondern auch den Erben der Gesinnung und der Tugenden seiner
Ahnen erkennen.

In voller Klarheit, offen und rückhaltlos liegt sein Cha=
rakter vor uns da, durch die That auch unter den schwersten
Prüfungen erprobt und bewährt. Früh lernte er den Ernst des
Lebens kennen. Er stand in seinem zehnten Jahre, als die
Schlacht von Jena und Auerstedt Preußen darniederwarf und
Untreue und Verzagtheit unter den Männern des königlichen
Vertrauens das Werk der eisernen Faust eines fremden Zwing=
herrn vollenden halfen. In diesen Zeiten des tiefsten Wehs,

welches die Lebensblüte der Königin seiner Mutter knickte und seinem königlichen Vater eine Trübsal bereitete, die er nie ganz überwunden hat, trat Prinz Wilhelm in das vaterländische Heer. Während König Friedrich Wilhelm III unter dem Beirath hoch- herziger Staatsmänner und Krieger mit tief eingreifenden Re- formen sein Volk und seinen Staat verjüngte und mit fester und sicherer Hand eine neue Heerverfassung schuf, wuchsen seine Söhne heran in dem Geiste der Erbitterung gegen den fremden Uebermuth, der Vaterlandsliebe und der Ehrbegier. Mit Ernst und Eifer rüstete sich Prinz Wilhelm zu dem ihm angewiesenen Berufe, mochte es die Waffenübung gelten oder die wissenschaft- liche Ausbildung für denselben: „es lag in ihm", sagt sein da- maliger Lehrer, General von Reiche, unvergeßlich durch seine Verdienste um die Siege von Großbeeren und Dennewitz, „es lag in ihm der wahre, zuverlässige Soldat und Anführer, wie er es nachher auch im vollen Maße geworden ist".

Mitten hinein in diese Lehrjahre erscholl der Ruf zum Kampfe mit Gott für König und Vaterland, und Prinz Wilhelm sah die Helden sich scharen, welche freudiges Muthes für die höchsten und heiligsten Güter ins Feld zogen. Noch war es ihm, seiner Jugend und seiner damals noch schwächlichen Gesundheit halber, nicht vergönnt, gleich dem Kronprinzen in ihren Reihen zu fechten. In schmerzlichem Unmuthe weilte er meistens in Breslau, während die preußischen Waffen den bluti- gen Siegeslorbeer errangen. Aber nach der Schlacht bei Leipzig, zu dem Feldzuge nach Frankreich, durfte er den König seinen Vater begleiten. Er war an seiner Seite in der Neujahrsnacht als die verbündeten Truppen bei Mannheim den Rhein über- schritten, damals noch Deutschlands Grenze; und als den Zöge- rungen und Winkelzügen des Schwarzenberg'schen Hauptquartiers endlich ein Ziel gesetzt war, als es nach dem festen Willen König Friedrich Wilhelms III, unter dem Jubel der Truppen, wieder vorwärts gieng und der Sieg bei Bar-sur-Aube gewonnen ward (den 27 Februar): da war auch Prinz Wilhelm im Feuer und bewährte seinen Muth und seine Unerschrockenheit im Dienste. Damit errang er den schönsten Lohn: sein königlicher Vater ver- lieh ihm am 10 März das eiserne Kreuz, am Jahrestage der

Stiftung desselben, dem Geburtstage der Königin Luise. Denn das Gedächtniß an die verklärte Gattin und Mutter verließ den König und die Prinzen nie, weder in der Zeit des Leidens, noch in den Tagen des Glückes, welches sie im festen Glauben an Gott und an eine sittliche Weltordnung vorausgeschaut hatte. Drei Wochen später endete der Krieg mit dem Einzuge der Sieger in Paris. Prinz Wilhelm war mit dem Kronprinzen an diesem Ehren- und Ruhmestage in der Nähe des Königs und begleitete denselben nachmals nach England und in die Schweiz. Gekräftigt an Leib und Seele und gereift unter den großen Ereignissen kehrte er zurück zu den wissenschaftlichen Studien und erneuerte am 8 Juni 1815 sein Taufgelübde. Das Bekenntniß seines Glaubens und die Lebensgrundsätze, welche der Prinz damals niederschrieb, sind durch seinen würdigen Lehrer, den Hofprediger Ehrenberg, veröffentlicht. Wir sehen darin bestätigt, was seine Mutter im Frühjahre 1808 ihrem Vater schrieb: „unser Sohn Wilhelm wird, wenn mich nicht alles trügt, wie sein Vater, einfach, bieder und verständig". Demüthig vor seinem Gott, festgegründet in dem evangelischen Glauben an Christum unsern Herrn und Heiland, ist er seines Fürstenstandes sich bewußt nicht in eitler Ueberhebung, sondern um der höheren Pflichten willen, welche er ihm auferlegt, und in reiner und hoher Gesinnung spricht er die Grundsätze aus, welche sein Leben leiten sollen.

„Meine Kräfte", sagt er unter anderm, „gehören der Welt, dem Vaterlande. Ich will daher unablässig in dem mir angewiesenen Kreise thätig sein, meine Zeit aufs beste anwenden und so viel Gutes stiften, als es in meinem Vermögen steht.

Ich will ein aufrichtiges und herzliches Wohlwollen gegen alle Menschen, auch gegen die geringsten — denn sie alle sind meine Brüder — bei mir erhalten und beleben.

Mein Herz soll frei bleiben von Neid, Haß und Erbitterung.

Nie will ich mich an denen rächen, die mich beleidigen, sondern ihnen von Herzen vergeben, auch nie meinen Einfluß benutzen, jemandem zu schaden.

Doch will ich meiner Pflicht gemäß alles aufbieten, daß das Werk der Heuchelei und Bosheit zerstört, das schlechte und

schändliche der Verachtung preisgegeben und das Verbrechen zur
verdienten Strafe gezogen werde. —

Nie will ich des guten vergessen, das mir von Menschen ist
erwiesen worden. Mein ganzes Leben sollen mir die werth blei=
ben, die sich um mich verdient gemacht haben.

Für den König meinen Vater hege ich eine ehrfurchtsvolle
und zärtliche Liebe. Ihm zur Freude zu leben will ich mich auf
das angelegentlichste bemühen. Seinen Befehlen leiste ich den
pünktlichsten Gehorsam. Den Gesetzen und der Verfassung des
Staates unterwerfe ich mich in allen Stücken.

Die Tugenden der Königin, meiner vollendeten Mutter, sollen
mir unvergeßlich sein und das Andenken der verklärten soll stets
bei mir in einem gerührten und dankbaren Herzen wohnen.

Meinen Geschwistern gelobe ich zärtliche Liebe und allen
Mitgliedern der Familie, welcher ich angehöre, treue Ergebenheit. —
Verderbte Menschen und Schmeichler will ich entschlossen
von mir weisen. Die besten, die geradesten, die aufrichtigsten
sollen mir die liebsten sein. Die will ich für meine wahren
Freunde halten, die mir die Wahrheit sagen, auch wo sie mir
mißfallen könnte.

Jeder Versuchung zum bösen will ich kräftigen Widerstand
leisten und Gott bitten, daß er mich stärke".

Fürwahr, es sind fürstliche und königliche Grundsätze, zu
denen der achtzehnjährige Jüngling sich bekannte. Und halten
wir daran das Leben des Mannes, wer spricht da nicht mit
Freuden aus, daß der Prinz und der König die Gelübde seiner
Jugend in guten und in bösen Tagen unverbrüchlich gehalten
hat. Unter allen Verhältnissen sind Wahrheit, Treue, Ehren=
haftigkeit in dem edelsten Sinne des Worts die Grundzüge seines
Charakters geblieben. Demüthiges und festes Gottvertrauen hat
ihn unter allen Umständen beseelt und im Geiste seines in
Gott ruhenden Vaters und Bruders hat auch er auf dem Throne
das Bekenntniß abgelegt: „Ich und mein Haus wollen dem
Herrn dienen". Je mehr ihm alle Heuchelei und Scheinheilig=
keit widersteht, um so höher gilt ihm die wahre Religiosität,
welche sich im ganzen Verhalten des Menschen zeigt und welche
ein Grundpfeiler der menschlichen Gesellschaft ist. Und ein

wie schönes Beispiel der Liebe und Ergebenheit gegen die Seinen
hat er seinem Volke gegeben! Er genoß im besonderen Grade
das Vertrauen Königs Friedrich Wilhelm III seines Vaters,
und auch ihm gilt es, wenn dieser in seinem letzten Willen die
herzliche Liebe und Anhänglichkeit und das Wohlgelingen seiner
geliebten Kinder unter die frohen und wohlthuenden Ereignisse
seines Lebens rechnet. Mit nicht minderer Treue und Hin=
gebung hat der Prinz seinem königlichen Bruder während dessen
Regierung als sein erster Unterthan gedient. Nie galt ihm die
eigene Meinung höher als die Pflicht, die er dem Könige
schuldig war, und über abweichenden Urtheilen und Ansichten,
welche er mit männlichem Freimuthe vertrat, blieb stets die
brüderliche Liebe unwandelbar. In dieser hingebenden Gesinnung
hat er das Schwerste auf sich genommen, was ein Fürst sich
auferlegen kann, als er seinen Willen erklärte, die Regierungs=
geschäfte nach den ihm bekannten Intentionen Seiner Majestät
seines königlichen Bruders und Herrn stellvertretend zu führen.
Mit Selbstverleugnung hat er diese schwierige Aufgabe erfüllt,
bis dieser selbst ihn jeder andern Verantwortlichkeit als der gegen
Gott entband.

So ist König Wilhelm bewährt erfunden in der Erfüllung
der Pflichten, in denen die angeborene Zuneigung und die öffent=
liche Wohlfahrt zusammentreffen: aber steht es anders in dem
stilleren Kreise der Familie? Sind die Pflichten des Gemahls
und Vaters ihm minder heilig? Auf die Nachricht von der
Verlobung der Prinzessin Augusta von Sachsen=Weimar mit dem
Prinzen Wilhelm sprach der Freiherr von Stein der Großherzogin
ihrer Mutter seine Freude über diese Verbindung aus, welche
gemacht sei, um das Glück derer, die sie eingehen, und der beiden
erlauchten Familien zu sichern, denen sie angehören. „Dieses
Glück", fügt er hinzu, findet seine Gewähr in den sittlichen und
religiösen Grundsätzen, worauf der Charakter der jungen Ver=
lobten ruhet, und die Anmuth, die Liebenswürdigkeit und die
Bildung der Prinzessin Auguste werden das Leben des Prinzen
Wilhelm verschönern und auf seinen edeln und erhabenen, aber
in den öffentlichen Verhältnissen vielleicht zur Strenge geneigten
Charakter wohlthätig einwirken".

Seit der große und ehrwürdige Staatsmann diese Worte schrieb, sind mehr als drei Jahrzehnte vergangen, die bräutliche Myrte ist in den Silberkranz verschlungen: aber heute wie damals segnen ihren Ehebund die Königlichen Gatten, mit ihnen blühende Kinder und Enkel: es segnet ihn das Land, dem die erhabene Königliche Familie ein Muster häuslicher und fürstlicher Tugenden gibt. Und endlich, wie hat der König die Jugendgelübde gehalten, in denen er Wohlwollen gegen alle Menschen, auch denen, die ihn beleidigen, Vergebung gelobt? Fürwahr, wenn ein Prinz in die Versuchung geführt ward, sein Herz verbittern zu lassen durch die boshaften Verleumdungen des Parteihasses, so war es der Prinz von Preußen: und seine erste Königsthat war die Amnestie. So hält unser König vor Gott und Menschen die Grundsätze seines Lebens als sichere Richtschnur fest, sowohl in allen persönlichen Verhältnissen als seinem Lande und seinem Volke gegenüber.

Mehr als fünfzig Jahre hat König Wilhelm dem Vaterlande gedient, ehe er zum Throne berufen ward, und zwar nicht im leichten Spiel und prunkenden Glanz der Waffen, sondern in dem Ernste und der Hingebung, mit dem er seinen ersten Waffengang that, gab er sein Lebenlang dem Heere ein leuchtendes Beispiel der Treue und des gewissenhaftesten Pflichteifers. Der erneute Krieg von 1815 rief ihn wiederum ins Feld, aber schon war im ersten Anlaufe an Wellington's unerschütterlicher Standhaftigkeit und Blüchers und der Preußen frischem Kampfesmuthe in der Schlacht bei Belle-Alliance Napoleons Macht gebrochen. In der langen Friedenszeit stieg Prinz Wilhelm von Stufe zu Stufe, nicht nur durch die Gunst seines Königlichen Vaters und Bruders, sondern er rechtfertigte ihr Vertrauen durch seine Verdienste um die Organisation und die Schlagfertigkeit des Heeres. Zu seinem Schmerz war es ihm nicht vergönnt, als es für das Recht Schleswig-Holsteins gegen einen auswärtigen Feind in den Krieg gieng, die Truppen zu befehligen: jedoch mit welcher Freude, mit welchem Interesse vernahm er die Berichte über den heilversprechenden Anfang des Kriegs, über die Tapferkeit und Ausdauer, mit der die Truppen für Deutschlands Ehre und den Ruhm der preußischen Waffen ge-

fochten! Aber unter seiner umsichtigen und unerschrockenen
Führung retteten die preußischen Truppen Deutschland vor der
Anarchie, stellten die zerrüttete gesetzliche Ordnung wieder her
und errangen sich durch ihren trefflichen Geist, ihren Muth und
ihre Disciplin einen Platz in dem Herzen der deutschen Bruder-
stämme. Und wie als Prinz, so hat der König als höchster
Kriegsherr in der Entwickelung der Heeresverfassung eine Pflicht
erkannt, damit das Heer der Volkskraft und den Aufgaben des
Staates entspreche, getragen von dem altpreußischen Geiste der
Vaterlandsliebe und Ehre, der Bildung und der Zucht, der Ordnung und des Gehorsams. So lange dieser Geist lebendig ist,
so lange das Volksleben und die Heeresorganisation eng verbunden fortschreiten, so lange der König mit Zuversicht sein
Volk unter die Waffen rufen kann, so lange wird Preußen fest-
bestehen in Ruhm und Ehren und für ganz Deutschland ein
Schirm und Hort sein.

Indessen wie hohen Zwecken auch die Wehrkraft im Staate
dient, „die eiserne Hand", wie der große Kurfürst sie nannte,
sie vermag nur dann ihnen zu entsprechen, wenn der ganze
Staatskörper an Haupt und Gliedern gesund und in frischer
Lebenskraft sich fortentwickelt. Wohin Preußen geräth, wenn
das Heerwesen sich abschließt gegen den Volksgeist und in hergebrachten Formen und mechanischen Reglements erstarrt, das
hat die Geschichte mit ehernem Griffel verzeichnet und der König
hat es mitlebend selbst erfahren. In früher Jugend war er
Zeuge, wie unter seinem Königlichen Vater ein Stein, Hardenberg, Altenstein, Humboldt dem in seinen Grundfesten erschütter-
Staate neue Kraft und dem Volksgeiste höheren Schwung verliehen. Das Andenken dieser Männer ist seinem Herzen theuer
geblieben und auf dem in jener großen Zeit gelegten Grunde
fortzubauen ist sein Königlicher Wille. Durchdrungen von
glühender Vaterlandsliebe hat er schon als Prinz die innere
Entwickelung des Staatslebens nie aus den Augen gelassen: an
den Verhandlungen des vereinigten Landtags nahm er regen
Antheil: als erwählter Abgeordneter erschien er inmitten der
zur Vereinbarung der Verfassung von seines Bruders Majestät
berufenen Versammlung. Was er damals mitten in trüber,

stürmischer Zeit aussprach: „Der constitutionellen Regierungsform werde ich mit der Treue und Gewissenhaftigkeit meine Kräfte weihen, wie das Vaterland sie von meinem ihm offen vorliegenden Charakter zu erwarten berechtigt ist", das hat auch die Richtschnur seines Handelns als Regent und König gebildet. In diesem Sinne hat er den Königlichen Räthen, welche sein Vertrauen berief, seinen Entschluß erklärt, „nicht zu brechen mit der Vergangenheit, wohl aber die sorgliche und bessernde Hand anzulegen, wo sich willkürliches oder gegen die Bedürfnisse der Zeit laufendes zeige".

Wie auch in dem Streite der Parteien das Urtheil des Tages schwanken und irren mag, Mit- und Nachwelt werden den König preisen für die Festigkeit und Beharrlichkeit, mit der er die Grundsätze seiner Regierung zur That macht. In dem Segen eines langen, nur kurze Zeit gestörten Friedens, unter der väterlichen Regierung König Friedrich Wilhelms III und Friedrich Wilhelms IV ist die innere Wohlfahrt Preußens zu einer Blüte gediehen wie nie zuvor. Aber wir stehen in einer bedeutsamen und gewaltigen Epoche der Geschichte der Menschheit, in der kein Besitz Dauer verheißt, der nicht mit rüstiger Thätigkeit behauptet und neu errungen wird. Die Wissenschaften haben früher unbekannte Gebiete und Kräfte aufgeschlossen, und Künste und Gewerbe ernten die Früchte der wissenschaftlichen Entdeckungen. In rascherem Kreislaufe schwingt sich das Leben um: die Räume werden mit der Schnelligkeit des Dampfes und des Blitzes überwunden. Lange unterdrückte Völker ringen nach Freiheit und nationaler Selbstbestimmung; alle Schichten der menschlichen Gesellschaft durchdringt ein regerer Pulsschlag. Aber mit den heilsamen und edlen Bestrebungen zur Wohlfahrt der Völker treten Lüge und Selbstsucht, Willkür und schnöde Gewalt in die Schranken. In einer so mächtig bewegten Zeit, in der wir in einem Menschenalter die Entwickelung von Jahrhunderten durchleben, wird Preußen seine Stellung in Deutschland und in Europa um so sicherer behaupten, je entschiedener es festhält an den ewigen Grundlagen des Rechtes und der Sittlichkeit, je thatkräftiger es jeden wahren Fortschritt sich zu eigen macht, je mehr jedermann an seinem Platze seine Pflicht thut, je einträchtiger König und Volk zusammenstehn.

Des Königs landesväterlicher Wille ist dieser hohen Aufgabe geweiht. Jede edle Kraft, jede ehrenwerthe Thätigkeit vermag unter dem Schutze der Gesetze frei sich zu entfalten und findet vom Throne herab freudige Ermunterung und Anerkennung. Strenge Ordnung des Staatshaushaltes, verbunden mit der Pflege der Volkswirthschaft und der Hebung des öffentlichen Wohlstandes, ist, treu den Ueberlieferungen seiner Vorfahren, die ernste Sorge des Königs. Alles, was Preußen groß gemacht hat, Gottesfurcht und Treue, Vaterlandsliebe, Bildung und Gesittung des ganzen Volkes, gilt ihm hoch und theuer. So wird mit Gottes Hilfe, von seiner kräftigen Hand regiert, Preußen wachsen an innerer Kraft zum Heile und Segen von ganz Deutschland. Ist es doch Preußens Bestimmung nicht erst von heute und gestern, sondern seit den Tagen des großen Kurfürsten, nicht bloß gegen äußere Feinde mit seinem guten Schwerte Wacht zu halten im Osten und Westen, sondern auch im innern die deutschen Stämme zu einigen, das Recht zu wahren und die allgemeine Wohlfahrt zu befördern. Dieser Beruf ist kein willkürlich erwählter, sondern er ist geboten und bedingt durch die geographischen Verhältnisse und mit der Geschichte Preußens tiefer und tiefer verwachsen. Jeder faule Fleck in Deutschland lähmt Preußens Macht, jeder Fortschritt zu fester Einheit verstärkt sie und gibt eine Bürgschaft für die Zukunft. Hier gilt es, wie der König ausgesprochen hat, moralische Eroberungen zu machen, und wir vertrauen seiner Weisheit, daß er sie zu Preußens und Deutschlands Heile ins Werk setzen wird.

Diese große Aufgabe kann aber nur dann gelingen, wenn Preußen sich auf der Höhe der geistigen Cultur erhält. Dazu mitzuwirken sind die Universitäten vor allem berufen, und sie tragen nur den schuldigen Zoll des Dankes ab, wenn sie ihrer Pflicht mit Gewissenhaftigkeit und Treue obliegen. Von jeher haben die erlauchten Hohenzollern die Wissenschaften hochherzig gepflegt und beschirmt. Sobald die Marken zu sicherem Frieden und fester Ordnung gebracht waren, stiftete Kurfürst Joachim I die Universität zu Frankfurt. Albrecht, der erste Herzog von Preußen, errichtete die Universität zu Königsberg: mit der Begründung des preußischen Königthums geht die Stiftung der Universität zu

Halle und der Akademie der Wissenschaften zu Berlin Hand in Hand, und den fränkischen Landen haben die Hohenzollern die Universität zu Erlangen als ein köstliches Vermächtniß hinterlassen. In der Erweckung der Wissenschaft erkannte König Friedrich Wilhelm III einen mächtigen Hebel zur Wiedergeburt des Staates und die Universitäten zu Berlin, Breslau und Bonn sind unvergängliche Denkmäler seines Königlichen Sinnes.

Unsere theure pommersche Universität verdankt ihren Ursprung und ihre Ausstattung der ehrenfesten Bürgertugend und der landesväterlichen Fürsorge der Herzoge Pommerns. Aber Preußens Könige haben das überkommene Pfand nicht bloß treu bewahrt, sondern mit Liebe gepflegt und die Universität zu frischem Leben erweckt. Ihr Ehren- und Jubelfest hat an der Seite seines Königlichen Bruders auch König Wilhelm mit dem Erben seiner Krone mit seiner Gegenwart beehrt, zu heilverheißendem Zeichen, daß das Gedeihen unserer Universität unserem erhabenen Fürstenhause immerdar eine Herzenssache sein soll. Auch uns gilt das bei der Jubelfeier der Berliner Universität gesprochene Königliche Wort: die Universitäten mögen in ihrem bisherigen Geiste fortfahren; seines Schutzes und seiner Fürsorge könnten sie sich versichert halten. Neue wissenschaftliche Anstalten erheben sich, frische Lehrkräfte werden unserer Universität zugeführt, und was sie noch entbehrt, die leichtere und raschere Verbindung, ist vom Throne uns verheißen. So viel Unterpfänder der Huld und Gnade unseres Königs müssen in uns den Eifer stärken, so viel an uns ist, nach bestem Wissen und Gewissen eine Jugend zu bilden, welche nicht um des Lebens Nothdurft, nicht um eitler Ehre oder sinnlichen Genusses halber den Studien obliege, sondern die auf das Ideale gerichtet sei, die nach Wahrheit und Gerechtigkeit, nach lauterer Erkenntniß und echter Weisheit trachte, um jeder an seinem Theile zur Ehre Gottes, zum Dienste des Königs und des Vaterlandes tüchtig zu sein.

In dieser Gesinnung feiern wir das Geburtsfest Seiner Majestät des Königs und fassen alle unsere innigen und aufrichtigen Wünsche für König und Königin und für das ganze Königliche Haus zusammen in den Ruf:

Gott segne den König!

Die überkommenen Aufgaben des preußischen Staats.

———

Rede zur Feier des Geburtstages Seiner Majestät des Königs am 22 März 1866,
gehalten in der Aula der Rheinischen Friedrich-Wilhelms-Universität,
gedruckt Bonn 1866.

Indem wir in diesen festlichen Räumen uns versammeln um die Feier des siebzigsten Geburtstages Sr. Majestät des Königs ehrfurchtsvoll zu begehen, wendet sich unser Blick einerseits in die Zukunft und es vereinigen sich unsere innigen Wünsche, daß Gott dem Könige noch viele Jahre in frischer Kraft schenken und mit ihm dem Vaterlande Segen und Wohlfahrt verleihen wolle; andererseits schauen wir zurück mit den Gefühlen des Dankes für die Gnadenerweisungen, durch welche Gott auch im vergangenen Jahre an unserem Könige und unserem Volke sich bezeugt hat. Da treten als helle Lichtblicke uns die Feste entgegen, mit denen Rheinländer und Pommern, Westfalen und Sachsen ihre unter König Friedrich Wilhelm III vollzogene und unter den königlichen Brüdern Friedrich Wilhelm IV und Wilhelm I befestigte Vereinigung mit dem preußischen Staate feierten, und sie legen uns die Frage nahe, worin die mächtigen Bande bestehen, welche verschiedene Stämme, die zum Theil gewaltsam und mit Widerstreben sich aus früher werth und hoch gehaltenen Verhältnissen und Verbindungen losrissen, in der preußischen Monarchie eng verbunden haben. Denn es handelte sich bei diesen Jubelfesten nicht um einen flüchtigen Rausch der Freude, der mit den Festklängen und Festveranstaltungen vergeht: fielen sie doch mitten hinein in den noch heute ungelösten Streit um wesentliche Grundlagen unseres öffentlichen Rechts und Freiheiten unseres Volkes, der jeden Freund des Vaterlandes, jeden treugesinnten Preußen mit Bekümmerniß erfüllt: sondern es lag darin der volle Ernst männlicher Ueberzeugung und männlicher Treue, welche durch die Wirren des Augenblicks hindurchgreift nach dem, was über dem Wandel der Zeit Dauer und Bestand hat. Und auf welchem Grunde beruht diese Ueberzeugung? Darauf daß die Vereinigung mit dem Staate der Hohenzollern jeder einzelnen Landschaft erhöhte Bedeutung, wachsende Kraft und Wohlfahrt gegeben hat, daß, mit wie großer Pietät man auch vergangene Zustände in Ehren halten mag, dieses Band der Einheit lösen zu wollen nicht bloß ein Verbrechen sondern zugleich eine Thorheit wäre, die sich an ihren

Urhebern am schwersten rächen würde. Diese Ueberzeugung aber, daß der preußische Staat, wenn auch seine Entwickelung zu Zeiten gehemmt werden mag, doch immer von neuem mit verjüngter Kraft vorwärts strebt und sich höhere Ziele steckt, wurzelt in seiner Geschichte, und es scheint daher der heutigen Feier wohl zu entsprechen, die Aufgaben, welche an denselben in den verschiedenen Zeitperioden herangetreten und von seinen Fürsten gelöst sind, in kurzen Zügen an unserer Betrachtung vorübergehen zu lassen.

Im preußischen Staate hat das nördliche Deutschland die Bedeutung wieder errungen, welche ihm Jahrhunderte lang entzogen war. Die ersten sächsischen Kaiser hiengen an den Landen, welche die Wiege ihrer Größe bildeten: sie warfen die Dänen und die Slaven zurück, gründeten die Mark Schleswig und die wendischen Marken und statteten sie mit Waffenplätzen und mit kirchlichen Stiftungen aus. Aber seit sie an die römische Kaiserkrone und die Herrschaft über Italien und Burgund ihre besten Kräfte setzten, ließ ihre Sorge für jene Pflanzstätten deutschen Wesens und christlicher Cultur nach: das slavische Heidenthum erhob sich wiederum mit zerstörender Gewalt, und die spätere Herstellung der Marken und der Bisthümer war nur zum kleinen Theile der Reichsgewalt, vielmehr hauptsächlich den mit deren zunehmender Auflösung immer mehr emporkommenden Territorialherren und der Missionsthätigkeit der Mönchsorden zu verdanken. Wo die Kaiser hier im Norden und Nordosten eingriffen, geschah es meistens zum Schaden des deutschen Lebens. Die Mark Schleswig überließ Kaiser Konrad II dem mächtigen Dänenkönige Knud; mit dessen Schwestersohne Svend schloß Heinrich IV einen Bund gegen die Sachsen: und wenn auch später die dänischen Thronstreitigkeiten dem deutschen Einflusse Thor und Thür öffneten, so erstarkte dafür unter Waldemar dem großen und seinen Söhnen die Dänenmacht um so mehr und schickte sich an, die ganze Ostsee zu umfassen. Und gerade damals zertrümmerte Kaiser Friedrich Barbarossa in seinem Streite mit dem Welfen Heinrich dem Löwen das sächsische Herzogthum, die schützende Macht des nördlichen Deutschlands. Die Dänen traten in die Lücke ein: in förmlichem Reichsvertrage

überließ der Staufer Friedrich II an Waldemar II alles nord=
albingische Land: über Holstein und Lauenburg, über Mecklen
burg, Pommern und Rügen geboten die Dänen. Aber die Für=
sten und städtischen Gemeinden, obgleich verlassen von Kaiser
und Reich, empörten sich gegen die aufgedrungene Herrschaft
und brachen am Marien=Magdalenentage 1227 auf der Heide von
Bornhöved die dänische Macht.

Jetzt breiteten die deutschen Ansiedlungen sich über das öst=
liche Tiefland aus. Weltliche Herren und geistliche Stifter weit=
eiferten deutsche Bürger und Bauern heranzuziehen: Stadt auf
Stadt ward an den Seeküsten und im Binnenlande gegründet,
dort mit lübischem, hier mit Magdeburger Stadtrecht ausge=
stattet: die deutschen Ordensritter bekämpften die Preußen, Lit=
thauer, Esthen und gründeten die deutsche Herrschaft bis zum
finnischen Meerbusen hin; die Ostsee, auf der jüngst die Dänen
geboten, ward ein deutsches Meer. Damals zeigte es sich, welche
Fülle von Kraft in den deutschen Niederlanden lag: denn von
Westfalen und dem Rheine bis hinab nach Holland und Friesland
kamen die Geistlichen und die Ritter, die Bürger und die Bauern,
welche das frühere Wendenland sich zu eigen machten: von ihrer
rheinisch=westfälischen Heimat nahmen sie die Land= und Stadt=
rechte herüber auf denen ihr Gemeindeleben erwuchs. Und nicht
die erste Gründung allein war eine bewundernswerthe That,
sondern an die Städte sowohl als an den Ritterorden traten neue
größere Aufgaben heran, denen sie im Interesse der gesammten
deutschen Nation sich unterzogen, während die Könige und Kaiser,
in ihre Hausangelegenheiten verwickelt, hierfür kein Verständniß
und keinen Willen zeigten, und die Landesfürsten durch Theilun=
gen gelähmt in unaufhörlichen Fehden ihre Kräfte aufrieben.
Von Kaiser und Reich verlassen bildete der deutsche Ritterorden
eine mächtige Schutzwehr gegen Polen und Litthauer, und be=
wahrten die im Hansebunde vereinigten Städte ihre Freiheit und
Selbständigkeit und eröffneten deutschem Handel und Gewerbfleiß
immer neue Comtore und Niederlassungen in fremden Landen:
sie beherrschten den Handel sowohl mit England und anderen Ge=
staden der Nordsee als auf der Ostsee und schrieben den Königen
des Nordens Gesetze vor. Wohl waren es Ehrentage des

20 *

deutschen Volkes, als vor balb fünfhundert Jahren auf Martini
1367 die Städteboten zu Köln sich versammelten und nach ein=
müthigem Beschlusse die Schiffe und Manuschaften von Brielle
und Amsterdam bis Reval entboten und den Pfundzoll ausschrie=
ben, um gegen Dänemark für die Freiheiten der deutschen Fischer,
Handwerker und Kaufleute Krieg zu führen, bis ein ruhmvoller
Friede ihre Anstrengungen krönte. Noch einmal vollbrachten die
holsteinischen Fürsten im Bunde mit den Hansestädten ein rühm=
liches Werk, indem sie die in älteren Verträgen begründete Ver=
einigung des Landes Schleswig mit Holstein gegen die Angriffe
des skandinavischen Unionskönigs Erich aufrecht erhielten, Deutsch=
land zum Gewinn, aber gegen den Willen und die richterliche
Entscheidung des Kaisers Sigismund, der seinem Vetter Erich
zu Gefallen das Land den Dänen zusprach.

So hat über zwei Jahrhunderte lang das deutsche Volk in
freier Vereinigung drohendem Schaden im Norden gewehrt und
durch muthige Vertheidigung seiner Interessen seinen Namen zu
Ehren gebracht. Aber auf die Dauer war weder der Ritterorden
noch der Hansebund seiner Aufgabe gewachsen. Die manigfal=
tigen Sonderinteressen der Städte und Genossenschaften von der
Schelde bis zum Wolchow, im Binnenlande und an der See
hätten in einem einheitlichen Reiche ihre Ausgleichung finden
mögen: auf sich selber gestellt, sprengten sie den Bund zum Ver=
derben des Ganzen wie der Einzelnen. Als die leitenden Vor=
orte Köln und Lübeck sich entzweiten, als die holländischen Städte
in Folge der engherzigen Handelspolitik der baltischen sich abson=
derten, da war die Blüte der Hanse geknickt und Deutschlands
maritime Entwickelung auf Jahrhunderte unterbrochen.

Die Ordensmacht ward durch den Widerstreit des sich von
außen her ergänzenden Ritterthums und der landsässigen Stände
erschüttert. In Folge dessen vermochte das litthauische Königs=
haus in Polen die preußischen Weichselgebiete an sich zu reißen
und damit den Zusammenhang des übrigen Preußens und der
entfernteren deutschen Colonien in Curland und Liefland mit
dem Mutterlande zu unterbrechen: der Hochmeister des deutschen
Ordens ward polnischer Vasall.

Gerade in dieser Zeit, da der Hansebund sich aufzulösen

begann und die Ordensmacht zusammenbrach, ward die Mark
Brandenburg durch die Hohenzollern aus tiefem Verfall aufgerichtet. Unter den Askaniern war sie reich erblüht, bis das
vielzweigte Haus durch Theilungen seine Kräfte zersplitterte und
rasch dahin starb. Das erledigte Reichslehen gieng durch die
Hände der Wittelsbacher und Luxemburger unter zunehmender
Zerrüttung. Die wenigen Jahre, da Kaiser Karl IV das Land
pflegte, reichten hin um darzuthun was bei geordnetem Haus-
halte aus den Marken gemacht werden konnte: seine Erben ver-
wahrlosten sie dafür um so mehr. Da trat Burggraf Friedrich
von Nürnberg aus dem Zollerschen Hause die Verwaltung der
Marken an, erst als Hauptmann und Verweser für König Sigismund, bald als erblicher Markgraf und Kurfürst, und eröffnete mit seinem Einzuge für das verkommene Land ein neues
Leben. Ein ganzes Menschenalter hindurch hatten die Landesherrn nur darauf gesonnen mit Verpfändungen und Veräußerun-
gen so viel nur immer möglich aus dem Lande herauszuschlagen:
er dagegen wandte so viel er konnte an das Land. Der Trotz
des Adels, der allein den Herrn gespielt hatte und des Dienstes
sich weigerte, ward gebrochen, Bürger und Bauern wurden beschützt,
und durch Bündnisse mit den benachbarten geistlichen und weltlichen Fürsten ward dem Faustrechte gewehrt.

Das war das Fundament der hohenzollerschen Macht in
Brandenburg, der Kampf um den Landfrieden und das Land-
recht. Aber auf diese eine hochbedeutende Aufgabe beschränkten
sich Kurfürst Friedrich I und seine Söhne nicht, sondern sie setzten alle Kraft daran, was von den Marken abgekommen war,
zurückzuerwerben und neugewonnenes hinzuzuthun. Die dem
deutschen Orden verpfändete Neumark erwarben sie zurück und
retteten sie damit aus der Gewalt der Polen, denen bald darauf
das westliche Ordensland zufiel: der zukünftige Anfall von
Mecklenburg ward vertragsmäßig festgestellt und durch die Erb-
huldigung der mecklenburgischen Stände bestätigt: über die Lehns-
pflicht Pommerns gegen Brandenburg ward in heißen Fehden gestritten und das Recht des Heimfalls beim Aussterben der pommerschen Herzoge gesichert. In diesen Kämpfen handelte es sich
nicht bloß darum ob dieses oder jenes Fürstenhaus in diesem

oder jenem Territorium gebot, sondern ob die binnenländische Mark zu einem den Ostseestrand beherrschenden Lande werden sollte. Gelang den Hohenzollern dieses Vorhaben, so war auch ferner den Deutschen die Macht auf dem baltischen Meere ge= sichert: daß sie die unternommene Aufgabe damals nur halb zu lösen vermochten,- bot fremden Mächten einen Spielraum, der ihnen erst spät theilweise wieder abgerungen worden ist.

So waren die ersten hohenzollerschen Kurfürsten im innern wie nach außen bemüht die Marken emporzubringen, von der Einsicht geleitet daß was dem Lande fromme auch die Größe ihres Hauses am besten fördere. Darum stellten sie auch die Theilun= gen ab. Wie einst die Askanier so blieben die andern norddeut= schen Fürstenhäuser, die Welfen und Holsten sowohl als die Mecklenburger und Pommern, bei der Unsitte der Erbtheilungen, ohne dessen zu achten wie schwere Wunden sie damit der Landes= wohlfahrt schlugen. Die Hohenzollern dagegen hielten von An= fang an die Marken zusammen und Kurfürst Albrecht Achilles stellte als Hausgesetz fest, daß zwar die fränkischen Gebiete in zwei Theile gehen dürften, aber nicht mehr, dagegen sollten die Marken mit der Kur in einer Hand vereinigt bleiben. Dieses Gesetz, von dem nur vorübergehend abgewichen wurde, beruhte auf einem staatsbildenden Grundsatze, durch welchen die Hohen= zollern ihren Beruf, der Vielköpfigkeit zu wehren und das deutsche Volk aus der Zerklüftung zur Einigung zu führen, vor allen andern Fürstenhäusern bewährten.

Auf dem Grunde, den Kurfürst Friedrich I und seine ritter= lichen Söhne legten, ward von ihren nächsten Nachkommen im Kurfürstenthume nicht mit gleicher Einsicht und Kraft und daher nicht mit gleichem Erfolge fortgebaut. Aber ein Enkel von Albrecht Achilles aus der fränkischen Linie begründete in Preu= ßen den weltlichen Staat. Als erwählter Hochmeister des deut= schen Ordens hatte Albrecht von Preußen sich vergebens bemüht die Selbständigkeit des Ordensgebietes gegen Polen zu erfechten. Als alle Hilfe ihm versagte, Kaiser und Reich ihn im Stiche ließen, während die lutherische Kirchenreformation das Land durchdrang, und es klar zu Tage kam daß die Ordensgewalt un= rettbar verloren sei, machte sich Albrecht mit polnischer Belehnung

unter Zustimmung der preußischen Landstände zum erblichen
Herzog. Seitdem geboten die Hohenzollern in Preußen und ver=
hüteten durch ihr Fürstenthum, daß nicht auch diese mit deut=
schem Blute und deutschem Fleiße begründete Colonie in die
Anarchie der polnischen Republik hineingezogen wurde.

Ein Jahrhundert später kam das Herzogthum Preußen an
das kurfürstliche Haus, und diesem fiel damit die Aufgabe zu
im Nordosten am Pregel und Niemen gegenüber Polen, Schwe=
den und Rußen Wächter und Hort deutscher Cultur und deut=
scher Ehre zu sein. Dieselbe Aufgabe ward ihm um jene Zeit
am Niederrhein und in Westfalen durch die Clevische Erbschaft.
Während die Hohenzollern durch Preußen in alle Erschütterun=
gen des Nordens verflochten wurden, stellten die Clevischen An=
gelegenheiten sie mitten hinein in die Gegensätze der großen
europäischen Mächte. Lange Zeit hatten die spanischen Waffen
von Belgien aus jede protestantische Bewegung in den deutschen
Rheinlanden niedergeschlagen. Auch jetzt waren die Höfe von
Wien und von Madrid mit aller Macht darüber aus, das evan=
gelische Fürstenhaus vom Rheine fern zu halten. Aber die bran=
denburgischen Fürsten brachten ihr Recht an die niederrheinischen
Lande wenigstens in einem Theile zur Geltung, und hatten nun=
mehr der Feindschaft der Spanier, der oft zweideutigen und
selbstsüchtigen Freundschaft der Holländer, bald auch der Ueber=
griffe der Franzosen sich zu erwehren, um wie im fernen Osten
so auch am Rheine die deutschen Interessen zu vertreten. Dazu
kam nach dem Erlöschen des pommerschen Herzogshauses die Auf=
gabe ihr Recht an Pommern zu behaupten, auf das die Schwe=
den die Hand legten. Kurz wohin wir blicken, nach Osten, Nor=
den oder Westen, auf allen Seiten waren der Staatskunst und
Machtentwickelung der Kurfürsten von Brandenburg Aufgaben
gestellt, von deren Lösung Deutschlands, zumal des nördlichen,
Sicherheit und Gedeihen abhieng, welche aber, wie es schien, nicht
mit den durch einen furchtbaren Krieg erschöpften Mitteln ein=
zelner unverbundener Landschaften, sondern nur des gesammten
Reiches unternommen werden konnte.

Aber Kurfürst Friedrich Wilhelm trat vor der Größe dieser
Aufgabe nicht zurück, sondern wußte mit sicherem Urtheile und

festem Willen Mittel und Wege zu finden um seinen schweren
Posten mit Ehren zu behaupten. So legte er den Grund zur
Größe des preußischen Staates. Er schuf das Heer, welches
gegen Polen, Schweden und Franzosen rühmlich sich bewährte,
er zeigte sich in den Künsten der Diplomatie den Meistern jener
Zeit gewachsen, er befreite Preußen von den Fesseln des polnischen Lehnsverbandes, die es zwei Jahrhunderte getragen hatte,
er bekämpfte die provinciellen Sonderinteressen und beugte sie
unter die unabweislichen Forderungen der Einheit des Staats.
Durch die Toleranz, mit der er seine katholischen Unterthanen
neben den evangelischen beschirmte, erwarb er sich das Recht seinen verfolgten Glaubensgenossen sowohl am Kaiserhofe zu Wien
als gegen Ludwig XIV von Frankreich Fürsprache, Schutz und
Hilfe zu gewähren. Und wie der große Kurfürst mit den continentalen Mächten sich maß, so ließ er auch die preußische
Flagge auf dem Meere wehen. In seiner Jugend hatte er die
Seemacht und die Handelsblüte und den Reichthum von Holland
mit eigenen Augen gesehen: als regierender Fürst empfand er
mit tiefem Schmerze, daß die Quellen eines gleichen Wohlstandes für seine Lande und für Deutschland verschlossen seien. Die
Rheinmündungen sperrten die Holländer, zwischen der Weser-
und Elbmündung, zu Wismar, die pommersche Küste entlang bis
über die Odermündungen geboten die Schweden, die Weichsel-
mündungen waren polnisch, nicht ein deutscher Strom öffnete
sich zu freier Fahrt dem deutschen Handel. Diesem unwürdigen
und unseligen Zustande ein Ende zu machen ließ Kurfürst Friedrich
Wilhelm seine angelegentlichste Sorge sein. Daher legte er den
höchsten Werth darauf sein Recht auf Vorpommern und die Odermündungen sich nicht nehmen zu lassen: kein Aequivalent galt
ihm für diese Einbuße als genügende Entschädigung; daher bildete er eine Marine zunächst zum Schutze seiner Küsten, bald
auch zum Angriffe. In dem von Schweden begonnenen Kriege
störten seit 1675 die brandenburgischen Fregatten den schwedischen
Handel: sie halfen Stettin einschließen, deckten den Uebergang
nach Rügen und wirkten mit zur Einnahme von Stralsund, das
der stolzen Macht Wallensteins unüberwindlich gewesen war.
Und nicht genug ihres Dienstes in der Ostsee, nach wenig Jahren

sandte der Kurfürst sein Geschwader in die Nordsee und den atlantischen Ocean bis in den Golf von Mexiko, um an der Krone Spanien für die Nichterfüllung ihrer Verbindlichkeiten Repressalien zu nehmen, und gründete Niederlassungen an der Küste von Guinea. Emden, das brandenburgische Besatzung aufnahm, ward Sitz der unter kurfürstlichen Privilegien begründeten afrikanischen Compagnie. Wenn diese Anfänge der Bildung einer deutschen See= und Colonialmacht keine bleibenden Früchte getragen haben, so lag die Schuld theils daran, daß die folgenden Regierungen ihre Bedeutung verkannten, theils in der Schwierigkeit, ohne den Besitz eines geeigneten Kriegshafens und ohne gleichmäßige Entfesselung und Entwickelung des gesammten deutschen Handels und Verkehrs eine Marine herzustellen.

Der große Kurfürst hatte die Bahnen vorgezeichnet, welche seine Nachfolger einzuhalten hatten um mit der Ausbildung ihres Staates große und nationale Aufgaben zu erfüllen. Sein Sohn übernahm mit der preußischen Königskrone für sich und seine Nachkommen die erhöhte Verpflichtung, die europäische Macht= stellung, welche sein großer Vater errungen, zu behaupten und zu befestigen. Sein Enkel Friedrich Wilhelm I gewann Stettin und die Inseln an den Odermündungen und rüstete mit der strengen Ordnung der Verwaltung und der Finanzen, der Pflege des Ackerbaus und der Industrie, endlich mit der Heeresorgani= sation die Mittel zu, durch deren Anwendung Friedrich der große Preußen zu einer deutschen und europäischen Großmacht erhob. Dies vollbrachte König Friedrich durch die Eroberung Schlesiens, die friedliche Erwerbung Ostfrieslands, die Losreißung West= preußens von Polen, und er behauptete seine Machtstellung gegen die vereinten Kräfte Oesterreichs, Frankreichs und Rußlands. Waren das, wie seine Gegner ihn beschuldigten und wie die Feinde Preußens jetzt mit erneutem Eifer behaupten, frevelhafte Gewaltthaten zum Schaden Deutschlands, oder diente Friedrich der große mit der Verstärkung der preußischen Macht der Ehre und Wohlfahrt des deutschen Volks?

Die Antwort auf diese Frage giebt die Geschichte. Der kai= serliche Hof beharrte dabei die allgemeinen Interessen, zumal des nördlichen Deutschlands, gering zu achten und, wenn nicht der

Einsatz vorweg genommen ward, die großen Dienste des Bran=
denburger Kurhauses mit Undank zu lohnen. Als der große
Kurfürst das Schwert zog um den Holländern gegen Ludwig XIV
beizustehn, lähmte man unter dem Vorgeben der Cooperation
systematisch seine Bewegungen. Als er die Schweden aus ganz
Pommern und aus Preußen hinausgeschlagen hatte, gieng der
Kaiser einen Sonderfrieden ein, der Brandenburg um alle Früchte
der erfochtenen Siege brachte. Nachdem König Friedrich I im
spanischen Erbfolgekriege dem Hause Oesterreich kräftigen Bei=
stand geleistet und Friedrich Wilhelm I demselben seine Anhäng=
lichkeit vielfach thatsächlich bewiesen, ward dennoch in dem pol=
nischen Thronstreite die mit Preußen getroffene Vereinbarung
ohne weiteres hintangesetzt, die Anerkennung der wohl begrün=
deten Rechte Preußens auf den Heimfall von Jülich und Berg
verweigert und König Friedrich Wilhelm I der Ausruf abge=
nöthigt: „Vielleicht kommt noch einmal eine Zeit, wo der
Kaiser bereuen wird, seinen besten Freund weggestoßen zu
haben".

Das waren die Erfahrungen welche Friedrich II bestimmten,
Maria Theresia zwar seine mächtige Hilfe gegen ihre Feinde an=
zubieten, zugleich aber mit Schlesien sein Pfand zu nehmen, wo
ihm nach älteren Verträgen auf mehrere Gebiete unerledigte Au=
sprüche zustanden. Und ich möchte den eifrigsten Bewunderer der
großen Eigenschaften der Kaiserin Maria Theresia und der diplo=
matischen Kunst des Fürsten Kaunitz fragen, auf welcher Seite
die deutschen Interessen waren, als Friedrich der große im Bunde
mit England, vereint mit Hannover, Braunschweig, Hessen=Cassel,
gegen Oesterreich mit der Mehrheit der Reichsstände und deren
Verbündete, die Russen, Schweden und Franzosen, den preußischen
Staat und Norddeutschland überhaupt standhaft und siegreich
vertheidigte. War es etwa ein deutsches Interesse, dem gemäß
der Wiener Hof um den Preis der Wiedererwerbung Schlesiens
in seinen Allianzverträgen festsetzte, Belgien mit Luxemburg
einem Bourbonen zu überweisen, die Obermündungen wiederum
an Schweden, Preußen an Rußland zu bringen, und das könig=
liche Haus von Preußen, fortan bloße Markgrafen von Bran=
denburg und Herzoge von Hinterpommern, auf alle Zeiten

unschädlich zu machen? Mochte dann das habsburgische Haus
mit concentrirter Macht in Oberdeutschland, Ungarn und Italien
herrschen, das nördliche Deutschland blieb halt = und wehrlos
fremder Gewalt preisgegeben und jeder vernünftigen Staatsent=
wickelung auf immer beraubt. Endlich war es ein deutsches In=
teresse, als Polen über seiner inneren Zerrüttung zu einer rus=
sischen Domaine herabsank, das in Zeiten polnischer Uebermacht
abgerissene Westpreußen nicht zurückzunehmen? Vielmehr lag,
wenn irgendwo, so hier ein Gebot der Nothwendigkeit vor.

Aber nicht die Erfolge der Waffen sind es allein, mit denen
Reiche gestiftet werden: Dauer verleiht ihnen erst die Weisheit,
welche die Wohlfahrt der Völker begründet. Wie hohe Aufgaben
Friedrich der große in der Verwaltung seiner Staaten erfüllte,
durch eigene immer wache Fürsorge und die Wahl einsichtiger
und pflichttreuer Beamten, wie er Freiheit der Gedanken und
freimüthige Rede hochhielt und seine Unterthanen jeder Confes=
sion bei ihren Rechten schützte, wie er die Würde des Richter=
standes hob und zur Bürgschaft für die Pflege des Rechts seine
Unabhängigkeit gegen jeden äußeren Einfluß sicher stellte, das
haben unter den Zeitgenossen seine Gegner selbst bewundernd
anerkannt und die besten unter ihnen sich zum Muster genom=
men. Durch diese weise und gerechte Regierung hat Friedrich
der große seinen Nachfolgern ein glänzendes Vorbild gegeben
und sich nicht bloß in den alten Landen ein unvergängliches
Denkmal errichtet, sondern auch die neuerworbenen mit dem
preußischen Staate eng verknüpft. Unter preußischer Verwal=
tung begann für das bis dahin stiefmütterlich behandelte Schle=
sien eine neue Periode der Wohlfahrt, und in schwerer Zeit, in
den Jahren der Erniedrigung des preußischen Staates und des
glorreichen Kampfes um die Befreiung von fremder Gewalt,
haben die Schlesier in Treue und Hingebung die Dankbarkeit
bewährt, welche sie Preußens Königen schuldeten. In dem unter
polnischer Wirthschaft verkommenen Westpreußen sind die Städte
und Dörfer aus dem Schutt erstanden und die deutsche Cultur
und deutsches Recht hat reichen Segen getragen. Das durch
inneren Zwiespalt lange niedergehaltene Ostfriesland fand unter
dem einigen und starken Regimente der preußischen Könige auf

Grund seiner alten Freiheiten Frieden und Gedeihen. Noch vor wenig Monaten haben die Ostfriesischen Stände vor ihrem jetzigen Landesherrn Zeugniß abgelegt, ein wie herbes Gefühl vor fünfzig Jahren die Gemüther ihrer Väter ergriff, als sie Kunde beka= men, daß Ostfriesland nicht bei dem preußischen Staate verblei= ben werde, mit welchem es ein halbes Jahrhundert verbunden war: „wäre es anders gewesen" — erklärten sie — „es hieße die Treue zu einem Fürstenhause verleugnen, unter dessen Scep= ter seine ostfriesischen Unterthanen eine Reihe glücklicher Jahre verlebten".

Das sind redende Beweise, wie feste Wurzeln der preußische Staat in dem Leben der Volksstämme getrieben hat, welche er aus provincieller Absonderung zu einem großen Ganzen heran= zog und denen er damit ein höheres Selbstbewußtsein zurückgab, das den Deutschen fast abhanden gekommen war. Preußens Könige erkannten zuerst es wieder für deutsche Fürstenpflicht ihre Unterthanen gegen fremde Mächte zu beschirmen. Als die Eng= länder im österreichischen Erbfolgekriege ihre Seeherrschaft dazu mißbrauchten die Schiffahrt der Neutralen willkürlich zu unter= drücken, vertrat König Friedrich der große, obgleich er keine Seemacht besaß, gegen sie das gute Recht seiner Unterthanen, und nicht mit Worten allein; sondern als kein ander Mittel ver= fieng, stellte er die für englische Rechnung fälligen Zahlungen ein, rief seinen Gesandten von London ab, und setzte es durch, als England später sein Bündniß suchte, daß den preußischen Schiffsrhedern die ihnen gebührende Entschädigung ausgezahlt wurde. Die damals von ihm geltend gemachten Grundsätze eignete sich im amerikanischen Kriege die Kaiserin Katharina von Ruß= land an und stiftete den Neutralitätsbund, dem Preußen alsbald beitrat: und kaum hatte die nordamerikanische Union ihre Unab= hängigkeit errungen, so war wiederum Friedrich der große von Preußen der erste, der mit dem jungen Freistaate den Freund= schafts= und Handelsvertrag abschloß, welcher mit den Grund= sätzen eines freisinnigen Seerechtes das Muster einer weisen Handelspolitik gab.

So gieng Preußen voran in der Erfüllung der Aufgaben einer europäischen Macht und eines deutschen Staates. Es folgte eine Periode des Stillstandes, eine Erweiterung der Grenzen bei der Auflösung der polnischen Republik, mit der das Wachsthum innerer Kraft nicht Schritt hielt: statt sich gemäß den Forderungen der Zeit zu verjüngen, alterte der Staat und aus den Formen, welche einer früheren Zeit entsprochen hatten, entwich die Lebenskraft. Dafür büßten Preußens König und Volk in einem unglücklichen Kriege und einem schimpflichen Frieden, der tiefere Wunden schlug als selbst der Krieg. Aber gerade in dieser schweren Zeit Napoleonischer Uebermacht sollte es sich bewähren, daß Deutschlands Heil in Preußen liegt. Während das linke Rheinufer und immer weitere Landschaften bis zur Elb= und Travemündung, in französische Departements verwandelt, nach Möglichkeit deutschem Leben entfremdet wurden, während die Handelssperre den Verkehr des Continents in Fesseln legte, die Rheinbundsouveraine mit dem Schweiße und Blute ihrer Unterthanen ihrem Herrn und Meister Vasallendienste thaten und Oesterreich nach preiswürdigen Anstrengungen schließlich unter Metternichs Leitung jedem nationalen Aufschwunge sich abwendete, ward der preußische Staat jugendfrisch zur Rettung Deutschlands wiedergeboren. Denn König Friedrich Wilhelm III und die Männer, die er an seine Seite rief, die Stein und Hardenberg, Schön, Niebuhr, Wilhelm von Humboldt, Scharnhorst, Blücher, Gneisenau erkannten, daß Preußens Aufgabe nicht darin besteht die Geister ängstlich zu bannen und die Kräfte des Volkes zu hemmen, sondern sie in freiem Wachsthum zu pflegen in Staat und Gemeinde, in den wirthschaftlichen Verhältnissen, in Kunst und Wissenschaft, in gleicher Berechtigung jedes Verdienstes. So trat mit freudiger Begeisterung das Volk in Waffen für König und Vaterland, für die höchsten Güter der Menschheit, und machte die fremde Tyrannei zu nichte.

Nach diesen großen Thaten blieb dem Frieden die Aufgabe das Werk, das im Drange der Noth begonnen war, in gleich hochherzigem Sinne fortzuführen. Denn noch war der Neubau des preußischen Staates durch die verheißene Reichsverfassung nicht gekrönt, das übrige Deutschland in souveraine Kleinstaaten Napoleonischer Schöpfung zertheilt, für die gemeinsamen Angelegenheiten kein wirksames Organ und kein öffentliches Recht geschaffen, welches dem deutschen Volke seine nationale Bedeutung zurückgegeben hätte. Diese Aufgaben wurden damals, als sie nach der Befreiung von der Fremdherrschaft unmittelbar vorlagen, nicht gelöst, ja ihre gedeihliche Lösung für die Zukunft auf viel= fache Weise behindert und erschwert. Nach den bittersten Er= fahrungen, nach Erschütterungen, welche die Grundlagen unseres Staats= und gesellschaftlichen Lebens gefährdeten, schien für die preußische Monarchie mit ihrer Verfassung eine feste Grundlage zu fernerer ersprießlicher Entwickelung gewonnen: aber ihre Aus= legung und Anwendung ist von neuem ein Gegenstand inneren Streites mit wachsender Verbitterung geworden. Aber wie tief auch dieses Verhältniß jeden schmerzen muß, der die Eintracht von Regierung und Volk als das höchste Gut erkennt, das un= serem Staate zu Theil werden kann, dennoch sind wir der Zu= versicht, daß auch aus diesen Prüfungen Heil erwachsen wird, und blicken getrost in die Zukunft.

Denn nach wie vor bewährt der preußische Staat seine stei= gende Lebenskraft. Preußens Könige haben auch in unserem Jahrhundert es verstanden die neu erworbenen Provinzen mit ihrem Staate zu vereinigen als Glieder eines Leibes: ihre Für= sorge hat in Kirche und Schule die Bildung des Volkes von Stufe zu Stufe gehoben, jede edle Thätigkeit in Ackerbau und Gewerbe, in Handel und Schiffahrt, in Kunst und Wissenschaft haben sie gepflegt, herabgekommene Städte und Landschaften zu frischem Leben erweckt und zu einer nie gekannten Blüte erho= ben. Eine wie hohe Aufgabe König Wilhelm und seine könig= liche Regierung in der Fürsorge für die wissenschaftlichen An= stalten erkennt, davon empfängt unsere Universität, die Sein in Gott ruhender Vater gegründet, fort und fort die thatsächlichen Beweise. Nicht minder sind Preußens Könige und die Männer ihres Vertrauens unverrückt der überkommenen Aufgabe treu geblieben, das Verkehrsleben Deutschlands von den hemmenden Schranken zu befreien, daß es sich frei entfalten könne, und es nach außen hin mit Einsicht und mit Kraft zu vertreten. Diese wirthschaftliche Einigung, welche aus dem von Preußen unter großen Schwierigkeiten und anfangs mit vielen Opfern gestifteten Zollverein erwachsen ist, bildet ein festes Band, das alle Lebens=

und Rechtsverhältnisse umschlingt, und stellt eine Macht dar, deren Gewicht in Deutschlands innern und äußern Verhältnissen in steter Zunahme sich geltend macht. Und der erleuchtete Sinn, in welchem diese Interessen gefördert werden, bewährt sich von neuem in den Handelsverträgen, welche an die Stelle der Ausschließung und Prohibition den Wetteifer der Nationen setzen.

Je größeren Umfang der deutsche Handel und Gewerbfleiß gewinnt, je höhere Werthe an deutschen und fremden Erzeugnissen dem Meere anvertraut werden, um so unerträglicher wurde es, daß Deutschland, einzig und allein unter allen Küstenländern der Welt zur See unbewehrt, außer der Verfassung war seine schwimmenden Güter gegen den kleinsten Feind zu vertheidigen und seine Häfen vor Blokade zu schützen. Darum ist es ein Unternehmen von höchster Bedeutung, daß Preußen sich die Aufgabe stellt eine deutsche Marine zu bilden, welche in ihren Anfängen und Erstlingsthaten bereits bewährt hat, daß unsere Seeleute noch die echten kaltblütigen und todesmuthigen Nachkommen der alten Hansen sind. Noch halten die andern deutschen Küsten- und Binnenländer ihre Mitwirkung zurück, aber die Zeit wird kommen und ist vielleicht nicht fern, wo auch sie an dieser Ehrenpflicht und den Lasten, die sie auferlegt, ihren Theil auf sich nehmen. Die Stellung, welche Preußen in rühmlichem Kriege an den deutschen Nordmarken gewonnen, bietet die Mittel und legt in erhöhtem Maße die Pflicht auf, die maritime Entwickelung Deutschlands zu fördern und zu beschirmen. In all diesen Maßregeln erkennen wir nicht bloß eine Sicherung und Beförderung materieller Interessen, sondern mit der freien Entwickelung der Arbeit und der Pflege des aus ihr erwachsenen Wohlstandes zugleich ein wirksames Mittel zur Hebung des Volksgeistes und Volkscharakters.

Wir stehen in einer ernsten tiefbewegten Zeit, vor Entscheidungen, aus denen das Wachsthum Preußens und Deutschlands an Macht und Ehre oder die Zerstörung der Güter, welche ein langer Friede erzeugte, hervorgehen kann. Aber wie auch die nächste Zukunft sich gestalten möge, die Geschichte des preußischen Staats befestigt uns in der Ueberzeugung, daß in dem Wechsel der Zeiten die erlauchten Hohenzollern mit ihrem Volke immer wiederum höheren Zielen nachgestrebt und größere Aufgaben erfüllt haben. Darum beharren wir unbeirrt durch die Wirren der Gegenwart jeder an seinem Platze in treuem Dienst und sind einig in dem innigen Wunsche: Gott beschütze, Gott erleuchte, Gott segne den König!

Die Hohenzollern und die deutsche Marine.

———

Rede zur Feier des Geburtstages Seiner Majestät des Königs am 22 März 1869, gehalten in der Aula der Rheinischen Friedrich-Wilhelms-Universität, gedruckt Bonn 1869.

Wenn heute die Angehörigen der rheinischen Friedrich-Wilhelms-Universität und mit ihnen die Freunde der akademischen Studien sich in diesen festlichen Räumen zur Feier des Geburtstages Seiner Majestät des Königs versammeln, so durchdringt uns alle, des bin ich gewiß, ein Gefühl besonderer Freudigkeit. Denn wem unter uns stände es nicht in frischer, dankbarer Erinnerung vor der Seele, wie unser König mit der Königin und dem Kronprinzen die Stiftungsfeier unserer Universität mit Seiner Gegenwart auszeichnete, wer gedächte nicht des unvergeßlichen Moments, als inmitten der Festrede von den akademischen Fahnen her und den Reihen der Commilitonen anhebend aus dem Munde der versammelten Festgenossen der Jubelruf: Hoch dem Könige! erscholl. Solche Tage bezeugen vor der Welt, wie unser König die von Seinem in Gott ruhenden Vater zum Dienste der Wissenschaften begründeten Stiftungen hochhält, und wie die Universität zu unserem Königshause steht; sie knüpfen die persönlichen Beziehungen fester und inniger, sie geben den Gesinnungen der Treue und der gewissenhaften Pflichterfüllung höheren Schwung und Weihe.

Aber nicht allein was wir im engeren Kreise erlebt und erfahren haben stimmt uns zur Freude, sondern in nicht minderem Grade der Hinblick auf das königliche Walten in unserem großen Vaterlande. Als ich vor drei Jahren an diesem Tage die Ehre hatte, den Gefühlen der akademischen Corporation Ausdruck zu leihen, da schien es an der Zeit zu sein, uns für die bevorstehenden Prüfungen zu stärken in der Betrachtung der überkommenen Aufgaben des preußischen Staates und das Bewußtsein in uns zu befestigen, daß in dem Wechsel der Zeiten die erlauchten Hohenzollern mit ihrem Volke immer wiederum höheren Zielen nachgestrebt und größere Aufgaben erfüllt haben. Denn von allen Seiten des Landes wurden Stimmen der Zaghaftigkeit, des Mißtrauens und des Parteigeistes laut, während zahlreiche Feinde sich waffneten und im Finstern schleichender Haß auf den Tag lauerte, da der Fall der Macht Preußens seinen frevelhaften Ränken Raum geben werde.

21*

Diese Prüfung ist mit Gottes Hilfe glorreich bestanden. Der König und die Prinzen des königlichen Hauses zogen an der Spitze des treuen Heeres, „der Kraft des Vaterlandes", hinaus zum Siege. Mit diesem Siege der preußischen Waffen ward das deutsche Volk frei von den Fesseln, in welche eine verknöcherte Cabinetspolitik sein nationales Leben schlug, und der Zersplitterung seiner Kräfte ward ein Ende gemacht. Sind auch noch nicht alle trennende Schranken gefallen, so bilden doch für die wesentlichen Zwecke der Sicherheit und der wirthschaftlichen Entwickelung die deutschen Lande bis zu den Grenzen der österreichisch-ungarischen Monarchie ein Ganzes, stark genug auswärtigen Feinden zu widerstehen und Landesverräther zu zermalmen.

Noch stehen wir in den Anfängen unseres deutschen Bundesstaates und einer einheitlichen Gesetzgebung, deren Früchte nicht in Jahresfrist reifen. Noch schaut mancher mit wehmüthigem Gefühle auf die engeren Verhältnisse zurück, welche ihm in ihrer Beschränkung selbst werth und durch lange Gewohnheit ehrwürdig geworden sind. Aber in einem Stücke besteht unter vaterlandsliebenden Männern keine Meinungsverschiedenheit. Wer ein deutsches Herz im Busen trägt, kann nicht anders als mit aufrichtiger Freude hinblicken auf die einheitliche Vertretung der nationalen Interessen im Auslande und auf den Schutz, den die gemeinsame Flagge unserer Schiffahrt und unserem Handel gewährt. Darum glaube ich einen unserer heutigen Feier nicht unangemessenen Gegenstand zu wählen, wenn ich die Verdienste der Hohenzollern um die maritimen Interessen Deutschlands zur Sprache bringe. Ist doch der freie und sichere Verkehr wie auf dem Lande so zur See eine Grundbedingung nicht allein für den Wohlstand, sondern eben so sehr auch für die Bildung einer Nation. Ein Volk, welches die Ausfuhr seiner Erzeugnisse und die Zufuhr der Waren, die es von auswärts bezieht, Fremden preisgibt, wird nicht bloß wirthschaftlich ausgebeutet, sondern es entbehrt zugleich der wirksamsten Hebel seiner Bildung und seiner Thatkraft; es beharrt auf einer niederen Stufe oder sinkt in Stumpfsinn zurück. Seefahrende Völker haben von jeher an der Spitze der Culturbewegung gestanden.

Das deutsche Bürgerthum hat im Mittelalter ein weites

Handelsgebiet beherrscht, aber die den nationalen Aufgaben ent=
fremdete Kaiserpolitik hatte es um die mühsam errungene Stellung
gebracht, und mit dem dreißigjährigen Kriege war vollends Ver=
armung und Schutzlosigkeit sein Loos geworden. Gerade in die=
sem tiefsten Verfalle des deutschen Wesens unternahm der große
Kurfürst Friedrich Wilhelm von Brandenburg die Gründung
einer Marine und zeichnete auch hier die Bahn vor, auf der
seine Nachfolger von der Bildung eines preußischen Staates zur
Wiedergeburt des deutschen Staates fortgeschritten sind.

　　Trostlos in der That war der Zustand, in welchem Deutsch=
land darniederlag. Die natürlichen Verkehrsadern, die Land=
straßen und die Flüsse, willkürlich unterbunden durch hundert=
fältige Zollstätten, die Mündungen unserer Ströme alle in
fremder Hand, zumal der Rhein gesperrt durch die Holländer, in
Friedenszeiten von den Weltmeeren und dem Verkehr mit Indien
und Amerika ausgeschlossen durch das Prohibitivsystem der Co=
lonialstaaten, vom Mittelmeere durch die Seeräuberei der Barba=
resken, von dem Zwischenhandel in Europa durch die Schiffahrts=
gesetze, in denen Ausschließung der Fremden der leitende Grund=
satz war, den in höchster Schärfe England durchführte; vollends
in Kriegszeiten unaufhörliche Vergewaltigung der neutralen
Schiffahrt durch die Caperschiffe und ausländischen Prisengerichte.
War es da ein Wunder, daß die völlig wehr= und schutzlose
deutsche Schiffahrt verkümmerte? Und so wollten es die andern
Nationen. Im Jahre 1662 suchten die Hamburger darum nach,
gegen eine jährliche Zahlung in den Vertrag der Generalstaaten
mit Algier aufgenommen zu werden. Vergebens; denn die Hoch=
mögenden befanden, „der Abgang und Schade des Geschäfts zu
Hamburg wegen mangelnden Schutzes gereiche Holland zum
Vortheil“. Als auf dem letzten Hansetage 1669 Lübeck fragte,
ob es nicht gut sein möchte, bei fremden Potentaten um Handels=
freiheiten nachzusuchen, antwortete Bremen, das heiße nur Geld
nach bösen werfen, und es unterblieb.

　　Fürwahr es gehörte Muth dazu, den ersten Schritt zu thun,
um für die deutsche Schiffahrt freieren Spielraum zu erobern.
Der große Kurfürst richtete von allem Anfange darauf seinen
Sinn: nicht umsonst hatte er seine ersten Lehrjahre in Holland

zugebracht. Kraft der Erbverträge und der geleisteten Erbhuldi=
gung sollte ihm das erledigte Herzogthum Pommern zufallen: es
erfüllte ihn der Gedanke, damit der Mark Brandenburg den
Oberstrom zu öffnen und Stettin zu einem Hafenplatze ersten
Ranges zu erheben. Aber die Schweden hatten auf das Land
Beschlag gelegt und forderten es als Entschädigung. Sie be=
standen auf Rügen und Vorpommern nebst Stettin und den
Odermündungen. Kaum daß sie das hafenarme Hinterpommern
dem Kurfürsten einräumten: für das übrige vermochte er nichts
als eine Abfindung im Binnenlande, die Fürstenthümer Magde=
burg, Halberstadt und Minden, zu erlangen. Vielen erschien
dieses Aequivalent reichlich bemessen, aber wie gerne hätte Frie=
drich Wilhelm es für die Oder und die Seeküste hingegeben.
Einmal über das andere bot er der Krone Schweden jene
Fürstenthümer und noch zwei Millionen Thaler obendrein, wenn
sie ihm ganz Pommern überließen. Das Anerbieten des Kur=
fürsten ward von dem Kanzler Orenstjerna mit herben Worten
abgewiesen und bei der schließlichen Grenzregulierung das schwe=
dische Gebiet im Osten des Stettiner Haffs noch über die Be=
stimmungen des Osnabrücker Friedens hinaus erbreitert.

Während diese Verhandlungen obschwebten, war Friedrich
Wilhelm schon darauf bedacht, der brandenburgischen Schiffahrt
den Weg zu eröffnen und das Ziel zu geben. Am 14 Novem=
ber 1647 schloß er mit König Christian IV von Dänemark einen
Vertrag, durch welchen die den Niederländern gewährte Ermäßi=
gung des Sundzolls auch auf die brandenburgischen Schiffe aus=
gedehnt ward. Im Mai 1651 kam ein weiterer Vertrag hinzu
über Abtretung der dänischen Colonie an der Küste Coromandel,
des Forts Dansburg nebst der Stadt Trankebar und Gebiet,
zum Zwecke der Errichtung einer ostindischen Handelscompagnie,
an welcher der König von Dänemark nomine privato seine
Betheiligung mit einem Capital von wenigstens 100000 Thalern
vorbehielt.

Die widrigen Zeitumstände und die Erschöpfung seiner Fi=
nanzen nöthigten den Kurfürsten, von diesem Vertrage zurückzu=
treten. Es vergiengen fünfundzwanzig Jahre, ehe er wieder auf
Unternehmungen zur See denken konnte. Es war während des

1672 von Ludwig XIV begonnenen niederländischen Kriegs. Damals bekannten die Generalstaaten dankbar, daß, als sie von aller Welt verlassen gewesen, Friedrich Wilhelm allein sich ihrer angenommen: sie betheuerten, sie und ihre Nachkommen würden ihm das nie vergessen. Als aber im Jahre 1674 die Schweden, durch französische Subsidien gedungen, in die Mark Brandenburg einfielen, während der Kurfürst mit seinen Truppen beim Reichs= heere im Elsaß stand, da zeigte es sich alsbald, daß die Holländer kein höheres Gebot kannten, als das ihres Eigennutzes. Sie blieben mit ihren vertragsmäßigen Zahlungen in Rückstand: sie erklärten nicht eher, als nachdem die Brandenburger bei Fehr= bellin gesiegt hatten, den Krieg an Schweden, und zwar mit Vorbehalt ungestörten Handelsverkehrs. Friedrich Wilhelm hatte, um Schweden zu schädigen, Caperbriefe an Niederländer ertheilt und die Generalstaaten ersucht, die committierten Räthe von Seeland mit dem Prisengerichte zu betrauen: aber die Hoch= mögenden wiesen auf der Stelle, ohne vorherige Rücksprache mit dem Kurfürsten, die Admiralität von Seeland an, die bereits genommenen schwedischen Schiffe und die, welche etwa noch ferner aufgebracht würden, kostenfrei den Eigenthümern zurückzustellen, und schlossen inmitten des Kriegs einen neuen Handelsvertrag mit Schweden ab.

Friedrich Wilhelm entschädigte seinen Commissar, Benjamin Raulé von Middelburg auf Seeland, für den erlittenen Verlust und nahm ihn als Marinedirector in seinen Dienst. Albald traten unter dem Banner des rothen Adlers Kriegsschiffe in Thätigkeit. Im Jahre 1675 liefen sie in die Weser ein und be= schossen die an der Stelle des heutigen Bremerhafens von den Schweden erbaute Veste Karlsburg. 1676 berief der Kurfürst die Flottille, welche aus drei Fregatten und mehreren kleinen Fahrzeugen bestand, nach der Ostsee. Das Geschwader hielt sich wacker: Raulé überbrachte dem Kurfürsten die Flaggen von drei eroberten schwedischen Kriegsschiffen, zusammen von 48 Kanonen. Im nächsten Jahre ward die kurfürstliche Marine dazu verwandt, Transporte aus Preußen zu decken, an der schwedischen Küste zu kreuzen und Stettin zu blockieren. Es waren bereits eilf Fregatten und zwei Galeeren, welche zur Er=

oberung der wichtigen Oderfestung wesentliche Dienste leisteten.
Nun galt es die Belagerung von Stralsund, für welche der Be=
sitz von Rügen die Basis bildete. Friedrich Wilhelm brachte an der
pommerschen Küste für die Ueberfahrt seiner Truppen 350 Fahr=
zeuge zusammen, gieng unter dem Schutze von zehn seiner Kriegs=
schiffe und zwei dänischen am 23 September 1678 bei Putbus
ans Land, vertrieb die Schweden von Rügen, nahm am 27 Sep=
tember die Insel Dänholm, den Schlüssel des Stralsunder Hafens,
und war einen Monat später Herr der Festung, an der sich fünf=
zig Jahre zuvor Wallensteins Uebermuth gebrochen hatte. Pom=
mern war den Schweden entrissen. Noch in demselben Winter
jagte Friedrich Wilhelm die Schweden aus Preußen heraus und
verfolgte die Trümmer ihres Heeres bis in die Gegend von Riga.

Aber bereits hatten zuerst die Generalstaaten, dann Spanien
und der Kaiser, zu Nimwegen auf Brandenburgs Unkosten mit
Ludwig XIV Frieden gemacht und dabei die Bestimmung ge=
troffen, daß für die von Frankreich gewährte Räumung spanisch=
niederländischer Provinzen Schweden seine deutschen Besitzungen
zurückempfangen solle. So brachten sie Friedrich Wilhelm um
den Preis seiner Siege. Entrüstet über seine Bundesgenossen
unterhielt der Kurfürst während der nächsten fünf Jahre gutes
Einvernehmen mit Ludwig XIV von Frankreich, den er bisher
nach Kräften bekämpft hatte, und fand in Bündnissen mit diesem
Monarchen einen Rückhalt für weitere Unternehmungen zur See.
Er faßte den Entschluß, sein Geschwader aus der Ostsee aus=
laufen zu lassen, um sowohl von Spanien rückständige Subsidien
einzutreiben, als an der Küste von Guinea eine Handelsstation
zu gründen.

Die Krone Spanien schuldete dem Kurfürsten gemäß dem
1674 geschlossenen Subsidientractate 1,800000 Thaler, und dieser
hatte um so triftigeren Grund auf Zahlung zu bringen, da seiner
glücklichen Kriegführung gegen die Schweden die Rückgabe der
spanischen Niederlande verdankt wurde. Aber er mahnte ver=
gebens. Im Jahre 1676 ersuchte er Karl II von Spanien außer
um die Zahlung auch um die Erlaubniß, jährlich ein oder zwei
Schiffe nach dem spanischen Amerika schicken zu dürfen. Diese
ward rundweg verweigert, über jene erklärte der König nur:

„ich werde sehen (io lo verre)"; spätere Mahnungen blieben unbeantwortet oder wurden von dem königlichen Statthalter zu
Brüssel stolz und höhnisch abgelehnt.

Einen solchen „unleidlichen Affront" wollte sich Friedrich
Wilhelm nicht bieten lassen. Nachdem er sich bei Dänemark der
Durchfahrt durch den Sund, bei Ludwig XIV und Pabst Innocenz XI der Aufnahme seiner Schiffe in die Häfen Frankreichs,
des Kirchenstaats und der Insel Malta versichert hatte, ließ er
im August 1680 sechs Fregatten mit 143 Kanonen und einer
Besatzung von 700 Mann unter Cornelis van Beveren von
Pillau nach dem Canal fahren, um an den Spaniern Repressalien
zu nehmen. Dieses Geschwader brachte vor Ostende ein großes
spanisches Kriegsschiff auf, den Carolus II, mit einer reichen Ladung an Brabanter Spitzen und Leinwand. Während dies unter
Geleit einer Fregatte nach Preußen abgeführt wurde, setzten die
übrigen Schiffe ihre Kreuzfahrten fort. Sie segelten nach dem
Busen von Mexiko, wo sie minder erhebliche Beute machten:
dann wandten sie sich nach Europa und lauerten bei Cap S. Vi-
cente der Silberflotte auf. Eine so unerhörte Kühnheit bewog
die spanische Regierung zwölf Galionen auszusenden. Mit diesen
unterhielten die fünf kurfürstlichen Schiffe zwei Stunden lang
das Gefecht, dann suchten sie Zuflucht in dem portugiesischen
Hafen Lagos und kehrten zu Ende 1681 wieder nach Pillau zurück.

Die Seerüstung eines deutschen Fürsten machte ungeheures
Aufsehen. Die Schweden bestritten ihm das Recht einer Admi-
ralitätsflagge: diese stehe nur Mächten zu, welche Herren des
Meeres seien; sie suchten die dänische Regierung zu überreden,
den brandenburgischen Kriegsschiffen den Sund zu sperren. Die
Generalstaaten, welche ebenfalls beim Kurfürsten mit Zahlungen
im Rückstande waren, befürchteten einen Augenblick gar eine
Landung in Seeland. Hierüber beruhigt suchten sie den Streit
mit Spanien zu vermitteln, riefen aber durch öffentliche Placate
alle ihre Unterthanen aus dem kurfürstlichen Dienste ab. Friedrich Wilhelm nahm die Vermittlung an, aber drohte auch seinerseits seine Unterthanen aus dem niederländischen Kriegsdienste
abzurufen, worauf die Generalstaaten einlenkten.

Die Vermittelung am spanischen Hofe hatte lange keinen

Erfolg. Zwar bereute man, dem Kurfürsten früher nicht ent-
gegengekommen zu sein, man tadelte das Benehmen des Statthalters zu Brüssel; aber der spanische Hof besorgte, wenn er
Brandenburg nachgebe, so würden auch seine übrigen Gläubiger
ebenso verfahren, und dann werde die Schwäche Spaniens, welche
man bisher vor dem Auslande verborgen habe, allzu grell hervortreten. So schleppten sich die Verhandlungen hinaus. Friedrich
Wilhelm stellte mit dem Jahr 1681 die Feindseligkeiten ein, ließ
aber schließlich die gemachten Prisen versteigern: den „Carolus II“,
aus dessen Ladung gegen 100,000 Thaler gelöst waren, kauften
die Spanier 1867 gegen baare 17000 Thaler zurück.

Während der Händel mit Spanien entspann sich zwischen
Friedrich Wilhelm und den Niederländern ein Zwist über den
afrikanischen Handel. Um diesen bewarben sich damals alle see-
fahrenden Nationen Europas, nicht sowohl wegen des Goldes,
des Elfenbeins und anderer Erzeugnisse Afrikas, als wegen des
Sklavenhandels nach den westindischen Colonien. Die Generalstaaten hatten dafür die holländisch-westindische Compagnie privi-
legiert. Den Directoren dieser Compagnie meldete der brandenburgische Marinedirector Raulé im Jahre 1680, daß der Kurfürst nach der Küste von Guinea und Angola zwei Fregatten
senden werde, um dort Handel zu treiben, mit der Versicherung,
daß man der westindischen Compagnie nicht zu nahe treten und
nirgends sich eindrängen werde, wo diese Besitzungen habe.
Aber die Holländer wollten den neuen Mitbewerber nicht auf-
kommen lassen. Zwar konnten die Generalstaaten nicht in Abrede stellen, daß das Privilegium der Compagnie nur die derselben nicht angehörenden Niederländer von dem ganzen Gebiete
des Privilegiums ausschließe, fremde Nationen nur von den Gebieten, welche die Compagnie erobert oder gekauft habe, aber sie
boten doch alles auf, um den Kurfürsten von seinem Vorhaben
abzubringen. Dieser bestand jedoch auf seinem Rechte. Zwei
Schiffe, das „Wappen von Brandenburg“ und der „Morian“,
fuhren nach der Goldküste, und deren Capitäne schlossen am
16 Mai 1681 mit drei Negerhäuptlingen einen Vertrag wegen
Ueberlassung eines Platzes zur Anlegung eines Forts und wegen
freien Handels daselbst. In acht bis zehn Monaten versprachen

sie zurückzukehren und ließen zum Unterpfande eine brandenburgische Flagge zurück.

Das war der westindischen Compagnie zu viel: sie ließ auf
die kurfürstlichen Schiffe Jagd machen und brachte das „Wap=
pen von Brandenburg" auf: hinterdrein leugneten die Directoren
jede Kenntniß von diesem Vorgange ab. Friedrich Wilhelm aber
forderte Rückgabe des Schiffs und vollen Schadenersatz: zugleich
verlangte er genaue Bezeichnung der Grenzen des Compagnie=
gebietes. Die Holländer erboten sich zur Genugthuung, sobald
die Thatsache erwiesen sei, und nahmen für die Compagnie die
Goldküste in einer Ausdehnung von gegen 100 Meilen Länge
in Anspruch, „ausgenommen die wenigen Plätze, welche daselbst
von der englischen und dänischen Compagnie besetzt seien". Dar=
auf gab der Kurfürst eine stolze Antwort. Er erklärte, die
Forderung, daß andere Mächte auf der ganzen Strecke, welche
von der Compagnie in Anspruch genommen werde, keinen Han=
del treiben dürften, laufe wider das Völkerrecht, wider die na=
türliche Freiheit, wider dasjenige, was Unterthanen der Staaten
öffentlich im Druck „von der freien See" publiciert, ja wider die
eigenen Maximen, welche die Staaten gegen andere geltend ge=
macht. Er drohte den Hochmögenden, „daß Wir Uns mit vor=
„geblichen Ausflüchten nicht länger aufhalten lassen, sondern
„die Uns gebührende Satisfaction best wir können suchen
werden".

Die Holländer fuhren fort den Kurfürsten hinzuhalten: ihr
Gesandter verließ den brandenburgischen Hof. Friedrich Wilhelm
dagegen stiftete eine afrikanische Compagnie und erhielt für die=
selbe von Ludwig XIV in der am 22 Januar 1682 geschlossenen
Defensivallianz die Versicherung jeder Art von Gunst, Schutz
und Beistand, falls ihre Schiffe von irgendwem gegen das Völ=
kerrecht angegriffen werden sollten. Im Juli 1682 giengen wie=
derum zwei Fregatten von Hamburg nach der Goldküste unter
Segel und am 5 Januar 1683 schloß Otto Friedrich von der
Gröben im Namen und Auftrag des Kurfürsten einen förmlichen
Schutzvertrag mit den Negerhäuptlingen ab. Er legte zunächst
das Fort Großfriedrichsburg an, in zweckmäßiger Lage, eine
Meile westlich vom Cap der drei Spitzen: gemäß später ge=

schlossenen Verträgen ward bei Accaba das Fort Dorothea er=
baut, ferner das Fort Taccarari. Die Holländer hatten sich in
diesen Gegenden so verhaßt gemacht, daß die Eingebornen die
Brandenburger willig aufnahmen. Im Jahre 1684 ward ein
Negerhäuptling nach Berlin abgeordnet um eine Huldigungsacte
zu überreichen und des kurfürstlichen Schutzes feierlichst ver=
sichert. Außer diesen Plätzen an der Goldküste ward 1687 auch
auf der Insel Arguin in der Nähe des weißen Vorgebirges ein
Fort angelegt, welches mit 40 Geschützen ausgerüstet ward, eine
namentlich für den Gummihandel wichtige Station.

Der Beharrlichkeit des Kurfürsten fügten sich endlich die
Holländer, um sich seines guten Willens für einen neuerdings
drohenden Krieg zu versichern. Am 23 August 1685 ward im
Haag der Vertrag unterzeichnet, in welchem die Generalstaaten
sich verpflichteten, für ihre Rückstände und als Entschädigung
für das „Wappen von Brandenburg“ 440,000 Thlr. zu bezahlen.
Um fernere Händel zwischen der brandenburgisch=afrikanischen und
holländisch=westindischen Compagnie zu verhüten ward bestimmt,
daß unverzüglich von Deputierten beider Theile ein Reglement
aufgerichtet werden solle.

Damit war den Holländern das Anerkenntniß der Berech=
tigung eines deutschen Staates, in Afrika Handel zu treiben und
Colonien anzulegen, abgedrungen worden. Noch in demselben
Jahre (1685 Nov. 24) schloß Friedrich Wilhelm mit der dänisch=
westindischen Compagnie einen Vertrag wegen der Niederlassung
brandenburgischer Unterthanen auf der dänischen Insel St. Tho=
mas in Westindien und der Errichtung eines Handelscomtors
daselbst.

Inzwischen war auch ein Hinderniß gehoben, welches die
überseeischen Unternehmungen des großen Kurfürsten erschwert
hatte, die Lage seiner Häfen am baltischen Binnenmeere, in Hin=
terpommern und Ostpreußen. Denn nicht allein daß deren See=
verkehr während der Wintermonate unterbrochen ward und die
Durchfahrt zur Nordsee langwierig und gefährlich war, es lastete
darauf auch der Sundzoll, und die brandenburgische Marine
hieng von der Freundschaft Dänemarks ab. Daher erschien es

als ein großer Gewinn, daß sich ihr 1683 der Hafen von Emden
öffnete.

Seit Menschengedenken lagen die Stände von Ostfriesland
mit den Fürsten aus dem Hause Cirksena in Streit: diese hatten
den Kaiser angerufen, jene fanden wirksameren Schutz bei den
niederländischen Generalstaaten. Dies Verhältniß änderte sich
im Jahre 1680: es gelang der regierenden Fürstin unter Fürsprache Wilhelms von Oranien die Generalstaaten für sich zu
gewinnen, die Stände dagegen vermochten den Kaiser, dem Kurfürsten von Brandenburg, dem Pfalzgrafen von Jülich und dem
Bischof von Münster ein Conservatorium zu ihren Gunsten zu
übertragen. Friedrich Wilhelm suchte zuerst gütlich zu vermitteln:
als jedoch die Fürstin seine billigen Vorschläge verwarf, sandte
er im November 1682 im Einverständniß mit den Stimmführern
der Stände ein paarhundert Mann Soldaten von der Elbe aus
nach Gretsiel an der Emsmündung, und schloß darauf mit den
Ständen einen Vertrag, durch welchen er sich zu ihrem Schutze
anheischig machte.

Fortan geboten die Niederländer nicht mehr in Ostfriesland.
Unter der Schirmhoheit der Hohenzollern begann für das von
seinem früheren Wohlstande längst heruntergekommene Land eine
bessere Zeit. Namentlich für seine Schifffahrt. So lange niederländische Garnison in ostfriesischen Städten lag, waren in
Kriegszeiten deren Schiffe von den Feinden der Niederlande
gleich den niederländischen gecapert und für gute Prisen erklärt
worden: an den niederländischen Handelsprivilegien aber hatten
die Ostfriesen keinen Theil, sondern wurden in Holland selbst
als Fremde behandelt. Dagegen bot ihnen der große Kurfürst
seine Gunst und seine Fürsorge. Am 22 April 1683 ward zu
Berlin ein Handels- und Schiffahrtsvertrag des Kurfürsten mit
den ostfriesischen Ständen unterzeichnet, welcher den Bedürfnissen
beider Theile in so einsichtiger Weise gerecht wurde, wie es zu
jenen Zeiten in Deutschland beispiellos ist. Friedrich Wilhelm
nahm die ostfriesischen Schiffe, welche sich mit kurfürstlicher Flagge
und Seepässen versahen, unter seinen Schutz, insbesondere für
eintretende Seekriege; er versprach ihnen bei Dänemark in Betreff des Sundzolls gleiche Behandlung mit seinen Unterthanen

auszuwirken, stellte sie diesen hinsichtlich der brandenburgischen
Zölle gleich, gestattete ihnen mit gewissen Vortheilen in den kur=
fürstlichen Landen Schiffe zu bauen, und gewährte ihnen für die
Fahrten nach seinen Häfen Prämien: endlich verlegte er den
Hauptsitz der afrikanischen Compagnie nach Emden. Die ostfrie=
sischen Stände, beziehentlich die Stadt Emden, gestanden dagegen
den handeltreibenden Unterthanen des Kurfürsten alle Freiheiten
der dortigen Bürger und Eingesessenen zu, gestatteten dem Kur=
fürsten ein Magazin anzulegen zur Ausrüstung seiner Kriegs=
und anderen Schiffe und verschrieben ihm einen Antheil an dem
Mehrertrag der Hafenzölle.

Gemäß fernerer Uebereinkunft betheiligten sich die ostfrie=
sischen Stände mit 24000 Thlr. zu einem Drittel an der afri=
kanischen Compagnie. 1684 ward eine kurfürstliche Marinecom=
pagnie zu Emden errichtet, welche später zu einem Bataillon
verstärkt wurde, das Jahr darauf unter dem Vorsitze Johanns
von Danckelmann ein kurfürstliches Admiralitätscollegium daselbst
niedergesetzt. Den Etat seiner Marine — er unterhielt schließ=
lich zwölf Kriegsschiffe — bestimmte der Kurfürst auf jährlich
60000 Thlr.

Es ward lebendig in den ostfriesischen Häfen, aber sollte der
Verkehr sich gesund entwickeln, so mußte man ihn nach dem
Binnenlande freistellen. Friedrich Wilhelm nahm darauf Be=
dacht, den Handel Westfalens und der Rheinlande, namentlich
die Ausfuhr von Wein, Getreide und Leinwand, nach der Ems
zu leiten, welche zu dem Ende weiter aufwärts schiffbar gemacht
werden sollte. Eine Vorbedingung dazu war die Ermäßigung
der Binnenzölle: Friedrich Wilhelm war für seine rheinisch=west=
fälischen Lande dazu bereit, wenn der Kurfürst von Köln ein
gleiches thue. Dieser aber weigerte sich und ließ sich nur dazu
herbei, auch seinerseits sich mit 24000 Thlr. an der afrikanischen
Compagnie zu betheiligen.

Friedrich Wilhelm hatte das Recht seiner Unterthanen und
der seinem Schutze befohlenen Ostfriesen am Seehandel zur An=
erkennung gebracht und die Wege gezeigt, wie dieser auch für
andere deutsche Lande fruchtbringend werden konnte. Aber
sein Beispiel fand keine Nachfolge und damit vergieng auch was

er begonnen hatte. Eine privilegierte Handelscompagnie und
überseeische Colonien konnten nur unter dem Schutze einer starken Marine und eines mächtigen Staates gedeihen, dessen Häfen
die Pforten eines großen Handelsgebietes bildeten: das zersplitterte Deutschland stellte ihnen nur Hindernisse entgegen, und
Brandenburg behauptete unter Friedrich III das Ansehen nicht,
welches sein großer Vater errungen hatte. Die Streitigkeiten mit
der mächtigen holländisch = westindischen Compagnie erhoben sich
von neuem: schon 1688 nahm diese Accaba und Taccarari weg,
und auch um Groß-Friedrichsburg ward gestritten. Der wieder-
ausbrechende Krieg mit Frankreich und mancherlei andere Un-
glücksfälle brachten die Compagnie ins Verderben. 1691 wurden
die Activa und Passiva der älteren Compagnie von einer neuen,
meist aus Holländern bestehenden Gesellschaft übernommen. Dieser bewilligte der Kurfürst einen jährlichen Zuschuß von
12000 Thlr. und überwies ihr die von seinem Vater hinterlassenen Kriegsschiffe. Sie verglich sich 1694 mit der holländischen
Compagnie über die streitigen Orte und machte anfangs gute
Geschäfte. Aber Entzweiung und Untreue im Schoße der Gesellschaft brachten sie wieder zurück, und als nach dem Sturze des
Ministers Eberhard von Danckelmann und seiner Brüder (1697)
die Unterstützung aus Staatsmitteln aufhörte, konnte sie sich
nicht mehr halten. Seit 1703 ward der Handel mit St. Thomas eingestellt, im Jahre 1711 die Compagnie aufgelöst und
gemäß dem Grundvertrage und den Schuldverschreibungen die
Forts, Schiffe und Effecten derselben von dem nunmehrigen
Könige Friedrich I übernommen. Dieser sah es für eine Ehren-
sache an die Niederlassungen zu behaupten und sandte nach Groß-
Friedrichsburg einen neuen Director und Mannschaften: aber
sein Thronfolger Friedrich Wilhelm I war entschlossen, für einen
werthlos gewordenen Besitz keinen Heller mehr auszugeben, sondern sich desselben so bald wie möglich zu entledigen. Daher
veräußerte er im Jahre 1720 die ihm noch verbliebenen drei
Forts für den Spottpreis von 7200 Ducaten und zwölf Negern
an die holländische Compagnie. Dieser gelang es übrigens nicht
ohne Kampf sich in den Besitz zu setzen, da die Neger sich weigerten, andere als preußische Schiffe zuzulassen.

Das war das Ende der mit großen Erwartungen begründeten brandenburgischen Niederlassungen in Afrika und zugleich das Ende der brandenburgischen Marine. Der üble Ausgang schreckte auf lange hinaus die Hohenzollern von neuen Unternehmungen zur See ab: Friedrich der große sprach die Ueberzeugung aus, er werde einen unverzeihlichen Fehler begehen, wenn er seine Macht theilte und Mannschaften in See gehen ließe, welche er höchst nöthig auf dem Lande brauche. Indessen kam die umsichtige Landesverwaltung, die Pflege des Ackerbaues und der Industrie auch dem Handel zu Gute. König Friedrich Wilhelm I entriß den Schweden Stettin und die Oberinseln und dehnte das preußische Pommern bis zur Peene aus. Seitdem erstand Stettin aus dem Verfall. Zwar erhob die schwedische Regierung zu Wolgast an der für Seeschiffe allein geeigneten Peenemündung einen Zoll, aber Friedrich der große machte den Stettiner Handel auch von dieser Last frei, indem er die mittlere Obermündung, die Swine, so weit austiefte, daß sie seitdem die Haupteinfahrt in das Haff bildet, und legte den Hafen Swinemünde an. Nochmals wurde im Jahre 1757 in dem von der Kaiserin Maria Theresia und Ludwig XV von Frankreich über die Theilung des preußischen Staats geschlossenen Vertrage Stettin und das Mündungsgebiet der Oder der Krone Schweden zugesprochen, aber Friedrichs des großen heldenmüthiger Widerstand machte auch diese auf Deutschlands Schaden berechnete Uebereinkunft zu nichte. Wenigstens den Wolgaster Zoll wollte die schwedische Regierung retten; sie forderte noch bei dem 1762 zu Hamburg geschlossenen Frieden ein Verbot der freien Fahrt durch die Swine, ward aber mit diesem Anspruche von Friedrich kurzweg abgewiesen. Die Oderschiffahrt blieb frei.

Uebrigens erfuhr Friedrich der große im siebenjährigen Kriege, welchen Nachtheil es bringe, daß die preußischen Küsten wehrlos jedem Feinde offen lagen. Sowohl die schwedische als die russische Marine war in schlechtem Zustande: wenn Friedrich nur über wenige seetüchtige Kriegsschiffe geboten hätte, würde es ihm nicht schwer gefallen sein, den Schweden Stralsund zu nehmen, das mehrmals ihre einzige Zuflucht bildete, und die Landungen der Feinde in Pommern und Preußen zu hindern. So aber drang er vergebens in die ihm verbündete englische Regierung, zu seinem Beistande ein Geschwader in die Ostsee zu senden: sie betheuerte, ihrer gesammten Marine zum Schutze der britischen Inseln und zum Colonialkriege zu bedürfen; überdies nahm sie Anstand, den britischen Handel mit Rußland einer Unterbrechung auszusetzen. Zu spät und mit unzureichenden Mitteln ward preußischerseits der Versuch gemacht, für die Vertheidigung von Stettin eine Haffflottille zu rüsten. Hiefür wurden unter den Kauffahrteischiffen acht gedeckte Fahrzeuge ausgewählt, dazu vier offene Küstenfahrer. Diese wurden mit 20 schweren und einer Anzahl leichter Geschütze und Mörser versehn und mit 550 Mann besetzt. Den Oberbefehl führte Hauptmann von Köller von der Stettiner Garnison.

Die aus dem Stegreife gebildete Flottille gieng im April 1759 unter Segel und unternahm es, die Einfahrt aus der Peene in das Haff einem schwedischen Geschwader streitig zu machen, welches 28 Fahrzeuge mit einer Bemannung von 700 Seeleuten und 1650 Landsoldaten zählte. In der That hielt sie mittelst ihrer weitertragenden Geschütze die Schweden, welche seit dem 19 August die Durchfahrt zu erzwingen suchten, wochenlang auf. Endlich, in der Gefahr umgangen zu werden, bestand sie am 10 September 1759 an der Repziner Schar ein Gefecht, in welchem, nachdem zwei schwedische Fahrzeuge in den Grund geschossen und ein drittes in die Luft geflogen war, eins der preußischen Schiffe nach dem andern genommen wurde: nur drei der kleineren retteten sich unter die Kanonen von Stettin. Daß die Preußen sich bis aufs äußerste gewehrt, ward selbst vom Feinde anerkannt. Noch die Gefangenen beharrten in ihrem Trotze. Ihrer 161 wurden auf der Galiot Skilopadden eingeschifft: während der Ueberfahrt nach Schweden überwältigten sie die Besatzung und lieferten sie samt dem Schiffe im Colberger Hafen ab.

Nach dem Verluste der einen Flottille rüstete man zu Stettin eine zweite aus. Es waren wiederum zwölf Fahrzeuge mit 478 Mann Besatzung. Diese beschränkten sich darauf, im Verein mit den Strandbatterien den Eingang in das Papenwasser, d. h. das eigentliche Stettiner Fahrwasser, zu vertheidigen und dem Feinde auf den Dienst zu lauern. Im Herbste 1761 lag das schwedische Geschwader am Südstrande der Oderinseln bei der Swine: als Wachtschiff war an der gegenüberliegenden pommerschen Küste die Galeere Mars nebst einem kleinen Fahrzeuge aufgestellt: beide zusammen führten 20 Kanonen. Gegen diese fuhren in der Nacht des 5 Novembers, des Jahrestages der Schlacht bei Roß= bach, zwei preußische Capitäne mit 70 Mann in fünf offenen Böten heran, enterten und führten beide Schiffe samt ihrer Besatzung im Triumphe nach dem Hafen von Stettin. Diese Vorgänge bezeugen, welch rüstiger Seemannsmuth in den Pommern lebte.

König Friedrich lag es in noch höherem Grade als seinen Vorfahren ob, die Küsten nicht in wehrlosem Stande zu lassen, denn seit dem Aussterben des Hauses Cirksena im Jahre 1744 gehörte Ostfriesland unmittelbar zum preußischen Staate. Der König hatte demnächst von der Emdener Kaufmannschaft Bericht darüber gefordert, was er für die Belebung ihres Handels thun könne, und diese hatte in ihren Vorschlägen die Bitte vorange= stellt: „es möge S. Maj. gefallen sich formidabel zu machen zur See". Sie fand damit kein Gehör. Jedoch in anderer Weise suchte Friedrich den Handel zu heben: er machte durch das Pa= tent vom 15 November 1751 Emden zum Freihafen und ertheilte einer dort sich bildenden asiatischen Compagnie ausgedehnte Vor= rechte. Das Capital für die neue Unternehmung, bei der es sich vorzüglich um Fahrten nach China handelte, ward in Ostfries= land, in Belgien und zu Berlin gezeichnet. Die Generalstaaten gestatteten auf des Königs Ersuchen den preußischen Schiffen niederländische Häfen anzulaufen, erinnerten aber daran, daß gemäß den Privilegien der holländisch = ostindischen Compagnie Niederländer, welche in deren Dienst gestanden und auf preu= ßischen Schiffen nach Indien führen, strenge und selbst mit dem Tode bestraft würden.

Der Anfang des Unternehmens war glücklich. Das erste Schiff der Compagnie, „der König von Preußen", in England angekauft, von 521 Last, mit starker Besatzung und 36 Kanonen ausgerüstet, wie es für eine solche Fahrt nöthig war, gieng am 21 Februar 1752 nach Canton unter Segel und kehrte am 6 Juli 1753 auf die Rhede von Emden zurück. Die Ladung bestand aus roher Seide und Seidenstoffen, Porzellan, Thee und Gewürzen. Zu der Versteigerung, deren Ankündigungen weit und breit verschickt waren, fanden sich viele Kaufleute aus Hamburg, Bremen, Frankfurt, Holland und Brabant ein, ja unter anderen Standespersonen erschien auch Kurfürst Clemens August von Köln und machte große Einkäufe. Auch die folgenden Fahrten lieferten guten Ertrag. Auf die Dauer hielt jedoch die asiatische Compagnie zu Emden sich nicht. Die Holländer thaten ihr Abbruch, indem sie durch geheime Werbung mit erhöhtem Lohn so viele Matrosen an sich lockten, daß es der deutschen Handelsgesellschaft an der Bemannung ihrer Schiffe fehlte. Dazu kam der Ausbruch des siebenjährigen Krieges. Unter diesen Umständen schien es gerathen, nachdem das letzte Schiff glücklich in England geborgen war, die Compagnie aufzulösen und den Cassenbestand unter die Mitglieder zu vertheilen.

Minder gute Geschäfte machte die bengalische Compagnie, welche 1753 gleichfalls zu Emden errichtet war. Ihr erstes Schiff strandete in den indischen Gewässern und die großentheils gerettete Ladung ward veruntreut; nachdem ein zweites kleineres Fahrzeug 1762 einen Ertrag von 770,000 fl. geliefert hatte, löste sich auch diese Gesellschaft auf.

Nach hergestelltem Frieden wurden verschiedene Anläufe genommen, neue Handelsgesellschaften ins Leben zu rufen, jedoch ohne wesentlichen Erfolg. Nur eine von Friedrich dem großen mit Vorliebe gepflegte Schöpfung ward eine Quelle reichen Segens für Ostfriesland, die 1769 gestiftete Häringscompagnie, für deren Rechnung der holländische Häring besteuert ward. Im übrigen entbehrte nach wie vor der Handel im preußischen Staate wie in Deutschland überhaupt der Freiheit, welche seine Lebensbedingung ist, und in der Fremde des Schutzes und der Gleichberechtigung mit andern Nationen.

Zwar vertrat Friedrich der große alles Ernstes das Recht der neutralen Schifffahrt. Im Beginn seiner Regierung, während des österreichischen Erbfolgekrieges, untersagte er seinen Unterthanen Kriegscontrebande zu laden und Schiffe auszuleihen, aber zugleich ersuchte er die Regierungen von England und Frankreich, ihre Caperschiffe anzuweisen, die preußische Flagge zu respectieren. Indessen belästigten die Engländer den Handel der Neutralen auf alle Weise und brachten auch mehrere preußische Schiffe auf: von diesen wurden einige für gute Prise erklärt, weil sie für französische oder spanische Rechnung befrachtet seien, andere nach langem Hinhalten und vielen Unkosten zwar freigegeben, aber ohne alle Entschädigung. Dabei beruhigte sich König Friedrich nicht. Er vertheidigte den Grundsatz: frei Schiff, frei Gut, und bestritt den Anspruch des englischen Admiralitäts=gerichts über neutrale Schiffe abzuurtheilen. Da die englische Regierung allen seinen Vorstellungen zuwider auf dem Satze bestand, daß über gemachte Prisen von den Gerichten des Landes erkannt werde, dem der Caper angehöre, schritt König Friedrich zu Repressalien: er deponierte im Jahre 1752 die letzte Quote der bei der Abtretung Schlesiens von ihm übernommenen österreichisch=englischen Anleihe — 45,000 L. St. — beim Kammer=gerichte auf so lange, bis die englische Regierung seinen Unter=thanen Schadenersatz gezahlt habe. So lag die Sache, bis Eng=land in den Fall kam, Preußens Freundschaft zu suchen. In dem am 16 Januar 1756 geschlossenen Vertrage von Westminster machte die englische Regierung sich verbindlich, „um jeden An=spruch des Königs von Preußen und seiner Unterthanen zu tilgen", 20,000 L. St. zu zahlen, wogegen preußischerseits der auf die schlesische Schuld gelegte Beschlag aufgehoben ward.

Ueber den völkerrechtlichen Grundsatz war mit der in diesem Falle gewährten Schadloshaltung nicht entschieden. Erst mit der Gründung der Vereinigten Staaten von Nordamerika ward so=wohl die engherzige Colonialpolitik der Seemächte durchbrochen als ein weiterer Schritt zum Schutze des Rechtes der Neutralen gethan.

Jeder edeldenkende Brite selbst freute sich, daß Amerika der Willkür der englischen Regierung widerstand. Aus Deutschland wurden zu tausenden Soldaten in den englischen Dienst nach Amerika verkauft, von Fürsten, deren Stuhl seitdem umgestürzt und deren Stamm verdorrt ist: Friedrich der große dagegen be=gleitete den Aufstand der Amerikaner mit unverholener Theil=nahme. Er trat auch im Jahre 1781 der von der Kaiserin Katharina von Rußland erlassenen Declaration der Neutralität bei, welche gegen das von England behauptete Seerecht gerichtet war. Als nach geschlossenem Frieden die Vereinigten Staaten Benjamin Franklin, Thomas Jefferson und John Adams nach Europa sandten, um Handelsverträge abzuschließen, war König Friedrich der erste, der ihnen die Hand bot. Mit dem am 10 Sept. 1785 unterzeichneten preußisch = amerikanischen Vertrage wurde der Schiffahrt auch in Kriegszeiten eine Freiheit zugesprochen, die bis dahin ohne Beispiel war. Die beiden Mächte verpflichteten sich in Kriegen mit anderen Staaten selbst Kriegscontrebande gegenseitig nicht mit Beschlag zu belegen, und wenn zwischen ihnen selbst Krieg entstehen sollte, ihn allein gegen Bewaffnete zu führen und keine Caper auszusenden: der Krieg soll nicht gegen Kauffahrteischiffe und nicht zur Unterbrechung des Handels geführt werden. Dieser Vertrag, mit welchem eine neue Epoche des Seerechtes anhebt, bildet die Grundlage zu den in den späteren Verträgen zwischen Preußen und Nordamerika von 1799 und 1828 getroffenen näheren Bestimmungen. Die Abschaffung der Caperei und die Freiheit der neutralen Flagge und der neutralen Ladung ist auf dem Pariser Congresse von 1856 von den europäischen Mächten als völkerrechtliche Satzung vereinbart. Es lag nicht an Preußen, daß nicht auch den Kriegsschiffen das Recht entzogen wurde, Privateigenthum des Feindes anzutasten. Im letzten Kriege (1866) haben wenigstens sowohl Preußen und Italien als Oesterreich durch förmliche Erklärungen die Feindseligkeiten wie zu Lande so auch zur See allein auf den bewaffneten Gegner beschränkt.

Zwischen dem preußisch=amerikanischen Vertrage von 1785 und der jüngsten Reform des Seerechtes liegt die Periode der französischen Revolution und der Napoleonischen Gewaltherrschaft, gegen welche Großbritannien fast ohne Unterbrechung aus allen Kräften ankämpfte. So oft auch die Entwürfe der Briten auf dem Festlande fehlschlugen, sie behaupteten um so nachdrücklicher die Seeherrschaft auf Kosten Frankreichs und seiner Verbündeten. Napoleon dagegen unternahm es, sobald er Preußen niedergeworfen hatte, die Continentalsperre zu proclamieren, um damit die Industrie und den Colonialhandel Englands zu lähmen. Darunter litt die deutsche Schiffahrt schwer. Zwar die Bremer

Schiffe fanden in Amerika eine Freistatt und reichen Verdienst, aber die von Hamburg und andern Städten verfaulten im Hafen. Als endlich das Joch der Fremdherrschaft abgeworfen war, hofften alle Patrioten auf die Neugestaltung eines einigen mächtigen Deutsch= lands, und wurden statt dessen abgefunden mit der Kleinstaaterei und der Bundesacte. Ein Bundesheer ward angeordnet, aber einer deutschen Marine ward nicht gedacht; eine Lebensfrage des deutschen Volkes ward im 19. Artikel der Bundesacte mit den leeren Worten abgethan: „Die Bundesglieder behalten sich vor, bei der ersten Zusammenkunft der Bundesversammlung in Frank= furt wegen des Handels und Verkehrs zwischen den verschiedenen Bundesstaaten so wie wegen der Schiffahrt in Berathung zu treten".

Und bedurfte etwa der deutsche Handel im Frieden keines kräftigen Schutzes mehr? Oder versäumte er seine Anliegen gel= tend zu machen? Keineswegs. Aber unerhört verhallten bei den Stimmführern des Bundes die Klagen unserer Handel= und Ge= werbtreibenden, daß Deutschland für alle Fremden ein offener Markt sei, während die deutschen Erzeugnisse und die deutsche Schiffahrt durch die Prohibitivgesetze anderer Länder ausgeschlossen oder unbillig belastet seien. Durften doch die eben erst durch unsere Waffen befreiten Holländer sich erkühnen, uns von neuem den Rhein zu sperren und mit der Behauptung, die Worte der Verträge: la navigation sur le Rhin du point où il devient navigable jusqu'à la mer et réciproquement sera libre, be= sagten: „bis an das Meer", nicht „bis in das Meer", unsere Diplomaten am Narrenseile zu führen, bis endlich am 31 März 1831 in der 514. Sitzung der Centralcommission die Rheinschif= fahrtsconvention zu Stande kam, deren durchgreifende Ver= besserung erst in jüngster Zeit auf Betrieb Preußens erfolgte.

Der im Jahre 1820 zu Wien versammelten Ministercon= ferenz überreichte ein Verein von Kaufleuten und anderen ange= sehenen Bürgern Hamburgs, der antipiratische Verein, eine Denk= schrift, in welcher dargelegt wurde, daß die Einheit der deutschen Handels= und Gewerbepolitik das Haupterforderniß sei, um Deutschlands Wohlstand zu heben. Dabei ward erbeten 1) eine Nationalflagge, begleitet von einer Navigationsgesetzgebung zur

Aufhilfe der Schiffahrt unserer Küstenstaaten, „welche in der traurigsten Lage ist, weil wir einen Theil unseres eigenen Handels mit fremden Schiffen führen müssen", 2) Abstellung der Seeräuberei der Barbaresken. „Die Schiffahrt der Deutschen", sagt die Denkschrift, „leidet durch dieses Unwesen mehr als diejenige irgend einer andern Nation, da auf den bedrohten Meeren „ihre Flagge, wenn solche nicht zugleich diejenige einer fremden „Krone ist, welche mit den Barbaresken Tractate abgeschlossen, „gar nicht erscheinen darf". Die Thatsachen waren unleugbar, die Uebelstände schreiend, aber wie konnten allgemein deutsche Anliegen zur Geltung kommen, wo nur der Sondergeist und das Sonderinteresse gebot?

Die Barbaresken hatten sich seit Anfang des Jahrhunderts wieder mehr geregt. Oefters hatten die Maroccaner deutsche Schiffe gecapert und die Mannschaften zu Sklaven gemacht. Dann wurden wohl Kirchencollecten bewilligt um die Verunglückten loszukaufen. Hatte man sich doch gewöhnt, wie eine Ueberschwemmung oder einen Hagelschlag hinzunehmen, was zu dulden für ein großes Volk die ärgste Schmach war. Hamburg hatte im Jahre 1805 mit dem Sultan von Marocco einen Friedensvertrag geschlossen, wie man ihn beschönigend nannte, d. h. es hatte sich mit einem jährlichen Tribut von 5000 spanischen Thalern einen Freibrief erkauft. Die Zahlung erfolgte etliche Jahre, bis die napoleonische Herrschaft der Hamburger Schiffahrt ein Ende machte. Nach Napoleons Sturze war wieder die alte Noth: die Flaggen der Hansestädte waren von wichtigen Seegebieten ausgeschlossen oder den Angriffen der Corsaren ausgesetzt. Zu wiederholten Malen nahm sich die englische Regierung der Beraubten an: endlich aber drängte der Sultan und forderte im Jahre 1829 von den drei Hansestädten, wenn sie Frieden haben wollten, eine jährliche Abgabe und die Rückstände der früher ausbedungenen Zahlungen. Die Hansestädte erließen darauf an den „erhabenen und ruhmwürdigen Monarchen, den mächtigen und sehr edlen Fürsten, Seine kaiserliche Majestät Sultan Abderrahman" ein Antwortschreiben, in welchem sie sich zu Verhandlungen unter englischer Vermittelung erboten. Indessen ward die Sache in die Länge gezogen, bis die französische

Expedition nach Algier den Barbaresken einen so heilsamen Schrecken versetzte, daß ein Vertrag mit Marocco über Tribut= zahlung unnöthig warb[1]). Seit dieser Zeit wagten auch die Schiffe deutscher Flaggen in das Mittelmeer einzulaufen.

Inzwischen war der Anfang dazu gemacht, ein deutsches Handelsgebiet herzustellen. König Friedrich Wilhelm III schuf durch das Gesetz vom 26 Mai 1818 ein einheitliches Zoll= und Steuersystem für den preußischen Staat und hob alle Binnen= zölle auf. Zugleich stellte er für die mit andern Staaten abzu= schließenden Verträge gegenseitige Handelsfreiheit als Grundlage hin und faßte den Entschluß, in Deutschland „übereinstimmende Anordnungen von Grenze zu Grenze weiter zu leiten, welche den Zweck haben, die inneren Scheidewände mehr und mehr fallen zu lassen". Lange sträubten sich die Kleinstaaten; sie ver= suchten sich an Zollsonderbündnissen: endlich bequemte sich einer nach dem andern, die dargebotene Hand zu ergreifen und in den preußischen Zollverein einzutreten. Darüber vergieng manches Jahr; erst 1853 ward die Zollgrenze an die Nordsee vorgescho= ben: erst im vorigen Jahre (1868) sind bis auf die Freihäfen Hamburg, Altona und Bremen die letzten Zollschranken inner= halb Deutschlands gefallen. Nunmehr ist auch das Veto der Einzelstaaten beseitigt, das so lange ein wesentliches Hinderniß unserer Zollgesetzgebung bildete.

Bevor dieses Ziel erreicht ward, haben wir noch die bitteren Früchte von unserer Ohnmacht zur See geerntet. Wir haben es erlebt, daß in den Jahren 1848 und 1849 die Dänen vor jeden unserer Ströme ein Kriegsschiff legten und damit den deutschen Handel sperrten, so weit er sich nicht unter fremder Flagge barg. Der Bundestag zu Frankfurt hat das Maß der Schande erfüllt, als er die zum Theil aus freiwilligen Beisteuern gerüsteten Kriegsschiffe, die Erstlinge einer deutschen Marine, in öffentlicher Versteigerung unter den Hammer brachte. Ja noch in dem letzten Kriege mit Dänemark haben wir erlebt, daß, während die preußischen Häfen blockiert wurden, Mecklenburger

---

1) S. die urkundliche Darstellung dieser Verhandlungen in Sybels hist. Zeitschrift 1869. XXII 66—79.

sich vergnügt die Hände rieben, daß sie nun um so besser ihren Weizen nach Kopenhagen verschiffen könnten, denn sie waren in Frieden mit Dänemark. Aber Preußen war doch nicht mehr wehrlos zur See. Am 14 März 1864 lieferte unsere junge Flotte das erste Gefecht auf der Höhe von Jasmund. Drei Schiffe der königlichen Marine mit 42 Geschützen, befehligt von den Capitänen Jachmann, Werner und Kuhn, bestanden rühmlich den Kampf gegen sechs größere dänische Schiffe mit mehr als 170 Geschützen.

Die Regierung unseres Königs hatte es nicht an sich fehlen lassen, auch die übrigen deutschen Staaten zu gemeinsamen Anstalten für den Schutz der Küsten und der Schiffahrt zu vermögen. Aber am Bundestage schlummerte auch diese Sache. Nicht einmal mit den Nordseestaaten ließ sich ein Verständniß über eine Kanonenbootflotille und Küstenbefestigungen erreichen, da der hannoversche Hof, dem 1815 auch Ostfriesland zugefallen war, es darauf abgesehen hatte, statt einer einheitlichen Seemacht eine abgesonderte Rüstung für die Nordsee mit Ausschluß Preußens auf die Bahn zu bringen. So blieb es dabei, daß bis zum Jahre 1866 die Mündungen unserer Flüsse in die Nordsee wehrlos blieben, daß überall keine einheitliche deutsche Flagge, keine Gesamtvertretung, kein gemeinsamer Schutz zur See bestand.

Dank unserem erhabenen Monarchen und seiner sieggekrönten Regierung ist diese Schmach des deutschen Namens getilgt. Die deutsche Schiffahrt ist unter der einen norddeutschen Flagge ebenbürtig den andern Nationen beigesellt: die bevollmächtigten Vertreter des norddeutschen Bundes nehmen die Gerechtsame des deutschen Kaufmanns und Seemanns wahr: die norddeutsche Marine sichert unsere Küsten und entfaltet ihre Wimpel auf den Weltmeeren, für alle in der Ferne zerstreuten Deutschen ein freudig begrüßtes Panier. Unsere Seeleute, die Preußen, Pommern, Mecklenburger, Schleswig = Holsteiner, Niedersachsen und Friesen dürfen sich mit jeder Nation messen in Erfahrung und Zucht und Todesverachtung: ihrer aller Losung ist das strenge Wort, das an dem Hause Seefahrt zu Bremen geschrieben steht:

navigare necesse est, vivere non necesse est (zur See zu fahren ist nothwendig, zu leben ist nicht nothwendig). Zum ersten Male seit Jahrhunderten dienen sie insgesamt frei von fremder Botmäßigkeit dem geeinigten deutschen Vaterlande, das zu frischen Ehren erstanden ist.

Das ist das Werk, welches von seinen erlauchten Vorfahren überkommen, unser König zu einem glorreichen Ziele geführt hat. Möge Gott sein Regiment auch ferner segnen und beschirmen; möge König Wilhelm I noch lange die Hand am Steuer halten, mit jugendlicher Kraft im Greisenalter, zu eigener Freude und zum Heile des deutschen Vaterlandes!

Norddeutsch, Süddeutsch und Undeutsch.

Rede zur Feier des Geburtstages Seiner Majestät des Kaisers und Königs Wilhelm 1 am 22 März 1872, gehalten in der Aula der Rheinischen Friedrich-Wilhelms-Universität, gedruckt Bonn 1872.

Als wir vor Jahresfrist das Geburtsfest Seiner Majestät des Königs zum ersten Male als das Geburtsfest des deutschen Kaisers feierten, schwoll unser Herz in dem Gefühle des Dankes gegen Gott für die Gnade, mit welcher er uns durch schweren Kampf zu unvergleichlichem Siege und zu ehrenvollem Frieden geführt, mit welcher er die Wiedergeburt des deutschen Volkes gekrönt durch die Einigung unter seinem kaiserlichen Oberhaupte und die Herstellung des deutschen Reiches. Aber der goldene Friede war kaum erst errungen; noch standen die meisten Aufgebote unseres Heeres in Feindes Land, und der in der französischen Hauptstadt entbrennende Bürgerkrieg verzögerte unsere Abrüstung; noch waren die Friedensverträge erst in ihren Grundzügen festgestellt. Und im Innern harrten große Aufgaben der Erledigung. Am Vorabende seines Geburtstages eröffnete der Kaiser den ersten Reichstag, dem es oblag, auf Grund der im Feldlager geschlossenen Bundesverträge die Reichsverfassung und Gesetzgebung zu vereinbaren und die staatsrechtliche Stellung der wiedergewonnenen Reichslande Elsaß und Lothringen zu ordnen. Noch war nicht Hand ans Werk gelegt, so rüsteten sich schon feindselige Parteien das Wesen unseres Reiches zu fälschen und es auf dieselben Abwege zu leiten, welche das weiland heilige römische Reich deutscher Nation ins Verderben stürzten. Daher war der Blick nicht frei, die Sorge nicht überwunden. Gott sei Dank, das verflossene Jahr hat jene Wolken zerstreut und den Glanz des hellen Tages heraufgeführt. Der Friede ist endgiltig besiegelt und soweit seine Bedingungen es vorschreiben, bereits vollzogen; unsere Heere sind bis auf einen Bruchtheil heimgekehrt, begrüßt von dem Jubel des Volkes wie in der Hauptstadt so in allen deutschen Gauen; die siegerprobten Streiter haben die Waffen abgelegt und nach rühmlich geleisteter Wehrpflicht mit rüstigem Sinne die Arbeit des Friedens aufgenommen. Das Einverständniß der kaiserlichen Regierung und des Reichstages haben Parteibestrebungen nicht zu stören vermocht. Die Verfassung des Reiches steht in Kraft, der Segen einer in den wesentlichsten Stücken einheitlichen Gesetzgebung erstreckt sich in stetiger

Entwicklung über die deutschen Lande. Schon ist der Grund gelegt, in Elsaß und Lothringen deutsche Bildung und Gesittung frisch zu beleben und Straßburgs alten Ruf in der neuen Hoch= schule zu verjüngen. Die Wunden, welche der uns aufgedrun= gene Krieg auch unserem Volke geschlagen, sind geheilt, soweit menschliche Hilfe sie zu heilen vermag. Ueberall regen sich die fleißigen Hände und der schaffende Geist, um für Deutschland wie auf dem Felde der Waffen so in dem Wettkampfe friedlicher Bestrebungen den Ehrenplatz zu behaupten.

So großes ist in kurzer Frist vollbracht durch die Einmü= thigkeit der deutschen Stämme und ihrer Fürsten im Norden und Süden; in der gemeinsamen Gefahr ist die Einheit unserer Na= tion zur vollendeten Thatsache geworden. Der Boden, der sonst die Saat der Zwietracht erzeugte, trägt jetzt die Wurzeln unserer Kraft; an die Stelle heilloser Gegenstrebungen ist der Wetteifer zu gleichen Zielen getreten, und vom Fels zum Meere wallt das kaiserliche Reichsbanner als ein heilverkündendes Zeichen des durch Sieg errungenen Friedens.

Zu solcher Zeit mag es wohl geziemen unseren Blick zu richten auf das in der Natur und in der Geschichte begründete Verhältniß von Norddeutschen und Süddeutschen und zu fragen, was den Sondergeist genährt und was sein Obsiegen verhütet hat.

Betrachten wir die Bodengestaltung Deutschlands und suchen die Grenze zwischen dem Norden und dem Süden, so neh= men wir einen Gebirgszug wahr, der mit den Sudeten anhebend sich fortsetzt bis zum Mittelrhein, entsprechende Höhenzüge erhe= ben sich links des Rheines. Aber es ist nicht eine lange Kette, welche eine Scheidewand zu bilden vermöchte. Zwar die östlichen Gebirge, von den Sudeten bis gegen das Fichtelgebirge hin, stellen eine mächtigere, breitere Erhebung dar, welche nur an einer Stelle von der Elbe durchbrochen wird. Südlich von diesem Ge= birgswalle, in Mähren und Böhmen, vermochte slavische Bevöl= kerung zu beharren, wenn auch vielfach durchsetzt von deutschen Niederlassungen, während nördlich desselben die deutsche Ansied= lung mit überschwellender Kraft die östlichen Marken von Meißen, der Lausitz und Schlesien bis zur Ostsee sich von neuem zu

eigen machte. Die weſtlicheren Gebirge dagegen tragen einen
anderen Charakter. Der Franken = und Thüringerwald, die
Berggruppen in Heſſen und weiter bis zum Rhein und über die=
ſen Strom hinaus bieten der wegſamen Uebergänge viele. Dort
greifen Berg= und Thalland und Ebenen, die Zuflüſſe einerſeits
des Mains und des Rheins, andererſeits der Elbe und Weſer
mit ihren Gebieten ſo mannigfach in einander, daß die Bahnen
für einen regen Wechſelverkehr gegeben ſind. Das mitteldeutſche
Hochland bildet das natürliche Bindeglied zwiſchen dem Norden
und dem Süden Deutſchlands. Von weſentlicher Bedeutung iſt
hierbei der Main, denn dieſer Fluß mit ſeinem vielgewundenen
Laufe von Oſten nach Weſten verkettet die anwohnenden Völker=
ſchaften vielmehr, als daß er ſie trennt. Mochten politiſche
Rückſichten gebieten den norddeutſchen Bund einſtweilen mit der
Mainlinie abzugrenzen, eine Brücke brauchte man darum nicht
erſt zu ſchlagen, ſondern wer im Maingebiete ſteht, iſt Herr der
Straßen zum Süden. So hat in alten Zeiten das Reich der
Thüringer ſich vom Norden des Waldgebirges über den Main
bis zu den Sitzen der Baiern erſtreckt, ſo haben in ſpäteren
Jahrhunderten fränkiſche und thüringiſche Geſchlechter Herrſchaf=
ten auf beiden Abhängen des Gebirges erworben, dem nördlichen
und dem ſüdlichen. Der einfache Ausdruck dieſes in der Natur
begründeten Verhältniſſes waren die Bündniſſe zu Schutz und
Trutz, welche die ſüddeutſchen Staaten und Preußen zugleich
mit der Aufrichtung des norddeutſchen Bundes abſchloſſen.

Schreiten wir Mainabwärts nach Weſten fort und gelangen
in das eigentliche Rheingebiet, ſo ſehen wir die letzten Schran=
ken zwiſchen Nord und Süd durchbrochen. Von Baſel an, wo
der Rhein die Strudel und Stromſchnellen überwunden hat, bis
zu den Niederlanden, wo er in mehrere Arme ſich theilt, bietet
unſer vaterländiſcher Strom in ſeinem breiten Bette die Straße
für den Weltverkehr und die Lebensader, welche mit gleichem
Pulsſchlage den deutſchen Süden und Norden durchzieht. Als
Deutſchland zerrüttet und zerriſſen war, lag auch der Rhein in
Feſſeln; jeder weltliche und geiſtliche Machthaber ſchlug ſeinen
Zoll darauf; um eine künſtliche Grenze zu ſchaffen, ließ man
den Elſaß entlang ihn verwildern: aber die urwüchſige Kraft,

welcher der Strom von den Alpen herabträgt, hat man ihm nicht
nehmen können. Es wohnt nicht bloß ein Menschenschlag an
beiden Ufern des Rheins, dem linken wie dem rechten, Aleman=
nen oberhalb, unterhalb Franken, sondern durch alle Rheinlän=
der geht ein Zug der Gemeinschaft. Sie alle theilen die Lebens=
frische und Lebensfreudigkeit, den leicht empfänglichen regen
Sinn. Gleiche Rechtsgewohnheiten haben schon von Alters her
sich über die Rheinlande erstreckt, hier blühte stets die deutsche
Sangeslust; ehrwürdige Denkmäler verwandter Art und Kunst
bezeugen den innigen Zusammenhang rheinischer Cultur. Dem=
nach konnte wohl in Baiern und in Schwaben der Gedanke auf=
kommen gegenüber dem sich neugestaltenden Reiche eine freilich
unersprießliche und unrühmliche Sonderstellung einnehmen zu
wollen; in Baden und der Pfalz bestand schon zur Zeit der
Stiftung des Zollvereins für jeden, der vorurtheilsfrei den That=
sachen Rechnung trug, kein Zweifel darüber daß man mit dem
deutschen Norden Hand in Hand gehen müsse.

　　Wir giengen aus von den mitteldeutschen Landschaften.
Werfen wir noch einen Blick auf den Norden und Süden Deutsch=
lands, so sehen wir im Norden überwiegend die Ebene, welche
durch natürliche Grenzen nicht getheilt wird, mit einer wesent=
lich gleichartigen Bevölkerung, ein Gebiet geschaffen zur Bildung
einer Staatseinheit, wie Preußens Könige sie begründet haben;
im Süden dagegen mehrfach gegliederte und in sich abgeschlossene
Landschaften, ganz dazu angethan altüberkommene Stammeseigen=
thümlichkeit ungeschwächt zu erhalten. Die Alemannen scheidet
der Schwarzwald von den eigentlichen Schwaben. Für das
Donaugebiet ist es maßgebend, daß die Donauschiffahrt nie die
gleiche Bedeutung gewinnen konnte wie die rheinische. Jahr=
hunderte lang ist kein Lastschiff Donauaufwärts gefahren; die
Kähne, welche von schwäbischen oder bairischen Städten beladen
nach Wien fuhren, kehrten nicht zurück, sondern wurden zer=
schlagen und das Holz verkauft. So konnte ein Wechselverkehr
sich nicht ausbilden. Dazu kommt, daß die Flüsse, welche von
den Alpen herab in breiten Betten mit mächtigem Geröll der
Donau zufließen, in der That hemmende Schranken bilden, so
der Lech, die alte Grenze zwischen Schwaben und Baiern, so

der Inn, so selbst in Oesterreich die Ens. Daher ist Wien die
natürliche Hauptstadt für die Länder der mittleren Donau, nicht
für das obere Donauland; daher fand Oesterreich seine natur=
gemäße Aufgabe im Osten, nicht im deutschen Westen und
Norden.

Solchergestalt bildet unser deutsches Reich ein zwar mannig=
fach gegliedertes Land, aber ein Glied hängt an dem anderen,
keines vermag für sich allein zu voller Gesundheit auszuwachsen,
sondern alle sind nur in der Gemeinschaft stark. Es ist nicht
möglich Deutschland in zwei Hälften zu zerlegen ohne, was von
Natur zusammengefügt ist, von einander zu reißen.

Allerdings sind in dem Verlaufe unserer Geschichte gar
manche Schicksale über das deutsche Volk und das deutsche Land
verhängt worden, welche seine Einheit zu zerstören drohten. Aber
die daraus entsprungenen Gefahren sind theils glücklich über=
wunden, theils schwinden sie mehr und mehr vor dem mächtigen
Drange, der unser Volk zur Eintracht zurückgeführt hat.

Erwägen wir zunächst die Geschichte unserer Sprache. Den
Kreislauf lautlicher Entwickelung, wie das Gesetz der Lautver=
schiebung ihn darstellt, hat nur die oberdeutsche Sprache vollen=
det; die Sprache der Niederdeutschen (wie der Niederländer) ver=
harrte auf einer älteren Stufe und blieb damit wie der eng=
lischen, so den skandinavischen Sprachen verwandt. Aber die
Trennung der Sprachen hat Gottlob eine staatliche Sonderung
nicht mit sich geführt. Es war von Bedeutung, daß die Sprach=
grenze nicht zusammenfiel mit den Gebirgen, welche sich zwischen
dem Norden und Süden Deutschlands hinziehen. Hessen und
Thüringer und die von ihnen ausgegangenen Meißner, Lausitzer
und Schlesier gehören dem Norden Deutschlands an, aber ihre
Mundart ist die hochdeutsche. Das Niederdeutsche erstreckt sich
zwar südwärts über den Harz hinaus und in die westfälischen
Gebirge, aber das größere Gebiet des mitteldeutschen Hochlandes
gehört ihm nicht an. Als Sprache des Reiches hat, seit Karl
der große zuerst die deutschen Volksstämme im Frankenreiche zu=
sammenfaßte, jederzeit das Hochdeutsche gegolten. Es ist dabei
verblieben nicht allein während Könige und Kaiser aus den Stäm=
men der Franken und Schwaben über Deutschland herrschten,

sondern auch an dem Hofe der sächsischen Ottonen ist hochdeutsch gesprochen worden. Das Uebergewicht des Hochdeutschen warb befestigt durch die Blüte der Poesie in der staufischen Zeit, welche an norddeutschen Höfen, namentlich bei den Landgrafen von Thüringen, eine vorzügliche Pflege fand. Der erste Meister des höfischen Epos Heinrich von Veldeke war vom Niederrhein, und unter den letzten Minnesängern finden wir den Markgrafen Otto mit dem Pfeile von Brandenburg. D. Martin Luther ent= schied vollends mit seiner Bibelübersetzung und dem evangelischen Kirchenliede den Sieg des Hochdeutschen, und zwar in der meißnisch=thüringischen Mundart, welche zwischen der rauheren bairisch=schwäbischen und der weichen niedersächsischen die Mitte hält. Seitdem ist das Niederdeutsche aus Kirche und Schule, aus der Rechtspflege und Verwaltung gewichen und auf immer engere Kreise beschränkt. An der Entwickelung der einen deut= schen Sprache, dieses köstlichen Kleinodes unseres Volkes, welche über den Mundarten stehend aus jeder frischen Lebensodem saugt, haben alle Stämme Theil. Es gibt nicht eine süddeutsche und eine norddeutsche, sondern eine deutsche Litteratur, an der unser gesammtes Volk durch den Mund seiner edelsten Söhne geschaffen hat und noch schafft. Erwachsen aus dem tiefinneren Drange geistiger Gemeinschaft hat sie das Bewußtsein nationaler Einheit neugeweckt und gepflegt, bis die Gesinnungen sich in Thaten be= währten und schließlich die staatliche Wiedergeburt unserer Na= tion, wie die gerüstete Minerva aus dem Haupte Jupiters, voll= kräftig ins Leben trat.

Die Sonderung der Mundarten hat der Entwickelung unseres Volkes keinen dauernden Eintrag gethan, ebensowenig hat die Kirchenspaltung es vermocht. Zwar giengen die Wunden, welche sie uns schlug, bis ans Mark. Indessen wenn auch in Süddeutschland die katholische Kirche schließlich die Oberhand ge= wann und in Norddeutschland die Protestanten überwogen, vor dem schlimmsten Unglück sind wir doch in Gnaden bewahrt ge= blieben: Deutschland ist nicht nach den Confessionen in zwei Hälften zerfallen. Zwar in den österreichischen Erblanden und in Baiern warb der Protestantismus, so viel Menschen möglich war, ertödtet, aber er hielt sich aufrecht in Franken und in

Schwaben; am Rhein wechſeln in bunter Mannigfaltigkeit katho=
liſche und proteſtantiſche Gebiete von größerem und kleinerem
Umfange, nicht minder in Weſtfalen; in Heſſen, Thüringen und
Niederſachſen beſtanden geiſtliche Herrſchaften geraume Zeit in=
mitten proteſtantiſcher Länder fort; in der Lauſitz, in Schleſien,
in Preußen wohnen Katholiken und Proteſtanten neben ein=
ander.

Frühzeitig hat man erkannt, daß dieſe Trennung der Con=
feſſionen nicht durch äußere Gewalt zu beſeitigen ſei, ſondern
daß die verſchiedenen Religionsparteien Frieden unter einander
halten müſſen, wenn Deutſchland über ihrem Haber nicht zu
Grunde gehen ſoll. So erklärte wenige Jahre nach dem ſchmal=
kaldiſchen Kriege, in welchem Kaiſer Karl V mit Hilfe ſeiner
ſpaniſchen Truppen obgeſiegt, Karls Bruder, Ferdinand I, im
Augsburger Religionsfrieden von 1555 (§ 25): „Wir haben
„dieſen Friedſtand bewilligt um das hochſchädlich Mißvertrauen
„im Reich aufzuheben und dieſe löbliche Nation vor endlichem
„vorſtehenden Untergang zu verhüten, und damit man deſto ehe
„zu chriſtlicher, freundlicher und endlicher Vergleichung der ſpal=
„tigen Religion kommen möge —; und ſoll alſo hiemit ein be=
„ſtändiger, beharrlicher, unbedingter, für und für ewig währen=
„der Fried aufgericht und beſchloſſen ſein und bleiben". Dieſen
weiſen Grundſätzen gemäß handelten Ferdinand I und ſein Sohn
Kaiſer Maximilian II; ſie gewährten ihren proteſtantiſchen Un=
terthanen wie den katholiſchen ihren fürſtlichen Schutz und ſchirm=
ten den Reichsfrieden. Aber ihre Nachfolger liehen ihr Ohr den
Jeſuiten, und dieſe ruhten nicht eher, als bis der Friede ge=
brochen und Deutſchland in den unſeligen dreißigjährigen Krieg
geſtürzt war. Ihren Endzweck erreichten ſie nicht, der Prote=
ſtantismus ward nicht vernichtet, aber durch den inneren Zwie=
ſpalt gewannen fremde Mächte über uns Gewalt, die Spanier,
Schweden und Franzoſen. Wiederum ward der Grundſatz reli=
giöſer Toleranz unter den Ständen des Reiches die Baſis des
Friedens. Dieſe Toleranz haben innerhalb ihrer Staaten die
brandenburgiſch=preußiſchen Regenten zuerſt und vor allen andern
Fürſten zur Geltung gebracht. Sie ſicherten ihren Unterthanen
gleiches Recht, mochten ſie zu den Lehrſätzen des Tridentinums

sich halten oder zu dem lutherischen oder reformirten Bekenntnisse, freilich niemals in dem Sinne, daß sie clericale Uebergriffe auf das staatliche Gebiet gestatteten. So ist auch heute noch die Toleranz unter den verschiedenen Bekenntnissen die Grundbedingung unserer nationalen Wohlfahrt; wer sie antastet, der ist ein Feind der deutschen Nation.

Und wer dürfte verkennen daß, wie schwer uns die kirchliche Spaltung geschädigt hat, doch auch heilsame Früchte aus ihr erwachsen sind, so oft die Anhänger verschiedener Bekenntnisse mit geistigen Waffen und in christlicher Liebe den Kampf führten. Der Vorrang, den die deutsche theologische Wissenschaft vor allen andern Ländern behauptet, ist er nicht vornehmlich dem Wettstreite zu verdanken, in welchem sie sich von jeher bewegt hat? In Anstalten christlicher Mildthätigkeit sind die Katholiken den Protestanten Muster und Vorbilder geworden. In unserer Litteratur überwiegt der protestantische Geist, aber auf dem Gebiete der Kunst haben die Katholiken rühmlich um den Preis gerungen. Es genügt die Rheinländer Beethoven und Cornelius zu nennen, jeder ein Meister in seiner Kunst, eine Zierde des deutschen Namens. Auch auf diesen Gebieten sind es nationale Ziele, d nen auf verschiedene Weise zugestrebt wird, aber es laufen die Wege zusammen in der einen deutschen Kunst und Wissenschaft. Und wie zu geistiger Arbeit, so haben Katholiken und Protestanten sich die deutsche Bruderhand gereicht als es galt den heimischen Boden zu vertheidigen und den Landesfeind zu überwältigen. Sie haben treulich mit einander die Wacht gehalten und in theurem Blute ihren Bund unverbrüchlich besiegelt.

Das ist mit Gottes Hilfe geschehen unter der glorreichen Führung unseres heldenmüthigen Königs. Mit ihm hat Preußen den Beruf erfüllt, zu welchem es im Verlaufe vieler Geschlechter die Kraft gesammelt hatte, an die Spitze von Deutschland zu treten und die getrennten Glieder unter einem Haupte zusammenzufassen. Sollte unser Volk und unser Reich zu neuem Leben und zu neuer Kraft wiedergeboren werden, so konnte nach dem Gange unserer Geschichte diese Wiedergeburt nur vom Norden Deutschlands, nicht vom Süden ausgehen.

Vor der Idee des römischen Kaiserthums und der Schirmherrlichkeit über die Kirche war das deutsche Königthum erblichen. Während die Kaiser in nimmer endenden Kriegen um die Herr= schaft über Italien rangen, hörten sie auf, für die Nordmarken Deutschlands Sorge zu tragen. Selbst der Untergang der Stau= fer schreckte die nachfolgenden Kaiser nicht ab, mit ihrem ritter= lichen Gefolge über die Alpen zu ziehn, sich zur Unehre oder zum Verderben. Das habsburgische Kaiserhaus suchte seine Größe in der Anlehnung an die spanische Monarchie und raffte aus den Trümmern des Reiches zu seiner Hausmacht zusammen, so viel es vermochte, wenig bekümmert um die Wahrung der deutschen Grenzen im Norden und im Westen. Wenn es sich darum handelte in Italien zu erwerben auf Kosten Deutschlands, fiel jederzeit die Wahl auf Italien. Im spanischen Erbfolge= kriege galt den Habsburgern Sicilien höher als der Elsaß, im polnischen Thronstreite ward Lothringen für Toskana hingegeben.

Durch solches Verfahren zog der Kaiserhof, welcher berufen war, die Reichseinheit aufrecht zu halten, auch in den Reichs= ständen den Sondergeist groß. Was Wunder, wenn die einzel= nen Glieder zur Selbsthilfe griffen! So kamen in Oberdeutsch= land die Ritterschaften, die freien Städte, die Territorialfürsten zu eigener Macht, welche sie dann im Verlaufe der Zeit oft genug mit französischem Gelde und französischen Waffen behaupteten. Die Vertretung nationaler Interessen fiel den Norddeutschen zu, ohne den Beistand des Reiches, ja oftmals gegen den Willen seines Oberhauptes. Kaiser Friedrich II trat dem Dänenkönige Waldemar II die nordalbingischen Lande ab, Holstein, Lauenburg, das Schweriner Land: die verbündeten norddeutschen Fürsten und Städte eroberten sie zurück. Der deutsche Ritterorden gewann die Herrschaft in Preußen; von den Rheinlanden und Westfalen her zogen deutsche Edelleute, Bürger und Bauernschaften nach dem östlichen Flachlande und machten dort deutsches Recht, deutsche Sitte, deutsche Cultur heimisch bis zu den Grenzen der Polen und Litthauer; die Hanse der deutschen Städte entfaltete auf der Nordsee und auf der Ostsee ihre siegreichen Banner und schrieb den nordischen Reichen Gesetze vor. Das war praktische deutsche Politik, welche nirgends sonst zu finden war.

Als die Macht der Hanse sank, die Kraft des deutschen

Ritterordens zusammenbrach und über die östlichen Marken arge
Zerrüttung gekommen war, zogen die Zollern mit ihrem frän=
kischen Rittergefolge in die Mark Brandenburg ein und richteten
Gesetz und Zucht wieder auf. Fortan haben sie den Nordosten
Deutschlands kräftig geschirmt und seit den Zeiten des großen
Kurfürsten auch für die Westgrenzen Deutschlands gegen Frank=
reich gekämpft. Sie konnten nicht anders, wenn sie ihres Für=
stenamtes walten wollten. Ihre Staaten erstreckten sich in ab=
gerissenen Gebieten vom Memelstrom bis über den Rhein; keine
Frage europäischer Politik ließ sie unberührt; und in jedem Falle
hieng ihre eigene Machtstellung mit der Wahrung der deutschen
Interessen zusammen. Die Hohenzollern haben nicht an den
leeren Glanz einer fremden Krone das Mark ihrer Länder ver=
geudet, noch sich fremden Zwecken verkauft, sondern auf vielen
Schlachtfeldern den deutschen Namen zu Ehren gebracht. In
diesen Kämpfen stand Preußen oft genug allein; Friedrich der
große hat in dem schweren siebenjährigen Kriege mit unerschüt=
terlicher Ausdauer die Existenz seines Staates gegen Kaiser und
Reich, wie gegen Russen, Schweden und Franzosen verfochten.
Wiederum ist im Jahre 1813 König Friedrich Wilhelm III und
auf den Ruf des Königs das gesammte wehrhafte preußische Volk
in den Kampf eingetreten für die Befreiung Deutschlands von
dem Napoleonischen Joche und hat in diesem Kriege, seinen Bun=
desgenossen voraus, als Vorkämpfer das höchste geleistet und die
härtesten Opfer freudig dargebracht.

An den Siegen der Preußen, an den Ehrentagen von Fehr=
bellin, von Hohenfriedberg, von Roßbach und Leuthen bis herab
zu den so Gott will letzten Schlachten, in denen Deutsche gegen
Deutsche in feindlichen Reihen stritten, hat das deutsche National=
gefühl sich erhoben. In solchen Zeiten, wo die Entscheidung auf
des Schwertes Spitze stand, ist für den Sieg der Preußen auch
in Städten und Ländern gebetet worden, deren Contingente gegen
Preußen entboten waren, in Süddeutschland, und nicht von Pro=
testanten allein, sondern auch von Katholiken. Denn wer mit
offenem Sinne die Zukunft Deutschlands erwog, der mußte er=
kennen, daß nicht von dem vielsprachigen, in fremde Interessen
verflochtenen Oesterreich noch von der kurzsichtigen Eifersucht der

kleinen Höfe Heil zu erhoffen sei, sondern daß nur mit Preußen auch das übrige Deutschland zu Ehren kommen könne.

Nach dem Sturze der Napoleonischen Gewaltherrschaft hielt die großdeutsche Diplomatie in dem Bundestage den Aufschwung des Volkslebens mit bleiernem Drucke nieder und überschattete auch den preußischen Staat. Aber auch damals verfiel Preußen nicht in träge Ruhe, sondern bereitete in stiller, selbstverleugnender Arbeit der kommenden Zeit die Wege. Schulen und Universitäten wurden in mustergiltiger Weise gestiftet und ausgestattet, das Heerwesen volksthümlich durchgebildet, die Finanzen trefflich geordnet, die Zollgesetzgebung auf volkswirthschaftliche Grundsätze zurückgeführt. Die heilsame Frucht dieses echt staatsmännischen Werkes war die Stiftung des Zollvereins, vor welchem ein sperrender Schlagbaum nach dem andern fiel, bis Deutschland von den Alpen bis zur Meeresküste zu einem großen Verkehrsgebiete zusammenwuchs.

Als dann noch einmal Oesterreich mit den Kleinstaaten Preußen lahm zu legen unternahm, hat König Wilhelm den Bundestag und die Kleinstaaterei zu den Todten gelegt, fremder Einsprache in die Neugestaltung Deutschlands gewehrt, die in den Zeiten unserer Schmach preisgegebenen Grenzmarken des Reiches im Norden wie im Westen hergestellt, und mit dem freien Willen der Fürsten und der Völker der deutschen Nation die langersehnte Einheit und die Weltstellung gegeben, welche ihrer Kraft und Größe entspricht.

Aber die Aufrichtung des einigen deutschen Reiches ist nicht erkauft mit der Lähmung seiner Glieder. Im Gegentheil, innerhalb des Reiches sind auch die Stämme geeinigt, welche durch willkürliche Landestheilungen zerrissen waren. Wie im Jahre 1866 ein Abgeordneter in ergreifenden Worten die Freude bezeugte, daß sein Heimatland Westfalen, früher in vielerlei Herrschaften zertrümmert, wieder in seiner Integrität hergestellt sei, so finden sich die Thüringer, die Franken, die Schwaben in dem deutschen Reiche wieder zusammen; ohne Zweifel werden auch die Alemannen zwischen dem Schwarzwald und den Vogesen sich ihrer angeborenen Stammesgemeinschaft allgemach von neuem bewußt werden. Gefallen sind die Schranken engherzigen Sondergeistes:

die gesunden Kräfte des Volks- und Stammeslebens haben freie
Bahn je nach ihrer Eigenthümlichkeit sich zu entfalten. Mag er zum
Süden oder zum Norden zählen, in gleichem Rechte und gleichen
Ehren steht jeder deutsche Stamm neben dem andern.

Dieser höchste Preis ist nicht leichtes Kaufes errungen und
nicht ohne stetige Ausdauer zu behaupten. Es hat der unver-
drossenen Arbeit von Generationen bedurft, das norddeutsche Volk
im preußischen Staate zu der straffen, strammen Zucht heranzuziehen, auf der seine Stärke beruht, statt der schlaffen Zerfahrenheit, welche mit der Auflösung und Zersplitterung des alten Reiches
um sich griff. Es sind schwere Opfer, welche die vom Staate
überwachte allgemeine Schulpflicht und die allgemeine Wehrpflicht
auferlegt. Aber sie werden willig und freudig gebracht, wo vaterländische Gesinnung rege ist, denn daraus erwächst die Erkenntniß,
daß ohne Bildung und Zucht, ohne Wehrhaftigkeit und Treue
ein Volk nicht frei und in Ehren bestehen kann.

Norddeutsche und Süddeutsche vereint sind als Sieger hervorge-
gangen aus dem Kampfe gegen den äußeren Feind; sie stehen auch
zusammen gegen die inneren Feinde, welche ihrer Eintracht grollen.
Das Feldgeschrei heißt nicht mehr: hie norddeutsch, hie süddeutsch,
sondern: hie deutsch, hie undeutsch.

Denn noch ist der Boden unseres Vaterlandes nicht rein.
Wenig haben wir zu fürchten von dem Reste des alten Sondergeistes, der da und dort noch umgeht. Die Umtriebe der Welfen
und ihrer Genossen, welche in dem Schattenspiele erborgten
Glanzes, als Schleppenträger fremder Mächte, sich groß däuchten
und durch ihren Hochmuth zu Falle kamen, prallen machtlos ab
an der Hoheit des einigen deutschen Reiches und dem gesunden
Sinne des deutschen Volkes.

Ernster sind die Gefahren, welche den sittlichen Grundlagen
unseres Volkslebens drohen. Wer kann ohne Betrübniß wahr-
nehmen, mit welchen Kunstgriffen gewissenlose Aufwiegler alle
Fundamente gesellschaftlicher und bürgerlicher Ordnung unter-
wühlen, wie sie jedes Treugelöbniß, die Bande der Ehe, der Familie, das Verhältniß von Herrschaften und Gesinde, von Arbei-
tern und Arbeitgebern zerrütten, wie sie mit blendenden Trug-

bildern die Maſſen lecken. Das Netz dieſer Verſtrickungen iſt
weit ausgeſpannt, von der Fremde her wird die Loſung gegeben
und nur zu leicht reißt die Verführung ſelbſt die Widerſtreben=
den mit ſich fort. Solchen Unruhſtiftern iſt der nationale Staat
ein Aergerniß, denn in ihm findet das Recht ſeinen ſichern Schutz,
jede begründete Beſchwerde ihre Abhilfe, jede tüchtige Kraft offe=
nen Spielraum. Je mehr der Gemeinſinn erſtarkt, um ſo durch=
greifender werden alle Unbilden und alle Schäden, welche auf
dem Gebiete der Volkswirthſchaft, in dem Gewerbe= und Fabrik=
betriebe ſich aufthun, gehoben und beſeitigt. Darum ereifern ſich
jene gegen Kaiſer und Reich und jede geſetzmäßige Ordnung und
tragen ihre undeutſche Geſinnung mit frecher Stirn zur Schau.
Aber ihre Beſtrebungen bleiben ohnmächtig, ſobald ein jeder Bür=
ger des Vaterlandes an ſeiner Stelle ſeine Pflicht thut, ſobald
in Kirche und Schule, in Geſetzgebung, Rechtspflege und Ver=
waltung die Bildung und Wohlfahrt unſeres Volkes treue Pflege
findet.

Noch von einer anderen Seite wird der Beſtand und die
gedeihliche Entwickelung des deutſchen Reiches angefochten. Aus
dem Schooße der römiſch=katholiſchen Kirche hat ſich eine feſtge=
ſchloſſene Partei aufgethan, welche den Geiſt zu dämpfen und die
Gewiſſen zu bändigen ſich unterfängt. Eben ſo wenig wie die
ſogenannte Internationale iſt ſie auf deutſchem Boden erzeugt,
auch ſie empfängt ihre Loſung aus der Fremde; zu ihr geſellen
ſich alle, welche ſich mit Haß gegen den deutſchen Namen geſät=
tigt haben, denen der deutſche Staat, das wiedererſtandene deutſche
Reich ein Stein des Anſtoßes iſt. Sie zählt ihre Sendboten und
Sprecher in weiten Kreiſen; dieſe ſind emſig befliſſen mit Wort
und Schrift ihre Zwecke zu fördern und der Wiederherſtellung
clericaler Allmacht den Boden zu bereiten. Blätter auf Blätter
werden ausgeſtreut, unter dem Deckmantel der Religion, unter
dem gleißneriſchen Aushängeſchilde des deutſchen Reiches und
Volkes, deren Tagewerk darin beſteht, Katholiken und Proteſtan=
ten, Norddeutſche und Süddeutſche unter einander zu verhetzen,
jede vaterländiſche That in den Staub zu ziehen, jede Maßregel
der kaiſerlichen Regierung, jeden Beſchluß des Reichstages oder
der Landtage zu verläſtern, die Geſinnungen des Volkes zu ver=

bittern und zu vergiften. Auch unsere akademische Jugend, deren
schönster Ruhm es von jeher war für die Größe des Vaterlandes und
für die idealen Bestrebungen mit frischem freiem Sinne sich zu
begeistern, ist von solch undeutschem Treiben nicht unberührt ge=
blieben. Da gilt es fürwahr, daß jeder deutsche Mann, welchem
kirchlichen Bekenntnisse er auch angehöre, dem um sich greifenden
Uebel wehre.

Auch in diesem Streite stehen Süddeutsche und Norddeutsche
vereint auf dem Kampfplatze, und der Sieg ist der guten Sache gewiß.
Es werden weder die rothen noch die schwarzen Kappen unserem
Volke die Ziele seines nationalen Lebens verrücken noch verfälschen.

Vor allem liegt es den Universitäten ob, ihre geistige Rü=
stung blank zu halten, und insbesondere unserer rheinischen Hoch=
schule, den ihr angewiesenen Ehrenplatz zu wahren. Mit Stolz
zählt sie unter ihre Lehrer Männer, welche vor die Entscheidung
gestellt, sich dem Machtgebote blindlings zu unterwerfen und die
erkannte Wahrheit zu verleugnen, nicht geschwankt haben nach
Gewissen und Ueberzeugung zu handeln, welche es eines Christen
unwürdig erachten, menschlicher Willkür und menschlicher Satzung
Gehorsam zu leisten, gleich als ob sie ein Leichnam wären. Un=
sere Universität, das vertrauen wir, wird nicht ablassen, ihre
Jünger auszurüsten mit den Schätzen deutscher Wissenschaft und
sie stark zu machen in deutscher Gesinnung. Sie würde ihren in
zwei Menschenaltern begründeten Ruhm, sie würde das Andenken
eines Arndt, Niebuhr, Dahlmann verleugnen, wenn sie dieser
ihrer Pflicht vergäße.

Auf den ehrfurchtsvollen Glückwunsch des akademischen Lehr=
körpers zu der erneuten Kaiserwürde erwiederte unser König aus
dem Hauptquartiere zu Versailles „in landesväterlichem Hochge=
fühle" mit der Anerkennung der reichen Wirksamkeit der Rheini=
schen Universität in Verfolgung ihres Stiftungszweckes. Dieser
hohen Aufgabe beharrlich nachstreben zu wollen in deutscher Treue,
das ist das Gelübde, mit welchem an dem heutigen Tage, an dem
das gesammte deutsche Volk dem Kaiser Heil erfleht, unsere Glück=
wünsche ihre Weihe empfangen.

Gott segne das deutsche Vaterland, Gott segne
unseren König, den deutschen Kaiser.

Inhalt.